Fritz Böhle · Jürgen Glaser (Hrsg.)

Arbeit in der Interaktion – Interaktion als Arbeit

Fritz Böhle
Jürgen Glaser (Hrsg.)

Arbeit in der Interaktion – Interaktion als Arbeit

Arbeitsorganisation und Interaktionsarbeit in der Dienstleistung

VS VERLAG FÜR SOZIALWISSENSCHAFTEN

Bibliografische Information Der Deutschen Nationalbibliothek
Die Deutsche Nationalbibliothek verzeichnet diese Publikation in der
Deutschen Nationalbibliografie; detaillierte bibliografische Daten sind im Internet über
<http://dnb.d-nb.de> abrufbar.

1. Auflage November 2006

Lektorat: Monika Mülhausen / Tanja Köhler

Der VS Verlag für Sozialwissenschaften ist ein Unternehmen von Springer Science+Business Media.
www.vs-verlag.de

Umschlaggestaltung: KünkelLopka Medienentwicklung, Heidelberg
Druck und buchbinderische Verarbeitung: Krips b.v., Meppel
Gedruckt auf säurefreiem und chlorfrei gebleichtem Papier
Printed in the Netherlands

ISBN-10 3-531-15287-4
ISBN-13 978-3-531-15287-5

Inhaltsverzeichnis

Vorwort der Herausgeber – Im Gedenken an André Büssing ✝

Der vorliegende Band ist das Endprodukt des Verbundvorhabens „Interaktionsarbeit als ein zukunftsweisender Ansatz zur qualitätsorientierten Organisation von Dienstleistungsprozessen“ (kurz: „Int*akt*“). Der Verbund wurde vom Bundesministerium für Bildung und Forschung (BMBF) in den Jahren 2000 bis 2004 im Rahmen des Förderkonzepts „Dienstleistungen für das 21. Jahrhundert“ gefördert. In Kooperation zwischen Arbeitspsychologen und Arbeitssoziologen wurde ein Konzept zur Interaktionsarbeit (weiter-)entwickelt und ausgearbeitet sowie gemeinsam mit Unternehmen in zwei Feldern der personenbezogenen Dienstleistung erprobt.

Wir möchten an dieser Stelle das Werk von André Büssing würdigen, der mit seiner Forschung zur personenbezogenen Dienstleistung Pionierarbeit geleistet hat. André Büssing hat entgegen dem Mainstream, lange bevor die personenbezogene Dienstleistung als gesellschaftlich relevanter Beschäftigungsbereich öffentliche Aufmerksamkeit erlangt hat, begonnen, psychologische Konzepte für Studien der Pflegearbeit weiterzuentwickeln. Er hat gefordert, dass Pflege – im Unterschied zum karitativ-religiösen Engagement oder „Liebesdienst“ – als Erwerbsarbeit zu begreifen ist, und gezeigt, dass die psychologische Gestaltung von Pflegearbeit Kriterien einer Humanisierung der Arbeit erfüllen kann.

André Büssing hat stets den interdisziplinären Austausch von Forschung zur Weiterentwicklung personenbezogener Dienstleistungsarbeit gesucht und organisiert. Er war wesentlicher Initiator des Forschungsvorhabens „Int*akt*“ und hat über vier Jahre hinweg den Verbund mit hoher fachlicher und sozialer Kompetenz koordiniert. An der Ausarbeitung und Darstellung der Ergebnisse konnte er nicht mehr mitwirken. Für sein Engagement und seine Leistungen bei der Initiierung und Durchführung der Forschungsarbeiten sowie bei der ursprünglichen Konzipierung dieses Buches sei André Büssing nachdrücklich gedankt.

Wir möchten uns bei unseren Partnern im Verbund für die konstruktive und fruchtbare Zusammenarbeit bedanken. Unser Dank gebührt auch den Mitarbeitern in den beteiligten Unternehmen, die mit ihrer Expertise den Transfer zwischen Wissenschaft und Praxis unterstützt haben. Nicht zuletzt danken wir Herrn

Dr. Martin W. Schmied, der als zuständiger Referent beim Projektträger mit fachlicher und persönlicher Kompetenz zum Gelingen des Vorhabens beigetragen hat.

Fritz Böhle und Jürgen Glaser

Vorwort des Projektträgers

Die Partner des Verbundvorhabens „Interaktionsarbeit als ein zukunftsweisender Ansatz zur qualitätsorientierten Organisation von Dienstleistungsprozessen" haben sich das komplexe Ziel gesetzt, Ansätze zur Interaktionsarbeit in der personenbezogenen Dienstleistung weiterzuentwickeln. Mit dieser Fragestellung berührt das Verbundvorhaben sowohl den Bereich der sozialen und personenbezogenen Dienstleistungen unter besonderer Berücksichtigung zweier exemplarischer Anwendungsfelder als auch die organisatorische Gestaltung der Arbeitswelt und die interaktiven Bezüge des Arbeitsablaufs mit Kunden. Betrachtungsgegenstand ist die Interaktionsarbeit. Dabei stehen die bedingungsbezogenen Komponenten der Arbeit mit Kunden in der personenbezogenen Dienstleistung im Mittelpunkt, sodass das wechselseitige Verhältnis zwischen Dienstleistungsanbieter und -nachfrager (Kunde) sowie die organisatorische Gestaltung zur Verbesserung der Dienstleistungsqualität sowie zur Steigerung von Kunden- und Mitarbeiterzufriedenheit zu untersuchen ist. Neben den unmittelbaren Kundenkontakten (Körperarbeit) spielen bei der Interaktionsarbeit auch Kommunikationsarbeit und Emotionsarbeit eine Rolle. In dem Verbundvorhaben wurde die Entwicklung neuer arbeitswissenschaftlicher Konzepte und methodologischer Grundlagen verbunden mit einer modellhaften Praxisentwicklung und –erprobung neuer Konzepte der Arbeitsorganisation.

Den betrieblichen Teilvorhaben kam dabei die Aufgabe zu, nicht nur wissenschaftlich erarbeitete Konzepte umzusetzen, sondern auch eigenständig – mit wissenschaftlicher Begleitung – neue organisatorische Lösungen „experimentell" in der Praxis zu entwickeln. Exemplarisch wurden als Anwendungsfelder der Interaktionsarbeit die stationäre Altenpflege (stellvertretend für Gesundheitsdienstleistungen) und die Softwareentwicklung (stellvertretend für industrielle Entwicklungsdienstleistungen) ausgewählt.

Die Interaktionsarbeit wird als ablauforganisatorisches Konzept sicherlich auch noch andere Anwendungen außerhalb der im Verbundvorhaben erprobten Bereiche „Pflege" und „Softwareentwicklung" finden. So wurde beispielsweise die Interaktionsarbeit auch in mehreren Beiträgen anlässlich der 6. Dienstleistungstagung des BMBF am 30.-31.3.2006 als zukunftsweisendes Konzept erwähnt. Als potenzielle Anwendungsbranchen wurden Versicherungen, Banken, Handel, aber auch die Beratungsdienstleistungen genannt.

Den Projektbeteiligten dieses Verbundvorhabens sei auch im Namen des Förderers für die Einbringung und Aufbereitung dieses Themas, die Projektdurchführung und den Forschungstransfer in Form von zahlreichen Veröffentlichungen und Veranstaltungen herzlich gedankt.

Für den Projektträger im DLR *Martin W. Schmied*

Interaktion als Arbeit – Ausgangspunkt

Fritz Böhle & Jürgen Glaser

Die Auseinandersetzung mit Entwicklungen von Arbeit konzentrierte sich in der Vergangenheit auf die industrielle Produktion. Sie war exemplarisch für die Technisierung und Rationalisierung von Arbeit. Hiermit war auch die Annahme verbunden, dass die Entwicklungen industrieller (Produktions-) Arbeit einen paradigmatischen Charakter für die Zukunft der Arbeit insgesamt haben. Bekräftigt wurde dies durch Untersuchungen, die auch im Büro- und Verwaltungsbereich ähnliche Formen der Rationalisierung fanden wie im Produktionsbereich.

Vor diesem Hintergrund wurde Ende der 70er Jahre der Taylorismus als ein übergreifendes Prinzip industrieller Rationalisierung ausgewiesen (Braverman, 1997; Schmiede, 1980). In den achtziger Jahren wurde jedoch deutlich, dass der Taylorismus keineswegs der „one best way" ist. Anstelle hoher Arbeitsteilung und Standardisierung wurden nun in den Unternehmen „neue Produktionskonzepte" mit komplexen Anforderungen und Handlungsspielräumen für die Arbeitskräfte entwickelt (vgl. Kern & Schumann, 1985). In den neunziger Jahren schließlich schien mit der New Economy ein völlig neues Zeitalter in der Entwicklung von Arbeit anzubrechen. Es schien sich ein modernes Reich freier und selbstbestimmter Arbeit aufzutun. Mittlerweile ist einige Ernüchterung eingetreten.

Gleichwohl ist unübersehbar, dass die Arbeitswelt einem tief greifenden Wandel unterliegt. Er findet seinen Ausdruck in der Dezentralisierung von Entscheidungen und der Nutzung subjektiver Kompetenzen wie Verantwortung und Selbstorganisation sowie der Aufweichung starrer Grenzziehungen zwischen Arbeit und privater Lebenswelt. Die traditionellen Zwänge industrieller Arbeit tauchen hier kaum mehr auf, zugleich entstehen aber auch neue Gefährdungen durch (Selbst-) Überforderung und die Entgrenzung von Arbeit (vgl. Moldaschl & Voß, 2002; Kratzer, 2003). Des Weiteren zeigt eine differenzierte Betrachtung, dass tayloristische Formen der Rationalisierung nicht durchweg ersetzt werden, sondern vielmehr eine Pluralität und Heterogenität unterschiedlicher Formen der Rationalisierung entsteht.

Aber auch bei dieser Betrachtung neuer Entwicklungen von Arbeit wird bisher die Frage, in welcher Weise hierbei strukturelle Unterschiede in verschiedenen Arbeitsbereichen auftreten, kaum gestellt, geschweige denn beantwortet. Dass die Technisierung und Organisierung in verschiedenen Produktions- und

Arbeitsbereichen unterschiedlich verläuft ist nicht neu. Leitend war bisher jedoch die Annahme, dass sich solche Unterschiede primär in fördernden oder hemmenden Bedingungen für die Durchsetzung übergreifender Prinzipien der Technisierung und Organisierung zeigen. Exemplarisch hierfür ist die Gegenüberstellung von Low-Tech bei der Montage in der Elektro- oder Automobilindustrie und von High-Tech bei der Stoffumwandlung in der Prozessindustrie wie etwa der Chemie. Trotz empirisch feststellbarer Unterschiede im Niveau der Technisierung wird unterstellt, dass Technisierung – sofern sie stattfindet – nach einem weithin gleichen Muster erfolgt.

Ein zentraler Ausgangspunkt des diesem Buch zugrunde liegenden Forschungsverbundes ist demgegenüber, dass Arbeit zukünftig nur mehr dann angemessen wissenschaftlich analysiert und praktisch gestaltet werden kann, wenn Unterschiede und Besonderheiten verschiedener Arbeitsbereiche systematisch berücksichtigt werden. Im Besonderen gilt dies für personenbezogene Dienstleistungen. Die Bedeutung der Dienstleistung für den Standort Deutschland lässt sich mit Blick auf Entwicklungen am Arbeitsmarkt in den vergangenen zwei Jahrzehnten klar erkennen. Erwerbsarbeit ist nicht nur knapp geworden, sie verliert auch mehr und mehr ihre gegenständlichen Bezüge. Parallel dem Trend hin zu einer „Wissensgesellschaft“ lässt sich eine Ausweitung des Dienstleistungssektors verzeichnen.

Bei Dienstleistungen wird oft zwischen sachbezogenen und personenbezogenen Dienstleistungen unterschieden. Beispiele für ersteres sind Banken, Versicherungen und Transport; personenbezogene Dienstleistungen sind demgegenüber Tätigkeiten wie Pflege und Beratung. Eine solche Unterscheidung nach den „Inhalten“ der Dienstleistung ist jedoch wenig trennscharf. Auch bei Finanz- oder Transportdienstleistungen kommt es zu direkten personenbezogenen Kontakten mit Kunden und umgekehrt finden sich auch bei Gesundheitsdienstleistungen und anderen Tätigkeiten, die sich auf die Bearbeitung von materiellen und immateriellen Objekten richten, wie etwa in der Verwaltung oder im technischen Bereich. Dementsprechend findet sich in der vorliegenden Literatur auch die Unterscheidung zwischen direkten und indirekten personenbezogenen Dienstleistungen (Nerdinger, 1994, S. 49ff). Personenbezogene Dienstleistungen sind demnach nicht nur Dienstleistungen, die sich unmittelbar auf eine Person richten wie bei der Pflege, sondern auch eine Beziehung zu Personen bei der der Umgang mit einer Sache im Mittelpunkt steht, wie beispielsweise beim Verkauf. Wir knüpfen an eine solche Erweiterung des Verständnisses personenbezogener Dienstleistungen an und verbinden sie mit einer organisatorischen Differenzierung innerhalb von Dienstleistungen: Gegenüber einer Unterscheidung von Dienstleistungen nach ihrem jeweiligen „Inhalt“ oder „Gegenstand“ schlagen wir eine Unterscheidung innerhalb von Dienstleistungen nach sachbezogenen Prozessen und Tätigkeiten einerseits und personenbezogenen Prozessen und Tätigkeiten andererseits vor. Personenbezogene Dienstleistungen sind in dieser Sicht „front-line-work" (vgl. Frenkel et al., 1999) und unterscheiden sich durch den direkten Kontakt mit Klienten oder Kunden von Tätigkeiten im „back-office-Bereich". Personenbezogene Dienstleistungen sind demnach keine besondere Sparte, sondern ein grundlegender Bestandteil von Dienstleistungen jeglicher Art. In diesem Verständnis weist die personenbezogene Dienstleistung als Tätigkeit im Vergleich zur Arbeit in Produktion und Verwaltung typische Alleinstellungsmerkmale auf.

Gemeinsam ist den Tätigkeiten bei personenbezogenen Dienstleistungen, dass sich die Arbeit auf Menschen im Unterschied zur Bearbeitung materieller und immaterieller Objekte richtet. Hier werden also weder primär Gegenstände bearbeitet, noch sächliche Produkte nach festgelegten Vorgehensweisen hergestellt. Stattdessen wird Arbeit an oder gemeinsam mit Klienten verrichtet und dabei ist individuellen Bedürfnissen der Klienten situativ Rechnung zu tragen. Die menschliche Arbeitskraft ist kaum nur als ein bloßer Kostenfaktor zu sehen, da sie immanenter Bestandteil des Produkts selbst ist – Prozess und Produkt der personenbezogenen Dienstleistung sind untrennbar miteinander verbunden. Der (sozialen) Interaktion zwischen Dienstleistern und Leistungsempfängern kommt die tragende Rolle zu.

Der Umgang mit materiellen Objekten spielt dabei zwar auch eine Rolle – als Materialien, Werkzeuge usw. –, sie sind jedoch grundsätzlich in die soziale Interaktion zwischen Dienstleistendem und Dienstleistungsempfänger eingebunden. Demgegenüber findet zwar auch in der industriellen Produktions- und Verwaltungsarbeit eine Interaktion etwa in der Kooperation mit Kollegen statt, sie ist hier jedoch der Bearbeitung materieller und immaterieller Objekte untergeordnet. Gleichwohl ergeben sich dort, wo die unmittelbare Kooperation zwischen Kollegen eine große Rolle spielt, durchaus Parallelen (vgl. Krömmelbein, 2004).

In der Vergangenheit waren die Besonderheiten personenbezogener Dienstleistungen unter anderem ein Grund dafür, dass sie nicht als „eigentliche" Arbeit betrachtet und aus der arbeitswissenschaftlichen und arbeitspolitischen Diskussion weitgehend ausgegrenzt wurden. Dementsprechend werden nun umgekehrt in dem Maße, wie personenbezogene Dienstleistungen stärker ökonomischen Zwängen unterliegen und die Forderung nach ihrer Effektivierung und Rationalisierung entsteht, diese Besonderheiten weitgehend negiert und Prinzipien der Organisierung und Technisierung aus der industriellen Produktion und Verwaltung übernommen. Damit – so ein Ausgangspunkt unseres Forschungsverbundes – besteht jedoch die Gefahr, dass die Qualität wie auch die Effizienz personenbezogener Dienstleistungen nicht gesteigert, sondern nachhaltig beeinträchtigt und gefährdet wird. Je mehr daher personenbezogene Dienstleistungen als Beschäftigungsbereich Bedeutung erlangen, ist die Auseinandersetzung mit den Besonderheiten personenbezogener Dienstleistungsarbeit nicht nur eine neue wissenschaftliche, sondern ebenso auch eine gesellschaftspolitische Herausforderung.

Zu den Besonderheiten personenbezogener Dienstleistungen hat erst in den letzten Jahren eine intensivere Diskussion begonnen (vgl. Büssing & Glaser, 1999, 2003; Dunkel & Voß, 2004; Voswinkel, 2005). Daher gilt es, die Arbeit in der Interaktion – Interaktionsarbeit – näher zu erforschen und im Dienste einer Verbesserung von Qualität auch zu gestalten. Dabei ist zu berücksichtigen, dass die Analyse personenbezogener Dienstleistungen schlecht vergleichbar ist mit der Erforschung von Tätigkeiten in der Fertigung und in sächlichen Dienstleistungsbereichen. Für diese wurde vorwiegend eine zweckrationale Zugehensweise gewählt, die in interaktiv-dialogischen Tätigkeiten wie der personenbezogenen Dienstleistung nicht alleine greifen kann. Hier spielen insbesondere Aspekte wie subjektivierendes, erfahrungsgeleitetes Arbeitshandeln, Gefühlsarbeit und Emotionsarbeit und spezifische Merkmale, Fähigkeiten, Fertigkeiten, Motive und Erfahrungen der Leistungserbringer in der Arbeit mit dem Klienten eine wesentliche Rolle.

Bislang ist noch wenig bekannt zu den förderlichen, strukturellen und arbeitsorganisatorischen Voraussetzungen von Interaktionsarbeit. Ebenso sind die spezifischen Wirkungen der Interaktionsarbeit noch vergleichsweise wenig erforscht; dies sowohl mit Blick auf das Arbeitsleben der Dienstleister wie auch auf die Qualität der Dienstleistung. Hier besteht in vielen Feldern der personenbezogenen Dienstleistung noch ein großer Nachholbedarf. Anzuknüpfen ist dabei an Erkenntnisse, die sich auf den Zusammenhang zwischen Emotionsarbeit und Gesundheitsbeeinträchtigungen der Dienstleister beziehen (z.B. Büssing & Glaser, 1999; Nerdinger & Röper, 1999; Zapf, 2002).

Ein konzeptuelles Problem bei der Analyse der Besonderheiten personenbezogener Dienstleistungen besteht in der Gefahr, dass nunmehr lediglich die Unterschiede gegenüber anderen Formen der Erwerbsarbeit in den Blick geraten und als unvereinbare Gegensätze polarisierend gegenüber gestellt werden. Dies ist bzw. wäre dann der Fall, wenn der Tätigkeit in der personenbezogenen Dienstleistung jegliche, etwa durch die Handlungsregulationstheorie etablierten allgemeingültigen Prinzipien zur Regulation menschlichen Arbeitshandelns abgesprochen würden. Insbesondere betrifft dies Aspekte eines zielgerichtet rationalen Handelns in Form einer sequenziell-hierarchisch organisierten Vorgehensweise. Der folgende Gastbeitrag von Winfried Hacker nimmt eingangs kritisch zu folgenden zwei Punkten Stellung: zum einen die polarisierende Gegenüberstellung bzw. vollständige Ausgrenzung handlungsregulationstheoretischer Erkenntnisse, zum anderen die ungenügende theoretisch-konzeptuelle und empirische Ausarbeitung der Besonderheiten der Interaktion in der personenbezogenen Dienstleistung.

Literatur

Braverman, H. (1997). *Die Arbeit im modernen Produktionsprozess*. Frankfurt/M.: Campus.

Büssing, A. & Glaser, J. (1999). Interaktionsarbeit: Konzept und Methode der Erfassung im Krankenhaus. *Zeitschrift für Arbeitswissenschaft, 53*, 164-173.

Büssing, A. & Glaser, J. (2003). Interaktionsarbeit in der personenbezogenen Dienstleistung. In A. Büssing & J. Glaser (Hrsg.), *Dienstleistungsqualität und Qualität des Arbeitslebens im Krankenhaus* (S. 131-148). Göttingen: Hogrefe.

Dunkel, W. & Voß, G.G. (Hrsg.). (2004). *Dienstleistung als Interaktion. Beiträge aus einem Forschungsprojekt*. München: Hampp.

Frenkel, S.J., Korczynski, M., Shire, K.A. & Tam, M. (1999). *On the Front Line. Organization of Work in the Information Economy*. London: Cornell University Press.

Kern, H. & Schumann, M. (1985). *Industriearbeit und Arbeiterbewußtsein*. Frankfurt/M.: Suhrkamp.

Kratzer, N. (2003). *Arbeitskraft in Entgrenzung*. Berlin: Edition Sigma.

Krömmelbein, S. (2004). *Kommunikativer Stress in der Arbeitswelt: Zusammenhänge von Arbeit, Interaktion und Identität*. Berlin: Edition Sigma.

Moldaschl, M. & Voß, G.G. (Hrsg.). (2003). *Subjektivierung von Arbeit*. München: Hampp.

Nerdinger, F.W. & Röper, M. (1999). Emotionale Dissonanz und Burnout. Eine empirische Untersuchung im Pflegebereich eines Universitätskrankenhauses. *Zeitschrift für Arbeitswissenschaft, 53,* 187-193.

Schmiede, R. (1980). Rationalisierung und reelle Subsumption. *Leviathan, 4,* 472-492.

Voswinkel, S. (2005). *Welche Kundenorientierung: Anerkennung in der Dienstleistungsarbeit*. Berlin: Edition Sigma.

Zapf, D. (2002). Emotion work and psychological well-being. A review of the literature and some conceptual considerations. *Human Resource Management Review, 12,* 237-268.

Interaktive/dialogische Erwerbsarbeit – zehn Thesen zum Umgang mit einem hilfreichen Konzept

Winfried Hacker

Mit der anteiligen Zunahme der Erwerbstätigen im Dienstleistungssektor werden interaktive Arbeitstätigkeiten eingehender untersucht. Gelegentlich treten dabei zuspitzende Gegenüberstellungen zu Merkmalen von Arbeitstätigkeiten in der Produkterzeugung (monologische Tätigkeiten) auf, die missverständliche Übertreibungen nahe legen können. Das wäre auch im Interesse der weiteren Ausarbeitung des Konzepts zur Interaktionsarbeit (Büssing & Glaser, 1999) bedauerlich. Was sollte daher beim Kennzeichnen dieses Konzepts bedacht werden?

1 Es gibt nicht *die* interaktive/dialogische Arbeit, sondern mehrere Klassen solcher Arbeit

Unterschieden werden sollten je nach unterschiedlichen psychischen Anforderungen an die Beschäftigten:

a. Anweisungsbeziehungen gegebenenfalls mit Mitberatungsmöglichkeiten: Dem anderen Subjekt werden erwünschte und/oder unerwünschte Aktivitäten zugewiesen. Beispiele sind Vorgesetzte die Mitarbeiter führen; Arbeitsamtmitarbeiter, die Klienten einen Job zuweisen.
b. Kooperationen zwischen Subjekten bezüglich der Arbeit an Objekten oder an anderen Subjekten. Die Subjekte erarbeiten oder stimmen sich ab über zielführende Aktivitäten an und mit Objekten/Subjekten. Beispiele sind Kranführer und Einweiser beim Heben einer für den Kranführer nicht sichtbaren Last.
c. Austauschbeziehungen mit dem anderen Subjekt bezüglich Objekten. Die Subjekte tauschen materielle oder immaterielle Sachverhalte gegen Bezahlung. Beispiele sind Verkäufer/Käufer; Taxifahrer/Fahrgast; Kellner/Gast und auch Arzt/Patient.
d. Dialogisch erzeugende Arbeit. Im anderen Subjekt wird ein von diesem benötigter oder erwünschter Prozess angestoßen bzw. befördert, gegebenen-

falls unter dessen Mitarbeit. Beispiele sind Arzt bzw. Pfleger/Patient; Lehrer/Schüler; Berater/Ratsuchender.

Bei Erwerbsarbeit ist zusätzlich daran zu denken, dass die dialogisch-erzeugende Arbeit begründet ist in einer wirtschaftlichen Austauschbeziehung zu Erwerbszwecken: Lehrleistungen oder therapeutische Leistungen erfolgen im Maße der Bezahlung. Beispiele sind Kassen- vs. Privatbehandlungen und in diesem Zusammenhang die sogenannten IGEL – Leistungen der Ärzte.

2 Es gibt keine ausschließlich interaktive/dialogische Arbeit, sondern Mischungen dialogischer und monologischer Arbeit

Keine dieser eben aufgelisteten Klassen personenbezogener, interaktiver Erwerbsarbeitstätigkeiten existiert isoliert. Vielmehr liegen Bündel verschiedenartiger Tätigkeiten vor. Darin sind Teiltätigkeiten enthalten ohne ein anderes Subjekt (beispielsweise die etwa 40% administrativen Tätigkeiten der Krankenhausärzte), am anderen Subjekt ohne dessen Mitwirkung (beispielsweise das Operieren am narkotisierten Patienten) und mit ihm (beispielsweise ein Visitengespräch mit psychosozialen Inhalten). Das heißt, dass nur Teile der Erwerbsarbeit im Humandienstleistungsbereich interaktive Tätigkeiten sind.

Es ist vom Arbeitsauftrag abhängig, welche dieser Teile für das Arbeitsergebnis leistungsbestimmend sind. Beispielsweise dürfte ein noch so emotionsvolles, empathievolles Gespräch mit dem Patienten einen Kunstfehler bei der Operation während dessen Narkose kaum ausgleichen. Das Verteufeln des „planmäßigen Verfolgens fremdgesetzter Ziele“ ohne „hohe reziproke Emotionalität“ und das Ausspielen von algorithmischen gegen bedingungsflexibles heuristisches Handeln bei Arbeit im sozialen Kontext wäre ebenso abwegig wie gefährlich (Richter, 1997).

3 Auch bei Interaktionsarbeit ist die gesamte psychische Verhaltensregulation gefordert ohne Reduktionen

Interaktionsarbeit ist auch, aber nicht nur Emotionsarbeit. Bei Interaktionsarbeit verfolgen Akteure die Intention, das Verhalten eines anderen zu beeinflussen, vermittels ihres Einflussnehmens auf dessen psychische Verhaltensregulation. Was ist dafür erforderlich?

- Zunächst ist ein möglichst zutreffendes mentales Modell oder tätigkeitsleitendes (operatives) Abbild der zu beeinflussenden Verhaltensregulation des anderen Menschen zu gewinnen. Wer nicht weiß, was den anderen warum zu seinem Verhalten (beispielsweise Schuleschwänzen, Genussmittelmissbrauch etc.) veranlasst, kann dieses Verhalten auch nicht zielgerichtet verändern.
- Das erfordert eine naive Psychodiagnostik der vermutlich aktuell wirksamen Verhaltensregulation des anderen Menschen.
- Vor allem ist eine zielgerichtete, auf Gründe bezogene Einflussnahme auf die gesamte Verhaltensregulation des Klienten oder Partners erforderlich.
- Dafür ist eine zutreffende Konzeption menschlicher Verhaltensregulation hilfreich: Verhalten ist motivational (antriebs-) und kognitiv (ausführungsregulatorisch) reguliert und hat emotionale (beziehungsmäßige) Aspekte. Die kognitive Ausführungsregulation erfolgt auf verschiedenen „Ebenen", nämlich durch Routinen, durch wissensbasierte und durch Denkprozesse.

Zu beeinflussen sind also das Wirken von Motiven, Routinen, Wissen, Denkprozessen und deren emotionale Tönungen beim Gegenüber. Die Reduktion auf Emotionsarbeit an Klienten ohne Bezugnahme und Einflussnahme auf deren Wissen, Denken und routinebasiertes Reagieren wären ebenso ineffizient wie herabsetzend.

4 Interaktive Arbeit ist nicht notwendigerweise unplanbare, intuitive (eingebungsgeleitete) und improvisierende Arbeit

Grundlagen für das Beeinflussen des Verhaltens anderer in interaktiver Arbeit bieten unter anderem die Ergebnisse zum Führen komplexer, vernetzter, dynamischer Systeme in der denkpsychologischen Forschung: Durch die Komplexität und Vernetzung der wirksamen Sachverhalte ergeben sich unscharf definierte, veränderliche und facettenreiche Ziele. Beispiele sind das Gesunden beim Patienten oder das jünger, frischer und attraktiver Aussehen bei der Kundin des Frisörs.

Zusammenhänge zwischen wirksamen Merkmalen sowie zwischen Arbeitsschritten und Merkmalen können stochastischer Art sein, also auf Wahrscheinlichkeitsabschätzungen beruhen. Nicht intendierte und unerwartete Wirkungen und Nebenwirkungen sind bei interaktiver und bei monologischer Arbeit möglich. Im monologischen Alltagshandeln sind sie gründlich untersucht und als reguläre, also nicht lediglich zufällige Sachverhalte eingeordnet (Wehner, Stadler & Mehl, 1983). Anstelle des Handelns nach deterministischen Regeln (Algorithmen) ist das Handeln nach heuristischen Regeln erforderlich. Derartige heuristische Regelsysteme sind bekannt bzw. entwickelbar und lehrbar.

Unzutreffend wäre daher, interaktives Handeln als grundsätzlich unwägbar oder unplanbar, als intuitions- und improvisionsgeleitet zu kennzeichnen, nur weil das Gegenüber sein Verhalten ändert und diese Änderungen nicht sicher vorhersehbar sind (wie das bei Brucks, 1998; Richter, 1997; Rieder, 2003 erörtert wird). Auch interaktives Arbeitshandeln muss mehr sein als ein „muddling through", als improvisierendes, eingebungsgeleitetes, d.h. nicht reflektiertes Durchwursteln. Es sollte umgekehrt in der schlechten Vorhersehbarkeit des Verhaltens beim anderen Menschen versuchen, Regularität zu erkennen und diese Regularitätsreste im eigenen Handeln einzuplanen.

5 Interaktive Arbeit wäre als ein rein interpersonaler Prozess nur unvollständig beschrieben

Interaktive Arbeit erfordert – in noch umfassenderem Maße als monologische Arbeit – auch intrapersonale psychische Regulationsprozesse der Handelnden. Dazu gehören das Entwickeln von Vorstellungen, also eines operativen Abbildsystems, von den Motiven, Intentionen, Kenntnissen und Fähigkeiten des anderen Menschen und das darauf basierte Verarbeiten seines Verhaltens. Beispielsweise sollte aggressives Verhalten eines zu behandelnden debilen Kindes in Ansehung seiner Möglichkeiten zur Intentionsbildung anders attribuiert werden als im Falle eines intelligenten Erwachsenen. Die Attribuierung ist ein Beispiel für einen intrapersonalen Verarbeitungsprozess.

6 Interaktive Erwerbsarbeit ist auch zielgerichtete und – soweit möglich – zu planende Arbeit

Das Verteufeln von Zielgerichtetheit und Planung zu Gunsten von Improvisation und Intuition bei personenbezogenen Dienstleistungen wäre sachlich falsch und politisch Sozialromantik oder gar unehrliche Augenwischerei. Interaktive Erwerbsarbeit wird besonders rationell ökonomisch bewertet, so dass ein ziel- und planloses Treibenlassen den Anforderungen der Arbeitsrechtsverhältnisse (beispielsweise nach Pflegeplanung und Leistungsabrechnung) nicht entsprächen. Zeitvorgaben zwingen zur Zeitplanung. In der Industrie wird heute beinahe weniger umfassend nach direkten und indirekten neo-tayloristischen Zeitvorgaben gearbeitet als das beispielsweise beim ärztlichen und pflegerischen Handeln durch die Abrechnungsmodalitäten erzwungen wird.

Möglicherweise führen begriffliche Unklarheiten zur Verteufelung von Zielgerichtetheit und Planung zu Gunsten von Improvisation und Intuition beim interaktiven Arbeiten. Zielstellen und Planen sind in der Psychologie jedoch klar definiert.

Ziele sind durch fünf Merkmale definiert, nämlich als Einheit von Antizipation, Intention sowie mnestischer Repräsentation des antizipierten Sollzustands, Ansatzstelle spezifischer Emotionen und persönlichkeitsrelevanter Selbstbewertungen. Das Abwickeln von interaktiver Erwerbsarbeit ohne Antizipation des Soll-Ergebnisses und von potentiellen Folgezuständen sowie ohne die Absicht (Intention) zur antizipationsbezogenen Änderung durch eigenen Einsatz ist nicht möglich. Im ärztlichen Handeln wäre es – etwa bei fehlender Folgenvorwegnahme – gerade eine Quelle von Kunstfehlern.

Vom Planen wird in der Psychologie gesprochen, wenn zielbezogene Handlungen über Einschrittprozesse, also momentanes Handeln, hinausgehen und deshalb Vorgehens- und Abfolgeerwägungen zur Handlungsvorbereitung gehören. Diese Erwägungen können Vorabplanen und/oder situatives, reaktives Unterwegsplanen (planning in advance oder planning in action) sein. Ein Gegenüberstellen von planendem und reaktivem Handeln (Richter, 1997) entspräche nicht der Realität: Planen unterwegs ist auch eine Form reaktiven Handelns.

Die Behauptung, das Konzept zielgerichteten Handelns sei für personenbezogene Dienstleistungen untauglich, führt zumindest bei personenbezogenen Arbeitstätigkeiten zu Erwerbszwecken auf Abwege. Mehr noch: Soweit Interaktionsarbeit eine Zeitnormen unterworfene Erwerbsarbeit – nicht liebend-karitative Eigenarbeit – ist, erzwingt sie sogar das Planen bei Strafe des Aussonderns der Verweigerer aus dem Erwerbsprozess.

7 Tätigkeitsimmanente Emotionen sind kein Alleinstellungsmerkmal von Interaktionsarbeit, sondern alltägliches Erleben auch in monologischen Tätigkeitsabschnitten

Sowohl „positive“ wie „negative“ Arbeitsemotionen sind seit Kurt Lewins Arbeiten zu Erfolgs- und Misserfolgserleben in den mit Anspruchsniveau besetzten Leistungsbereichen oder seit der Diskussion des „Flusserlebens“ (Csikszentmihalyi, 1992; Lewin, 1926) auch in monologischen, beispielsweise Fertigungstätigkeiten untersucht. Andererseits sind auch bei Interaktionsarbeit Freude bei subjektivem Erfolg, Ärger bei subjektivem Misserfolg und das „sich getragen fühlen“ bei gelingenden Handlungen zu erwarten. Die Literatur zur Emotionsarbeit berichtet meines Wissens allerdings über Beides nicht.

Eine Besonderheit bei Interaktionsarbeit ist das Erfordernis des Darstellens von regelgerechtem bzw. des Unterdrückens von regelwidrigem Gefühlsausdruck mit Bezug auf das Klientel. Mehr Wissen und einstweilen mehr Vorsicht erscheinen hier erforderlich: Die Expositionsregeln bezüglich des surface acting betreffen nicht Gefühle, sondern das Ausdrucksverhalten. Bereits in der Einleitung seines Lehrbuchs der Emotionspsychologie betont jedoch beispielsweise Schmidt-Atzert (1996): „Anders als man erwarten sollte, hängen emotionales Erleben, physiologische Veränderungen und der Ausdruck von Emotionen kaum zusammen“ (S.11). Manche Interaktionstätigkeiten leben geradezu davon, dass Ausdrucksverhalten und emotionales Erleben zweierlei ist – etwa in der Schauspielkunst. Die emotionspsychologischen Theorien reichen derzeit schwerlich aus, um zu erklären, wann und warum „emotional work“ und „sentimental work“ belasten.

8 Auch interaktive Tätigkeiten sind wie alle Tätigkeiten reguliert durch übernommene Kenntnisse und durch in der Arbeit gewonnene Erfahrungen

Teile des handlungsleitenden Wissens, also der Kenntnisse und Erfahrungen, sind implizit, schweigend, d.h. sie führen das Handeln ohne dass sie ohne weiteres begrifflich aussagbar sind (Schulze, 2001). Ohne implizit handlungsleitendes Wissen gelingt eine Erwerbstätigkeit ebenso wenig wie ohne begrifflich fassbares Wissen. Beide können bekanntlich ineinander übergehen, sind aufeinander angewiesen, und nicht gegeneinander ausspielbar.

Auch trifft nicht zu, dass implizites Wissen ohne Ziel eingesetzt werde und nur explizites Wissen zielgerichtet eingesetzt ist. Beispielsweise verfolge ich mit dem Sprechen eines Satzes ein klares und rational begründetes Ziel, und das grammatikalisch richtige Sprechen folgt dabei impliziten Regeln, sonst könnte sinnvolles Mitteilen nicht gelingen.

9 Auch interaktive Tätigkeiten dürfen nicht beschränkt sein auf anschauliches Denken

Interaktive Tätigkeiten bedürfen – sofern ihnen neben „Intuition“, „Gespür“ und „Gefühl“ auch Denken zugestanden wird – auch begrifflich gefasster und abstrakter Denkleistungen. Zu den Basisprozessen menschlicher Informationsverarbeitung gehört unter anderem der Modalitätenwechsel (Krause, 2002). Beispielsweise lebt erfolgreiches Lehren von Mathematik – zweifelsfrei eine personenbezogene, interaktive Tätigkeit – vom Wechsel zwischen Begriff, zum Beispiel dem Satz des Pythagoras, und Bild, beispielsweise dem Umklappen von Dreiecken entlang der Diagonale zur Abschätzung von Flächengrößen (Krause, Seidel & Heinrich, 2003).

10 Auch interaktive Tätigkeiten sind sowohl sinnlich-anschaulich als auch begrifflich-abstrakt reguliert

Alle Sachverhalte unserer Umwelt müssen über die Sinnesorgane erfasst werden („nihil est in intellectu quod non ante fuerit in sensu"): Auch abstrakte Satzinhalte werden gehört oder gelesen. Jede Wahrnehmung ist zunächst Informationsaufnahme mit den Sinnen, auch das Lesen oder Hören abstrakter Satzinhalte. Die Gegenüberstellung von sinnlicher oder begrifflicher Tätigkeitsregulation wäre gegenstandslos.

11 Fazit

Eine Gesamtkonzeption zu interaktiven Arbeitstätigkeiten bleibt u.E. noch zu entwickeln. Möglicherweise sind bei dieser Entwicklung einige der angeschnittenen Sachverhalte grundsätzlicher aufzugreifen.

Literatur

Brucks, U. (1998). *Arbeitspsychologie personenbezogener Dienstleistungen*. Bern: Huber.

Büssing, A. & Glaser, J. (1999). Interaktionsarbeit. Konzept und Methode der Erfassung im Krankenhaus. *Zeitschrift für Arbeitswissenschaft, 53*, 164-173.

Czikszentmihalyi, M. (1992). Flow. Das Geheimnis des Glücks. Stuttgart: Klett-Cotta.

Krause, W. (2002). *Denken und Gedächtnis aus naturwissenschaftlicher Sicht*. Göttingen: Hogrefe.

Krause, W., Seidel, G. & Heinrich, F. (2003). Über das Wechselspiel zwischen Rechnen und bildhafter Vorstellung beim Lösen mathematischer Probleme. Eine neurowissenschaftliche Studie zum Vergleich mathematisch Hoch- und Normalbegabter. *MU: Der Mathematik-Unterricht, 49* (6), 50-62.

Lewin, K. (1926). Untersuchungen zur Handlungs- und Affektpsychologie. *Psychologische Forschung, 7,* 295-385.

Richter, P. (1997). Arbeit und Nicht-Arbeit. Eine notwendige Perspektivenerweiterung in der Arbeitspsychologie. In I. Udris (Hrsg.), *Arbeitspsychologie für morgen* (S. 17-36). Heidelberg: Asanger.

Rieder K. (2003). Dialogische Dienstleistungsarbeit in der Krankenpflege: Konzepte für die Analyse von Belastungen und Anforderungen. In E. Ulich (Hrsg.), *Arbeitspsychologie in Krankenhaus und Arztpraxis* (S. 151-168). Bern: Huber.

Schmidt-Atzert, L. (1996). *Lehrbuch der Emotionspsychologie.* Stuttgart: Kohlhammer.

Schulze, H. (2001). *Erfahrungsgeleitete Arbeit in der industriellen Produktion.* Berlin: Edition Sigma.

Wehner, T., Stadler, M. & Mehl, K. (1983). Handlungsfehler – Wiederaufnahme eines alten Paradigmas aus gestaltpsychologischer Sicht. *Gestalt Theory, 5,* 267-292.

Interaktion als Arbeit – Ziele und Konzept des Forschungsverbundes

Fritz Böhle, Jürgen Glaser & André Büssing †

1 Ziele des Forschungsverbundes

In dem Forschungsverbund Int*akt* sollten Konzepte, Analysemethoden und arbeitsorganisatorische Gestaltungsempfehlungen für Interaktionsarbeit in verschiedenen Feldern der personenbezogenen Dienstleistung[1] erarbeitet werden. Das übergeordnete wissenschaftliche Ziel bestand darin, Ansätze zur Interaktionsarbeit in der personenbezogenen Dienstleistung weiterzuentwickeln und zu erproben. Bislang mangelte es in Forschung und Praxis an geeigneten arbeitsorganisatorischen Konzepten, die dem besonderen Charakter von personenbezogenen Dienstleistungen als Interaktionsarbeit Rechnung tragen. Mit der Entwicklung und praktischen Erprobung organisatorischer Grundsätze zur Förderung von Interaktionsarbeit sollte eine wesentliche Voraussetzung für eine zukunftsorientierte Gestaltung sowohl qualitätsorientierter als auch effizienter Dienstleistungsarbeit geschaffen werden.

Die systematische Berücksichtigung der Besonderheiten personenbezogener Dienstleistung ist eine grundlegende Voraussetzung für eine zukunftsorientierte Gestaltung von Dienstleistungsprozessen: Gerade auch personenbezogene Dienstleistungen unterliegen zunehmend neuen Anforderungen sowohl an eine kosten- wie auch qualitätsorientierte Organisation. Wie praktische Erfahrungen belegen, erfolgt dabei gegenwärtig eine Orientierung an Arbeits- und Organisationskonzepten wie sie in der industriellen Produktion und Verwaltung entwickelt wurden. Dies beinhaltet die Anwendung tayloristischer Prinzipien der Arbeitsorganisation (wie insbesondere Standardisierung von Leistungen und Zeitökonomie) ebenso wie auch neue Formen der Arbeitsorganisation (v.a. Gruppenarbeit).

Da hierbei keine systematische Berücksichtigung der besonderen Merkmale des Arbeitshandelns im Rahmen von personenbezogenen Dienstleistungen erfolgt, ist – auch bei neuen Formen der Arbeitsorganisation – die Gefahr groß,

---

1 Zu dem dabei zugrunde liegenden Verständnis von personenbezogener Dienstleistung im Sinne von „front-office" oder „front-line-work" siehe unsere Ausführungen im vorangegangenen Abschnitt.

dass der Empfänger von Dienstleistungen nur als „Objekt“ in Erscheinung tritt, das bedient und bearbeitet wird. Damit entsteht eine paradoxe Situation: Mit dem Bemühen, personenbezogene Dienstleistungen effizient zu gestalten und ihre Qualität zu verbessern, wird zugleich der eigentliche „Kern“ dieser Form von Arbeit und ihrer besonderen Leistung zumindest vernachlässigt, wenn nicht gar gefährdet. Es ergeben sich kontraproduktive Effekte, die sich nicht nur negativ auf die Effizienz und Qualität der Leistungen auswirken, sondern auch die Belastungen für die Arbeitskräfte erhöhen (z.B. bei der funktionalen Pflege, bei der technikorientierten Softwareentwicklung).

Die Entwicklung neuer arbeitswissenschaftlicher Konzepte und methodologischer Grundlagen im Verbundvorhaben sollte mit einer modellhaften (praktischen) Entwicklung und Erprobung neuer Konzepte der Arbeitsorganisation verbunden werden. Ausgewählt wurden hierzu zwei unterschiedliche Bereiche der personenbezogenen Dienstleistung: Gesundheitsdienstleistungen (Pflege) und industrielle Entwicklungs- und Beratungsdienstleistungen (Technik- bzw. Software-Entwicklung). In der bisherigen Diskussion wurden solche Bereiche jeweils isoliert betrachtet und gegeneinander abgegrenzt (Industrie versus Gesundheitsversorgung etc.). Demgegenüber war für das Verbundvorhaben die These leitend, dass trotz aller Unterschiede des „Gegenstandsbereichs“ hinsichtlich der jeweils geforderten Interaktionsarbeit Ähnlichkeiten bestehen. Grundlegende Strukturmerkmale des Arbeitshandelns im Rahmen von personenbezogenen Dienstleistungen lassen sich demnach gerade aus dem Vergleich zwischen sehr unterschiedlichen konkreten Ausformungen gewinnen. Zugleich wird damit gewährleistet, dass eine vergleichsweise große Spannbreite der konkreten Ausformungen von personenbezogenen Dienstleistungen erfasst wird.

Gerade wenn nicht mehr nur industrielle Produktion und Verwaltung, sondern auch personenbezogene Dienstleistungen – von der Gesundheitsversorgung bis hin zur kundenorientierten Technik- und Software-Entwicklung – dem Erfordernis einer effizienten und qualitätsorientierten Organisation unterliegen, um so mehr wird es notwendig, dabei den besonderen Charakter von Arbeit im Rahmen von personenbezogenen Dienstleistungen zu berücksichtigen. Erkenntnisse aus der industriellen Produktion und Verwaltung werden damit nicht hinfällig, jedoch ist es notwendig, sie durch eigenständige Konzepte der Arbeitsorganisation zu erweitern, die dem besonderen Charakter der personenbezogenen Dienstleistung als Interaktionsarbeit Rechnung tragen. Es sind Konzepte der Arbeits- und Betriebsorganisation erforderlich, durch die der Dienstleistungsempfänger nicht zum „Objekt“ des Arbeitshandelns, sondern als „Subjekt“ in die Erstellung des Produkts (Ko-Produktion) einbezogen wird.

Mit Bezug auf die übergeordneten wissenschaftlichen Ziele und Überlegungen bestanden somit zentrale Schwerpunkte und die Innovation des Forschungsverbundes in den folgenden Aufgaben:

- Entwicklung eines Ansatzes zur Interaktionsarbeit in der personenbezogenen Dienstleistung, der kognitive, emotionale und körperlich-sinnliche Momente einschließt.
- Analyse der Interaktionsarbeit unter zwei Perspektiven: (a) aus Mitarbeiter- und Klientensicht und deren Abstimmung bzw. Passung unter vollständigen Aufgaben- und Interaktionsstrukturen, (b) in Bezug auf interaktive Prozesse zwischen Mitarbeiter und Klient auf Grundlage der Gefühls- und Emotionsarbeit sowie eines subjektivierenden, erfahrungsgeleiteten Arbeitshandelns.
- Analyse von Interaktionsarbeit in unterschiedlichen beruflichen und organisatorischen Feldern, um Gemeinsamkeiten und Unterschiede der Interaktionsarbeit zu erkennen und generalisierbar machen zu können.
- Entwicklung und praktische Erprobung neuer Konzepte der Arbeitsorganisation zur Unterstützung von Interaktionsarbeit in unterschiedlichen Praxisfeldern (Gesundheitsversorgung und Technik- bzw. Software-Entwicklung).
- Analyse der sich aus den Besonderheiten von Interaktionsarbeit ergebenden (neuen) Qualifikationsanforderungen bzw. Prüfung der Übertragbarkeit von Ansätzen der beruflichen Bildung und Weiterbildung.

2 Partner und Kooperation im Forschungsverbund

Der Verbund setzte sich aus zwei wissenschaftlichen (arbeitspsychologischen und arbeitssoziologischen) sowie zwei betrieblichen Projekten in der Altenpflege und in der Softwareentwicklung zusammen. Die Durchführung der *wissenschaftlichen Projekte* erfolgte in interdisziplinärer Kooperation zwischen dem Lehrstuhl für Psychologie der Technischen Universität München (A. Büssing †, J. Glaser, B. Giesenbauer, T. Höge) und dem Extraordinariat für Sozioökonomie der Arbeits- und Berufswelt der Universität Augsburg (F. Böhle, S. Weishaupt, G. Hösl). Die wissenschaftlichen Projekte wurden durch Bearbeitung einer Querschnittaufgabe zur beruflichen Bildung unterstützt von der GAB, Gesellschaft für Ausbildungsforschung und Berufsentwicklung München GbR (M. Brater, P. Rudolf) sowie durch das ISF Institut für Sozialwissenschaftliche Forschung e.V. München (W. Dunkel).

Zentrale Aufgaben der wissenschaftlichen Projekte bestanden in der interdisziplinären Weiterentwicklung und Ausarbeitung eines integrierten Konzepts zur Interaktionsarbeit sowie in der Entwicklung von Grundlagen für deren arbeits- und betriebsorganisatorische Unterstützung. Dies erfolgte in Anknüpfung an die zwei Forschungsansätze der wissenschaftlichen Partner, die im Vorhaben weiterentwickelt und zusammengeführt werden sollten. Sowohl die Entwicklung des integrierten Konzepts zur Interaktionsarbeit wie insbesondere der organisatorischen Grundsätze zu ihrer Förderung erfolgte in enger Kooperation mit den betrieblichen Projekten. Dabei gingen wir davon aus, dass die Berücksichtigung der Besonderheit von Interaktionsarbeit in der betrieblichen Praxis organisatorische Innovationen auf zwei Ebenen erfordert. Wir bezeichnen sie als arbeits- und betriebsorganisatorische Rahmenkonzepte sowie organisatorische Grundsätze zur Förderung von Interaktionsarbeit auf der Ebene der konkreten Arbeitsprozesse bzw. Tätigkeiten.

Aufgabe und Ziel der *organisatorischen Rahmenkonzepte* war es, Voraussetzungen dafür zu schaffen, dass (überhaupt) eine wechselseitige Beziehung zwischen Mitarbeiter und Klient bzw. zwischen Produzent und Kunde im Sinne einer Ko-Produktion stattfindet bzw. stattfinden kann. Anliegen der *Grundsätze zur Förderung von Interaktionsarbeit* war hingegen die konkrete Organisation des Arbeitshandelns und der Arbeitstätigkeit unter Bezug auf eine aktive Beteiligung und Einbeziehung des Klienten bzw. Kunden. Die wissenschaftlichen Projekte hatten dementsprechend eine Doppelfunktion: Sie schafften mit einem integrierten Konzept zur Interaktionsarbeit wissenschaftliche Grundlagen für den Projektverbund, und sie waren in Bezug auf das organisatorische Rahmenkonzept sowie die organisatorischen Grundsätze zur Förderung von Interaktionsarbeit auch für die Koordination der Arbeiten zwischen einzelnen Projekten bzw. mit den betrieblichen Partnern des Verbundes zuständig. Neben der wissenschaftlichen Entwicklung von Konzepten und Analysemethoden ging es auf einer anwendungsbezogenen Ebene um die Identifizierung hemmender und fördernder Faktoren für Interaktionsarbeit im betrieblichen Kontext. Mit diesem Ziel wurden in den betrieblichen Projekten arbeitsorganisatorische Maßnahmen zur Förderung von Interaktionsarbeit erprobt, von den wissenschaftlichen Projekten beraten und evaluiert.

Die *betrieblichen Projekte* wurden durchgeführt von einer Einrichtung im Bereich der Altenpflege (Altenpflegeheim Hl. Geist der Münchenstift gGmbH München, G. Landauer) sowie von einem Unternehmen der Software-Entwicklung (Kleindienst Solutions GmbH & Co. KG Augsburg, H. Burkert). Die betrieblichen Projekte wurden unterstützt durch das Internationale Institut für Empirische Sozialökonomie gGmbH INIFES Augsburg (D. Sing, E. Kistler) und das Institut für Sozialwissenschaftliche Forschung e.V. ISF München (A. Bolte, F. Iwer); sie erhielten somit eine eigenständige externe Begleitung, durch die (erst) eine Organisationsentwicklung möglich wie auch ein effizienter Transfer zwischen den betrieblichen Projekten und den wissenschaftlichen Projekten ermöglicht wurde.

Bei der Durchführung des Vorhabens erfolgte eine enge Kooperation zwischen den Partnern sowohl im Rahmen der einzelnen Projekte wie auch zwischen den Projekten im Verbund. Die Durchführung der wissenschaftlichen Projekte und der betrieblichen Projekte erfolgte nicht phasenverschoben, d.h. nach einem sequenziellen Prinzip der Konzeptentwicklung und anschließenden praktischen Umsetzung, sondern weitgehend parallel. Den betrieblichen Projekten kam die Aufgabe zu, nicht nur wissenschaftlich erarbeitete Konzepte umzusetzen, sondern auch eigenständig – mit wissenschaftlicher Unterstützung/Begleitung – neue arbeits- und betriebsorganisatorische Lösungen zur Unterstützung von Interaktionsarbeit „experimentell" in der Praxis zu entwickeln. Daraus ergab sich für die wissenschaftlichen Projekte bereits bei der Konzeptentwicklung die Anforderung und Möglichkeit einer Rückkoppelung mit der betrieblichen Praxis bzw. einer zeitnahen Berücksichtigung der dort auftretenden Probleme und Fragestellungen.

3 Das integrierte Konzept zur Interaktionsarbeit

In der personenbezogenen Dienstleistung nimmt die Interaktion zwischen Dienstleistern und Klienten einen direkten, bisweilen entscheidenden Einfluss auf die Qualität der Arbeit. Interaktion ist ein wechselseitiger Prozess und in hohem Maße situativ geprägt. Die Klienten müssen hierbei als mehr oder weniger eigenständig handelnde Subjekte verstanden werden bzw. dürfen umgekehrt keinesfalls als „Objekte" der Dienstleistungsarbeit missverstanden werden – eine Gefahr wie sie bei bloßer Übertragung von etablierten Konzepten der Arbeitsforschung auf die personenbezogene Dienstleistung besteht. Mit der „Ko-Produktionsthese" (Badura, 1995) wird der Klient nicht einfach als Konsument, sondern als ein Ko-Akteur in einer komplexen Beziehung verstanden. Seine Rolle ist in Bezug auf die Qualität und den Erfolg der Dienstleistung fast ebenso wichtig wie die des Dienstleisters. Eine inadäquate Interaktion zwischen Dienstleister und Klient birgt nicht nur Risiken für die Dienstleistungsqualität, sondern darüber hinaus Einbußen für die Lebensqualität beider Akteure, nicht selten – etwa im Falle der Gesundheitsdienstleistung – sogar Gefahren für das Leben der Klienten.

Wir verstehen Interaktionsarbeit als die Kernaufgabe der personenbezogenen Dienstleistung. Bereits in der Vergangenheit gab es Forschung zu typischen Merkmalen interaktiver Arbeit, etwa zur Funktion von Emotionen in der Arbeit. Insofern ist diese Betrachtungsweise keineswegs neu. Bislang standen solche

Ansätze jedoch unverbunden nebeneinander und wurden erstmalig mit dem Konzept der Interaktionsarbeit (Büssing & Glaser, 1999) systematisch verknüpft. *Interaktionsarbeit* wurde mit dieser Verknüpfung als ein breit angelegtes Konzept definiert, das kognitive, kommunikative und emotionsbezogene Aufgaben in der Arbeit mit Klienten umfasst, unter objektivierbaren Bedingungen stattfindet und individuelle Handlungsstrategien der Dienstleister impliziert. Aufbauend auf den Vorarbeiten von Büssing und Glaser (1999) wurde im Forschungsverbund nun ein integriertes, um arbeitssoziologische Erkenntnisse zur personenbezogenen Dienstleistung erweitertes Konzept der Interaktionsarbeit entwickelt, das neben den drei Kernkomponenten zudem auch wesentliche strukturelle und arbeitsorganisatorische Voraussetzungen sowie potenzielle Wirkungen und Folgen von Interaktionsarbeit mit umfasst.

3.1 Kernkomponenten von Interaktionsarbeit

Die Kernbestandteile von Interaktionsarbeit werden nachfolgend definiert und erläutert. Dabei handelt es sich um die Emotionsarbeit einerseits, die Gefühlsarbeit sowie das damit verbundene subjektivierende Arbeitshandeln andererseits. Eine ausführlichere Behandlung dieser Kernkomponenten von Interaktionsarbeit mit Bezug zur Altenpflege sowie zur Softwareentwicklung erfolgt in den entsprechenden Beiträgen des vorliegenden Bandes.

Emotionale Arbeit bzw. Emotionsarbeit („emotion work") wurde schon vor Jahrzehnten in der mikrosoziologischen Forschung untersucht. Mit den Arbeiten von Goffman (1959) und Hochschild (1979) wurde der Blick auf das sogenannte Management von Gefühlen gerichtet. Die Regulation von Gefühlen auf berufliche Anforderungen hin wurde hier erstmalig als Bestandteil von Erwerbsarbeit anerkannt. Wenn tatsächlich erlebte Gefühle nicht mit Gefühlsregeln des Berufs oder der Organisation vereinbar sind, dann entsteht emotionale Dissonanz. Eine solche emotionale Dissonanz kann von Mitarbeitern in Beratung und Verkauf in alltäglichen, eher einfachen Interaktionen mit Kunden ebenso erlebt werden wie von Mitarbeitern im Gesundheitswesen in vergleichsweise komplexen Interaktionen mit Patienten. Wenn empfundene negative Gefühle der Mitarbeiter wie zum Beispiel Ärger oder Ekel im Gegensatz zu einem beruflich oder organisational geforderten Ausdruck positiver Gefühle wie etwa Sympathie oder Mitgefühl stehen, dann ist Emotionsarbeit im Sinne der Bewältigung emotionaler Dissonanz zu leisten.

Durch das Management der eigenen Gefühle regulieren Dienstleister die Diskrepanz zwischen ihren tatsächlichen, authentischen Gefühlen und den auf sogenannten Gefühlsregeln der Organisation basierenden erwarteten Gefühlen. Hierbei lassen sich zwei grundlegende Strategien unterscheiden, die Hochschild (1983) als „surface acting" und „deep acting" bezeichnet. Beim „surface acting" handelt es sich um die Regulierung äußerer (dargebotener) Gefühle („impression management"; vgl. Ekman, 1973; Goffman, 1971), beim „deep acting" geht es um die Regulierung innerer (authentisch empfundener) Gefühle. Die emotionale Arbeit der Dienstleister besteht folglich sowohl darin, den eigenen Gefühlsausdruck an die situativen Anforderungen der Interaktion mit den Klienten anzupassen (z.B. Freundlichkeit zu zeigen), wie auch darin, die tatsächlich empfundenen Gefühle aktiv zu beeinflussen (z.B. das Erleben von Ekelgefühlen in der Pflege abzubauen).

Emotionale Arbeit lässt sich auf unterschiedliche Parameter zurückführen. Zum einen sind es die genannten Gefühlsregeln, die eine wichtige Rolle spielen. Solche Regeln, die sich in Empfindensregeln und in Ausdrucksregeln differenzieren lassen (vgl. Rafaeli & Sutton, 1987), können in gesellschaftlichen, beruflichen oder professionellen Normen, in organisationalen Leitlinien und nicht zuletzt auch in individuellen Standards begründet sein. Sich freundlich gegenüber Klienten zu zeigen ist eine weit verbreitete Ausdrucksregel, die sich auf allen Ebenen widerspiegelt – so auch in Unternehmensleitbildern vieler Dienstleistungsorganisationen. Aussagen wie zum Beispiel „Jungen weinen nicht" spiegeln mehr oder weniger stereotype Ausdrucksregeln auf gesellschaftlicher Ebene wider, nichtsdestotrotz können solche und andere allgemeine soziale „Regeln" nachhaltigen Einfluss auf die Interaktion in der Dienstleistung haben. Im Servicebereich (z.B. Gastronomie, Kreditwirtschaft, Vertrieb) werden Dienstleister nicht selten speziell für die Interaktion mit Klienten geschult. Sie bekommen dort weitere organisationale Ausdrucksregeln vermittelt, die dazu dienen sollen, die Interaktion mit den Klienten zu beeinflussen oder gar zu steuern (z.B. höfliche Zurückhaltung im Kundengespräch, wenn Warteschlangen am Schalter zu lang werden).

Jedoch nicht Gefühlsregeln per se führen zu emotionaler Arbeit, denn Gefühlsregeln können zugleich als Grundlage und Hilfestellung für die zu leistende Gefühlsarbeit in der Interaktion mit den Klienten fungieren. Erst die von den Dienstleistern wahrgenommene Stärke der Diskrepanz zwischen solchen Regeln und den situativ erlebten eigenen Gefühlen bzw. die Diskrepanz zwischen Regeln und dem individuellen Gefühlsausdruck führen zu individuell und situativ unterschiedlichen Konstellationen von emotionaler Arbeit. Im Einklang mit früheren Studien (Hochschild, 1979, 1983; Thoits, 1984) gehen Rafaeli und Sutton (1987) davon aus, dass die Passung bzw. Nicht-Passung zwischen dargebotenen Gefühlen und Anforderungen an einen angemessenen Gefühlsausdruck zu verschiedenen Konstellationen führt, die sie als emotionale Harmonie, emotionale Dissonanz und emotionale Devianz bezeichnen.

Emotionale Harmonie tritt demzufolge immer dann auf, wenn der Gefühlsausdruck mit den empfundenen Gefühlen, den Gefühlsregeln bzw. den Erwartungen an den Gefühlsausdruck kongruent ist. Emotionale Dissonanz hingegen resultiert, wenn der Gefühlsausdruck zwar mit den Gefühlsregeln konform geht, jedoch im Widerspruch zu den tatsächlichen „inneren" Gefühlen steht. Zwei spezifische Formen der emotionalen Dissonanz sind zu unterscheiden: Einerseits „faking in bad faith" als das Vorspielen bzw. Vortäuschen von Gefühlen in „schlechter" Absicht. Dies ist dann der Fall, wenn Dienstleister der Überzeugung sind, dass der gezeigte Gefühlsausdruck kein Bestandteil ihrer Arbeit sein sollte, und sie nur dann mit den Gefühlsregeln konform gehen, wenn sie sich gezwungen bzw. überwacht sehen. Andererseits bezeichnet „faking in good faith" eine Situation, in der die Dienstleister Gefühle vortäuschen, die sie zwar nicht tatsächlich empfinden, dabei aber durchaus im guten Glauben handeln, dass diese Gefühle Bestandteil ihrer Arbeit sein sollten. Emotionale Devianz kennzeichnet schließlich den Sachverhalt, dass sich eine Person ihren tatsächlichen, organisational unerwünschten Gefühlen hingibt und sich mit ihrem Gefühlsausdruck über Normen hinwegsetzt. Emotionale Devianz ebenso wie emotionale Harmonie können daher in einem Gegensatz zur emotionalen Dissonanz gesehen werden: Denn im Unterschied zum Vortäuschen erwarteter Gefühle im Falle der emotionalen Dissonanz bringt der Dienstleister mit der emotionalen Devianz unter Missachtung der organisationalen und beruflichen Gefühlsregeln seine tatsächlichen Gefühle zum Ausdruck, und im Idealfall der emotionalen Harmonie bestehen keine Diskrepanzen zwischen Gefühlsregeln, empfundenen Gefühlen und Gefühlsausdruck.

Eine zweite Kernkomponente von Interaktionsarbeit ist die Gefühlsarbeit („sentimental work"). Von Strauss und Mitarbeitern (z.B. Strauss, Fagerhaugh, Suczek & Wiener, 1980) wurden im Kontext des hochtechnisierten Krankenhauses verschiedene Typen von Gefühlsarbeit identifiziert und erforscht. Strauss et al. (1980, 1982, 1985) definieren Gefühlsarbeit („sentimental work") als Beeinflussung fremder Gefühle (der Klienten) zur Erfüllung der Arbeitsaufgabe bzw. im Dienste des Hauptarbeitsverlaufs. Mit der Beeinflussung fremder Gefühle (der Klienten) ermöglicht Gefühlsarbeit oft erst die angemessene Erfüllung der Arbeitsaufgabe. Ein Beispiel ist die Vertrauensarbeit, mit der man einem Klienten Kompetenz vermittelt, sich um ihn kümmert und Vertrauen erzeugt; ein weiteres Beispiel ist biografische Arbeit, bei der man sich (gegenseitig) kennen lernt und zum Beispiel therapeutische, pflegerische oder erzieherische Arbeit nicht nur erleichtert, sondern oft erst ermöglicht.

Eine dritte Kernkomponente von Interaktionsarbeit ist das subjektivierende Arbeitshandeln. Hierbei handelt es sich um einen Ansatz, der von Böhle und Mitarbeitern im Bereich der industriellen Fertigung entwickelt (Böhle & Milkau, 1988; Böhle & Rose, 1992) und später für die personenbezogene Dienstleistung erschlossen wurde (Böhle, Brater & Maurus, 1997). Unbestimmbarkeiten und Unwägbarkeiten zählen gerade in der personenbezogenen Dienstleistung zu den grundlegenden Merkmalen; sie sind keine Abweichungen von der „Normalität", sondern vielmehr integraler Bestandteil der Arbeit mit und am Menschen. Eine genaue Planung von Arbeitsabläufen und eine Standardisierung von Arbeitsprozessen ist hier nur ansatzweise möglich, d.h. bei der Bewältigung der situativen Anforderungen in der Interaktion mit Klienten stößt ein objektivierendes, zweckrationales Arbeitshandeln, das auf einem planmäßigen Vorgehen beruht, rasch an seine Grenzen. Das Leitbild des zweckrationalen Handelns kann hier folglich nicht ausschließlich angewendet werden; vielmehr bedarf es der Ergänzung durch ein subjektivierendes, erfahrungsgeleitetes Arbeitshandeln, bei dem das „Gespür" als Medium bzw. „Instrument" des Wahrnehmens, Erfassens und Verstehens eine wichtige Rolle spielt.

Die Bezeichnung „subjektivierend" unterstreicht die Bedeutung des Subjektcharakters des Interaktionspartners wie auch des Arbeitsgegenstandes sowie die Bedeutung sogenannter subjektiver Faktoren wie Gefühl, Erleben und Empfinden. Demgegenüber lässt sich ein planmäßig rationales Handeln auch als ein objektivierendes Handeln bezeichnen, da hier – im Prinzip – subjektunabhängige allgemeingültige Kriterien für Wissen und Verfahren zur Anwendung kommen. Der Begriff „erfahrungsgeleitet" betont die besondere Rolle des „Erfahrens" als Grundlage sowohl des kognitiven als auch des praktischen Umgangs mit äußeren Gegebenheiten. Objektivierendes und subjektivierendes Arbeitshandeln unterscheiden sich nicht grundsätzlich hinsichtlich ihrer Funktionalität; sie sind beide arbeitsbezogen und weisen allgemeine Merkmale von Arbeit als instrumentellem Handeln auf. Sie unterscheiden sich jedoch hinsichtlich des „Wie" bzw. der Arbeitsweise, mittels der Ziele definiert und erreicht werden. Charakteristisch für subjektivierendes Arbeitshandeln sind folgende Aspekte: Umgang mit begrenzt planbaren und kontrollierbaren Anforderungen, Wahrnehmung und Interpretation von Informationen, die sich nicht objektivieren lassen, Denken in bildhaft-assoziativen mentalen Prozessen, dialogisch-interaktives Vorgehen und subjektives Nachvollziehen (Empathie).

Emotionsarbeit einerseits und Gefühlsarbeit sowie subjektivierendes Arbeitshandeln andererseits sind zwei komplementäre Perspektiven. Während es zum einen um Gefühle der Dienstleister und deren Regulierung geht, stehen zum anderen der Klient und dessen Beeinflussung bzw. „Bearbeitung" und/oder die

Lösung von Problemen durch und in der Interaktion bzw. Kooperation zwischen Dienstleister und Klient im Vordergrund. Beide Perspektiven sind gleichermaßen wichtig für die Qualität der Dienstleistung. Emotionale Arbeit wie auch Gefühlsarbeit und subjektivierendes Arbeitshandeln müssen funktionieren, damit die Interaktion mit den Klienten gelingen kann. Gefühlsarbeit und Subjektivierendes Arbeitshandeln in Ergänzung zur emotionalen Arbeit sind auch deshalb von großer Bedeutung, wird hier doch der Blick auf die Bedingungen der Arbeit gerichtet und die Beeinflussung der Gefühle von Klienten als ein immanenter Bestandteil der Arbeitsaufgaben von Dienstleistern verstanden. Der Unterschied und das Verhältnis zwischen Gefühlsarbeit und subjektivierendem Handeln – bei denen jeweils der Klient im Fokus steht – wird ausführlicher im Schlussbeitrag von Böhle (in diesem Band) behandelt.

Die Forschung zur Gefühlsarbeit und zum subjektivierenden Arbeitshandeln hat bislang weitaus weniger Beachtung erfahren als die Forschung zur emotionalen Arbeit. Letztere erfreut sich insbesondere in der angloamerikanischen Forschung eines regelrechten Booms (zum Überblick Ashkanasy, Haertel & Zerbe, 2000; Zapf, 2002). Die Perspektive der Gefühlsarbeit und des subjektivierenden Arbeitshandelns fristet hingegen ein eher „stiefmütterliches Dasein", was besonders mit Blick auf ihre arbeitsgestalterischen Möglichkeiten ein Defizit bei der Betrachtung der personenbezogenen Dienstleistung darstellen dürfte. Umso wichtiger erscheint es uns, beide Perspektiven im Konzept der Interaktionsarbeit miteinander zu verbinden, ihre wechselseitigen Bezüge zu untersuchen, und nicht zuletzt ihre jeweiligen Voraussetzungen, Wirkungen und Folgen in die Analyse von Interaktionsarbeit mit einzubeziehen.

3.2 Voraussetzungen, Wirkungen und Folgen von Interaktionsarbeit

Die Arbeit in der Interaktion mit Klienten wird von unterschiedlichen Rahmenbedingungen beeinflusst. Morris und Feldman (1996) haben in einem vielbeachteten Review spezifische Voraussetzungen, Komponenten und Konsequenzen der Interaktion mit Klienten beleuchtet. Als Bestimmungsstücke der von den Autoren so bezeichneten „emotional labour" nennen Morris und Feldman (1996) die folgenden Merkmale: Häufigkeit (frequency) eines angemessenen Gefühlsausdrucks, Aufmerksamkeit (attentiveness) gegenüber Gefühlsregeln, Variantenreichtum (variety) des Gefühlsausdrucks sowie emotionale Dissonanz. Mit dem Überblick von Morris und Feldman (1996) wurde deutlich, dass bedingungsbezogene Momente interaktiver Arbeit im Hintergrund stehen, und dass sich die Mehrzahl der Studien auf das Gefühlsmanagement beziehen und somit einer personenbezogenen Sicht verpflichtet sind. Morris und Feldman (1996) fassen die Forschungslage in Hypothesen zu Ursachen und Wirkungen von emotionaler Arbeit zusammen. Als Ursachen stehen hierbei bestimmte organisationale und aufgabenbezogene Bedingungen, als Wirkungen Arbeitszufriedenheit und emotionale Erschöpfung im Mittelpunkt. Mit Blick auf weitere potenzielle Ursachen bzw. allgemeinere Voraussetzungen haben wir diese Systematik erweitert, und sowohl strukturelle wie auch organisatorische und individuelle Voraussetzungen und Bedingungen in das Konzept der Interaktionsarbeit einfließen lassen.

Zu den *strukturellen Voraussetzungen* lassen sich vor allem rechtliche, ökonomische und gesellschaftliche Rahmenbedingungen zählen. Gerade in der Pflege spielen Aspekte, wie zum Beispiel die finanzielle Abrechnungsfähigkeit pflegerischer Leistungen, eine wichtige Rolle für die alltägliche Interaktion mit den Patienten – nicht zuletzt deshalb, weil sie sich häufig als hemmende Faktoren für Interaktionsarbeit erweisen (z.B. personelle Engpässe, die ausführlichere Gespräche mit Patienten verhindern).

Arbeitsbedingungen, die mit unterschiedlichen Formen der Arbeitsteilung und der Arbeitsorganisation festgelegt sind und die sich aus arbeitspsychologischer Sicht in Anforderungen, Belastungen und Ressourcen von Arbeitsaufgaben manifestieren, stellen weitere Rahmenbedingungen und Voraussetzungen für Interaktionsarbeit dar. Und nicht zuletzt können auch *individuelle Faktoren* als Voraussetzungen für Interaktionsarbeit geltend gemacht werden, wie zum Beispiel Persönlichkeitsmerkmale, Einstellungen und Kompetenzen der Dienstleister ebenso wie der Leistungsempfänger, welche in die Interaktionsprozesse eingebracht werden.

Bedingungen von Interaktionsarbeit wirken sich spezifischer als die Voraussetzungen auf Kernkomponenten von Interaktionsarbeit aus. Mit den *Interaktionscharakteristika* wird auf wesentliche Parameter (Häufigkeit und Dauer) der Interaktion zwischen Dienstleistern und unterschiedlichen Klientel Bezug genommen. Zudem dürfte die konkrete Ausgestaltung der Interaktionsarbeit durch Aspekte einer *interaktionsorientierten Führung* und durch den verfügbaren *Interaktionsspielraum* mitbedingt sein. Eine Rolle spielen zudem die *Qualifikationsanforderungen* für Interaktionsarbeit sowie als personenbezogenes Komplement dazu die *Kompetenz* der Pflegekräfte zur Interaktionsarbeit. Bedingt wird die Interaktionsarbeit darüber hinaus durch *Gefühlsregeln* auf drei verschiedenen Ebenen: So können sich Dienstleister selbst Regeln auferlegen (individuelle Gefühlsregeln). Weiterhin geben die Organisationen (z.B. Altenpflegeheime) mehr oder weniger direkt Regeln im Umgang mit Bewohnern vor (organisationale Gefühlsregeln, z.B. in Form von Pflegeleitbildern). Neben diesen individuellen und organisationalen Gefühlsregeln werden zudem gesellschaftliche bzw. berufliche

Gefühlsregeln wirksam. Solche beruflichen Regeln werden den Dienstleistern häufig schon in ihrer Ausbildung vermittelt, sie erwerben sie in ihrer beruflichen Sozialisation, oder sie sind Teil des in der Umwelt verankerten Rollenbildes. Diese sozialen Normen können sich sowohl auf den Ausdruck als auch auf das Empfinden von Gefühlen beziehen. In diesem Sinne kann der Ausdruck *Gefühlsregeln* als Oberbegriff für *Ausdrucksregeln* und *Empfindungsregeln* verstanden werden (Hochschild, 1979, 1983).

Mit Blick auf die *Wirkungen von Interaktionsarbeit* standen bislang Arbeitszufriedenheit und emotionale Erschöpfung der Dienstleister im Mittelpunkt des Interesses (vgl. Morris & Feldman, 1996). Zahlreiche empirische Studien haben sich insbesondere mit Zusammenhängen zwischen emotionaler Arbeit und Burnout befasst (z.B. Nerdinger & Röper, 1999; Zapf, Vogt, Seifert, Mertini & Isic, 1999). In diesen Studien wird meist auf das Konzept von Rafaeli und Sutton (1987) Bezug genommen, und es werden spezifische Zusammenhänge zwischen den Konstellationen emotionaler Arbeit und verschiedenen Facetten des Burnout untersucht. Die Ergebnisse zeigen in der Regel deutliche Zusammenhänge zwischen emotionaler Dissonanz und emotionaler Erschöpfung sowie Depersonalisation der Dienstleister. Andere potenzielle Wirkungen und insbesondere darüber hinaus gehende Folgen für Dienstleister und Klienten (z.B. Absentismus, Qualität der Behandlung) sind hingegen kaum untersucht worden.

Im integrierten Konzept der Interaktionsarbeit wurden die potenziellen Wirkungen und Folgen von Interaktionsarbeit nun breiter gefasst und in zwei Bündel von Indikatoren unterteilt: Zum einen lassen sich bewährte Kriterien für die *Qualität des Arbeitslebens der Dienstleister* (z.B. Arbeitszufriedenheit, psychophysische Beanspruchung, Absentismus), zum anderen auch Kriterien für die *Qualität der Dienstleistung* aus Sicht der Klienten (z.B. Patientenzufriedenheit, Lebensqualität, Qualität der Behandlung und Versorgung) als Indikatoren heranziehen.

Abbildung 1 gibt einen schematischen Gesamtüberblick über das integrierte Konzept der Interaktionsarbeit. Berücksichtigt werden in dem Konzept neben den Kernkomponenten der Interaktionsarbeit (Emotionale Arbeit, Gefühlsarbeit und Subjektivierendes Arbeitshandeln) auch die genannten Voraussetzungen (z.B. strukturelle, arbeitsbezogene und individuelle Faktoren), Bedingungen von Interaktionsarbeit (z.B. Dauer und Häufigkeit, Qualifikation) sowie Wirkungen und Folgen von Interaktionsarbeit. Es handelt sich um einen konzeptuellen Rahmen, der mit empirischen Untersuchungen in unterschiedlichen Feldern der personenbezogenen Dienstleistung in Bezug auf alle Bestandteile analysiert und bewertet werden muss. Ein Ziel der empirischen Untersuchungen im Verbundvorhaben bestand darin, das integrierte Konzept der Interaktionsarbeit mit geeigneten Analyseinstrumenten zunächst im Anwendungsfeld der Altenpflege zu operationalisieren und das Konzept später in einem zweiten Schritt auf weitere Felder der personenbezogenen Dienstleistung zu generalisieren. Aufbauend auf diesen Ergebnissen des Verbundvorhabens lassen sich in zukünftigen Studien Bestandteile des integrierten Konzepts zu einem Modell ausarbeiten, das über Ursache-Wirkungs-Gefüge zwischen den Modellvariablen konkreter Auskunft geben soll.

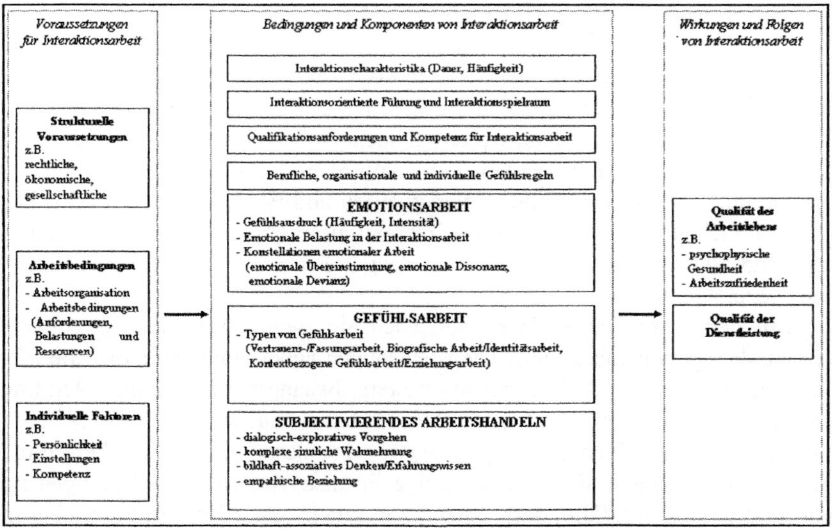

Abbildung 1: Schematische Darstellung des integrierten Konzepts zur Interaktionsarbeit

4 Überblick über die Ergebnisse

Auch schon in der Vergangenheit finden sich Forschungsansätze, die speziell unter Bezug auf die Organisation (Rationalisierung) von Arbeit von Besonderheiten der Dienstleistungsarbeit ausgehen. Exemplarisch ist hierfür die Annahme, dass sich Dienstleistungen wegen ihres unbestimmten Charakters nicht in gleicher Weise wie industrielle Produktionsarbeit rationalisieren lassen (Berger & Offe, 1984). Doch wie beispielsweise die Entwicklungen im Bank- und Versicherungsbereich zeigen, sind Dienstleistungen keineswegs generell eine „Rationalisierungsnische“. Notwendig ist daher eine differenziertere Betrachtung nicht nur von Unterschieden zwischen industrieller Produktion und Verwaltung einerseits und Dienstleistungen andererseits, sondern auch von unterschiedlichen Dienstleistungsbereichen. Des Weiteren ist nicht so sehr die Frage entscheidend, ob eine Rationalisierung von Dienstleistungen (überhaupt) möglich ist. Entscheidend ist vielmehr die Frage, wie diese konkret aussieht und welchen Anforderungen sie gerecht werden muss. Die in diesem Buch dargestellten Untersuchungen zeigen, dass sich bei personenbezogenen Dienstleistungen besondere Anforderungen an die Arbeitsgestaltung durch die Besonderheit der Interaktion ergeben.

Dementsprechend wäre auch zu fordern, dass die Berufsausbildung besser auf Aspekte der Interaktion mit Klienten vorbereitet, zum Beispiel indem mehr soziale Kompetenzen vermittelt und eingeübt werden (vgl. Brater & Rudolf, in diesem Band). Denn die Konsequenzen unzureichend bewältigter emotionaler Belastungen in der Arbeit etwa in Form von Stress und Burnout, Einbußen an Qualität und – am langen Ende – Demotivation und Berufsflucht sind erheblich. Die unzureichende Qualifizierung für Interaktionsarbeit dürfte auch zum öffentlichen Bild beitragen, das vor nicht allzu langer Zeit als „Servicewüste Deutschland" gezeichnet wurde.

Mit dem vorliegenden Band soll auch ein Bewusstsein dafür geschaffen werden, dass personenbezogene Dienstleistungen neben üblichen motivationalen und qualifikatorischen Anforderungen weitere, bislang vernachlässigte Anforderungen an Dienstleister stellt. Unsere Befunde in verschiedenen Berufsfeldern der personenbezogenen Dienstleistung haben gezeigt, dass interaktive Arbeitsaufgaben anforderungsreich sind und neuartige Formen von Arbeitsbelastungen mit sich bringen. Keinesfalls darf Interaktionsarbeit unkritisch mit „einfacher" Dienstleistung gleichgesetzt werden, denn die Bandbreite personenbezogener Dienstleistungen ist erheblich. Sie reicht von Tätigkeiten mit stereotypen Interaktionsepisoden (z.B. Servicepersonal in Fast Food-Restaurants) bis hin zur Arbeit mit komplexen Interaktionsepisoden (z.B. in der Pflege). Gerade komplexe Dienstleistungen bedürfen einer besonderen Qualifizierung. Hier lassen sich kaum standardisierte Vorgehensweisen umsetzen. Die Ko-Produktion mit Klienten bedarf eines individuellen, situativen Vorgehens. Neben einer besseren Qualifizierung zur Interaktionsarbeit sind für solche interaktionsintensiven Berufe für die Zukunft besondere unterstützende Rahmenbedingungen und eine positivere gesellschaftliche Wertschätzung notwendig.

Die Veröffentlichung unserer Ergebnisse gliedert sich in sechs Kapitel. Im Anschluss an das vorliegende Einleitungskapitel steht im Mittelpunkt von *Kapitel II* die Pflegearbeit mit Schwerpunkt auf der stationären Altenpflege. Ausgehend von arbeitsorganisatorischen Voraussetzungen werden Emotions- und Gefühlsarbeit sowie Subjektivierendes Arbeitshandeln von Pflegekräften näher vorgestellt.

Daran schließt sich die Beschreibung praktischer Gestaltungsmaßnahmen zur Unterstützung von Interaktionsarbeit in einem Altenpflegeheim und der dabei gewonnenen Erkenntnisse an.

Kapitel III befasst sich mit der Softwareentwicklung. Im Unterschied zur Pflege ist die hier untersuchte Interaktionsarbeit erst ein Ergebnis besonderer organisatorischer Maßnahmen zur Bewältigung der Probleme, die sich in der Kooperation zwischen Softwareentwicklern und Kunden ergeben. Nach einer Vorstellung der organisatorischen Lösung folgt die nähere Betrachtung der hierdurch entstandenen Interaktionsarbeit sowie von Möglichkeiten zu ihrer Unterstützung.

In *Kapitel IV* werden empirische Ergebnisse aus weiteren Studien in anderen Feldern der Dienstleistung vorgestellt. Zum einen wird hiermit das empirische Feld erweitert, zum anderen werden ergänzende konzeptuelle Überlegungen zur Beschreibung personenbezogener Dienstleistungen eingebracht.

Mit dem *Kapitel V* werden Fragen zur Qualifizierung für Interaktionsarbeit aufgeworfen. Ergebnisse einer systematischen Analyse von Lernkonzepten werden vorgestellt und auf ihre Eignung für die Förderung von Interaktionsarbeit überprüft.

Kapitel VI rundet den Band mit generalisierenden Überlegungen zur Interaktionsarbeit in der Dienstleistung ab. Zunächst werden anhand empirischer Befunde in unterschiedlichen Feldern der Humandienstleistung Unterschiede und Gemeinsamkeiten von Interaktionsarbeit diskutiert. Interaktionsarbeit als soziale Interaktion wird abschließend in Bezug auf ihre Rolle und Funktion beleuchtet und das Spannungsverhältnis zwischen institutionell-organisatorischen Vorgaben für die Beziehung zwischen Dienstleistenden und Klienten einerseits und der faktisch notwendigen Interaktion und Kooperation andererseits aufgezeigt. Auf dieser Grundlage wird eine Typologie personenbezogener Dienstleistungen begründet.

Literatur

Ashkanasy, N.M., Haertel, C.E.J. & Zerbe, W.J. (Eds.). (2000). *Emotions in the workplace – research, theory and practice.* Westport: Quorum.

Badura, B. (1995). Gesundheitsdienstleistungen im Wandel. In H.-J. Bullinger (Hrsg.), *Dienstleistung der Zukunft. Märkte, Unternehmen und Infrastruktur im Wandel* (S. 183-190). Wiesbaden: Gabler.

Berger, J. & Offe, C. (1984). Die Entwicklungsdynamik des Dienstleistungssektors. In C. Offe (Hrsg.), *„Arbeitsgesellschaft": Strukturprobleme und Zukunftsperspektiven* (S. 291-319). Frankfurt/M.: Campus.

Böhle, F., Brater, M. & Maurus, A. (1997). Pflegearbeit als situatives Handeln. Ein realistisches Konzept zur Sicherung von Qualität und Effizienz der Altenpflege. *Pflege, 10*, 18-22.

Böhle, F. & Milkau, B. (1988). *Vom Handrad zum Bildschirm. Eine Untersuchung zur sinnlichen Erfahrung im Arbeitsprozeß*. Frankfurt/M.: Campus.

Braverman, H. (1997). *Die Arbeit im modernen Produktionsprozess*. Frankfurt/M.: Campus.

Büssing, A. & Glaser, J. (1999). Interaktionsarbeit: Konzept und Methode der Erfassung im Krankenhaus. *Zeitschrift für Arbeitswissenschaft, 53*, 164-173.

Büssing, A. & Glaser, J. (2003). Interaktionsarbeit in der personenbezogenen Dienstleistung. In A. Büssing & J. Glaser (Hrsg.), *Dienstleistungsqualität und Qualität des Arbeitslebens im Krankenhaus* (S. 131-148). Göttingen: Hogrefe.

Dunkel, W. & Voß, G.G. (Hrsg.). (2004). *Dienstleistung als Interaktion. Beiträge aus einem Forschungsprojekt*. München: Hampp.

Ekman, P. (1973). Cross culture studies of facial expression. In P. Ekman (Ed.), *Darwin and facial expression: a century of research in review* (pp. 169-222). New York: Academic Press.

Goffman, E. (1959). *The presentation of self in everyday life*. New York: Doubleday Anchor.

Goffman, E. (1971). *Interaktionsrituale*. Frankfurt/M.: Suhrkamp.

Hochschild, A.R. (1979). Emotion work, feeling rules, and social structure. *American Journal of Sociology, 85*, 551-575.

Hochschild, A.R. (1983). *The managed heart: Commercialisation of human feeling*. Berkeley: University of California Press.

Kern, H. & Schumann, M. (1985). *Industriearbeit und Arbeiterbewußtsein*. Frankfurt/M.: Suhrkamp.

Kratzer, N. (2003). *Arbeitskraft in Entgrenzung*. Berlin: Edition Sigma.

Krömmelbein, S. (2004). *Kommunikativer Stress in der Arbeitswelt: Zusammenhänge von Arbeit, Interaktion und Identität*. Berlin: Edition Sigma.

Moldaschl, M. & Voß, G.G. (Hrsg.). (2003). *Subjektivierung von Arbeit*. München: Hampp.

Morris, J. A. & Feldman, D. C. (1996). The dimensions, antecedents, and consequences of emotional labor. *Academy of Management Review, 21*, 986-1010.

Nerdinger, F.W. & Röper, M. (1999). Emotionale Dissonanz und Burnout. Eine empirische Untersuchung im Pflegebereich eines Universitätskrankenhauses. *Zeitschrift für Arbeitswissenschaft, 53*, 187-193.

Rafaeli, A. & Sutton, R.I. (1987). Expression of emotion as part of the work role. *Academy of Management Review, 12*, 23-37.

Schmiede, R. (1980). Rationalisierung und reelle Subsumption. Leviathan, 4, S. 472-492.

Strauss, A., Fagerhaugh, S., Suczek, B. & Wiener, C. (1980). Gefühlsarbeit. Ein Beitrag zur Arbeits- und Berufssoziologie. *Kölner Zeitschrift für Soziologie und Sozialpsychologie, 32*, 629-651.

Strauss, A., Fagerhaugh, S., Suczek, B. & Wiener, C. (1982). Sentimental work in the technologized hospital. *Sociology of Health & Illness, 4*, 254-278.

Strauss, A., Fagerhaugh, S., Suczek, B. & Wiener, C. (1985). *Social Organization of Medical Work.* Chicago: The University of Chicago Press.

Thoits, P.A. (1984). Coping, social support, and psychological outcomes. The central role of emotion. In P. Shaver (Ed.), *Review of Personality and Social Psychology, Vol.5* (pp. 219-238). Beverly Hills: Sage.

Voswinkel, S. (2005). *Welche Kundenorientierung: Anerkennung in der Dienstleistungsarbeit.* Berlin: Edition Sigma.

Zapf, D. (2002). Emotion work and psychological well-being. A review of the literature and some conceptual considerations. *Human Resource Management Review, 12,* 237-268.

Zapf, D., Vogt, C., Seifert, C., Mertini, H. & Isic, A. (1999). Emotion work as a source of stress: The concept and development of an instrument. *European Journal of Work and Organizational Psychology, 8,* 371-400.

Arbeitsteilung, Pflegeorganisation und ganzheitliche Pflege – arbeitsorganisatorische Rahmenbedingungen für Interaktionsarbeit in der Pflege

Jürgen Glaser

1 Hintergrund

Seit Menschen zusammen leben, teilen sie sich Arbeit. Entgegen dem Wunsch, dass die Art der Teilung gemeinschaftlich und einvernehmlich erfolge, muss man feststellen, dass heute wie früher Arbeitsteilung weit überwiegend durch Mächtigere, Ranghöhere, Vorgesetzte vorgegeben wird. Dies gilt für profitorientierte Wirtschaftsunternehmen ebenso wie für Organisationen im Gesundheitswesen. Mehr denn je bestimmt heute die Frage, wie sich mit gleichem oder bestenfalls geringerem organisationalen Aufwand mehr Ertrag an Arbeitsleistung und Qualität erzielen lässt, über das Vorgehen bei Arbeitsteilung und -kombination. In besonderem Maße gilt dies für das Gesundheitswesen im Allgemeinen – und im Speziellen auch für die Pflege.

Forderungen nach mehr Qualität und verbesserten Arbeitsprozessen mit einer stärkeren Orientierung auf den Patienten bestimmen die Diskussion seit langem (z.B. Feuerstein & Badura, 1991). In der Krankenpflege ebenso wie in der ärztlichen Krankenhausarbeit muss die Arbeitsorganisation heute an DRG-gesteuerten Wirtschaftlichkeitskriterien ausgerichtet werden. Einer aktuellen Studie zufolge (McKinsey, 2006) wird sich die Zahl der Krankenhäuser in Deutschland um ein Drittel verringern. In der ambulanten Pflege findet seit einigen Jahren ebenfalls eine „Flurbereinigung" statt, bei der große Pflegedienste die kleinen „schlucken" – oder aus dem Markt drängen. Der Rückgang von rund 13.000 ambulanten Pflegediensten im Jahr 2000 auf rund 10.600 Einrichtungen im Jahr 2002 belegt dies unmissverständlich (vgl. Statistisches Bundesamt, 2005). Ein ähnlicher wirtschaftlicher Druck lastet auch auf den Altenpflegeheimen. Zunehmende Multimorbidität der Bewohner mit steigendem Grad an Demenz, eine demographisch bedingt steigende Nachfrage nach professionellen Pflegeleistungen, Forderungen nach mehr Qualität und zugleich rechtlich stichhaltiger Dokumentation der Leistungen bestimmen neben weiteren widrigen Bedingungen (u.a. negatives Berufsimage, Schichtarbeit etc.) die Arbeitssituation in der Altenpflege. Die Öffentlichkeit ist von Einzelfallberichten über unerträgliche Zustände in Altenpflegeheimen alarmiert. Aufsichtsbehörden sehen sich gezwungen, Qualitätsverbesserungen in den Heimen herbeizuführen – bisweilen im „Kampf" gegen die jeweilige Heimleitung.

Das Gesundheitswesen steht damit vor der schwierigen Aufgabe, mehr Qualität und Leistung bei reduziertem, zumindest nicht steigendem Aufwand zu erzielen. Der Beitrag soll zeigen, dass die Art der Teilung von Arbeit und der Strukturierung von Arbeitsaufgaben maßgeblich für ein effizientes, qualitätsorientiertes Handeln bestimmend ist. Ausgehend von divergierenden Leitbildern und damit verbundenen Formen der Arbeitsstrukturierung und ihren Wirkungen auf arbeitende Menschen, werden Organisationsformen und Vorgehensweisen in der Pflege skizziert. An empirischen Befunden und Beispielen wird gezeigt, dass Qualität, Patientenorientierung und Effizienz sich durch vollständige Aufgabenstrukturen verbessern lassen. Abschließend wird begründet, warum ein ganzheitliches Pflegesystem eine entscheidende betriebsorganisatorische Voraussetzung für eine qualitätsorientierte Pflege in der Interaktion mit dem Klienten ist.

2 Leitbilder der Aufgabenstrukturierung und Wirkungen der Arbeitsteilung

Die Gesamtaufgabe eines Unternehmens ist ein Gefüge aus vorhandenen oder vorauszusehenden Teilaufgaben, der sogenannten Aufgabenstruktur (Kosiol, 1973). Eine Aufgabe im Unternehmen ist – als betrieblich vorgegebener Sollwert – verbunden mit Verrichtungsvorgängen. Sie bezieht sich auf einen Gegenstand, erfordert den Einsatz von Arbeitsmitteln und ist räumlich und zeitlich bestimmt. In der Aufgabenstruktur spiegelt sich die betriebliche Arbeitsteilung wider. Aufgabenzuschnitte sind Folgen der spezifischen arbeitsteiligen Aufgabenstrukturierung. Mit der Arbeitsteilung und -kombination werden Ausführungsbedingungen festgelegt, Inhalte und Strukturen und weitgehend auch die erforderliche psychische Regulation der Arbeitstätigkeit determiniert. Mit der betrieblich vorgegebenen Aufgabenstrukturierung werden folglich wesentliche Aspekte der Aufbau- und Ablauforganisation, Formen der Kooperation von Organisationseinheiten sowie Möglichkeiten bzw. Unmöglichkeiten für selbstorganisierte Abläufe festgelegt. Die Aufbauorganisation bildet die Voraussetzung für die Arbeitsverteilung in den Organisationseinheiten, während die Arbeitsablauforganisation in Folge dieser Zerlegung in Arbeitsaufgaben entsteht.

Hinsichtlich der Aufgabenstrukturierung lassen sich vereinfacht zwei grundlegende Leitbilder unterscheiden. Dabei handelt es sich um den Taylorismus und den soziotechnischen Systemansatz mit teilautonomer Gruppenarbeit. Taylor (1913) ging davon aus, dass Arbeitstätigkeiten zum Zwecke der Analyse und Bewertung in Teilelemente zerlegt und als Abfolge einzelner Bewegungen organisiert werden müssen. Er ging von der Prämisse aus, dass der durchschnittliche Mitarbeiter fast ausschließlich durch monetäre Anreize motivierbar sei. Diese Grundannahmen führten zur Trennung von Kopf- und Handarbeit. Wesentliche Folgen für die Arbeitsstrukturierung waren eine weitreichende Vollmachtenteilung und die Einrichtung von Stabsfunktionen, die Aufteilung ganzheitlicher Arbeitstätigkeiten in kleinste Tätigkeitselemente, geringe Leitungsspannen und individuelle Anreizsysteme (vgl. Ulich, 2001). Daraus resultierten wiederum hoch arbeitsteilige Aufgabenstrukturen, die durch repetitive Tätigkeitselemente gekennzeichnet waren, und die ein Minimum an Anforderungen an viele Arbeitende stellten.

Im Unterschied zum Taylorismus, der den Betrieb in erster Linie als ein System technischer Abläufe versteht, finden beim soziotechnischen Systemansatz (z.B. Emery & Thorsrud, 1982) die sozialen Komponenten eines Arbeitssystems und deren Wechselwirkungen mit technischen Komponenten eine besondere Berücksichtigung. Aus der Forderung nach einer gemeinsamen Optimierung von Technologie und Humanressourcen wurde die Notwendigkeit abgeleitet, relativ unabhängige, selbstorganisierte Organisationseinheiten mit ganzheitlichen, gemeinsamen Aufgaben zu schaffen. Eine besondere Bedeutung kommt hierbei den teilautonomen, selbstregulierten Arbeitsgruppen zu. Teilautonome Arbeitsgruppen sind durch einen möglichst vollständigen Aufgabenbereich gekennzeichnet, den sie zur Erledigung in eigener Verantwortung übertragen bekommen.

Der Vergleich dieser beiden Ansätze verdeutlicht die divergierenden Leitbilder der Arbeitsstrukturierung. Im Unterschied zu tayloristischen Positionen besteht ein Ziel der Arbeitsorganisation nach dem soziotechnischen Ansatz in der Anpassung der Arbeitsbedingungen an die Qualifikationen und Bedürfnisse der Beschäftigten. Arbeitende werden als Subjekte im Kontext der Arbeitsstruktur betrachtet, und bereits bei der Arbeitsstrukturierung werden Möglichkeiten zur Entwicklung von Kompetenzen der Arbeitenden berücksichtigt. Der Fokus richtet sich hier also weniger auf die betrieblich-organisatorische Einbettung von Arbeitsaufgaben, sondern vielmehr auf die psychische Regulation des Arbeitshandelns durch das arbeitende Individuum.

Aus Sicht der Handlungsregulationstheorie (Hacker, 2005) werden Arbeitsaufgaben als Handlungsforderungen und zugleich als Angebote an die Mitarbeiter in der Arbeit verstanden. Dabei stellen sich zwei zentrale Fragen: Welche Forderungen (Arbeitsanforderungen) werden an die Regulation des Arbeitshandelns gestellt, und welche Widrigkeiten, die eine Zielerreichung erschweren oder behindern (Arbeitsbelastungen), treten im Arbeitsprozess auf. Positive Folgen von Arbeitsanforderungen für die Kompetenzentwicklung von Mitarbeitern einerseits und negative Folgen von Arbeitsbelastungen für Gesundheit und Wohlbefinden der Mitarbeiter sind in der Arbeitspsychologie hinlänglich belegt (z.B. Ulich, 2001). Maßgeblich vermittelnde Größen auf den Zusammenhang zwischen Arbeitsanforderungen und -belastungen einerseits sowie Kompetenzentwicklung und Beanspruchung bzw. Gesundheit andererseits sind die tätigkeitsbezogenen, personellen, materiellen und sozialen Ressourcen, die den arbeitenden Individuen zur Bewältigung der Anforderungen und Belastungen in ihrer Arbeit zur Verfügung stehen.

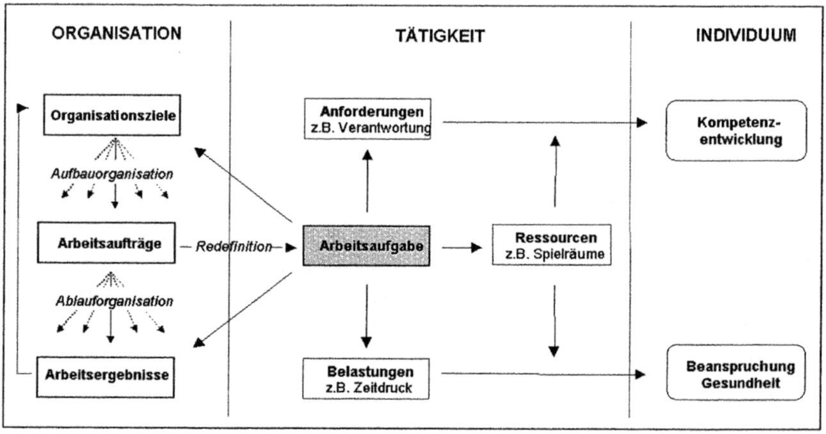

Abbildung 1: Zusammenhänge zwischen Organisation, Tätigkeit und Individuum

Zusammenfassend lässt sich sagen: Mit der Form der betrieblich-organisatorischen Aufgabenstrukturierung, d.h. der Arbeitsteilung bzw. -kombination wird der Rahmen gesteckt, innerhalb dessen sich Inhalte und Formen der Arbeit mehr oder weniger menschengerecht ausgestalten lassen. Sie beeinflusst den Anforderungsgehalt ebenso wie die Belastungen und die Ressourcen in der Arbeit. Anforderungen und Belastungen wirken sich, in Abhängigkeit von verfügbaren Ressourcen, positiv oder negativ auf die Kompetenzentwicklung und Gesundheit des arbeitenden Individuums aus. Abbildung 1 skizziert – in Anlehnung an das Organisationsstruktur-Tätigkeit-Individuum-(OTI)-Konzept von Büssing (1992) – die ausgeführten Zusammenhänge zwischen strukturellen

Merkmalen der Organisation, Aspekten der Arbeitstätigkeit und ihren potenziellen Wirkungen auf das Individuum.

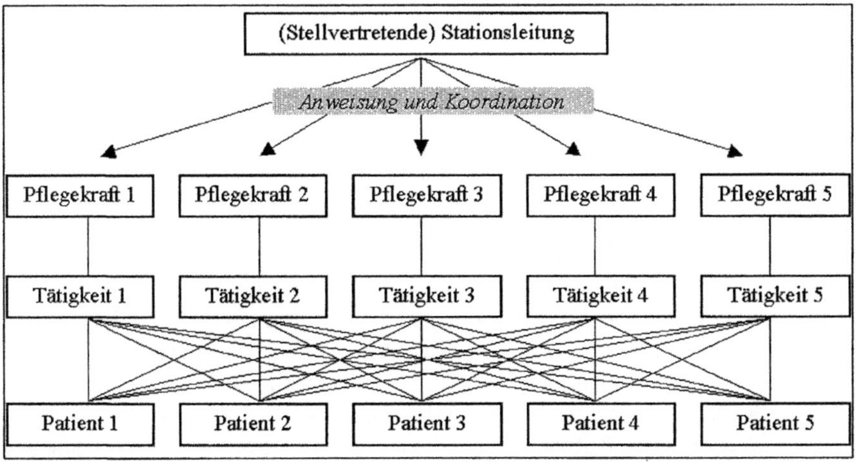

Abbildung 2: Funktionale Arbeitsorganisation in der stationären Pflege

Das zuvor beschriebene Arbeitsstrukturierungskonzept des Taylorismus begründete also auch im Gesundheitswesen die Trennung von Kopf- und Handarbeit mit der Folge einer hohen Arbeitsteilung. Es wird davon ausgegangen, dass verschiedene Spezialisten für jeweils wenige Arbeitsfunktionen in der Summe effizienter seien als hochqualifizierte Arbeitende, die zusammenhängende Aufgabenbestandteile komplett ausführen. Dieses Grundprinzip liegt auch der Annahme zugrunde, dass Funktionspflege effizienter sei als andere Formen der Arbeitsorganisation in der Pflege. Stattdessen haben sich jedoch deutliche Dysfunktionalitäten einer solchen, partialisierten Pflegeorganisation gezeigt, die von Dequalifizierungsprozessen und Demotivation der Pflegekräfte bis hin zu Koordinationsverlusten und Qualitätseinbußen in der pflegerischen Arbeit reichen (Elkeles, 1994; Glaser, 1997).

Zur genaueren Beschreibung von Unterschieden in der Arbeitsorganisation der Pflege haben wir eine Systematik entwickelt (Glaser & Büssing, 1996) in der zwei Dimensionen unterschieden werden. Zum einen die sogenannte *Pflegeorganisationsform*, die den Zuständigkeitsbereich (der Pflegekraft) in gradueller Abstufung für bestimmte Patienten (Bezugspflege), Zimmer(pflege), Stationsbereiche (Bereichspflege), für eine ganze Pflegegruppe (Gruppenpflege) oder für die gesamte Station (Stationspflege) beschreibt. Zum anderen wurde das sogenannte *Pflegeprinzip*, als eine von der Pflegeorganisationsform relativ unabhängige Dimension, in diese Pflegesystematik integriert. Mit dem Pflegeprinzip, das bei verschiedenen Pflegekräften selbst bei gleichartiger Aufgabenstellung und Qualifikation recht unterschiedlich ausfallen kann, wird eine Dimension entlang eines Kontinuums aufgespannt. Extrempole dieser Dimension wären die ausschließliche Orientierung auf eine schnellstmögliche Verrichtung von Arbeitsfunktionen (funktionale Pflege) einerseits bzw. die Orientierung an der bestmöglichen Befriedigung der individuellen Bedürfnisse des Patienten (patientenorientierte Pflege) andererseits.

Ganzheitliche Pflege, die sich dieser Pflegesystematik entsprechend auf einen kleinen eigenverantwortlichen Zuständigkeitsbereich mit Ausrichtung individuellen Arbeitshandelns an Bedürfnissen der Patienten fokusiert, muss folglich nicht nur patientenorientiert, sondern vielmehr auch unter vollständigen Aufgabenstrukturen stattfinden. Insoweit fungiert der Grad der Patientenorientierung als eine notwendige, nicht aber bereits als hinreichende Bedingung für ganzheitliche Pflege. Denn ebenso wie ein hoher Grad an Patientenorientierung in der Pflege ist es wichtig, Aufgabenbestandteile, die mit Blick auf die Ziele pflegerischer Aufgaben zusammengehören, zu integrieren und damit vollständige Pflegeaufgaben zu schaffen. Umgekehrt ist eine durch vollständige Pflegeaufgaben bestimmte Arbeitsorganisation ebenso wenig hinreichend für eine ganzheitliche Pflege, sofern der Patient nicht angemessen in die Zielsetzung, Planung, Ausführung und Rückmeldung mit einbezogen wird. Folglich sind Patientenorientierung und vollständige Pflegeaufgaben zwei Seiten ein und derselben Medaille – das eine ist ohne das andere unzureichend für die Ganzheitlichkeit im Pflegeprozess. *Ganzheitliche Pflege* kann demgemäß als eine Form der Pflege beschrieben werden, die in einem von der Pflegekraft eigenverantworteten überschaubaren Zuständigkeitsbereich und mit einem hohen Grad der Orientierung des Arbeitshandelns an den individuellen Bedürfnissen und Kompetenzen der Patienten geplant, ausgeführt und überprüft wird. Inzwischen hat sich in vielen Pflegeeinrichtungen die Erkenntnis durchgesetzt, dass ganzheitliche Pflege sich am besten in der Pflegeorganisationsform der Bereichs- oder Bezugspflege realisieren lässt (vgl. Glaser, 1997). Anhand eines Fallbeispiels soll im Folgenden die Umsetzung ganzheitlicher Pflege aufgezeigt und in ihrem Nutzen für Mitarbeiter und Patienten bewertet werden.

3 Mitarbeiter- und Klientenorientierung durch ganzheitliche Pflege

Im rheinland-pfälzischen St. Elisabeth Krankenhaus GmbH in Mayen wurde auf der Suche nach einer Alternative zur funktionalen Pflege das Modellvorhaben „Entwicklung und Erprobung eines ganzheitlichen Pflegesystems zum Abbau der arbeitsbelastenden und qualitätseinschränkenden Auswirkungen der Funktionspflege“ durchgeführt. Die Entwicklung und Erprobung eines ganzheitlichen Pflegesystems erfolgte in Kooperation zwischen dem St. Elisabeth Krankenhaus in Mayen (betriebliches Projekt), der Prognos AG in Köln (externe Projektbegleitung) sowie dem Lehrstuhl für Psychologie der Technischen Universität München (wissenschaftliche Evaluation). Im Rahmen dieses sogenannten „Bundespflegemodells" sollte die Arbeitsorganisation auf ausgewählten Modellstationen des Krankenhauses von einem funktionalen zu einem ganzheitlichen Pflegesystem reorganisiert werden. um vollständige Arbeitsbezüge zu schaffen, die Selbständigkeit und Verantwortung der Pflegekräfte zu stärken, bestehende Arbeitsbelastungen abzubauen sowie die Pflegequalität und Wirtschaftlichkeit der Patientenversorgung zu verbessern (vgl. Prognos, 1998).

Ein zentrales Anliegen war die Partizipation der Mitarbeiter an der Organisationsentwicklung. Dies wurde durch gemeinsame Erarbeitung und Umsetzung von Konzepten und Maßnahmen in Arbeitsgruppen, Workshops, Interviews, Seminaren, Vorträgen und Training am Arbeitsplatz sichergestellt. Neben den Pflegekräften der Modellstationen wurden alle übrigen Bereiche und Berufsgruppen des Krankenhauses, die patientenbezogene Leistungen erbringen, durch Teilnahme an themenzentrierten Arbeitsgruppen und Steuerungsgremien in das Bundespflegemodell aktiv einbezogen. Damit wurde dem Umstand Rechnung getragen, dass Veränderungen im Subsystem „Pflegedienst“ auf Grund der aufgabenbedingten Verschränkung der Berufsgruppen beabsichtigte und nicht-beabsichtigte Veränderungen in einem oder mehreren anderen Subsystemen des Krankenhauses nach sich ziehen können.

Eine Besonderheit des Gestaltungsvorhabens war eine formative Evaluation, mit der die Maßnahmen der Organisationsentwicklung im Pflegedienst aus einer arbeitspsychologischen Perspektive über den gesamten Projektverlauf hinweg begleitet wurden. Dem Projekt kommt gerade wegen dieser systematischen Evaluation eine Modellfunktion zu, denn die wissenschaftliche Evaluation von Projekten im Krankenhaus und insbesondere in der Pflege war und ist bislang eher eine Ausnahme. Im Rahmen der prozessbegleitenden und interventionsbezogenen Untersuchung wurden auf den vier Modellstationen jeweils vier miteinander verbundene Messzeitpunkte in drei Jahren durchgeführt. Zwischenergebnisse wurden den Beteiligten und Verantwortlichen im Krankenhaus als Grundlage zur

Bestimmung des Status quo, zur Klärung von Problemen und zur weiteren Gestaltung der Intervention kontinuerlich und prozessnah zurückgemeldet. Die Erhebungsmethodik war zu allen Zeitpunkten vergleichbar und basierte wesentlich auf dem „Tätigkeits- und Arbeitsanalyseverfahren für das Krankenhaus (TAA-KH)“ von Büssing und Glaser (2002).

Die positiven Ergebnisse des Vorhabens lassen sich am Beispiel von Arbeitsbelastungen illustrieren: Zunächst war ein kontinuierlicher Abbau der durch die Belegung bedingten Belastungen der Stationen festzustellen (v.a. weniger Fehl- und Überbelegung). Im Bereich der sozialen Stressoren verbesserte sich vor allem die Zusammenarbeit mit den Ärzten. Anfänglich wurde ein mittleres Belastungsniveau für die Pflegekräfte diagnostiziert, das im Laufe des Modellvorhabens zunächst zugenommen hat, u.a. bedingt durch die anfangs geringe Akzeptanz der pflegerischen Modernisierungsbemühungen seitens der Ärzte. Zum letzten Messzeitpunkt fielen solche sozialen Belastungen hingegen deutlich geringer aus. Dies war darauf zurückzuführen, dass besonders konfliktträchtige Schnittstellen zwischen den Berufsgruppen, wie etwa die Visiten oder die Terminplanung in der Diagnostik und Therapie, einvernehmlich neu geregelt werden konnten. Im Zuge der Einführung einer patientenorientierten Bereichspflege traten aber auch neuartige Belastungen in der Zusammenarbeit mit Patienten auf, weil weniger Möglichkeit für die Pflegekräfte bestand, sich schwierigen Patienten zu entziehen (Büssing & Glaser, 1999).

Besonders erfreulich war, dass alle aufgabenbezogenen Arbeitsbelastungen wie Zeitdruck, Arbeitsunterbrechungen und andere Störungen des pflegerischen Handelns klar reduziert werden konnten. Während diese Stressoren anfangs im untersuchten Modellkrankenhaus wie in vielen anderen Krankenhäusern zu den häufigsten Arbeitsbelastungen in der Pflege zählten, waren sie im Zuge des Modellvorhabens im Untersuchungszeitraum von drei Jahren in einem statistisch bedeutsamen Maß zurückgegangen (vgl. Büssing, Barkhausen & Glaser, 1999; Büssing, Barkhausen, Glaser & Schmitt, 1998). Dies gilt auch für die vielfältigen informatorischen Erschwerungen, die vor der Organisationsentwicklung noch substanziell ausgeprägt waren. Informationen über Patienten, Untersuchungstermine, Visitenzeiten etc. waren für Pflegekräfte oft nicht verfügbar, und so gab es häufig Kommunikations- und Abstimmungsprobleme zwischen Berufsgruppen, wichtige Informationen gingen verloren oder konnten nicht rechtzeitig weitergeleitet werden. Durch verbesserte Arbeitsabläufe und klar geregelte Abstimmungserfordernisse (z.B. in Form von institutionalisierten Besprechungen zwischen Bereichspflegekräften und zuständigen Ärzten, abteilungsübergreifenden Arbeitsablaufplanungen zwischen Pflegenden, Ärzten, Funktions- und Versorgungsdiensten) konnten solche Belastungen ebenfalls erfolgreich abgebaut werden.

Die Evaluation aus Sicht der Mitarbeiter hat gezeigt, dass nicht nur Arbeitsbelastungen substanziell reduziert werden konnten, sondern dass sich in Folge der Maßnahmen und bedingt durch die aktive Mitarbeit der Pflegekräfte an der Ausgestaltung des Modellvorhabens auch die Arbeitsmotivation und Zufriedenheit verbessert hat. Neben einer reduzierten Arbeitsbelastung berichteten die Pflegekräfte über höhere Anforderungen und vergrößerte Spielräume in ihrer Arbeit. Das eigenverantwortliche Handeln bei klaren Zuständigkeiten und verbessertem Informationsfluss in der Bereichspflege wurde sehr positiv bewertet.

Mit Blick auf die Klientenorientierung lässt sich ähnlich positives über das Modellvorhaben berichten. In vielen Einrichtungen des Gesundheitswesens steht der Leistungsempfänger (Klient, Patient, Bewohner) bei Willensbildungs- und Zielentscheidungsprozessen an nachgeordneter Stelle. Dies liegt zum einen an Macht- und Informationsasymmetrien, zum anderen aber auch an der Form der Arbeitsstrukturierung. Gerade dann, wenn sich Arbeitsabläufe primär an betriebsorganisatorischen Belangen orientieren, ist die Klientenorientierung in besonderem Maße gefährdet. In der Funktionspflege werden Bedürfnisse der Patienten meist den Erfordernissen der Arbeitsorganisation untergeordnet. Viele Rundgänge mit wechselnden Pflegekräften bringen sowohl für Patienten als auch für die Dienstleister stets eine Neuorientierung mit sich. Funktionspflege lässt somit kaum vertrauensvolle, individualisierte Bezüge der Pflegekräfte zu den Patienten aufbauen.

Die Evaluation des Modellvorhabens hat auch gezeigt, dass ein ganzheitliches Pflegesystem in Form der Bereichspflege den Pflegekräften erst ermöglicht, stärker auf individuelle Eigenarten und Bedürfnisse ihrer Patienten einzugehen. So war häufig erst ein näheres Kennenlernen der Pflegeprobleme und -ressourcen eines Patienten möglich, was die Ableitung individualisierter Pflegeziele und -maßnahmen begünstigt. Von den Patienten wurde die Bereichspflege sehr positiv aufgenommen. Die Pflegekräfte des Bereichs wurden erstmals als zuständige Ansprechpartner wahrgenommen und die Patienten sahen sich in ihrer Individualität stärker berücksichtigt. Zudem wurde von Pflegekräften wie von Patienten berichtet, dass Bereichspflege die wesentliche Grundlage für die Entwicklung vertrauensvoller Beziehungen zwischen Dienstleister und Leistungsempfänger darstellt. Im folgenden Abschnitt soll näher auf die fördernden Aspekte verbesserter arbeitsorganisatorischer Rahmenbedingungen auf die Interaktionsarbeit zwischen Dienstleistern und Klienten eingegangen werden.

4 Arbeitsorganisatorische Rahmenbedingungen zur Förderung von Interaktionsarbeit in der Pflege

Ganzheitliche Pflege erweist sich nicht nur für Mitarbeiter, sondern auch für Klienten als besonders vorteilhaft. Aus Sicht der Mitarbeiter bieten sich bei pflegerischer Arbeit in vollständigen Aufgabenstrukturen hinreichende Arbeitsanforderungen, etwa in Form von Abwechslungsreichtum, Verantwortung und Lernerfordernissen. Weiterhin zeigen sich geringere Arbeitsbelastungen, z.B. Arbeitsunterbrechungen, Informations- und Koordinationsprobleme. Darüber hinaus bietet ganzheitliche Pflege den Mitarbeitern mehr tätigkeitsbezogene Ressourcen, etwa in Form von erweiterten Entscheidungs- und Handlungsspielräumen, die zur Bewältigung der vielfältigen Arbeitsanforderungen und -belastungen genutzt werden können. *Kernelemente* einer ganzheitlichen Pflege aus arbeitspsychologischer Sicht sind demnach:

- *vollständige Pflegeaufgaben* im Sinne des hierarchisch-sequenziell vollständigen Arbeitshandelns mit messbaren Parametern: Anforderungsgehalt, aufgabenbezogene Ressourcen; allgemeiner sprechen wir von *Mitarbeiterorientierung* und beziehen dann Belastungsfreiheit mit ein.
- *Patientenorientierung* im Sinne einer auf Klienten ausgerichteten Arbeitsteilung und -kombination (Pflegeorganisation) *und* individuell-bedürfnisorientiertes Vorgehen im Arbeitshandeln (Pflegeprinzip). Messbare Parameter wären die Umsetzung individueller Pflegeplanung mit klientenspezifischen Pflegeproblemen und -ressourcen, individuellen Pflegezielen und -maßnahmen, situativer Pflegedurchführung und klientenbezogener Beurteilung der Pflegewirkung – kurzum: der Grad der Umsetzung wesentlicher Elemente des Pflegeprozesses, dessen Bezüge zur Vollständigkeit pflegerischen Handelns unverkennbar sind.

Aus diesen Kernelementen lassen sich nun *arbeitsorganisatorische Vorgehensweisen* zur Umsetzung einer ganzheitlichen Pflege ableiten:

- *Mitarbeiterorientierte Strukturierung von Arbeitsaufgaben* mit hohem Anforderungsgehalt (z.B. Lernerfordernisse, Verantwortung), mit anforderungsgerechten aufgabenbezogenen Ressourcen (z.B. Transparenz, Spielräume) und größtmöglicher Freiheit von Belastungen (z.B. Arbeitsunterbrechungen).
- *Implementierung einer klientenorientierten Pflegeorganisationsform* mit klar geregelter Zuständigkeit von Pflegekräften für Klienten. In Frage kom-

men Formen der Bereichspflege (Unterteilung in Bereiche mit festem Betreuungspersonal) oder Bezugspflege (1:n-Beziehung zwischen Pflegekraft und Klienten anstatt einer n:n-Beziehung zwischen Pflegekräften und Klienten des Bereichs.

- *Implementierung eines patientenorientierten Pflegeprinzips.* Charakteristisch ist die konsequente Orientierung des pflegerischen Handelns am individuellen Pflegebedarf und den Bedürfnissen des Klienten. Dies setzt subjektivierendes Arbeitshandeln und geeignete Qualifizierung voraus.

Mit Blick auf die Interaktionsarbeit zwischen Pflegekräften und Klienten lassen sich bei ganzheitlicher Pflege stabilere soziale Beziehungen zwischen Mitarbeitern und Klienten herausbilden und das Prinzip einer „offenen, situativen" Planung besser umsetzen, was einen wichtigen Schritt zur Förderung von Interaktionsarbeit darstellt. Dies wird jedoch nur dann erreicht, wenn die jeweiligen Rahmenbedingungen und Merkmale von Interaktionsarbeit berücksichtigt werden. Bezugspflege als idealtypische Form der ganzheitlichen Pflege impliziert eine individuelle Interaktion zwischen Bezugspflegekraft und Klient, die weitere Maßnahmen der Reorganisation von Arbeitsprozessen nahelegt. Eine Delegation bestimmter Dienstleistungen an Pflegehilfskräfte unter Aufsicht der Bezugspflegekraft kann die Bezugspflegekraft im Hinblick auf ihre Interaktionsanforderungen im Dienstleistungsprozess entlasten. Die Koordination von Dienstleistungen anderer Berufsgruppen für den Patienten (z.B. Diagnostik und Therapie sowie Versorgung) durch die Bezugspflegekraft macht Leistungsprozesse nicht nur transparenter, sondern ermöglicht auch erst das abgestimmte, auf individuelle Klienten ausgerichtete Vorgehen.

Bei ganzheitlicher Pflege sind Pflegekräfte für eine kleinere Zahl von Klienten zuständig. Somit ist der Zeitanteil erhöht, den die Pflegekraft mit einem Klienten verbringt. Mit höherem Anteil an Zeit, d.h. Häufigkeit und/oder Dauer der Interaktion zwischen Pflegekraft und Klient, bieten sich günstigere Voraussetzungen in den Prozess der Ko-Produktion einzutreten. Wechselseitige und mehr emotionsbezogene Interaktionen treten gegenüber einseitigen verrichtungsbezogenen Interaktionen in den Vordergrund. Hierdurch verändern sich auch Qualifikationsanforderungen für Interaktionsarbeit und deren konkrete inhaltliche Ausformung (Gefühlsarbeit, emotionale Arbeit, Subjektivierendes Arbeitshandeln). Erforderlich sind weitere betriebsorganisatorische Voraussetzungen wie etwa angemessene personelle, zeitliche und materiell-räumliche Ressourcen (z.B. ausreichende Zahl geübter und rechtlich befugter Fachkräfte, Zeitspielräume, angemessene Arbeitsmittel oder geeignete räumliche Bedingungen).

Die Implementierung des Pflegeprozesses ist einerseits Voraussetzung für Ko-Produktion und notwendige Bedingung für Interaktionsarbeit, mit Blick auf die Wirksamkeit auch für eine qualitätsorientierte Pflege. Andererseits lassen sich die spezifische Kenntnis der Pflegeprobleme und Ressourcen der Klienten, die Formulierung individueller Pflegeziele, die Ableitung spezifischer Pflegemaßnahmen und nicht zuletzt die Erfolgsbewertung pflegerischen Handelns nur bei häufigeren, länger andauernden, wechselseitigen Interaktionen zwischen Pflegekraft und Bewohner verwirklichen. In welcher Weise dabei Gefühlsarbeit, Emotionsarbeit und Subjektivierendes Arbeitshandeln begünstigend wirken, ist empirisch näher zu untersuchen.

Vordergründig scheint sich ein Widerspruch zwischen dem Pflegeprozess (vgl. Fiechter & Meier, 1998) als der „geplanten" Pflege und dem dialogisch-explorativen Vorgehen als der „ungeplanten" subjektivierenden Pflege zu ergeben. Das Pflegeprozessmodell ist als ein kybernetischer Regelkreis konzipiert, der Rückkopplungen zwischen Planung, Durchführung und Kontrolle berücksichtigt. Hierbei werden ebenso wenig wie im hierarchisch-sequenziellen Modell der Handlungsregulation (vgl. Hacker, 2005) Aussagen zu konkreten zeitlichen Aspekten der Phasen gemacht. Keines der Modelle geht von einer strikt linearen „Abarbeitung" der Phasen aus. Somit stellt sich auf den zweiten Blick kein begründeter Widerspruch zwischen geplanter Pflege und dialogisch-explorativem Vorgehen im Rahmen eines subjektivierenden Arbeitshandelns. Vielmehr dürften geplante und subjektivierende Pflege auf unterschiedlichen Ebenen der Handlungsregulation wirksam sein. Dialogisch-exploratives Vorgehen dürfte gerade für Rückkopplungsprozesse von entscheidender Bedeutung sein.

Subjektivierendes Arbeitshandeln ist in seiner konkreten Ausübung (mittels komplexer sinnlicher Wahrnehmung, bildhaft-assoziativem Denken, dialogisch-explorativem Vorgehen und Empathie) unmittelbar an die Interaktion zwischen Pflegekraft und Bewohner geknüpft. Es lässt sich somit primär in der Phase der „Pflegedurchführung" verorten. Pflegeplanung und -evaluation werden jedoch im Idealfall gemeinsam mit den Bewohnern vorgenommen, was auch dem Gedanken der „Ko-Produktion" Rechnung trägt. Subjektivierendes Arbeitshandeln beeinflusst somit weitere, möglicherweise alle Phasen der Handlungsregulation und dürfte in Form ergänzender oder „andersartiger" Informationen (sinnliche Wahrnehmung, Erfahrungswissen) auch bei der Planung und Evaluation des pflegerischen Handelns Einfluss haben.

Anforderungen und anforderungsgerechte Ressourcen in der Arbeit können vermittelt über Prozesse der Kompetenzentwicklung auch der Interaktionsarbeit zugute kommen. Von spezifischem Interesse sind hierbei Zusammenhänge zwischen allgemeinen Arbeitsanforderungen (z.B. Variabilität, Problemlösen, Verantwortung) und den Qualifikationsanforderungen für Interaktionsarbeit. Neuartige Qualifikationsanforderungen an die Interaktion mit Klienten werden vermutlich von jenen Pflegekräften besser gemeistert, die im Umgang mit variablen, komplexen oder problemhaltigen Anforderungen in ihrer Arbeit bereits geübt sind. Des Weiteren basiert speziell die Herstellung einer empathischen Beziehung auf der sozialen Kompetenz der Pflegekräfte, die sich je nach Klient mit Häufigkeit, Dauer und Art der Interaktion weiterentwickelt. Zusammenhänge zwischen allgemeinen aufgabenbezogenen (Transparenz, Tätigkeitsspielräume, Partizipation) und speziellen interaktionsbezogenen Ressourcen (z.B. Interaktionsspielraum) sind ebenfalls offenkundig, denn Interaktionsspielräume sind nur dann nutzbar, wenn Handlungsspielräume vorliegen, die es generell ermöglichen, die zeitliche Abfolge und Art der Erledigung von Arbeitshandlungen selbständig zu bestimmen.

Aus unseren Untersuchungen ist bekannt, dass die Reorganisation hin zu einem ganzheitlichen Pflegesystem auch mit neuartigen Formen der Belastung einhergehen kann (z.B. Interaktionsstress). Pflegekräfte können durch Aspekte der Persönlichkeit bzw. der Gesundheit des Bewohners überfordert sein, z.B. wenn Demenz oder schwierige Persönlichkeitsmerkmale von Klienten die Informationsaufnahme im Pflegeprozess behindern. Bedingt durch diese und weitere an die Interaktion mit Klienten geknüpfte soziale Stressoren entwickeln Pflegekräfte bisweilen Vermeidungsstrategien (z.B. Tausch der Zuständigkeit für einen Klienten mit einer Kollegin). Solches Vermeidungsverhalten verhindert nicht nur klientenorientierte Pflege, sondern kann Lernprozesse für Interaktionsarbeit beeinträchtigen. Andere Formen von Arbeitsbelastungen wie zum Beispiel Unterbrechungen (durch Telefonanrufe, durch Angehörige), Zeitdruck, widersprüchliche Ziele etc. wirken sich ebenfalls störend auf die Interaktionsarbeit mit den Klienten aus.

Wir gehen davon aus, dass das Konzept der ganzheitlichen Pflege mit seinen Bestimmungsstücken Mitarbeiter- und Klientenorientierung unter vollständigen Aufgabenstrukturen in modifizierter Form nicht nur für den Bereich der stationären Krankenpflege, sondern auch für andere Felder der Pflege tragfähig und qualitätsbestimmend ist. Zur Überprüfung bedarf es einer Anpassung der Konzepte und Methoden. Darüber hinaus nehmen wir an, dass erfolgsbestimmende Elemente im Interaktionsprozess in der Pflege auch auf andere Formen und Beschäftigungsfelder der personenbezogenen Dienstleistung übertragbar sind. Im Verbundvorhaben Int*akt* wurde das Konzept der ganzheitlichen Pflege im Kern, nämlich in Bezug auf Interaktionsarbeit zwischen Pflegenden und Klienten weiterentwickelt und konkretisiert. Interaktionsprozesse zwischen Dienstleistern und Leistungsempfängern werden aus der Perspektive *beider* Interaktionspartner analysiert. Ein besonderes Augenmerk gilt dabei den qualitätsbehindernden und -fördernden Aspekten von Arbeit in der Interaktion. In den nachfolgenden Beiträgen werden wesentliche Bestimmungsstücke der Interaktionsarbeit in der Pflege – Emotionsarbeit, Gefühlsarbeit und subjektivierendes Arbeitshandeln näher betrachtet und Vorgehensweisen und Ergebnisse der Umsetzung ganzheitlicher Pflege als arbeitsorganisatorische Voraussetzung in einem Altenpflegeheim sowie weiterführende Maßnahmen zur Förderung von Interaktionsarbeit zwischen Altenpflegekräften und Bewohnern berichtet.

Literatur

Büssing, A. (1992). *Organisationsstruktur, Tätigkeit und Individuum. Untersuchungen am Beispiel der Pflegetätigkeit.* Bern: Huber.

Büssing, A., Barkhausen, M. & Glaser, J. (1999). Evaluation von Organisationsentwicklung im Krankenhaus. Methodologische und methodische Anforderungen und deren Realisierung. *Zeitschrift für Gesundheitswissenschaft, 7*, 130-147.

Büssing, A., Barkhausen, M., Glaser, J. & Schmitt, S. (1998). *Die arbeits- und organisationspsychologische Begleitforschung der Implementation eines ganzheitlichen Pflegesystems – Evaluationsmethoden und Ergebnisse.* In prognos (Hrsg.), Patientenorientierung – eine Utopie? (S. 257-304). Stuttgart: Gustav Fischer.

Büssing, A. & Glaser, J. (1999). Work stressors in nursing in the course of redesign: Implications for burnout and interactional stress. *European Journal of Work and Organizational Psychology, 8*, 401-426.

Büssing, A. & Glaser, J. (2002). *Das Tätigkeits- und Arbeitsanalyseverfahren für das Krankenhaus - Selbstbeobachtungsversion (TAA-KH-S).* Göttingen: Hogrefe.

Elkeles, T. (1994). *Arbeitsorganisation in der Krankenpflege. Zur Kritik der Funktionspflege* (5. unveränd. Aufl.). Frankfurt: Mabuse.

Emery, F.E. & Thorsrud, E. (1982). *Industrielle Demokratie.* Bern: Huber.

Feuerstein, G. & Badura, B. (1991). *Patientenorientierung durch Gesundheitsförderung im Krankenhaus.* Düsseldorf: Hans Böckler Stiftung.

Fiechter, V. & Meier, M. (1998). *Pflegeplanung. Eine Anleitung für die Anwendung und Dokumentation des Pflegeprozesses in der Praxis.* Basel: Recom.

Glaser, J. (1997). *Aufgabenanalysen in der Krankenpflege. Eine arbeitspsychologische Analyse und Bewertung pflegerischer Aufgaben.* Münster: Waxmann.

Glaser, J. & Büssing, A. (1996). Ganzheitliche Pflege: Präzisierung und Umsetzungschancen. *Pflege, 9*, 221-232.

Hacker, W. (2005). *Arbeitspsychologie.* Bern: Huber.

Kosiol, E. (1973). *Aufgabenanalyse.* In E. Grochla (Hrsg.), Handwörterbuch der Organisation (S. 199-212). Stuttgart: Poeschel.

McKinsey (2006). *Perspektiven der Krankenhausversorgung in Deutschland.* Düsseldorf: McKinsey&Company.

Prognos (Hrsg.). (1998). *Patientenorientierung – eine Utopie?* Stuttgart: Gustav Fischer.
Statistisches Bundesamt (2005). Gesundheitswesen [www-Dokument]. URL http://www.destatis.de/themen/d/thm_gesundheit.php
Taylor, F.W. (1913). *Die Grundsätze wissenschaftlicher Betriebsführung.* München: Oldenbourg. [Neu herausgegeben und eingeleitet von W. Volpert & R. Vahrenkamp (1977). Weinheim: Beltz.]
Ulich, E. (2001). *Arbeitspsychologie* (5. erw. Auflage). Stuttgart: Poeschel.

Emotionsarbeit und Gefühlsarbeit in der Pflege – Beeinflussung fremder und eigener Gefühle

Björn Giesenbauer & Jürgen Glaser

1 Szenario auf einer Altenpflegestation

Schwester Biljana kommt zur Frühschicht auf ihre Altenpflegestation. Nach der Übergabe schaut sie zunächst in alle Zimmer ihres Pflegebereiches. Im Zimmer von Frau Meier und Frau Schmidt bemerkt sie sogleich einen beißenden Geruch. Sie weiß: Frau Meier, ein Bewohnerin mit demenzieller Erkrankung hatte diese Nacht wieder Durchfall. Nachdem sie sich einen ersten Eindruck darüber verschafft hat, welche Bewohner bereits wach sind und welche heute etwas länger schlafen wollen, geht sie erneut zu Frau Meier, um die Bettwäsche und die Einlage zu wechseln. Sie berührt sie sanft am Arm: „Guten Morgen, Frau Meierli. Ich wechsle jetzt den Bettbezug und wasche Sie dann gleich auch. Ist das in Ordnung?" Frau Meier brummelt fortwährend unflätige Worte vor sich hin, während Schwester Biljana ihre Arbeit verrichtet. „Dankeschön, Meierli, ist gut, ist gut." Schwester Biljana verzieht etwas das Gesicht, als sie das Ausmaß des Durchfalls erkennt. Bevor sie mit dem Waschlappen den After wäscht sagt sie: „Aufgepasst, jetzt wird es ein klein bisschen kalt". Nach dem Waschen gibt Schwester Biljana Frau Meier mit der Schnabeltasse Tee ein. Frau Meier drückt jedoch ihre Lippen zusammen. „Wenn Sie nicht trinken, kriegen Sie eine Infusion – wissen Sie das!?" Nach etwas Widerstand trinkt Frau Meier einige Schlückchen.

Danach wendet Schwester Biljana sich Frau Schmidt zu. Diese ist relativ selbständig und hat bereits damit begonnen, sich auf dem Nachtstuhl sitzend am Waschbecken selber zu waschen. Schwester Biljana hilft ihr beim Waschen des Rückens und dem Kämmen der Haare. „Haben sie gut geschlafen, Frau Schmidt?" – „Jaaa – sagen Sie doch „du" zu mir, wir sind doch Freunde, nicht wahr?" – „Ich weiß, sie sind meine Gute, Nette, aber ich darf zu Ihnen nicht „du" sagen. Sie sind mein Gast". – „Gott sei Dank, dass du mich magst". Dann meint Frau Schmidt plötzlich nach dem Eincremen der Beine: „Ach, Schwester, ich bete jeden Morgen zum Herrgott, dass er mich zu sich nimmt. Das ist doch kein Leben hier, schauen Sie doch, überall diese Depperten". Sie beginnt ein wenig zu weinen. Schwester Biljana streichelt sie am Arm: „So was sagt man nicht – sprechen sie über was anderes. Ich bin immer für Sie da, das wissen sie doch, oder? So, jetzt trinken Sie erstmal ihren Tee, in Ordnung?" Beim Herausgehen meint Schwester Biljana: „Ich stelle mir immer vor, das wäre meine Mutter. Ja, das könnte auch meine Mutter sein. So versuche ich sie zu behandeln."

2 Zur Rolle von Gefühlen in der pflegerischen Interaktion

Eine Szene wie diese spielt sich in ähnlicher Weise wohl jeden Morgen in den über 8000 Altenpflegeheimen in Deutschland ab. Die beschriebene Situation ist fiktiv, beruht jedoch auf zahlreichen Beobachtungen im Rahmen unserer Forschung zur Interaktionsarbeit. An ihr lassen sich bereits viele Aspekte ablesen, welche wir im Verlauf dieses Kapitels näher betrachten und mit Hilfe von weiteren Forschungsergebnissen veranschaulichen werden. Die Pflegesituation mit Schwester Biljana zeigt u.E. vor allem Folgendes:

- Die Schwierigkeit für die Pflegekraft liegt weniger in den zu verrichtenden Pflegetätigkeiten an sich, sondern eher in den Verhaltensweisen und Reaktionen der zu pflegenden Bewohnerinnen. Sie ist mit Beschimpfungen, mangelnder Mitarbeit („Compliance") sowie existenziellen Nöten der Bewohner direkt konfrontiert. Der „Arbeitsgegenstand" ist ein menschliches Gegenüber. Somit rückt die *Interaktion* zwischen den beteiligten Subjekten in den Vordergrund.
- In der Interaktion spielen Gefühle und Emotionen auf verschiedenen Ebenen eine wesentliche Rolle. Bei Eintritt in das Zimmer von Frau Meier und Frau Schmidt zeigt die Pflegekraft zunächst ein *Gespür* dafür, dass Frau Meier Durchfall hatte. Sie benutzt dazu ihre Sinneseindrücke und ihr Erfahrungswissen über Frau Meier.
- Um ihre Pflegeaufgaben gut ausführen zu können, versucht Schwester Biljana auch, die *Gefühle der Bewohner zu beeinflussen*. Dies tut sie zum einen, indem sie die Bewohnerinnen sanft berührt oder auch tröstend streichelt. Körperkontakt bedeutet jedoch zugleich auch die Überschreitung einer intimen Grenze. Aus diesem Grund bereitet Schwester Biljana Frau Meier mit Worten darauf vor, dass ihr der After gewaschen wird. Sie redet weiter je nach Wahrnehmung der Situation freundlich auf die Bewohnerinnen ein, ermahnt sie unter Ausmalung der Konsequenzen zur Zusammenarbeit oder versucht durch Themenwechsel von unbequemen Themen abzulenken.
- Schwester Biljana ist jedoch auch mit ihren *eigenen Gefühlen* konfrontiert. Trotz ihrer langjährigen Erfahrung muss sie zunächst Ekelgefühle ange-

sichts der Exkremente von Frau Meier überwinden. Die Beschimpfungen und die mangelnde Zusammenarbeit rufen in ihr Verärgerung hervor. Diese Gefühle unterdrückt sie jedoch, indem sie sich vorstellt, dass ihr Gegenüber auch ihre eigene Mutter sein könnte. Ihr Verhalten ist zudem durch vorgegebene Regeln beeinflusst: Sie weiß, dass die Heimleitung die Direktive ausgegeben hat, die Bewohnerinnen generell zu siezen und schlägt deshalb das Duz-Angebot von Frau Schmidt aus. Dass dies nicht im Einklang mit ihren „persönlichen" Regeln ist, zeigt sich darin, dass sie den Familiennamen von Frau Meier durch das Anhängen eines „-li" verniedlicht.

Wie die Pflegesituation zeigt, sind diese verschiedenen Aspekte des Gebrauchs von und dem Umgang mit Emotionen in der Interaktion unmittelbar aufeinander bezogen. Dennoch erscheint es sinnvoll, zunächst genauer zu analysieren, wie sich die beschriebenen Phänomene im Einzelnen genauer begrifflich fassen lassen und welche Fassetten hierbei zu beachten sind.

Betrachten wir zunächst Gefühle unter dem Aspekt des *„Arbeitsmittels"*: Sie können in der Interaktion als „Instrumente" des Wahrnehmens, Erfassens und Verstehens eingesetzt werden. Vielfach wird dies mit dem Begriff der „Empathie" umschrieben. Doch auch die sinnliche Komponente menschlicher Erfahrung (wie in unserem Beispiel das Riechen) ist hier von Bedeutung. In dem vom deutschen Arbeitssoziologen Böhle und Kollegen entwickelten Konzept des *subjektivierenden Arbeitshandelns* (Böhle & Milkau, 1988; Böhle & Schulze, 1997) wird diese Dimension des Arbeitshandelns theoretisch gefasst. Im nachfolgenden Kapitel (Weishaupt, in diesem Band) wird dieser Aspekt im Detail dargestellt.

Wenn Gefühle der *Gegenstand der Arbeit* sind, es also darum geht, auf den emotionalen Zustand des Gegenübers einzuwirken, um ein bestimmtes erwünschtes Ziel – einen Gefühlszustand beim Klienten zu erreichen, so bezeichnen wir dies als *Gefühlsarbeit*. Dieser Begriff (im englischen Original *„sentimental work"*) wurde von den amerikanischen Soziologen Strauss, Fagerhaugh, Suczek und Wiener (1980, 1982, 1985) geprägt und am Beispiel der Krankenpflege entwickelt.

Den dritten Aspekt des Umgangs mit Gefühlen – die Arbeit an den eigenen Gefühlen – bezeichnen wir in Anlehnung an die von der amerikanischen Soziologin Hochschild (1983) eingeführten Bezeichnung „emotional labor" als *Emotionsarbeit*. In ihrer inzwischen als „klassisch" zu bezeichnenden Arbeit *The Managed Heart* (1990, *Das gekaufte Herz*) hat sie das, was Emotionsarbeit ausmacht, durch Untersuchungen bei Flugbegleiterinnen veranschaulicht. Vor allem in den letzten zehn Jahren sind jedoch zahlreiche Weiterentwicklungen und Modifikationen an diesem Konzept vorgenommen worden.

Wir stellen nun die Konzepte *Emotionsarbeit* und *Gefühlsarbeit* im Einzelnen vor und veranschaulichen an Hand weiterer Beispiele, auf welche Weise sie dazu beitragen können, den Pflegealltag mit seinen Anforderungen und Schwierigkeiten angemessen wissenschaftlich zu beschreiben.

3 Emotionsarbeit in der Pflege

3.1 Definition und Betrachtungsweisen von Emotionsarbeit

Eine Krankenschwester berichtet, wie sie innerlich auf die zu leistende Gefühlsarbeit reagiert: „In mir – ich denk mir dann schon: Ja muß denn das sein? – Manchmal fehlt mir das Verständnis dafür, aber ich zeig das den Patienten eigentlich nicht! Also ich geh dann trotzdem zu den Patienten hin und versuche zu trösten oder ruhig mit den Patienten zu reden oder zu besänftigen. Aber, wenn ich dann wieder draußen bin aus dem Zimmer, dann ist es schon oft so, daß ich den Kopf schüttle oder sag: ‚Na schon wieder!' oder so." (Paseka, 1991, S. 192)

Die Krankenschwester empfindet einen Widerspruch zwischen dem, was sie *fühlt*, und dem was sie aus Rücksicht auf die zu pflegenden Patienten *fühlen sollte*. Bemühungen diesen Widerspruch zu vermindern, werden von uns nach der amerikanischen Soziologin Hochschild (1983) „Emotionsarbeit" („emotional labor") genannt. Hochschild hat ihr Verständnis von „emotional labor" vorwiegend am Beispiel von Flugbegleiterinnen entwickelt. Sie umschreibt emotionale Arbeit in Abgrenzung zu anderen Arten von Arbeit folgendermaßen: „Die Flugbegleiterin verrichtet körperliche Arbeit, wenn sie den schweren Büffetwagen durch die Gänge schiebt, und sie leistet geistige Arbeit, wenn sie sich auf Notlandungen und Evakuierungen vorbereitet oder sie organisiert. Aber über diese geistige und körperliche Arbeit hinaus verrichtet sie noch eine andere Art von Arbeit, die ich als *Emotionsarbeit*[1] bezeichne. Sie verlangt das Zeigen und Unterdrücken von Gefühlen, damit die äußere Haltung gewahrt bleibt, und die bei anderen die erwünschte Wirkung hat – in unserem Fall das Gefühl der Fluggäste, an einem angenehmen und sicheren Ort umsorgt zu werden. Die Koordination von Verstand und Gefühl greift dabei zuweilen auf eine Quelle des Selbst zurück, die wir als tief in unserer Persönlichkeit verankerten Bestandteil unserer Individualität hoch bewerten" (Hochschild, 1990, S. 30f., Hervorh. im Orig.).

Geformt werden Gefühle vor allem durch Regeln, die zumeist erst dann deutlich sichtbar werden, wenn das Verhalten einer Person als abweichend, als

1 In der Originalübersetzung von Ernst v. Kardorff "Gefühlsarbeit". Geändert in Übereinstimmung mit unserer Unterscheidung zwischen Gefühlarbeit im Sinne von Strauss und Mitarbeiterinnen und Emotionsarbeit im Sinne von Hochschild.

emotional deviant (Thoits, 1985) wahrgenommen wird. Schwierig ist es etwa bei Ekel, die innere Empfindung nicht nach Außen dringen zu lassen, wie folgende Beschreibung einer Altenpflegerhelferin zeigt: "Wir haben eine Bewohnerin; wenn ich der beim Essen zusehe, dann vergeht mir wirklich alles. Die ißt in einer Windeseile und schaufelt, als wenn sie Angst hat, jemand würde ihr das Ganze wegnehmen; besabbert sich von oben bis unten. Zur Krönung des Ganzen – dann ist es bei mir vorbei – wenn sie dann die Zähne herausnimmt und sie ablutscht. Das ist das Allerschlimmste" (Sowinski, 1999, S. 44).

Emotionsbezogene Normen können sich sowohl auf den Ausdruck als auch auf das Empfinden von Gefühlen beziehen. Erstere werden von Hochschild als *display rules* (Hochschild, 1979) bzw. *expression rules* (Hochschild, 1990) bezeichnet, letztere als *feeling rules*. Wir gebrauchen im Folgenden die Begriffe *Ausdrucksregeln* und *Empfindungsregeln*. Diese legen das angemessene Verhältnis von Ausmaß (jemand kann zu ärgerlich oder zu wenig freundlich sein), Richtung (jemand kann traurig sein, wenn er sich eigentlich freuen sollte) und Dauer (jemand kann zu lange oder zu kurz Freude zeigen) von Emotionen fest (Hochschild, 1979). Rafaeli und Sutton (1989) unterscheiden Ausdrucks- und Empfindungsregeln spezifischer nach allgemeinen gesellschaftlichen Normen (*societal norms*), beruflichen Normen (*occupational norms*) sowie organisationalen Normen (*organizational norms*), welche das emotionale Verhalten der Arbeitenden beeinflussen.

Auf welche Weise emotionsbezogene Regeln in der Pflege wirksam sein können, zeigt das folgende Beispiel. Hierbei handelt es sich um eine Interaktionsepisode von Altenpflegerin C. mit Bewohnerin M.: „C. zieht Frau M. die Windel aus und reinigt Genitalbereich und After mit Pflegeschaum. Sie wäscht die Beine, die Füße. Lautstarke Proteste versucht sie mit Zärtlichkeiten zu kontern. Frau M. wird weiter eingecremt, sie bekommt eine frische Windel – die Pflegerin bekommt als Gegenleistung einen Schlag ins Gesicht: „Aua, jetzt reichts mir aber!" C. bleibt trotzdem weiterhin freundlich zu Frau M., sie spricht im Flüsterton auf sie ein, Frau M. wird ruhiger." (Dunkel, 1988, S.74)

Dunkel (1988, S. 75) beschreibt die hier deutlich werdende Regel folgendermaßen: „Frau M. ist natürlich abhängig vom Wohlwollen der Altenpflegerin; sie ist jedoch nicht zu einem bestimmten Verhalten ihr gegenüber verpflichtet, kann sie also auch schlagen. Die Altenpflegerin wiederum muß ihr Verhalten an der gültigen Mitarbeiterideologie der Pflegestation orientieren – und da heißt die Gefühlsregel: ‚Sei freundlich und gewaltlos!' Dies verbietet eine symmetrische Reaktion auf den tätlichen Angriff von Frau M.: auf einen Schlag ins Gesicht muß mit Freundlichkeit reagiert werden." Für einen kurz Moment scheint es so, als ob Frau M. emotional deviant reagiert, indem sie zum Ausdruck bringt, dass sie genug von den aggressiven Handlungen von Frau M. habe – dann setzt jedoch wieder die emotionale Arbeit ein, die sie gemäß der Regel freundlich und ruhig handeln lässt. Weitere Formen von möglichen Regeln beschreibt folgende Pflegekraft aus der ambulanten Pflege: „Wir dürfen keine Informationen zu anderen Patienten tragen. Das wird aber oft gemacht, also ausjammern, beschweren. Man darf dem Patienten nie zeigen, dass man es unter Zeitdruck machen muss. Oder man darf nicht rauslassen, dass es einem selber mal nicht so gut geht" (Büssing, Höge, Glaser & Heinz, 2002, S. 116f.).

Die Abweichung zwischen dem „Soll-" und „Ist-Zustand" der Gefühle, welche Hochschild (1983) als *emotionale Dissonanz*[2] bezeichnet, kann nun durch verschiedene Formen und „Techniken" der Gefühlsregulierung in *emotionale Harmonie* überführt werden. Hochschild (1979, 1983) unterscheidet dabei analog zu Ausdrucks- und Empfindungsregeln zwischen Oberflächenhandeln (*surface acting*) und Tiefenhandeln (*deep acting*):

Oberflächenhandeln zielt auf die Veränderung des Verhaltensausdrucks ab. Dadurch wird der Versuch unternommen, *andere* über die eigentlichen Gefühle hinweg zu täuschen: „Beim Oberflächenhandeln empfinde ich den Ausdruck auf meinem Gesicht als ‚aufgesetzt'. Er ist kein ‚Teil von mir'" (Hochschild, 1990, S. 54). Eine Pflegekraft aus der ambulanten Pflege beschreibt solch eine Form emotionaler Arbeit mit folgenden Worten: „Wenn es mir schlecht geht, lasse ich das nicht an Patienten aus. Ich mache dann meinen Job und gehe wieder. Du gehst aus der Tür raus und ‚keep smile' " (Büssing, Höge, Glaser & Heinz, 2002, S. 119). Die lächelnde Maske wird oftmals abgesetzt, wenn die „Bühne" der Interaktion mit dem Patienten verlassen wird: „Ich hab funktioniert, bin raus, hab mich in mein Auto gesetzt, bin weiter gefahren, hab mich aufs Feld gestellt und hab dann erst mal meine Chefin übers Handy angerufen und hab ihr die Situation einfach mal geschildert und mich erst mal beruhigt. Weil ich hätte, so wie ich aufgewühlt war, zu keinem anderen Patienten gehen können" (Büssing, Höge, Glaser & Heinz, 2002, S. 120).

Tiefenhandeln zielt auf die Veränderung von Gefühlen ab. Dabei wird der Versuch unternommen, *sich selbst* auf einer tieferen Ebene über die eigentlichen Empfindungen zu täuschen. Zwei Arten von Tiefenhandeln lassen sich unterscheiden: „Die eine spricht das Gefühl direkt an, die andere geht auf indirektem Wege vor und greift auf gelernte Vorstellungen und Bilder zurück" (Hochschild, 1990, S. 56). So stellen sich Pflegekräfte etwa vor, die Patienten bzw. Bewohner seien wie ihre Eltern oder wie Kinder, die nicht vollständig für ihre Handlungen verantwortlich sind. Eine weitere Form des Tiefenhandelns in der Pflege besteht darin, bei dem zu versorgenden Gegenüber den Aspekt der „Krankheit" in den Vordergrund zu rücken, wie folgendes Beispiel zeigt: „Eine Krankenschwester

[2] Hochschild benutzt diesen Begriff in Analogie zur Theorie der kognitiven Dissonanz von Festinger (1978).

erzählt, daß sie manche Patienten als sehr unangenehm erlebt, weil sie verbal ausfällig sind. Dennoch versucht sie Verständnis aufzubringen, indem sie solche Menschen ausschließlich als „Patienten" wahrnimmt: ‚Aber er ist halt so aufgewachsen und hat halt auch seine Schmerzen und liegt auch nicht nur da, weil ihm fad ist, sondern weil er krank ist. Das muß man in erster Linie sehn...' "(Paseka, 1991, S. 192).

Obwohl Hochschild darlegt, dass Emotionsarbeit potenziell vorteilhaft für die soziale Interaktion in der Dienstleistung sei, da niemand unhöflich oder mürrisch behandelt werden möchte, liegt ihr Schwerpunkt der Betrachtung eindeutig auf den psychischen Kosten: „Agieren an der Oberfläche und Tiefenhandeln lassen im kommerziellen Bereich, anders als auf der Bühne, im Privatleben oder in der Therapie, das Gesicht und die Gefühle eines Menschen zur Ressource werden" (Hochschild 1990, S. 72). Dadurch würden Menschen von ihren eigenen, ursprünglichen Gefühlen entfremdet werden, was zu negativen Auswirkungen auf das Privatleben führt. Sie setzt zudem den Verlust der Verbindung mit den eigenen Gefühlen in Zusammenhang mit dem Burnout-Syndrom.

Die meisten der nach „The Managed Heart" vorgenommenen theoretischen und empirischen Analysen kommen jedoch zum Ergebnis, dass emotionale Arbeit negative Auswirkungen haben *kann*, aber nicht zwingend haben *muss* (für einen Überblick siehe Zapf, 2002). So gehen Rafaeli und Sutton (1987) davon aus, dass nur das Vortäuschen von Gefühlen in schlechter Absicht (*faking in bad faith*), bei dem die Beteiligten der Überzeugung sind, dass die gezeigten Gefühle *kein* Bestandteil der Arbeit sein sollten, gesundheitsbeeinträchtigend sei. Vortäuschen im guten Glauben (*faking in good faith*) hingegen kann nach Ansicht der Autoren auch zur Bewältigung von Stress und Vermeidung von Burnout beitragen. Dies ist der Fall, wenn die entsprechenden Ausdrucks- und Empfindungsregeln verinnerlicht sind, so dass die zu zeigenden Gefühle als zur Arbeit dazugehörig erlebt werden. Eine Pflegekraft aus der ambulanten Pflege drückt dies in folgender Weise aus: „Man muss eine Rolle spielen, ein Bild vermitteln. Ich nehme ein Bild an, was *der Patient* von mir erwartet. In meinem Beruf kann ich mir nicht erlauben, Gefühlsausbrüche zu haben" (Büssing, Höge, Glaser & Heinz, 2002, S. 119, Hervorheb. d. Verf.). Würde die Pflegekraft hingegen nur dann ihre Rolle spielen, wenn sie durch *Vorgesetzte* beobachtet wird, wäre dies Handeln in schlechter Absicht.

Hochschilds Interesse gilt, wie wir gesehen haben, vor allem den (entfremdeten) Empfindungen, weniger dem Emotionsausdruck, den es gemäß den Ausdrucksregeln herzustellen gilt. Im interaktionistischen Modell der Emotionsarbeit von Morris und Feldman (1996) werden diese beobachtbaren Komponenten berücksichtigt, z.B. in Form der Häufigkeit und der Vielfalt regulierten Gefühlsausdrucksverhaltens.

3.2 Umsetzung in der Pflege und bisherige Befunde zur Emotionsarbeit

Das Konzept von Hochschild (1983) zur Emotionsarbeit wurde im Bereich der Pflege unseres Wissens zuerst von Smith (1988) aufgegriffen und noch stärker auf die Pflege bezogen (Smith, 1991, 1992). Von zentraler Bedeutung ist für sie der Begriff „caring", den die Autorin in enge Beziehung zur emotionalen Arbeit setzt. „Caring" (das sich nur unscharf mit Kümmern oder Sorgen übersetzen lässt) (vgl. Schaeffer, Moers & Steppe, 1997) stellt aus feministischer Sicht die Art von gefühlsbetonter Arbeit dar, welche zumeist Frauen im öffentlichen und privaten Bereich leisten (Smith, 1992). „Caring" wird hier auch im Hinblick auf das Konzept der Aktivitäten des täglichen Lebens bzw. der Pflegeprozess-Theorie diskutiert (vgl. Henderson, 1997; Roper, 1997), in denen der Mensch mit seinen Bedürfnissen und Aktivitäten und nicht die Krankheit mit ihren Symptomen im Vordergrund steht. Dieser Pflegeansatz verweist auf die Bedeutung kommunikativer Fähigkeiten in der Auseinandersetzung mit den Patienten (Smith, 1991). In jüngerer Zeit wurde untersucht (Smith & Gray, 2000), wie Krankenschwestern auf die Aufgaben des „caring" und der Emotionsarbeit in der Ausbildung vorbereitet werden.

James (1992) bringt den Begriff „care" auf folgende griffige Formel: „Care = Organisation + körperliche Arbeit + emotionale Arbeit." Sie verweist darauf, dass die Komponente „emotionale Arbeit" als geleistete Arbeit bislang nicht wahrgenommen wurde und daher ein „unsichtbares Produkt" darstellt (James, 1989). In ihrer Argumentation knüpft sie dabei ebenso wie Smith (1991) an die feministischen Grundlagen von Hochschilds Konzept an, indem sie die bisherige Geringschätzung von emotionaler Arbeit damit erklärt, dass diese eine Tätigkeit sei, die traditionell vorwiegend von (Haus-)Frauen geleistet wird und im Kontrast zur rationalen „männlichen" Produktionsarbeit erst gar nicht als Arbeit betrachtet wurde. Für die Autorin besteht die Herausforderung darin, ein Bewusstsein für die Bedeutung von Emotionsarbeit in der Pflege zu schaffen ohne dadurch das soziale Gefüge zwischen Pflegekraft und Patient zu zerstören oder zu „kommerzialisieren".

Weitere Autorinnen haben sich der Sichtweise von Smith und James angeschlossen. Staden (1998) und Henderson (2001) sehen beide im Konzept der emotionalen Arbeit die Möglichkeit, die Bedeutung und den Wert von „Caring" als Teil der Pflegearbeit benennen zu können. Paseka (1991), die das Konzept der emotionalen Arbeit in die deutschsprachige Pflegewissenschaft eingeführt hat (sie verwendet dabei jedoch in Anlehnung an Dunkel (1988) den Begriff „Gefühlsarbeit"), vertritt in ähnlicher Weise die Auffassung, dass auf dieser Grundlage der traditionelle Arbeitsbegriff überdacht werden sollte, was neue

Gesichtspunkte bei der Verbesserung der Arbeitssituation in der Pflege eröffnen könnte.

Phillips (1996) äußert jedoch allgemeine Zweifel daran, ob die Anerkennung Emotionsarbeit nicht nur in der Pflegetheorie, sondern auch in der Praxis erreicht werden kann. Sie sieht ein noch stets wirksames technisch-naturwissenschaftliches Paradigma als größten Hemmschuh hierfür. Olesen und Bone (1998) weisen spezifischer auf die paradoxe Situation hin, zu der die momentanen Reformen im Gesundheitswesen geführt haben: Zum einen wird im Zuge von Rationalisierungsmaßnahmen die verfügbare Zeit für Interaktionen zwischen Pflegekräften und Patienten reduziert, zum anderen gewinnt jedoch gleichzeitig mit der verstärkten Durchsetzung des Dienstleistungsgedanken die Zufriedenheit und die Befindlichkeit der „Klienten" an Bedeutung - und damit eng verbunden auch emotionale Arbeit.

Derjenige Kritikpunkt an Hochschilds Konzeption von Emotionsarbeit, der auch in der Pflegewissenschaft am häufigsten geäußert wird, besteht darin, dass sie zu sehr die psychischen Kosten betone, die mit dem Management der eigenen Gefühle verbunden sind. Staden (1998) und Henderson (2001) führen dem gegenüber an, dass für viele Pflegekräfte in der Pflegebeziehung und im emotionalen Kontakt mit Patienten gerade eine Quelle von Berufszufriedenheit liege. Bolton (2000) verweist in diesem Zusammenhang darauf, dass Emotionen in der Pflege nicht nur unterdrückt oder vorgetäuscht werden, sondern oftmals auch authentisch in die Pflegebeziehung eingebracht werden.

Konkrete Fallstudien zur emotionalen Arbeit wurden im Kontext des Gesundheitswesens von James (1993) am Beispiel von Krebserkrankungen, von Meerabeau und Page (1998) bezogen auf die Herzkreislaufwiederbelebung, von Bolton (2000) auf einer gynäkologischen Station sowie von Kelly, Ross, Gray und Smith (2000) in Bezug auf Knochenmarktransplantationen durchgeführt. Weiter haben Froggatt (1998) und Hunter (2000) an Hand der vorliegenden Literatur zu Hospizarbeit bzw. Geburtshilfe die Bedeutung von Emotionsarbeit in diesen beiden Bereichen herausgearbeitet. Mit dem Thema Ekel und dem Umgang mit dieser besonderen Emotion in der Pflege haben sich Sowinski (1999) und Ringel (2000) auseinandergesetzt. Einen historischen Blickwinkel auf Emotionsarbeit nimmt schließlich Overlander (1996, 1999) ein. Sie hat in ihrer Inhaltsanalyse von Krankenpflegelehrbüchern, welche zwischen 1874 und 1987 erschienen sind, die Ausformulierung und Entwicklung von Gefühlsregeln in der Pflege nachgezeichnet. Im Bereich der stationären Altenpflege wurden von Diamond (1988), Treweek (1996), Sass (2000) und Costello (2001) qualitative Untersuchungen vorgenommen, in denen so unterschiedliche Aspekte wie emotionale Arbeit als „unsichtbare Tätigkeit", Ordnung und Kontrolle in der Beziehung zu Bewohnern, die Art der Kommunikation oder der Umgang mit Tod und Sterben im Vordergrund stehen.

Während es zahlreiche qualitative, insbesondere Fallstudien zur Emotionsarbeit in der Pflege gibt, mangelt es an quantitativen, verallgemeinerungsfähigen Befunden. In einer der wenigen quantitativen Studien haben Büssing und Glaser (1999) zunächst Instrumente zur Analyse von Konstellationen der Emotionsarbeit entwickelt und danach Rahmenbedingungen und Ausprägungen von Emotionsarbeit in der stationären Krankenpflege untersucht. Sie konnten verschiedene Strategien der Emotionsregulierung wie Oberflächen- und Tiefenhandeln bei Krankenpflegekräften diagnostizieren und belegen, dass emotionale Dissonanz maßgeblich zur Burnoutentwicklung beiträgt. Vergleichbare Befunde liefert eine zweite Studie von Nerdinger und Röper (1999). Auch hier werden signifikante Zusammenhänge zwischen emotionaler Dissonanz und Burnout bei Krankenpflegekräften nachgewiesen. Im Zuge der arbeitspsychologischen Begleitforschung eines Projekts zur Förderung von Interaktionsarbeit in der Altenpflege (vgl. Weigl & Glaser, in diesem Band) haben wir Konstellationen der Emotionsarbeit auch in der stationären Altenpflege untersucht.

4 Gefühlsarbeit in der Pflege

4.1 Definition und Formen der Gefühlsarbeit in der Pflege

Im Rahmen eines Forschungsprojektes zu Arbeitsformen bei chronisch Kranken im technologisierten Krankenhaus, das vom amerikanischen Soziologen Anselm Strauss zusammen mit den beiden Fachkolleginnen Barbara Suczek und Carolyn Wiener sowie der Krankenschwester und Pflegewissenschaftlerin Shizuko Fagerhaugh durchgeführt wurde, kam es unter anderem zu folgender Beobachtung: „Während der langwierigen und potentiell gefährlichen Prozedur, die auch als das Anfertigen eines Angiogramms (eine Kathetereinführung ins Herz) bekannt ist, sind die Ärzte angespannt mit den technischen Details beschäftigt, einen Schlauch durch die Vene des Patienten in das Herz des Patienten einzuführen und dann das zu interpretieren, was sie auf dem Fernsehschirm von der Herzbewegung sehen. Von Zeit zu Zeit erklärt der Chefarzt (nicht der rangniedrigere Arzt), was sie tun, an welcher Stelle des Verfahrens sie sich befinden, was demnächst passieren wird; er gibt Hinweise, ob der nächste Schritt schmerzen wird oder nicht, versichert dem Patienten, daß sie durch diesen Test gute Informationen bekommen, und fragt gelegentlich nach dem Wohl des Patienten. Auch die Krankenschwester erfüllt technische Aufgaben einschließlich der sorgfältigen Überwachung des Pulses, des Blutdrucks, der Hautfarbe des Patienten usw. Ab und zu wird sie ihn beruhigend streicheln und fragen: „Wie geht es Ihnen?“, Schweiß von der Stirn des Patienten wegwischen und auf andere Art und Weise die pflegerische Anwesenheit des Arztes durch eigene fürsorgliche Gesten ergänzen – und dies alles geschieht, um die Hauptarbeit der Diagnose zu bewältigen“ (Strauss, Fagerhaugh, Suczek & Wiener, 1980, S. 641).

Strauss und Mitarbeiterinnen bezeichnen diese vor allem von der Krankenschwester ausgeführte Begleittätigkeit, welche die „eigentliche“ medizinische Arbeit des Anfertigen eines Angiogramms erst ermöglicht, als Gefühlsarbeit („sentimental work“). Sie definieren diese Form der Arbeit näher wie folgt: „Gefühlsarbeit ist Bestandteil in jeder Art von Arbeit, bei der das bearbeitete Objekt lebend, empfindungsfähig, reagierend ist – ein Bestandteil, der entweder als notwendig eingeschätzt wird um die Arbeit effektiv zu erledigen oder aus humanistischen Erwägungen. Gefühlsarbeit hat ihren Ausgangspunkt in der elementaren Tatsache, dass jegliche Arbeit, die mit oder an Menschen verrichtet wird, deren Antworten auf diese instrumentelle Arbeit berücksichtigen sollte; in der Tat können ihre Antworten ein zentrales Charakteristikum dieser Arbeit sein.“ (Strauss, Fagerhaugh, Suczek & Wiener, 1982, S. 254, Übers. d. Verf.).

Sie legen dar, dass es oftmals mit Fehlleistungen im Bereich der Gefühlsarbeit zusammenhängt, wenn Patienten sich wie „Objekte“ behandelt fühlen, Erniedrigung und Beleidigung empfinden, ihre Privatsphäre verletzt sehen und sie sich physisch und geistig unbehaglich fühlen. Weiter hat misslungene Gefühlsarbeit auch negative Auswirkungen auf die Gefühlsordnung einer Station (Strauss, Fagerhaugh, Suczek & Wiener, 1980). Gefühlsarbeit wird zudem nicht von allen beteiligten Personen in gleicher Weise und im gleichen Ausmaß geleistet, sondern arbeitsteilig, wie das einleitende Beispiel verdeutlicht. Dabei spielen situationale Gegebenheiten, Mitarbeiterphilosophien/„Ideologien“ und allgemeine Rollenzuweisungen eine Rolle. Wichtig für das Verständnis von Gefühlsarbeit im Sinne von Strauss et al. ist, dass sie diese als nur einen von mehreren Bestandteilen der Arbeit analysieren, welche im Krankenhaus geleistet wird. Im Zuge ihrer Untersuchungen in Krankenhäusern unterschieden sie zwischen folgenden Arten von Arbeit: Maschinenarbeit (Umgang mit medizintechnischen Geräten), Sicherheitsarbeit (Vermeiden und Beheben von Risiken bei der medizinischen Behandlung und Gefahren auf Grund der Krankheit), Befindlichkeitsarbeit (Umgang mit Unannehmlichkeiten und Schmerz bei Patienten), Koordinationsarbeit (Organisation der Behandlung und Pflege), Arbeit der Patienten – und eben Gefühlsarbeit.

Von zentraler Bedeutung für die Analyse dieser unterschiedlichen Arbeitsprozesse im Krankenhaus ist das Konzept der „Illness Trajectory“ (Krankheitsverlaufskurve). In diesem wird eine gemeinsame Betrachtung der physiologischen Entwicklung der Krankheit des Patienten, der gesamten Organisation der geleisteten Arbeit im Verlauf dieses Prozesses sowie der Auswirkungen auf diejenigen, welche bei dieser Arbeit involviert sind, vorgenommen. Das Konzept soll dazu dienen, die große Vielfalt der aufeinander bezogenen Ereignisse im Verlauf von chronischen Krankheiten analytisch ordnen zu können (Strauss, Fagerhaugh, Suczek & Wiener, 1985). Strauss et al. (1980, 1982, 1985) unterscheiden analytisch zwischen sieben Typen von Gefühlsarbeit, die sie mit Hilfe der „Grounded Theory" (Glaser & Strauss, 1998) identifiziert haben. Sie räumen ein, dass weitere Typen möglich sind:

- *Interaktionsarbeit und moralische Regeln* („interactional work and moral rules"): Hierbei handelt es sich im Prinzip um die Einhaltung meist als selbstverständlich erachteter Umgangsformen (z.B. zuhören, nicht unterbrechen, nicht schreien, Wahrung der Privatsphäre usw.). Weiter wird das Erklären von Arbeitshandlungen sowie das Eingehen auf den Patienten („pacing") unter diese Kategorie gefasst. Folgende beobachtete Szene zwischen der Altenpflegerin C. und der Bewohnerin Frau M. verdeutlicht, wie dieser Typ von Gefühlsarbeit in der Praxis aussehen kann: „C. fragt Frau M., ob sie ihr die Bettjacke anziehen soll. Sie bekommt keine Antwort. Schließlich gibt sie sich selbst eine positive Antwort und zieht Frau M. die Bettjacke an. Auffallend ist, dass C. vollkommen vernünftig mit Frau M. redet, obwohl sie glaubt, daß Frau M. kaum etwas verstehe. Sicher ist sie sich mit dieser Einschätzung allerdings nicht. C. versucht Frau M. Kaffee einzuflößen. Auf ihre Frage, ob sie, Frau M. noch einen Schluck Kaffee möchte, bekommt sie zum ersten Mal eine klare Antwort: ‚Ja'! (Dunkel, 1988, S. 75)."
- *Vertrauensarbeit* („trust work"): Bei diesem Typ von Gefühlsarbeit geht es darum, Vertrauen zu erzeugen, indem man Kompetenz vermittelt und sich kümmert („concern"). Als anschauliches Beispiel hierfür kann die folgende Aussage einer Pflegekraft aus der ambulanten Pflege dienen, die den Sachverhalt mit eigenen Worten als "Angstprophylaxe" umschreibt: "Das ist einmal Angstprophylaxe, dass man sagt 'Ich halte Sie fest, es kann nichts passieren und zusammen schaffen wir es'. Dass man sie also einfach motiviert. Dann schämen sich auch viele Patienten, nackt zu sein, das ist ja nicht normal, und dass man daraus nichts Besonderes macht – man ihnen die Scheu und Scham nimmt. Ich meine, wir sollen immer auf den Patienten eingehen, aber das Eingehen ist wichtig, dass man die Angst nimmt und auch, dass man tröstet" (Büssing et al., 2002)
- *Fassungsarbeit* („composure work"): Dieser Typ dient zur Aufrechterhaltung der Fassung und der Selbstkontrolle des Patienten bei schmerzvollen pflegerischen Handlungen. Folgende von Strauss und Mitarbeiterinnen selbst beobachtete Episode zeigt einen Fall von misslungener Fassungsar-

beit seitens des behandelnden Arztes, welcher durch gelungene Gefühlsarbeit seitens der Mutter des untersuchten Kindes behoben wird: „Ein Urologe verspricht einem kleinen Kind, daß die gerade vorzunehmende Kathetereinführung überhaupt nicht wehtun wird. Das Verfahren stellt sich allerdings als derartig schmerzhaft heraus, daß das Kind schreit, den Arzt der Lüge bezichtigt und sich weigert, dem Fortgang des Verfahrens zuzustimmen. Die Mutter des Kindes, deren Anwesenheit es dem Urologen erst ermöglicht hat, mit der Behandlung zu beginnen und die die Hand des Kindes ununterbrochen gehalten hat, interveniert jetzt. Sie redet in einem beruhigendem Ton, fordert das Kind auf, mutig zu sein, und sagt, daß sie während der ganzen Zeit anwesend sein wird – eine Garantie, daß nicht Gefährliches passieren wird" (Strauss et al., 1980, S. 641).

- *Biografische Arbeit* („biographical work"): Ein (gegenseitiges) Kennenlernen erleichtert den Pflegekräften die Arbeit am Krankheitsverlauf („trajectory work") und ermöglicht in vielen Fällen erst geeignete Maßnahmen zu ergreifen. Eine weitere Pflegekraft aus der ambulanten Pflege erläutert dies folgendermaßen: „Also, ich spreche über das Leben der Patienten während der Pflege eigentlich immer. Das geht los, dass man sagt: ‚Wie geht es heute' ... ‚Schlecht, ach wissen Sie, vor 20 Jahren, da war das alles ganz anders.' Das kommt dann automatisch. Das ist dann unheimlich wichtig für sie, weil sie leben – das sind oft die, die alleine leben oder vereinsamt sind – sie leben in der Vergangenheit und sie ziehen ihre verbleibende Lebenskraft aus der Vergangenheit. Und da sie nicht mehr aktiv am Leben teilnehmen können, ist es das Einzige, was sie haben. ... Sie fühlen sich dann wieder etwas wichtig" (Büssing, Höge, Glaser & Heinz 2002, S. 118).
- *Identitätsarbeit* („identity work"): Während es bei der biografischen Arbeit um allgemeine persönliche und soziale Aspekte geht, werden mit diesem Typ von Gefühlsarbeit in einem engeren Sinn die „psychischen Probleme" angesprochen, z.B. in Folge bleibender gesundheitlicher Beeinträchtigungen oder angesichts des nahenden Todes. Das dies oftmals eine schwierige Aufgabe darstellt, verdeutlicht die folgende Beschreibung einer Pflegehilfskraft von einer Interaktion mit einer Patientin mit Krebs in den Bronchien: „Sie sagt: ‚Setzen Sie sich nur'. Und sie erzählte mir über alle ihre Sterbefälle. Ihre Brüder und Schwestern. Und ihr Ehemann. Der starb am Heiligabend, und jemand nahm Geld aus seiner Tasche. Und ich sagte: ‚Sie haben drei reizende Enkelkinder'. Und sie sagte: ‚Ich weiß. Aber ich möchte nicht, dass sie mich so sehen'."(James, 1992, S. 502, Übers. d. Verf.).
- *Kontextbezogene Gefühlsarbeit zum Schutz des Bewohners* („awareness of context work"): Hierbei handelt es sich um das Zurückhalten von Informationen, wenn angenommen wird, dass diese Informationen den Patienten

überfordern würden (z.B. unausweichlicher Tod). Folgendes Beispiel ist erneut aus der ambulanten Pflege: „Ja, manchmal verschweige ich schon was. ... [wenn die Ehefrau eines Patienten sagt] ‚Ich hab da ein Geschwür in meiner Brust und jetzt hab ich schon Bestrahlung gekriegt, was ist denn das?‘ Also, wo ich dann ganz klar zu ihr sage: ‚Da müssten sie schon mal zu ihrem Arzt gehen, das kann so vieles sein‘. Wobei es klar ist, und das wusste ich auch von einer anderen Kollegin, dass es Krebs ist – aber sie selber wusste es nicht" (Büssing, Höge, Glaser & Heinz 2002, S. 118f.).

- *Berichtigungsarbeit* („rectification work“): Dieser Typ von Gefühlsarbeit dient dem „Ausbügeln“ von Fehlern (unpersönliches, gefühlloses, erniedrigendes Verhalten gegenüber Patienten) seitens der Kollegen oder Ärzte. Berichtigungsarbeit hat zugleich zum Ziel, das Vertrauen in Kompetenz und Humanität herzustellen oder zu erhalten. Eine Feldnotiz von Strauss und Mitarbeiterinnen beschreibt eine Situation, in der dies nötig ist: „Ich folgte dem Arzt im Praktikum, der das Zimmer einer Frau in Begleitung von fünf oder sechs Medizinstudenten betrat, um eine Untersuchung des Gebärmutterhalses durchzuführen. Sie alle standen nahe, um den Arzt bei der Untersuchung ihrer Vagina zu beobachten. Diese wurde mit kaum einer Einführung durchgeführt, mit wenig Erklärung oder Aufmerksamkeit für ihre Reaktionen. Eine Krankenschwester hielt die Hand der Patientin. Der Arzt nahm einen Vaginalabstrich vor und zeigte den Studenten, wie dies richtig gemacht wird. Dann gingen sie alle ohne ein einziges Wort, nur ein beiläufiges Nicken des Arztes. Nachdem sie gegangen waren, brach die Patientin in Schluchzen aus während die Krankenschwester sie tröstete“ (Strauss et al., 1985, S. 140, Übers. d. Verf.).

Hingewiesen sei darauf, dass Strauss und Mitarbeiterinnen das Konzept der Gefühlsarbeit explizit von dem der Emotionsarbeit von Hochschild (1979) abgrenzen, welches zuvor vorgestellt wurde: „Ihr Ansatz wird mehr stimuliert durch Goffmans Perspektive auf emotionales Management und liegt dieser auch näher als unser interaktionistischer Ansatz zur ‚Arbeit im Dienste eines Arbeitsganges‘ (Strauss, Fagerhaugh, Suczek & Wiener, 1980, S. 650 Fußnote, Hervorheb. im Orig.). Jedoch kann nach ihrem Verständnis Gefühlsarbeit auch an der eigenen Person geleistet werden – sofern diese im Dienste des Hauptarbeitsverlaufs steht. Um Verwirrungen zu vermeiden, beschränken wir in unserer Darstellung jedoch Gefühlsarbeit auf die Beeinflussung der Gefühle anderer Personen. Umgekehrt reservieren wir den Begriff der Emotionsarbeit für das Management der eigenen Emotionen, obwohl Hochschild (1993) ihr Verständnis von „emotional labor“ auch auf das Management der Emotionen anderer ausgeweitet hat.

4.2 Bisherige Befunde zur Gefühlsarbeit in der Pflege

Das Konzept der Gefühlsarbeit hat bislang innerhalb der Pflegewissenschaft vergleichweise wenig Beachtung gefunden. Ausnahmen stellen die Beiträge von Dunkel (1988) und daran anknüpfend Paseka (1991) dar, auf die wir im Folgenden näher eingehen werden. Die eher geringe Beachtung des Konzepts von Strauss et al. innerhalb der Pflege erscheint auf den ersten Blick erstaunlich, und dies gleich aus mehreren Gründen: Zum einen sind die Arbeiten von Strauss in den Pflegewissenschaften keineswegs unbekannt. Sein forschungsmethodischer Ansatz der „Grounded Theory" (vgl. Glaser & Strauss, 1998) wurde gerade in neuerer Zeit in den Pflegewissenschaften verstärkt aufgegriffen (Haller, 2000; Schreiber & Stern, 2001). Zum anderen hat Strauss in Zusammenarbeit mit Corbin das Konzept der „Illness Trajectory" (Krankheitsverlaufskurve) zu einem Pflegemodell für chronische Erkrankungen entwickelt (Corbin & Strauss, 1998). In diesem Modell wird eine gemeinsame Betrachtung der physiologischen Entwicklung der Krankheit eines Patienten, der gesamten Organisation von Arbeit im Verlauf dieses Prozesses sowie der Auswirkungen auf die beteiligten Personen vorgenommen. Weiter hat Strauss das Konzept der Gefühlsarbeit (wie im Übrigen auch die „Grounded Theory") *am Beispiel der Pflege* entwickelt, so dass sich unmittelbare Anknüpfungspunkte für die Pflegewissenschaften ergeben. Das Konzept der Emotionsarbeit von Hochschild (1983) wurde hingegen vor allem am Beispiel von Flugbegleiterinnen veranschaulicht, was eine Transferleistung erfordert, um das Konzept für komplexere Dienstleistungen wie die Pflege fruchtbar zu machen.

Dass trotz dieser Nähe der grundlegenden Forschungsarbeiten das Konzept der Gefühlsarbeit kaum Resonanz innerhalb der Pflegewissenschaften gefunden hat, mag daran liegen, dass die Bearbeitung der Gefühle anderer Personen auch als manipulatives Verhalten aufgefasst werden kann. Dies entspricht jedoch nicht dem allgemeinen Bild der Pflege als helfende Dienstleistung – und auch nicht dem, was die Pflegekräfte selber von ihrem Beruf erwarten. Auf diese Diskussion soll an dieser Stelle nicht eingegangen werden, da u.E. der Fokus hiermit zu sehr auf individuelle Unzulänglichkeiten gelenkt wird. Stattdessen soll gezeigt werden, dass das Konzept der Gefühlsarbeit dazu beitragen kann, ein realistisches Bild des Pflegeberufs zu zeichnen. Dunkel (1988, S. 74) führt auf der Basis eigener Beobachtungen folgende Spezifika von Gefühlsarbeit auf, die verdeutlichen, dass Pflege eine komplexe und z.T. auch in sich widersprüchliche Dienstleistung darstellt:

- Verschränkung sachlicher und emotionaler Anteile
- Gleichzeitigkeit von Manipulation und Kooperation

- Asymmetrie der Beziehung Gefühlsarbeiter-Klient
- Emotionale relevante Selbstdarstellung
- List und Improvisation als Arbeitstechniken
- Empathie als Orientierungsmodus

Der erste Punkt lässt sich als Umschreibung der zentralen Definition von Strauss et al. verstehen, nach der Gefühlsarbeit diejenige Arbeit, die „speziell unter Berücksichtigung der Antworten der bearbeiteten Person oder Personen geleistet wird *und* die im Dienst des Hauptarbeitsverlaufs erfolgt" (Strauss et al., 1980, S. 629, Hervorh. im Orig.). Gefühlsarbeit wird als funktional für das Erreichen der Kernaufgaben verstanden, sie gehört zum inhärenten Bestandteil gelungener personenbezogener Arbeit. Der emotionale Anteil der Arbeit ist direkt auf den sachlichen bezogen. Gleichzeitigkeit von Manipulation und Kooperation drückt den bereits angesprochenen Umstand aus, dass die Beeinflussung der Gefühle anderer Personen stets eine Gratwanderung zwischen notwendiger Fürsorge und (gut gemeinter) Bevormundung darstellt. Pflegekräfte versuchen oft, dieses Problem für sich aufzulösen, indem die Kooperation gegenüber dem Patienten bzw. Bewohner besonders betont wird. Folgendes Beispiel hierfür stammt aus einer eigenen Beobachtung einer Grundpflege-Sequenz in der Altenpflege: „Fr. N., jetzt strecken Sie ein bisschen die Beine aus, dann geht's uns beiden besser. [...] Die Beine ein bisschen auseinander, Sie können – das weiß ich".

Der kooperative Aspekt der Pflege wird auch deshalb betont, um ein Gegengewicht gegenüber der faktischen Asymmetrie der Beziehung zwischen Pflegekraft und Bewohner bzw. Patient zu schaffen. Denn obwohl formal die gepflegte Person oftmals als „Kunde" oder „Klient" firmiert , ist sie tatsächlich in einem hohem Maß abhängig von der jeweiligen fachlichen und persönlichen Kompetenz der ihn betreuenden Personen. Ist die zu pflegende Person gar dement oder psychisch erkrankt, vergrößert sich die Asymmetrie noch, da hier oftmals ein „normales" Gespräch kaum mehr möglich ist. Folgende Beschreibung einer solchen Situation stammt aus einem von uns durchgeführten Gruppeninterview mit Altenpflegekräften: „ Beim Stuhlgang beschmiert sie [die Bewohnerin] alles im Zimmer mit Kot, aber man kann nicht auf sie schimpfen, das ist nicht gut für die Bewohner und für uns auch nicht. Und weil wir haben ihr versucht zu erklären, dass es nicht gut ist, unhygienisch, aber sie macht trotzdem immer wieder, wir waschen sie dann und sind freundlich."

Das nächste von Dunkel (1988) beschriebene Spezifikum von Gefühlsarbeit, die emotional relevante Selbstdarstellung, bezieht sich darauf, dass Pflegekräfte oftmals bewusst verbal und/oder nonverbal versuchen, eine positive Stimmung zu erzeugen. Dies entspricht in etwa dem, was Strauss et al. (1980) mit Vertrauensarbeit bezeichnen. Folgende Beispiele – wiederum aus eigener

Beobachtung in der Altenpflege – verdeutlichen, was damit gemeint ist: „So, jetzt wird's a bissi kalt am Po". „Sie sind meine Gute, Frau M." „Jetzt dauert's nicht mehr lange, dann gibt's Semmeln". Oftmals ist die Stimmlage hierbei flüsternd bzw. „säuselnd" und es werden Erklärungen und Anweisungen mehrmals wiederholt wie etwa „Loslassen, loslassen, loslassen!" oder „Passiert nichts, passiert gar nichts."

Der nächste Punkt „List und Improvisation" ergibt sich quasi als Handlungsstrategie aus dem oben beschriebenen „Dilemma von Gefühlsarbeit: wie den Klienten manipulieren, ohne daß er dies als Manipulation empfindet?" (Dunkel, 1988, S. 69). Es wird versucht, geschickt den Bewohnern oder Patienten – zu seinen Gunsten – zu täuschen. So konnten wir etwa beobachten, dass eine Pflegekraft auf den Ruf „Mutter, Mutter" einer dementen Bewohnerin folgendermaßen reagiert: „Mutter ist nicht da, ist einkaufen gegangen". In einer anderen Interaktionssequenz versucht eine Pflegekraft die Bewohnerin folgendermaßen zu locken, dass Essen aus der Großküche des Heimes zu kosten: „Ich habe mit Liebe gekocht, nur für Sie extra!"

Schließlich benennt Dunkel (1988) Empathie als wichtigen Bestandteil von Gefühlsarbeit. Unseres Erachtens ist emotionales Einfühlungsvermögen gewiss unerlässliche Voraussetzung für gelungene Gefühlsarbeit, doch ordnen wir Empathie eher dem subjektivierenden Arbeitshandeln zu, welches im folgenden Kapitel beschrieben wird.

Paseka (1991) hat in Anknüpfung an Dunkel (1988) ihrerseits u.a. untersucht, auf welche Art und Weise Kranken- und Altenpflegekräfte mit den Gefühlen von Patienten umgehen. Sie unterscheidet hierbei zwischen Vorgehensweisen, bei denen die Patienten eher auf einer rationalen Ebene angesprochen werden und jenen, bei denen die emotionale Ebene direkt beeinflusst wird. Als Beispiele für eine rationale Zugangsweise nennt Paseka (1991) das Geben und Erläutern von Informationen, um die Vorteile der jeweiligen medizinischen und pflegerischen Behandlung deutlich zu machen. Sie verweist in diesem Kontext darauf, dass bei dennoch uneinsichtigen Patienten die Aufgabe der rationalen Vermittlung auf in der Hierarchie höher stehende Personen (Stationsleitung, ärztliches Personal) delegiert wird. Manchmal genüge bereits der Verweis hierauf: „Laut Anordnung des/der … muß man das so machen!" (Paseka, 1991, S. 190). Das direkte Ansprechen auf einer emotionalen Ebene erweist sich nach Paseka vor allem dann als zielführend, wenn auf Grund der physischen/psychischen Verfassung der zu betreuenden Personen ein rationaler Zugang erschwert ist (z.B. auf geriatrischen Stationen oder in Altenpflegeheimen). Als Beispiele hierfür führt sie Späße an, dass Erinnern an frühere Zeiten und auch Zuwendung über Körperkontakt. Als einen interessanten ergänzenden Befund benennt Paseka (1991), dass die befragten Pflegekräfte nicht in der Lage sind, den Zeitpunkt und das zeitliche Ausmaß der geleisteten Gefühlsarbeit zu benennen, da diese eben unmittelbar mit den übrigen Tätigkeiten verwoben ist. Dies gelte insbesondere für den Krankenhausbereich, während es in Alten- und Pflegeheimen z.T. noch „zeitliche Nischen" für eine spezielle emotionale Betreuung gebe.

In einer eigenen Untersuchung (Büssing, Giesenbauer & Glaser, 2003) haben wir das Konzept der Gefühlsarbeit für quantitative Fragebogenuntersuchungen operationalisiert, so dass eine Untersuchung einer größeren Anzahl von Pflegekräften ermöglicht wird. Wie beschrieben, hatten die Originalstudien von Strauss et al. (1980, 1982, 1985) sowie die wenigen im Anschluss hieran vorgenommenen Untersuchungen vorwiegend qualitativen und typologisierenden Charakter. Hierauf aufbauend war unser Ziel, durch die Befragung größerer Stichproben konkrete Aufschlüsse über den Einsatz verschiedener Gefühlsarbeits-Typen bei Pflegekräften in verschiedenen Pflegebereichen zu erhalten. Indem wir die stationäre Altenpflege mit der ambulanten Pflege verglichen haben, nahmen wir die Forderung von Strauss et al. (1980) auf, vergleichende Studien über verschiedene Berufe im Hinblick auf Gefühlsarbeit durchzuführen.

Bei der Operationalisierung der zuvor beschriebenen sieben Typen der Gefühlsarbeit nach Strauss et al. (1980, 1982, 1985) wurden zwei nicht berücksichtigt – „Interaktionsarbeit und moralische Regeln" sowie „Berichtigungsarbeit". Bei dem ersten Typ handelt es sich gemäß der Beschreibung von Strauss et al. (1980) nicht um eine spezifische Beeinflussung von Gefühlen, sondern vielmehr um Umgangsformen, die sich aus vorwiegend impliziten Basisregeln des sozialen Miteinanders ableiten; hier wären u.E. „Deckeneffekte" in der Beantwortung unvermeidbar. Der zweite Typ „Berichtigungsarbeit" erscheint vor allem im Kontext des hochtechnisierten Krankenhauses bedeutsam, wo diese Kategorien entwickelt wurden. Die „Fehler", welche von den Pflegekräften zu berichtigen waren, bezogen sich hier meist auf nicht-empathische Verhaltenweisen, die vor allem bei Ärzten beobachtet wurden. Dieser Sachverhalt, der neben den beiden Akteuren Pflegekraft und Bewohner dritte Personen einschließt, ist für eine Operationalisierung im Rahmen eines Fragebogens zu komplex. Zudem stellt sich in Altenpflegeheimen die Situation anders dar, denn es gibt dort keine Stationsärzte, vielmehr werden die Bewohner von ihren Hausärzten bei Bedarf medizinisch betreut. Die Berichtigungsarbeit wurde daher bei der quantitativen Messung ebenfalls nicht berücksichtigt.

Zur Erfassung der weiteren Typen von Gefühlsarbeit wurden Items entwickelt, die „Fassungsarbeit", „Vertrauensarbeit", „Biografische Arbeit", „Identitätsarbeit" und „Kontextbezogene Gefühlsarbeit zum Schutz des Bewohners" messen. In Ergänzung zu den Gefühlsarbeitstypen im Sinne von Strauss et al. (1980, 1985) wurde als ein weiterer Typ die sogenannte „Erziehungsarbeit" operationalisiert. Paseka (1991) hatte bei der Beschreibung der Gefühlsbeeinflusssung auf der rationalen Ebene bereits eine ähnliche Vorgehensweise beschrieben. Erziehungsarbeit umfasst Aspekte des Ermahnens und Zurechtweisens, die – wenn auch bei alten Menschen nicht unumstritten – eingesetzt werden, um Bewohner bzw. Patienten zur Kooperation oder zur Einhaltung von Regeln zu bewegen.

Auf der Basis faktorenanalytischer Berechnungen wurden die Items zu „Fassungsarbeit“ und „Vertrauensarbeit“, zu den Typen „Biografische Arbeit“ und „Identitätsarbeit“ sowie zu „Kontextbezogene Gefühlsarbeit zum Schutz des Bewohners" (kurz „Kontextarbeit“) und „Erziehungsarbeit“ jeweils zu einer gemeinsamen Skala zusammengefasst. Die empirischen Ergebnisse der Faktorenanalyse lassen sich inhaltlich nachvollziehen: „Fassungsarbeit“ und „Vertrauensarbeit“ werden mit vergleichbaren Verhaltensweisen geleistet (v.a. Trösten), und es sind eher latente, schwer erfragbare Ziele (kurzfristige Aufmunterung gegenüber langfristigem Vertrauensaufbau), welche diese beiden Typen voneinander konzeptionell inhaltlich, offenbar jedoch nicht empirisch im Verständnis der Befragten unterscheiden. „Biografische Arbeit“ und „Identitätsarbeit“ beziehen sich beide auf die Kommunikation mit dem Patienten/Bewohner über dessen Person; „Kontextarbeit“ und „Erziehungsarbeit“ sind schließlich beide auf den Einsatz von eher negativ konnotierten Verhaltensweisen gerichtet (z.B. Verschweigen von Informationen, Zurechtweisen). Die Zusammenlegung dieser Aspekte zu drei Skalen ist somit nicht nur empirisch begründet, sondern auch inhaltlich valide. Die in den Items formulierten Aussagen wurden auf einer fünfstufigen Ratingskala beurteilt (1= nein gar nicht; 2= eher nein; 3= teils, teils; 4= eher ja; 5= ja genau). Tabelle 1 zeigt die Ergebnisse der Befragungen in der stationären Altenpflege und der ambulanten Pflege.

Die Ergebnisse in Tabelle 1 zeigen, dass Gefühlsarbeit für die Pflegearbeit sowohl in Altenpflegeheimen wie auch im ambulanten Bereich von funktionaler Bedeutung für die Ausübung der erforderlichen Pflegearbeit ist. Dies äußert sich in Mittelwerten von 3.38 bzw. 3.27 in der Gesamtskala, welche beide das Skalenmittel von 3.0 („teils, teils“) überschreiten. Beim Blick auf die einzelnen Typen von Gefühlsarbeit wird deutlich, dass die Werte für Kontext-/Erziehungsarbeit bei der stationären Altenpflege mit M = 2.89 und bei der ambulanten Pflege mit M = 2.71 unterhalb des Skalenmittels von 3.0 („teils, teils“) liegen. Das Zurückhalten von negativen Informationen (z.B. schlechte Gesundheitsprognose) oder das Ermahnen bzw. Zurechtweisen von Bewohnern wird demnach in beiden Pflegebereichen als weniger funktional und zweckmäßig für eine gute Pflege eingestuft als die anderen Typen von Gefühlsarbeit Fassungs-/Vertrauensarbeit und Identitätsarbeit/biografische Arbeit. Diese können als integraler Bestandteil von Pflege verstanden werden, was sich in Mittelwerten zwischen 3.41 und 3.60 ausdrückt. Aus Sicht der Pflegekräfte ist es für eine gelungene Pflege sowohl im stationären wie auch im ambulanten Bereich erforderlich und zweckmäßig, ein Vertrauensverhältnis zu den Patienten und Bewohnern aufzubauen und ihnen zu helfen, auch in schwierigen Situationen die Fassung zu bewahren (z.B. durch Trösten, Aufmuntern, in den Arm nehmen). Ebenfalls wird dem intensiven Gespräch mit den Pflegebedürftigen eine große Funktionalität für die Erledigung der Pflegeaufgaben zugemessen. Ein solches Gespräch und gegenseitiges Kennenlernen im Zuge von Identitätsarbeit/biografischer Arbeit dürfte zudem den Aufbau von Vertrauen in der Interaktion begünstigen.

Tabelle 1: Gefühlsarbeit in der stationären Altenpflege und ambulanten Pflege

Typen von Gefühlsarbeit	**Stationäre Altenpflege N=125**		**Ambulante Pflege N=721**		**Mittelwert-vergleich**
	M[1]	**SD[1]**	**M**	**SD**	**p-Wert**
Fassungs-/ Vertrauensarbeit	3.60	.66	3.41	.72	.007
Kontext-/ Erziehungsarbeit	2.89	.71	2.71	.71	.012
Identitätsarbeit/ Biografische Arbeit	3.50	.75	3.57	.79	.36
Gesamtskala	3.38	.56	3.27	.62	.049

1 M: Mittelwert; SD: Standardabweichung.

Im direkten Vergleich der beiden untersuchten Feldern der Pflege lassen sich zwischen stationärer und ambulanter Altenpflege die folgenden statistisch bedeutsamen Unterschiede erkennen: In der stationären Altenpflege wird der Fassungs-/Vertrauensarbeit wie auch der Kontext-/Erziehungsarbeit eine höhere Funktionalität für die Qualität der Pflege zugeschrieben als von den Pflegekräften im ambulanten Bereich. Ebenso besteht ein statistisch abgesicherter Unterschied im Gesamtwert, d.h. über alle Typen von Gefühlsarbeit hinweg zwischen den beiden Gruppen von Pflege. Auch insgesamt weist hier die stationäre Altenpflege einen höheren Wert auf. Kein signifikanter Unterschied zwischen stationärer und ambulanter Altenpflege zeigt sich hingegen in Bezug auf Identitätsarbeit/Biografische Arbeit. Das Kennenlernen der Pflegebedürftigen in ihren persönlichen und sozialen Lebenslagen und in Bezug auf ihre psychischen Problemlagen ist demnach in beiden Bereichen von Pflege vergleichbar funktional und bedeutend für die Güte der Pflege.

5 Umgang mit eigenen und fremden Gefühlen ist Arbeit

Gefühle werden im Arbeitsleben nicht selten ausgegrenzt. Billigt man ihnen noch einen gewissen Stellenwert für den Umgang mit Vorgesetzten, Kollegen oder Kunden zu, so zeigt sich spätestens bei der Festlegung von Aufgaben und Richtlinien zu deren Erledigung, dass Gefühle eine untergeordnete Rolle einnehmen (sollen). Versteht man die Dienstleistungsarbeit in der Interaktion mit Klienten hingegen als Kernaufgabe eines jeden Humandienstleisters und nimmt die Bestandteile dieser Kernaufgabe näher unter die Lupe, so zeigt sich die wichtige, bisweilen sogar entscheidende Rolle dessen, wie man mit den eigenen und den Gefühlen anderer umgeht. Der Kunde, der im Gespräch mit dem Verkäufer ein „ungutes Gefühl" hat, wird sich von den technischen Vorzügen eines Produkts ebensowenig überzeugen lassen wie der Klient, der sich vom Therapeuten nicht verstanden „fühlt".

Emotionsarbeit fassen wir als die Arbeit an den eigenen Gefühlen. Insbesondere geht es darum, in einer Interaktion empfundene Gefühle gemäß verschiedenen Normen in Einklang zu bringen (Emotionsmanagement) und den situationsadäquaten Gefühlsausdruck darzubieten. Bestimmte Konstellation der Emotionsarbeit können hierbei potenziell gesundheitsbeeinträchtigend wirken, wie die empirischen Zusammenhänge von emotionaler Dissonanz und Burnout von Pflegekräften klar belegen (Büssing & Glaser, 1999; Nerdinger & Röper, 1999). Darauf aufbauend zielt die Gefühlsarbeit, sowohl durch den Gefühlsausdruck des Dienstleisters, aber auch durch komplexere Vorgehensweisen (Typen von Gefühlsarbeit), darauf ab, die Gefühle des Gegenüber im Dienste der Arbeitsaufgabe zu verändern. Die Bedeutung dieser beiden Formen des Umgangs mit Gefühlen in der Arbeit wurde mit zahlreichen Belegen aus der Forschung begründet.

Der Umgang mit Gefühlen ist auch ein wesentlicher Bestandteil der Pflege. Gelingt das emotionale Zusammenspiel in der Interaktion zwischen Pflegekräften und Patienten bzw. Bewohnern, so erleichtert dies nicht nur die Pflegearbeit, sondern kann weitaus vielschichtigere positive Folgen haben. Beispielsweise kann ein gelungenes emotionales Zusammenspiel bei den Pflegekräften die Erfahrung von Kompetenz und Selbstwirksamkeit in der Interaktion aufbauen und fördern. Wesentlich scheint uns diesbezüglich, zum einen die Kompetenz für Emotionsarbeit und Gefühlsarbeit durch geeignete Maßnahmen der Qualifizierung für die Pflegekräfte zu verbessern. Zum anderen gilt es aber auch, günstige

Rahmenbedingungen zu schaffen, unter denen Emotionsarbeit und Gefühlsarbeit verrichtet werden. Geeignet erscheinen uns hierfür Formen einer ganzheitlichen Pflege, wie sie im vorigen Beitrag beschrieben und begründet wurden (vgl. Glaser, in diesem Band).

Der emotionale Anteil der Arbeit kann auch sehr wichtig sein für das Erleben der Servicequalität seitens der Bewohner/Klienten. Im Gesundheitswesen können die Klienten im allgemeinen rein (pflege)fachliche Aspekte kaum richtig beurteilen. In der Pflege gilt: „Nicht alles was angenehm ist, ist auch gut im Sinne einer aktivierenden Pflege". Dementsprechend sind Patientenurteile bezüglich der fachlichen Seite der Dienstleistung in ihrer Aussagekraft eingeschränkt, während die Beurteilung psychosozialer Aspekte in der Interaktion mit Pflegekräften, Ärzten oder anderen Berufsgruppen sicherlich ebenso gültig sind, wie die Beurteilung solcher Interaktionen durch die Dienstleister selbst.

In der andauernden Diskussion um die Rationierung und Rationalisierung von Gesundheitsdienstleistungen nehmen Aspekte der Emotionsarbeit und der Gefühlsarbeit bislang keinen Platz ein. Betrachtet man sich etwa die Vergütungsstruktur im Rahmen der Pflegeversicherung, so kehrt rasch Ernüchterung ein, zumal psychosoziale Leistungen – entgegen aller Forderungen professionell Pflegender und ihrer Standesorganisationen – sich bestenfalls in homöopathischer Dosis finanziell niederschlagen. Sicherlich wäre es zu optimistisch anzunehmen, dass in baldiger Zukunft eine finanzielle Aufwertung solcher Leistungsbestandteile erfolgt. Pflege wird nicht selten – in Verkennung der anspruchsvollen Aufgaben in der Interaktion – als einfache Dienstleistung angesehen; in anderen Berufen (z.B. Psychotherapeuten) basiert die Leistung ganz wesentlich, um nicht zu sagen bisweilen ausschließlich, auf solchen Aufgabenbestandteilen, wird gesellschaftlich geachtet und auch entsprechend vergütet. Gelungene Emotionsarbeit der Gesundheitsdienstleister und darauf aufbauend gelungene Gefühlsarbeit mit den Klienten sind also weder „Luxus" noch „Extraleistung", sondern vielmehr integraler Bestandteil einer guten Pflege.

Literatur

Böhle, F. & Milkau, B. (1988). *Vom Handrad zum Bildschirm. Eine Untersuchung zur sinnlichen Erfahrung im Arbeitsprozeß*. Frankfurt/M.: Campus.

Böhle, F. & Schulze, H. (1997). Subjektivierendes Arbeitshandeln. Zur Überwindung einer gespaltenen Subjektivität. In C. Schachtner (Hrsg.), *Technik und Subjektivität. Das Wechselverhältnis zwischen Mensch und Computer aus interdisziplinärer Sicht* (S. 26-46). Frankfurt/M.: Suhrkamp.

Bolton, S. C. (2000). Who cares? Offering emotion work as a „gift" in the nursing labour process. *Journal of Advanced Nursing, 32*, 580-586.

Büssing, A. & Glaser, J. (1999a). Interaktionsarbeit. Konzept und Methode der Erfassung im Krankenhaus. *Zeitschrift für Arbeitswissenschaft, 53*, 164-173.

Büssing, A., Giesenbauer, B. & Glaser, J. (2003). Gefühlsarbeit. Beeinflussung der Gefühle von Bewohnern und Patienten in der stationären und ambulanten Altenpflege. *Pflege, 16*, 357-365.

Büssing, A., Höge, T., Glaser, J. & Heinz, E. (2002). *Erfassen psychischer und physischer Belastungen in der ambulanten Pflege* (Bericht Nr. 67 aus dem Lehrstuhl für Psychologie). München: Technische Universität, Lehrstuhl für Psychologie.

Corbin, J. M. & Strauss, A. L. (1998). Ein Pflegemodell zur Bewältigung chronischer Krankheiten. In P. Woog (Hrsg.), *Chronisch Kranke pflegen. Das Corbin-Strauss-Pflegemodell* (S.1-30). Wiesbaden: Ullstein Medical.

Costello, J. (2001). Nursing older dying patients: Findings from an ethnographic study of death and dying in elderly care wards. *Journal of Advanced Nursing, 35*, 59-68.

Diamond, T. (1988). Social policy and everyday life in nursing homes: A critical ethnography. In A. Statham, E. M. Miller & H. O. Mauksch (Eds.), *The worth of women's work. A qualitative synthesis*. Albany: State University of New York Press.

Dunkel, W. (1988). Wenn Gefühle zum Arbeitsgegenstand werden. Gefühlsarbeit im Rahmen personenbezogener Dienstleistungstätigkeiten. Soziale Welt, 39, 66-85.

Froggatt, K. (1998). The place of metaphor and language in exploring nurses' emotional work. *Journal of Advanced Nursing, 28*, 332-338.

Glaser, B. & Strauss, A. L. (1998). Grounded Theory. Strategien qualitativer Forschung. Bern: Huber.

Haller, D. (Hrsg.). (2000). *Grounded Theory in der Pflegeforschung. Professionelles Handeln unter der Lupe*. Bern: Huber.

Henderson, A. (2001). Emotional labor and nursing: An under-appreciated aspect of caring work. *Nursing Inquiry, 8*, 130-138.

Henderson, V. (1997). Das Wesen der Pflege. In D. Schaeffer, M. Moers, H. Steppe & A. Meleis (Hrsg.), *Pflegetheorien. Beispiele aus den USA* (S. 39-54). Bern: Huber.

Hochschild, A. R. (1979). Emotion work, feeling rules, and social structure. American *Journal of Sociology, 85*, 551-575.

Hochschild, A. R. (1983). *The managed heart: Commercialisation of human feeling*. Berkeley: Universitity of California Press.

Hochschild, A. R. (1990). *Das gekaufte Herz. Zur Kommerzialisierung der Gefühle*. Frankfurt a.M.: Campus.

Hunter, B. (2000). Emotion work in midwifery: A review of current knowledge. *Journal of Advanced Nursing, 34*, 436-44.

James, N. (1989). Emotional labour: Skill and work in the social regulation of feelings. *The Sociological Review, 37*, 15-42.

James, N. (1992). Care = organisation + physical labour + emotional labour. *Sociology of Health & Illness, 14*, 488-509.

James, N. (1993). Divisions of emotional labour: Disclosure and cancer. In S. Fineman (Ed.), *Emotion in organizations* (pp. 94-117). London: Sage

Kelly, D., Ross, S., Gray, B. & Smith, P. (2000). Death, dying, and emotional labour: Problematic dimensions of the bone marrow transplant nursing role? *Journal of Advanced Nursing, 32*, 952-960.

Meerabeau, L. & Page, S. (1998)."Getting the job done". Emotion management and cardiopulmonary resucitation in nursing. In G. Bendelow & S. J. Williams (Eds.), *Emotions in social life. Critical themes and contemporary issues* (pp.295-312). London: Routledge.

Morris, J. A. & Feldman, D. C. (1996). The dimensions, antecedents, and consequences of emotional labor. *Academy of Management Review, 21*, 986-1010.

Nerdinger, F. W. & Röper, M. (1999). Emotionale Dissonanz und Burnout. Eine empirische Untersuchung im Pflegebereich eines Universitätskrankenhauses. *Zeitschrift für Arbeitswissenschaft, 53*, 187-193.

Olesen, V. & Bone, D. (1998). Emotions in rationalizing organizations. Conceptual notes from professional nursing in the USA. In G. Bendelow & S. J. Williams (Eds.), *Emotions in social life. Critical themes and contemporary issues* (pp.313-329). London: Routledge.

Overlander, G. (1996). *Die Last des Mitfühlens. Aspekte der Gefühlsregulierung in sozialen Berufen am Beispiel der Krankenpflege.* Frankfurt/M.: Mabuse.

Overlander, G. (1999). Gefühlsarbeit in der Pflege. Von Sprachbereinigung und Deformation des Selbst. Dr. med. Mabuse. *Zeitschrift im Gesundheitswesen, 121*, 34-36.

Paseka, A. (1991). Gefühlsarbeit – eine neue Dimension für die Krankenpflegeforschung. Pflege, 4, 188-194.

Phillips (1996). Labouring the emotions: expanding the remit of nursing work? *Journal of Advanced Nursing, 24*, 139-143.

Rafaeli, A. & Sutton, R. I. (1987). Expression of emotion as part of the work role. *Academy of Management Review, 12*, 23-37.

Rafaeli, A. & Sutton, R. I. (1989). The expression of emotion in organizational life. In L. L. Cummings & B. M. Staw (Eds.), *Research in Organizational Behavior*, Vol. 11 (pp. 1-42). Greenwich: JAI Press.

Ringel, D. (2000). *Ekel in der Pflege – eine „gewaltige" Emotion*. Frankfurt/M.: Mabuse.

Roper, N. (1997). Pflegeprinzipien im Pflegeprozeß. Bern: Huber.

Sass, J.S . (2000). Emotional labor as cultural performance: The communication of caregiving in a nonprofit nursing home. *Western Journal of Communication, 64*, 330-358.

Schaeffer, D., Moers, M. & Steppe, H. (1997). Pflegewissenschaft – Entwicklungsstand und Perspektiven einer neuen Disziplin. In D. Schaeffer, M. Moers, H. Steppe & A. Meleis (Hrsg.), *Pflegetheorien. Beispiele aus den USA* (S. 7-16). Bern: Huber.

Schreiber, R.S. & Stern, P. N. (Eds.). (2001). Using Grounded Theory in nursing. New York: Springer.

Smith, P. (1988). The emotional labour of nursing. Nursing Times, 84, 50-51.

Smith, P. (1991). The nursing process: raising the profile of emotional care in nurse training. *Journal of Advanced Nursing, 16*, 74-81.

Smith, P. (1992). *The emotional labour of nursing. How nurses care.* London: Macmillan.

Smith, P. & Gray, B. (2000). *The emotional labour of nursing: How student and qualified nurses learn to care. A report on nurse education, nursing practice and emotional labour in the contemporary NHS.* London: Faculty of Health, South Bank University.

Sowinski, C. (1999). Nähe und Distanz – Schamgefühl und Ekel. Pflege, eine intime grenzüberschreitende Dienstleistung. Dr. med. Mabuse. *Zeitschrift im Gesundheitswesen, 121,* 43-46.

Staden, H. (1998). Alertness to the needs of others: A study of the emotional labour of caring. *Journal of Advanced Nursing, 27,* 147-156.

Strauss, A., Fagerhaugh, S., Suczek, B. & Wiener, C. (1980). Gefühlsarbeit. Ein Beitrag zur Arbeits- und Berufssoziologie. *Kölner Zeitschrift für Soziologie und Sozialpsychologie, 32,* 629-651.

Strauss, A., Fagerhaugh, S., Suczek, B. & Wiener, C. (1982). Sentimental work in the technologized hospital. *Sociology of Health & Illness, 4,* 254-278.

Strauss, A., Fagerhaugh, S., Suczek, B. & Wiener, C. (1985). *Social Organization of Medical Work.* Chicago: The University of Chicago Press.

Thoits, P. A. (1985). Self-labeling processes in mental illness: The role of emotional deviance. *American Journal of Sociology, 91,* 221-249.

Treweek, G. L. (1996). Emotion work, order, and emotional power in care assistant work. In V. James & J. Gabe (Eds.), *Health and the sociology of emotions* (pp.115-132). Oxford: Blackwell.

Zapf, D. (2002). Emotion work and psychological well-being. A review of the literature and some conceptual considerations. *Human Resource Management Review, 12,* 237-268.

Subjektivierendes Arbeitshandeln in der Altenpflege – die Interaktion mit dem Körper

Sabine Weishaupt

1 Subjektivierendes Handeln bei der „Arbeit am Menschen"

Mit dem Konzept des „Subjektivierenden Arbeitshandelns", dem dritten Baustein des „Integrierten Konzepts zur Interaktionsarbeit" (vgl. Beitrag von Böhle, Glaser & Büssing, in diesem Band), knüpfen wir an Untersuchungen an, die zeigen, dass Pflegekräfte über ein besonderes Erfahrungs-Wissen bzw. „knowledge of familiarity" verfügen (Josefson, 1988) und sich die Kommunikation und Interaktion mit den Pflegebedürftigen nicht primär auf einer sprachlich-symbolischen, sondern vor allem auf einer körperlich-leiblichen Ebene durch Mitfühlen und Empathie vollzieht (Groß, 2001; Uzarewicz & Uzarewicz, 2001). Des Weiteren weisen vorliegende Untersuchungen darauf hin, dass Abweichungen von zweckrationalem Handeln nicht aus Mängeln der Qualifizierung resultieren, sondern gerade bei den in der Praxis erfahrenen und als sehr gut beurteilten Pflegekräften auftreten (Benner, 1994). Mit dem Konzept des subjektivierenden Handelns werden diese Befunde in zweifacher Weise weitergeführt: Zum einen wird gezeigt, in welcher Weise das besondere Wissen oder die körperlich-leibliche Kommunikation in eine besondere Struktur des Arbeitshandelns insgesamt eingebunden sind und auf einer spezifischen Vorgehensweise und Beziehung zum „Gegenstand" der Arbeit beruhen. Zum anderen wird die besondere kognitive Rolle körperlich-sinnlicher Wahrnehmung und subjektiven Empfindens als Grundlage des Wissens und Handelns aufgezeigt.

Das subjektivierende Arbeitshandeln richtet sich auf Arbeitsweisen, die insbesondere zur Bewältigung von nicht vollständig berechen- und beherrschbaren sowie nichtstandardisierbaren Arbeitsanforderungen unverzichtbar wie auch effizient sind. Gerade bei der Pflege älterer Menschen treten die Grenzen der Planbarkeit und Standardisierbarkeit der Arbeitsanforderungen besonders deutlich zu Tage. Unbestimmbarkeiten und Unwägbarkeiten gehören zu den grundlegenden Merkmalen der Pflegearbeit (vgl. Böhle & Weishaupt, 2003). Sie sind keine Abweichungen von der Normalität, sondern vielmehr integrale Bestandteile und resultieren aus dem Subjektcharakter des „Arbeitsgegenstandes". Sogenannte subjektive Faktoren wie Gefühl, Empfinden und Erleben sind dabei wichtige Grundlagen des Arbeitshandelns. Das subjektivierende Arbeitshandeln ist in gleicher Weise wie ein objektivierendes, zweckrationales Handeln ziel- und ergebnisorientiert; jedoch wird zur Erreichung des (Arbeits-)Ziels und des Ergebnisses eine andere, ergänzende Arbeitsstrategie bzw. Arbeitsweise entwickelt:

- Die Vorgehensweise ist nicht planmäßig nach dem Grundsatz „erst planen, dann handeln", sondern eher explorativ. Einzelne Arbeitsvollzüge werden nicht vorweg geplant, sondern schrittweise unter Berücksichtigung der jeweiligen Reaktion des „Arbeitsgegenstandes" entwickelt.
- Die sinnliche Wahrnehmung richtet sich dabei nicht nur auf präzise definierbare Informationen und objektivierbare Tatsachen, sondern auf vielschichtige und diffuse Informationsquellen wie Geräusche, Gerüche, Farbnuancen und Tastbares. Ihre Wahrnehmung erfolgt mit „allen Sinnen" (Sehen, Hören, Tasten usw.) in Verbindung mit subjektivem Empfinden.
- Mit dieser sinnlichen Wahrnehmung verbinden sich mentale Prozesse, die sich nicht nur in logisch-formalen begrifflichen Operationen vollziehen, sondern wahrnehmungs- und verhaltensnah in Form eines bildhaften und assoziativen Denkens.
- Die Beziehung zum „Arbeitsgegenstand" ist hierbei nicht sachlich distanziert, sondern beruht auf persönlicher Nähe und Verbundenheit.

Unsere Untersuchungen haben gezeigt, dass das subjektivierende Arbeitshandeln bei der Arbeit am Menschen – ebenso wie bei anderen Dienstleistungstätigkeiten, aber auch bei der Produktionsarbeit[1] – eine weithin verdeckte, aber unverzichtbare Ergänzung des objektivierenden Arbeitshandelns darstellt. Hierdurch wird die sachliche Notwendigkeit und Effizienz eines objektivierenden Handelns, das auf rationaler Planung und Fachwissen beruht, nicht in Frage gestellt, sondern dessen alleinige Geltung relativiert. Bei der Pflege scheint jedoch das subjektivierende Handeln weit stärker den eigentlichen Kern der Arbeitstätigkeit auszumachen. Die Besonderheit der Pflegearbeit besteht also nicht darin, dass hier ein subjektivierendes Arbeitshandeln erforderlich ist, sondern darin, dass subjektivierendes Arbeitshandeln hier ein besonderes Gewicht erhält. Dieses resultiert, im Unterschied zu Konzepten der Gefühls- und Emotionsarbeit (vgl. Giesenbauer & Glaser, in diesem Band), nicht allein aus der sozialen Interaktion, sondern aus der Arbeit am Menschen insgesamt (vgl. Böhle & Weishaupt, 2004; Wolkowitz,

---

1 Zu Erscheinungsformen subjektivierenden Arbeitshandelns in verschiedenen Arbeitsbereichen vgl. Böhle und Milkau (1988), Carus und Schulze (1995), Bolte (1993), Böhle und Rose (1992), Pfeiffer (1999), Bauer, Böhle, Munz, Pfeiffer und Woicke (2002).

2002). Das subjektivierende Handeln bezieht sich nicht nur auf die (subjekthaften) mentalen und psychischen Eigenschaften des Bewohners. Wesentlich ist vielmehr gerade auch seine wenig berechen- und kontrollierbare physisch-körperliche Verfassung und seine Rolle als subjekthafter „Gegenstand" der Dienstleistungsarbeit.[2] Im Folgenden seien hierzu Ergebnisse unserer empirischen Untersuchungen in der Altenpflege vorgestellt.

2 Subjektivierendes Arbeitshandeln in der Altenpflege: Empirische Befunde

Die Rolle subjektivierenden Handelns bei der Pflegearbeit wurde von uns erstmals im Rahmen einer explorativ-empirischen Untersuchung in einem anthroposophisch ausgerichteten Altenpflegeheim untersucht (Böhle, Brater & Maurus, 1997; Böhle 1999) und durch weitere, ebenfalls explorative Untersuchungen in Altenpflegeheimen anderer Träger bestätigt (Hösl, 1998).

Auf dieser Grundlage erfolgten im Rahmen des vom BMBF geförderten Verbundvorhabens Int*akt* systematische empirische Erhebungen, in denen die Ergebnisse der explorativen Untersuchungen überprüft sowie vertieft und weitergeführt wurden.[3] Auf der Basis eines spezifisch für die Altenpflege entwickelten, 26-seitigen Gesprächsleitfadens wurden in vier gemeinnützigen Altenpflegeheimen in Bayern und Hessen und einem privaten Altenpflegeheim in Bayern 20 mehrstündige, qualitative Experteninterviews mit Pflegefachkräften, Stationsleiterinnen und Pflegedienstleiterinnen geführt und nach den Kategorien des Konzepts subjektivierenden Handelns ausgewertet. Dabei konnte auch das Konzept subjektivierenden Handelns, das bereits in seinem Ursprung aus der Empirie heraus entwickelt wurde, für den Bereich Interaktionsarbeit weiter entwickelt werden: Der ursprüngliche Befund, dass subjektivierendes Handeln ein grundlegendes Element von Pflegearbeit darstellt, hat sich nicht nur nachhaltig bestätigt, sondern konnte in erweiterter Form und systematischer nachgewiesen werden. Darüber hinaus konnten vor allem die besondere Rolle der Interaktion mit dem Körper (in Ergänzung zur Gefühls- und Emotionsarbeit) und die besondere kognitive Rolle der sogenannten niederen Sinne für die Pflegearbeit herausgearbeitet werden. Im Folgenden wird das subjektivierende Arbeitshandeln von Pflegekräf-

---

2 Zu den Vorstellungen der Kontrollierbarkeit und Berechenbarkeit des Physisch-Körperlichen vgl. Weishaupt (1994).

3 Die Untersuchungen und Auswertungen zum subjektivierenden Arbeitshandeln wurden durchgeführt vom Verbundpartner Universität Augsburg: Dipl.-Soz. Sabine Weishaupt, Dipl.-Soz. Gabriele Hösl und Prof. Dr. Fritz Böhle.

ten idealtypisch beschrieben. In der betrieblichen Realität haben wir ein solches Handeln stark ausgeprägt bei genau denjenigen Pflegekräften vorgefunden, die von den Vorgesetzten als besonders kompetent und professionell bezeichnet wurden. Zum besseren Verständnis werden die verschiedenen Dimensionen des subjektivierenden Arbeitshandelns analytisch getrennt dargestellt, in der Praxis sind jedoch ein situatives und exploratives Vorgehen (2.1), eine komplexe und empfindende sinnliche Wahrnehmung (2.2), ein anschauliches Denken auf der Basis von Erfahrungswissen (2.3) und eine persönliche Beziehung der Nähe zum und Verbundenheit mit dem „Arbeitsgegenstand" Bewohner (2.4) ineinander verwoben und bedingen sich wechselseitig.

2.1 Situatives und exploratives Vorgehen – Grenzen der Planung

„Mit einer gewissen Erfahrung weiß ich, dass ich viele Dinge nicht planen kann" – mit dieser Aussage fasst eine Pflegekraft die geringe Berechenbarkeit und Standardisierbarkeit ihrer Arbeit zusammen. Die Pflege älterer Menschen ist eine in hohem Maße ereignis- und situationsabhängige Arbeit, die sich nur begrenzt planen lässt. Dabei treten zum einen Unwägbarkeiten auf, die sich in ähnlicher Weise auch in anderen Arbeitsbereichen finden. So fordert beispielsweise die Verwaltung jederzeit telefonisch Informationen an oder verlangt das Ausfüllen von Formularen, kommen Ärzte unangemeldet, wünschen Angehörige ein Gespräch, oder es zieht ein neuer Bewohner ein. Zum anderen ergeben sich jedoch im Unterschied zur Arbeit in der Produktion und Verwaltung grundlegende Unbestimmbarkeiten und Unwägbarkeiten aus dem Subjektcharakter des „Arbeitsgegenstandes" Mensch. Menschen sind Lebewesen, reagieren unvorhersehbar, haben Gefühle und eine eigene Persönlichkeit. Und sie haben einen Körper, der nur zum Teil „manipulierbar" ist, der unberechenbar und vor allem endlich ist. Für die Altenpflege kommen dazu noch altersspezifische Besonderheiten der körperlichen und geistigen Verfassung. Die Bewohner sind teils gar nicht mehr, teils nur eingeschränkt bewegungsfähig und/oder haben Schmerzen, teilweise können Bewohner sich nicht mehr allgemein verständlich verbalisieren, sind phasenweise geistig verwirrt oder dement.

Um mit den Anforderungen, die sich aus dem „Arbeitsgegenstand" Mensch ergeben, „gut" zurechtzukommen, das heißt die Pflege alter Menschen dennoch mit hoher (Prozess- und Ergebnis-)Qualität und zugleich effizient zu erfüllen, geht die (von den Vorgesetzten als „gut" bezeichnete, d.h. in der Regel auch erfahrene) Pflegekraft nach dem Prinzip der *offenen Planung* vor, die lediglich einen Rahmen, bestimmte Fixpunkte vorgibt. Der in allen untersuchten Altenpflegeheimen existierende Tagesablaufplan legt z.B. fest, bis wann die Grundpflege (waschen, kämmen, anziehen etc.) durchgeführt sein soll, weil dann zu einem bestimmten Zeitpunkt das Mittagessen auf die Station kommt, bis wann das Mittagessen beendet sein muss, weil die Geschirrwägen wieder abgeholt werden usw. Darüber hinaus gibt es einen Wochenplan, der z.B. festlegt, welcher Bewohner an welchem Tag geduscht oder gebadet wird, wer wann zur Beschäftigungstherapie oder zur Bewegungstherapie u.ä. gebracht wird. Auf diesen Planungsgrundlagen erfolgt nach den Aussagen der Pflegekräfte eine Anpassung an die konkreten Gegebenheiten, es wird *situativ und kontextbezogen vorgegangen*:

> „Aber trotzdem (trotz der Rahmenpläne, Anm. d. Verf.) ist kein Tag wie der andere. Jeder Bewohner ist unterschiedlich und der einzelne Bewohner ist halt auch jeden Tag anders. Allein, wie ich den oder den wasche, was der eine noch selber machen kann, wo ich ihn anleiten muss, und wie ich den oder den motivieren und aktivieren kann. Und das ist auch nicht mal bei dem Einzelnen jeden Tag gleich, sondern variiert, je nachdem, wie es ihm heute geht oder wie er sich fühlt."

Wesentlich ist dabei: Die einzelnen Arbeitsaufgaben und -tätigkeiten variieren in ihrem Inhalt und ihren Zielen nur geringfügig und erwecken daher von „außen" gesehen leicht den Eindruck einer vergleichsweise hohen Standardisierung bzw. Standardisierbarkeit. De facto erfordert jedoch ihre konkrete Durchführung eine permanente Anpassung an variierende situative Bedingungen. Die Notwendigkeit eines situativen Vorgehens resultiert daher nicht in erster Linie aus der Komplexität der beständigen Veränderung von Arbeitsanforderungen, so wie dies bei dispositiven und innovativen Tätigkeiten notwendig ist. So ist ein situatives, kontextbezogenes Vorgehen in der Pflege – entgegen einem weit verbreiteten Missverständnis – auch nicht nur in Ausnahmesituationen notwendig, wenn beispielsweise ein Bewohner stürzt („der braucht dann sofort Versorgung, da muss ich alles liegen und stehen lassen"), oder im Sterben liegt („dann versuche ich, ihm die letzten Stunden so leicht wie möglich zu machen, ich betupfe ihn, ich creme ihn, was auch immer er halt gerade braucht; und dann kann ich ihn ja nicht die ganze Zeit alleine lassen, halte ihm auch mal die Hand und rede mit ihm"). Und es meint auch nicht „nur" ein Eingehen auf die Vorlieben, Gewohnheiten und Eigenheiten der Bewohner.[4]

---

4 „Die Frau M. z.B. die will auch bei 30 Grad Strümpfe angezogen bekommen, die ist halt so aufgewachsen, eine Frau geht einfach nicht ohne Strümpfe." Oder: „Der eine will zuerst…, also wir haben natürlich gelernt, in welcher Reihenfolge man richtig wäscht, und dass ich nicht mit ein und demselben Waschlappen Intimbereich und Gesicht wasche, ist auch klar, aber der eine will eben zuerst das Gesicht gewaschen haben, der andere will zuerst die Zähne oder den

Vielmehr erfordern gerade die im ganz alltäglichen Pflegehandeln, in den täglich wiederkehrenden Pflegeverrichtungen wie Waschen, Duschen, Eincremen, Essen Reichen usw. unerwartet auftretenden Veränderungen im körperlichen oder psychischen Zustand der Bewohner, eine situative Abstimmung auf aktuelle Ereignisse, Befindlichkeiten und Reaktionen:

> „Ich habe eine Bewohnerin, die ist immer als erste wach. Heute merke ich, die muss jetzt laufen, weil sie halt unruhig ist. Die ist dann aus dem Zimmer raus und dann kann sie halt auf die Toilette gehen. Dann mach ich halt in der Zwischenzeit das Bett usw. Ein anderes Mal ist sie froh, wenn ich sie in der Früh wieder im Zimmer auf den Toilettenstuhl setze". Oder: „Sie wissen zwar, wie der und der gewaschen werden will, aber dann ist er heute halt mal viel steifer und unbeweglicher, und ein anderes Mal zwickt's und zwackt's ihn hier oder dort, und schon geht alles ganz anders. Und wenn er sich dann auch nicht mehr artikulieren kann, dann muss ich an seinen Reaktionen sehen, merken, spüren, was heute los ist und wie wir das heute am besten machen und hinkriegen."

Gutes Pflegehandeln zeichnet sich demnach auch durch eine *dialogisch-interaktive Vorgehensweise* aus, bei der Planung und Durchführung der Handlung unmittelbar miteinander verschränkt sind. Geplant ist eben z.B. das Waschen bzw. die morgendliche Grundpflege, aber je nach körperlichem Zustand oder Befinden muss im konkreten Tun, in der Interaktion mit dem Bewohner, in einem wie auch immer gearteten Dialog, verbal, nonverbal, durch die Wahrnehmung von kleinsten Zeichen und Reaktionen des Bewohners und durch ein unmittelbares, jeweils Neues-Darauf-Reagieren, das momentan richtige Vorgehen, Schritt für Schritt, gefunden werden. Hierbei ist, wie es eine Pflegekraft ausdrückte, „ein Spürsinn, ein Forschen und Ausprobieren" erforderlich, ein Vorgehen, das sich als *explorative Vorgehensweise* beschreiben lässt. Folgendes Beispiel illustriert dies detailliert:

> „Die Frage ist, warum isst der Bewohner nicht? Kann er nicht essen, will er nicht essen, schafft er es heute einfach nicht, das Essen zum Mund zu führen? Kann er nicht schlucken, warum kann er nicht schlucken, kann er gar nichts mehr schlucken, kann er es selber kontrollieren, ob er schlucken kann? Oder muss ich den Löffel links in den Mund reinschieben oder eher rechts, oder wie weit muss ich mit dem Löffel rein, muss er den Löffel spüren, damit überhaupt ein Reflex ausgelöst wird? Das sind viele ganz unterschiedliche Kleinigkeiten und das ist ganz individuell."

Mund gereinigt haben, bei einem muss man beim Waschen fester aufdrücken, beim anderen nur leicht reiben usw."

In der Altenpflegearbeit ist die Körperarbeit, also die Arbeit an und mit dem Körper, auch eine Form der Kommunikation. Sie dient der Pflegekraft dazu, das in der aktuellen Situation richtige Vorgehen konkret zu erarbeiten. Für den Bewohner bedeutet die Kommunikation über die Körperarbeit eine Förderung seiner aktiven Beteiligung an den Vorgängen. Ziel ist – nicht nur, aber auch um nicht ineffektiv gegen Widerstände arbeiten zu müssen – ein Miteinander in harmonischem Ablauf: „Partnerschaftlich zusammenarbeiten, der Bewohner und ich, ohne ihn geht's nicht, das ist klar. Am besten geht es uns beiden, wenn wir zusammenarbeiten, zusammenhalten."

2.2 Komplexe und empfindende sinnliche Wahrnehmung – Grenzen messbarer und eindeutiger Informationen

Eine wichtige Grundlage für die beschriebenen Vorgehensweisen ist eine vielschichtige sinnliche Wahrnehmung, die sich auf die für die Altenpflege typische Vielzahl von *Informationen richtet, die nicht messbar, nicht exakt definierbar und objektivierbar, nicht eindeutig sind.* Eine Pflegekraft schätzt: „Also 80% wird sinnlich wahrgenommen und 20% wird gemessen oder irgendwie kontrolliert mit irgendwelchen Instrumenten". Bei nur einem geringen Teil der Informationswahrnehmung handelt es sich also um das Registrieren von Zahlen, Werten oder anderweitig objektivierbaren Informationen, wie z.B. beim Messen der Körpertemperatur, des Blutdrucks oder des Zuckerwertes. Die sinnliche Wahrnehmung wird in der Interaktion *zur (in erster Linie) nonverbalen Kommunikation*, gerade wenn es um Dinge geht, die sich schwer exakt verbalisieren lassen – wie z.B. Schmerzen oder psychisch-emotionale Erregung –, oder wenn sich Bewohner nicht mehr klar und verständlich verbal ausdrücken können: „Die Kommunikation ist verbal und nonverbal. Blickkontakt, Blickkontakt und Berührung, Zeichensprache, Mimik, Augen, Hände, Arme. Den ganzen Tag über." Auch bei der verbalen Kommunikation geht es zusätzlich um nicht eindeutige Informationen, die ein „Durchhören" ein „Hören zwischen den Zeilen" erfordern:

> „Verbale Kommunikation findet schon auch noch statt, aber in der Regel kommt es weniger auf die Worte an, also nicht bei allen natürlich, aber bei den meisten, sondern auf die Musik, also die Tonlage. Und natürlich auch auf die Mimik und Gestik ganz viel."

Bereits die *visuelle Wahrnehmung ist vielschichtig* und verknüpft mehrere Seheindrücke: „Neugierig anschauen, Veränderungen in Mimik, Gestik, Haltung und Sprache wahrnehmen, und dann zieh ich meine Schlüsse draus." Grundlage für die Pflegehandlungen ist jedoch eine *komplexe sinnliche Wahrnehmung*, die mehrere Sinne miteinander kombiniert, um die relevanten Informationen zu erhalten, sie überprüfen und bewerten zu können: „Das sind immer mehrere Informationen, die vom Bewohner ausgesendet werden. Was ich brauche, ist eine Mischung aus allem, sehen, hören, riechen, fühlen und spüren."

Neben dem Sehsinn spielen also auch das Hören und die sogenannten *„niederen" Sinne* wie Tasten und Riechen eine wichtige Rolle: „An der Schrittfolge oder Änderung höre ich, dass es einem Bewohner nicht gut geht, oder auch, dass er gleich umfällt. Er schlurft dann anders, wwwrrrt und nicht mehr wrt, wrt, wrt. Ja, und dann saust man los." Oder: „Ich höre, ob das ein Asthmaanfall oder eine Erkältung ist. Weil ich viele Informationen über den Bewohner habe, da kommt dann vieles zusammen, das ich einfach weiß." Aber auch das Nicht-Hören von gewohnten Geräuschen kann handlungsleitend sein:

> „Die Frau H., die summt den ganzen Tag vor sich hin. Wenn die mal nicht summt, wenn man mal nichts hört, dann stimmt irgendetwas nicht." Oder: „Wenn einer, der im Rollstuhl sitzt, die Station verlässt oder so, das spürt man auch. Da hört man was und auf einmal hört man nichts mehr, dann ist es Zeit, dass man suchen geht. Es ist irgendwie vom Hören, auf einmal die Stille, das ist wie bei kleinen Kindern, dann ist es eventuell gefährlich."

Auch der Tastsinn liefert auf effektive Weise wertvolle Informationen über die körperliche und psychische Verfassung des Bewohners: „Über das Tasten frage ich Informationen ab, ist er kalt, warm, trocken, feucht, glitschig, angenehm, unangenehm. Hat er Temperatur oder nicht, schwitzt er. Weil das viel schneller geht als mit dem Fieberthermometer und darüber kann ich schon einiges ausschließen und einiges erfahren." Das Tasten und Berühren ist dabei auch gleichzeitig eine Möglichkeit, mit dem Bewohner auf der emotionalen Ebene zu kommunizieren: „Tasten, um zu spüren, wie es ihm geht – und um Nähe zu zeigen."

Selbst der Geruchssinn spielt in der Altenpflegearbeit eine wichtige Rolle. Grundsätzlich gilt: „Zu jedem Bewohner gehört ein bestimmter Geruch." Auffällig und damit handlungsleitend werden dann „krankheitsbedingte, wirklich unangenehme Gerüche, z.B. der Mundgeruch bei Magenkrankheiten". Gerüche können Erklärungen liefern: „Man riecht am Urin, wenn es Spargel gegeben hat. Dann weiß ich, dass die Bewohner wahrscheinlich häufiger auf die Toilette müssen, dass man sich dann nicht ärgert, die war doch erst, sondern dass man weiß, klar, die kommt bestimmt noch ein paar Mal." Und Gerüche können die Art und Weise von Pflegehandlungen bestimmen:

> „Wunden riechen natürlich auch, da gibt es verschiedene: schmutzige, unsaubere, vereiterte oder sonstige Wunden, die riechen jeweils anders. Entsprechend gehe ich mit der Wunde um, wie oft die verbunden wird, mit was die verbunden wird, oder dass der Arzt mir andere Mittel zur Verfügung stellt."

Eine solche sinnliche Wahrnehmung ist *mit subjektivem Empfinden, mit Gefühl verbunden*: „Das Sehen von den 23 Bewohnern und das Spüren, was jetzt vielleicht wichtiger ist." Oder: „Ich sehe und fühle eben gleichzeitig, ob ihm das angenehm oder unangenehm ist, wie ich beim Eincremen aufdrücke, ob er z.B. ruhiger wird oder unruhiger, entspannter oder verkrampfter."

2.3 Anschauliches Denken und Erfahrungswissen – Grenzen des logisch-begrifflichen Denkens und des Fachwissens

Bei der Interpretation des Wahrgenommenen und bei der Beurteilung, welche Pflegehandlung jetzt notwendig ist, welche die richtige ist, und in welcher Weise sie durchgeführt werden soll, spielt sich das *Denken oft in Bildern* oder *in assoziativen Ketten* ab. Entscheidend ist dabei, dass die Repräsentation und Aktivierung des Wissens aus der Situation heraus *wahrnehmungs- und erlebnisbezogen* geschieht, wie das folgende Zitat verdeutlicht:

> „Ich vergleiche mit früheren Erlebnissen. Wenn ich jetzt z.B. eine bestimmte Wunde vor mir habe, dann habe ich immer wieder im Kopf, was war das für eine Salbe, die wir damals bei der Frau Sowieso verwendet haben, das wäre, genau die wäre es jetzt. Und dann wird gesucht, in der Dokumentation, auch bei Verstorbenen, weil, das liegt ja teilweise lange zurück und die Namen weiß ich natürlich auch nicht mehr alle. Ich sehe da ein Bild. Ich sehe die Wunde, wie die aussieht und ich sehe die Salbe. Und ich weiß es, ich weiß, das war gut, das hat geholfen."

Bei diesem Denken sind *subjektives Empfinden und Gefühl* nicht ausgeschaltet oder störend – ganz im Gegenteil: „Erkennen, was es sein könnte, ist ein geistiges Sehen und ein Fühlen im Bauch." Gefühl beschreibt hier nicht einfach einen emotionalen Zustand, sondern meint im Sinne eines „Gespürs" für Zwischentöne und Nuancen eine Methode des Erkennens und Beurteilens. Gefühl spielt auch eine Rolle, wenn die Richtigkeit einer Entscheidung überprüft wird: „Eine Entscheidung ist sicher nur gut, wenn mein Gefühl dabei auch gut ist." Mit Hilfe des Gefühls prüft die Pflegekraft, ob die getroffene Entscheidung bzw. die damit herbeigeführte Situation stimmig ist oder nicht. Dass ein mit Gefühl verbundenes Denken und erlebnisbezogenes Erfahrungswissen nicht mit subjektiver Beliebigkeit gleichzusetzen sind, sondern im gegenseitigen Austausch abgestimmt und über diesen Austausch auch weiterentwickelt werden, beschreibt eine Pflegekraft mit den Worten:

> „Wenn ich meine Wahrnehmung und Interpretation weitergebe und der zweite und dritte gibt seine Wahrnehmung und Interpretation auch weiter, dann ist es nicht mehr subjektiv, dann kann man, denke ich, das Richtige auch rausfinden."

Hiermit verbindet sich ein besonderes Erfahrungswissen. Für die Pflegekräfte ist ein fachliches Wissen, wie sie es in der Ausbildung erworben haben, sehr wichtig und unverzichtbar. Gleichzeitig betonen sie jedoch immer wieder, dass sie das Fachwissen als eine Grundvoraussetzung, eine Basis ansehen, eine gute Pflege jedoch eines Wissens bedarf, das auf ihrer *Erfahrung* beruht, die sie erst durch die Arbeit als Pflegekräfte, im Umgang mit den Bewohnern erwerben: „Um zu erahnen, zu spüren, was ist für diesen Bewohner in diesem Moment wichtig, brauche ich Erfahrung in meinem Beruf und Erfahrung mit dem Bewohner." Solche Aussagen werden erklärbar im Kontext der Grenzen der Planbarkeit, der in hohem Maße ereignis- und situationsabhängigen Pflegearbeit und dem hohen Anteil an uneindeutigen, nicht messbaren und objektivierbaren Informationen aufgrund derer die Pflegekräfte dennoch ihre Entscheidungen zu treffen haben.

Erfahrungswissen beinhaltet zum einen *„intime" Kenntnisse* über die Bewohner, z.B. über ihre körperlichen Fähigkeiten:

> „Wenn sich einer mit der rechten Hand schwer tut, dass ich ihm dann den Griff von der Tasse so hinstelle, dass er sie mit der linken Hand nimmt, sonst trinkt der allein deswegen nichts",

über ihre Bedürfnisse:

> „Wir haben ja gelernt, die müssen trinken, die müssen trinken, die müssen trinken, aber wenn ich weiß, dass jemand lieber mittags mehr trinkt als am Morgen, dann muss ich mir bei dem in der Früh keine Sorgen machen, dass etwas nicht stimmt"

oder über ihre Stimmungen:

> „Es gibt einen Bewohner, der ist an dem Tag, wo er Besuch bekommt, stimmungsmäßig immer gar nicht gut drauf, das weiß ich dann aber, dass es daran liegt" oder „am Visitentag sind manche Bewohner einfach immer sterbenskrank, so dass ich am Mittwoch schon weiß, morgen ist Donnerstag, heute nacht geht's der schlecht, ohne dass ich dann eben selber da in Panik verfalle – schon schauen, aber wissen".

Zum anderen ist Erfahrungswissen nicht einfach eine Ansammlung von einzelnen Erfahrungen zu einem „Erfahrungsschatz“. Sondern: „Es ist einfach ein gewisses Wissen, ein Wissen, das auf meinen Erfahrungen als Pflegerin beruht, Erfahrungen, die ich dabei gemacht habe, Dinge, die ich erlebt, gesehen, gefühlt, einfach miterlebt habe.“ Erfahrungswissen entsteht und entwickelt sich durch *„Erfahrung-Machen“ durch subjektives Erleben*, und somit durch eine komplexe sinnliche und empfindende Wahrnehmung, ein exploratives Vorgehen und die praktische Auseinandersetzung mit konkreten Gegebenheiten bei subjektivem Involvement.

Erfahrungswissen zeigt sich auch als *erlebnis- und situationsbezogenes Wissen*, das fachliches Wissen spezifizieren kann und dem Einzelfall, der konkreten Situation entsprechende Pflegehandlungen ermöglicht:

> „Erfahrung ist: kein Kästchendenken. Zum Beispiel Schlaganfall ist nicht gleich Schlaganfall. Ja, der Schlaganfall ist zwar Schlaganfall, ein bestimmtes Krankheitsbild, wobei natürlich bestimmte Symptome gleich sind. Aber die Person, die es erwischt hat, ist jeweils eine andere. Da hilft mir dann die Erfahrung, dass ich nicht nur das Krankheitsbild sehe, sondern die Person. Die Erfahrung habe ich, wenn ich jetzt schon zehn Leute mit Schlaganfall gepflegt habe, dann ist halt Schlaganfall nicht gleich Schlaganfall.“

Erfahrungswissen ist effizientes Wissen, es kann Probleme von vorneherein verhindern:

> „Erfahrungswissen ist hilfreich beim Erkennen von Gefahren – von Wundliegen zum Beispiel. Es kommt nicht soweit, wenn ich gewisse Erfahrung habe, dann sehe ich es eben – das heißt, dann brauche ich es gar nicht sehen, weil dann kann ich es einfach von vornherein in der Regel verhindern, ohne dass auch nur die geringste Hautschädigung da ist.“ oder: „Der Zivi ruft mich, da sitzt eine Bewohnerin bewusstlos im Stuhl. Da ist natürlich jetzt Erfahrungswissen angesagt, damit es möglichst schnell, flott und ruhig über die Bühne geht. Da ist Erfahrungswissen unter Umständen sicher auch lebenserhaltend.“

2.4 Persönliche Beziehung der Nähe und Verbundenheit – Grenzen der Versachlichung und Distanzierung

Die geschilderte Arbeitsweise beruht auf einer *persönlichen und emotionalen Beziehung* zu den Bewohnern. Gemeint ist damit nicht eine emotionale Bindung, sondern Nähe zum und Vertrautheit mit dem "Arbeitsgegenstand“ Bewohner. Zum einen ist eine solche Beziehung erforderlich, damit auch umgekehrt eine

Vertrauensbeziehung vom Bewohner zur Pflegekraft entstehen kann, die wiederum in vielen Fällen Voraussetzung dafür ist, dass der Bewohner z.B. die Körperpflege überhaupt zulässt („Es gibt Bewohner, die lassen sich nur von bestimmten Pflegekräften waschen, zu denen sie Vertrauen haben, oder andere, die lassen bestimmte gar nicht erst ran. Und mit Gewalt gegen den Willen des Bewohners, das kann ja auch keine Lösung sein."). Zum anderen ermöglicht erst eine solche Beziehung der Nähe und Vertrautheit es den Pflegekräften, die Gewohnheiten und die körperlichen Besonderheiten der Bewohner zu kennen und zu respektieren. Und erst eine solche Beziehung versetzt die Pflegekräfte in die Lage, die ständig variierenden Bedürfnisse und die alltäglichen Veränderungen in der körperlichen Verfassung wahrnehmen und situativ darauf eingehen zu können. Entscheidend für eine Beziehung der Nähe und Verbundenheit ist *Empathie*:

> „Wichtig ist, sich einfühlen, nachempfinden. Zum Beispiel Krisensituationen sind für einen alten Menschen schon etwas anderes als für mich jetzt, weil die Kräfte zum Teil nicht mehr da sind, also er kann viele Dinge selber nicht mehr regeln. Eine Krise kann z.B. sein, wenn er weiß, er hat einen Zahnarzttermin vor sich, und er weiß nicht, wie komme ich auf den Stuhl oder so. Wir können sagen, ‚es ist kein Problem, wir bringen Sie schon dahin, warum sich so aufregen, wir machen ja alles'. Also man kann so damit umgehen, oder ich kann versuchen, das nachzuempfinden, was da jetzt in ihm vorgeht und besser auf ihn eingehen."

Empathie löst Gefühle in der Person der Pflegekraft selbst und dadurch motivierte, die Qualität der Pflege fördernde Handlungen aus: „Wenn ich jetzt einen Bewohner sehe, der relativ unglücklich, schlampig im Sessel sitzt, sich selber aber nicht zurechtsetzen kann, dann tut mir mein Kreuz weh – und dann kann ich gar nicht anders, dann muss ich was dagegen unternehmen."

Der „Arbeitsgegenstand" Bewohner wird nicht als Objekt wahrgenommen, sondern als menschliches *Subjekt* anerkannt und als *Persönlichkeit* akzeptiert:

> „Wenn ich mir das ganz plastisch vorstelle: Vor ein paar Jahren war die Frau genauso im Leben gestanden wie ich. Und jetzt ist sie nicht einmal mehr in der Lage, sich selber anzuziehen. Dann sehe ich nicht nur einen Ausschnitt, sondern die ganze Person. Ich sehe sie als Persönlichkeit, und dann gehe ich ganz anders mit ihr um." Oder wie es eine andere Pflegekraft ausdrückte: „Akzeptanz gegenüber der Persönlichkeit des Bewohners ist ganz wichtig, auch wenn er sich nicht mehr äußern kann. Dass ich nicht das Maß aller Dinge bin, dass man wirklich versucht, den anderen zu sehen und zu akzeptieren, ohne sich selber dabei zu verleugnen oder zu vergessen. Und das geht nur miteinander."

Der Bewohner wird also auch als *Partner* wahrgenommen, mit dem es gemeinsam etwas zu erreichen gilt: „Es geht nur miteinander, allein steh ich auf verlorenem Posten. Das ist wie in einer Partnerschaft." Und das schließt auch den vollkommen immobilen und inaktiven Bewohner mit ein:

> „Der Bewohner ist als Partner zu sehen, auch wenn er nur noch im Bett liegt und einfach nicht mehr kann; gerade dann muss man aufpassen, dass man ihn nicht einfach zum Objekt macht."

Eine Beziehung der Nähe und Vertrautheit erleichtert auch den Umgang mit eigenen, zunächst vielleicht negativen Gefühlen, wie z.B. Ekel, die in den Situationen auftreten können, wegen denen auch die Altenpflege nach Aussagen der Pflegekräfte gesellschaftlich so gering geschätzt wird:

> „Wenn ich eine Beziehung zum Bewohner aufgebaut habe, dann ist vieles auch nicht mehr so schlimm. Wenn jetzt z.B. ein Bewohner neu kommt und einfach wirklich schlecht riecht, na ja, wenn man den dann irgendwann schon ein bisschen kennt und ein bisschen mag, das ist ja das Erstaunliche, dass das dann abnimmt, obwohl der genauso weiterriecht wahrscheinlich, aber man empfindet es nicht mehr so."

Um emotional nicht auszubrennen, sich selbst zu schützen und die Arbeitskraft zu erhalten, ist es erforderlich, die eigene Person wahrzunehmen und zu achten:

> „Ich fühle mich ein, versuche mir vorzustellen, wie schlimm es wohl ist, oder wie es mir ginge, wenn ich in der Situation wäre. Aber ich identifiziere mich nicht in dem Sinn, dass… Ich muss mich auch abgrenzen können, Grenzen ziehen, dass ich den anderen sehe, aber ich Ich bleibe und auch mich sehe. So dass jeder seine Persönlichkeit hat und behält – und wir gleichberechtigte Partner sind."

Wichtig ist also, die Person des Bewohners wie auch die eigene Person zu achten, sich einzulassen und einzufühlen, ohne sich einerseits „aussaugen" zu lassen, und ohne andererseits eine zu große Distanz aufzubauen. Denn eine Beziehung der Nähe und Vertrautheit ist nicht nur funktional für die Pflegearbeit bzw. unabdingbar für eine qualitäts- und effizienzorientierte Pflege, die das Wohlbefinden des Bewohners zum Ziel hat, sondern sie stellt auch im Hinblick auf die hohen emotionalen Belastungen eine wesentliche Quelle für die langfristige emotionale Stabilität der Pflegekräfte dar. Denn bei einer derart aufgebauten Beziehung kann die Pflegekraft die Sinnhaftigkeit und eine Bereicherung ihrer Arbeit erfahren, sie bekommt Zuwendung vom Bewohner und ein positives Feedback zurück, die sie ihre Arbeit befriedigender erleben lassen. Als Beispiele für diese emotional stabilisierende Form von „Belohnung" nannten verschiedene Pflegekräfte:

> „Ein Lächeln, das ist Belohnung.“; „Wenn sie strahlt, das ist Belohnung.“, „Wenn ich Vertrauter bin, das ist Belohnung“; „Alles, was an positiven Gefühlen rüberkommt, das ist Belohnung, und das ist das Schöne an dieser Arbeit.“

2.5 Höhere Qualität und Effizienz sowie Bewohner- und Mitarbeiterorientierung in der Altenpflege durch subjektivierendes Arbeitshandeln

In den Untersuchungen legten die Pflegekräfte dar, dass die „menschliche Zuwendung“ im Rahmen des subjektivierenden Arbeitshandelns für sie keinen „Zusatzaufwand“ darstellt, sondern vielmehr hierdurch die Qualität und Effizienz der Pflegearbeit erhöht und zugleich die subjektiven Belastungen reduziert werden. Anschaulich schildert eine Pflegerin dies in den Worten:

> „Es gibt Pfleger, die eine Mauer zwischen sich und den Bewohnern aufbauen, dies erschwert die Arbeit, da sie die Mauer ständig überwinden müssen. Wenn man sich selbst bei einer solchen Arbeit abgrenzt und sich nicht – wie beschrieben – auf die älteren Menschen einlässt, führt dies dazu, dass ich die Menschen nicht berühren kann. Eine solche Haltung erschwert die Arbeit enorm. Die älteren Menschen werden dann nicht wie Menschen, sondern wie Gegenstände behandelt; damit bestehen auch kaum Chancen, die Pflegearbeit selbst als befriedigend zu erfahren. Eine Folge ist: Es entstehen Hassgefühle, man bekommt nichts Positives zurück.“

Oder, so ein anderer Pfleger: „Anfangs habe ich versucht, die Arbeit technokratisch zu machen. Jetzt steht der Mensch im Mittelpunkt.“ Nach den Erfahrungen der untersuchten Pflegekräfte ist das Argument hinsichtlich der „fehlenden Zeit“, um auf die individuellen Bedürfnisse und Belange eingehen zu können, so pauschal nicht zutreffend. Natürlich fehle immer Zeit und wäre es immer besser, wenn mehr Zeit z.B. für die individuelle Beschäftigung oder für Ausflüge ins Freie zur Verfügung ständen. Aber: „Wenn man nicht auf die Bewohner eingeht, sich keine Gedanken macht, kostet es letztlich mehr Zeit und Energie.“ Durch ein Eingehen und sich Einlassen auf den Bewohner werden nicht nur Widerstände und Missverständnisse bei der Durchführung der alltäglichen Pflegearbeit vermieden, sondern es kann auch – soweit möglich – eine aktive Unterstützung und damit Erleichterung der Arbeit durch die Pflegebedürftigen gefördert werden.

Subjektivierendes Arbeitshandeln führt somit nicht nur zu einer Erhöhung der Effizienz, sondern auch der Prozess- und Ergebnisqualität der Dienstleistung Pflege sowie der Qualität des Arbeitslebens der Pflegekräfte. Die höhere Effizienz basiert primär darauf, dass a) nicht gegen den Pflegebedürftigen und seine eventuellen Widerstände gearbeitet wird, dass b) Bedürfnisse der Pflegebedürftigen (auch z.B. nach einem Gespräch oder Zuwendung) nicht ignoriert oder verschoben werden, und dann zu einem späteren Zeitpunkt umso mehr Arbeit machen (laufendes Klingeln, Unruhe), und dass c) die Pflegebedürftigen auf sensible Weise motiviert werden, bei der Pflege – im Rahmen ihrer Möglichkeiten, die sich bei manchen Pflegebedürftigen dadurch auch noch steigern lassen – mitzuwirken (Aktivierung). Damit ist die Pflege weniger aufwändig, zeit- und schließlich auch kostensparender. Die Steigerung der Prozess- und Ergebnisqualität gründet in erster Linie auf der stark ausgeprägten Bewohnerorientierung, die dem subjektivierenden Handeln immanent ist: Die Bedürfnisse und auch Probleme der Pflegebedürftigen, die oftmals nicht klar formuliert werden können, qualitativ vielfältig und selten exakt messbar – wie Blutdruck oder Körpertemperatur – sind, werden wahrgenommen und es wird darauf eingegangen, das Pflegehandeln wird situativ auf die Befindlichkeit und Reaktionen der Pflegebedürftigen abgestimmt, es wird dialogisch-interaktiv statt nach festem Plan vorgegangen, und dem Pflegebedürftigen wird mit Zuwendung und Empathie in einem partnerschaftlichen Kooperationsverhältnis begegnet, seine Würde und Menschlichkeit geachtet.

Für die Pflegekräfte selbst verbessert sich die Qualität des Arbeitslebens in den verschiedensten Aspekten: Unsicherheiten werden durch eine komplexe, subtile sinnliche Wahrnehmung und ein erlebnisbezogenes Erfahrungswissen gerade in Situationen, die nicht vollständig definierbar und objektiv messbar sind, reduziert; durch die aktive Beteiligung der Pflegebedürftigen an der Pflegeinteraktion und deren Mitarbeit wird die konkrete Durchführung der direkten Pflegearbeit entlastet; die Orientierung an den Bedürfnissen der Pflegebedürftigen lässt die Pflegekräfte positive Reaktionen zurückbekommen; die offene Planung ermöglicht den Pflegekräften Handlungs- und Entscheidungsspielräume sowie eine weitgehende Selbstorganisation der Arbeit. Insgesamt können die Pflegekräfte ihre Arbeit somit befriedigender erleben.

Die Leistungen eines wissenschaftlich fundierten objektivierenden, zweckrationalen Handelns sollen durch ein subjektivierendes Arbeitshandeln nicht geschmälert oder gar ersetzt, sondern im Gegenteil unterstützt und ergänzt werden. Für die Qualitätssicherung in der Pflege stehen bislang jedoch lediglich Konzepte, Methoden und Instrumente zur Verfügung, die dem Modell des zweckrationalen Handelns folgen und daraufhin zum Beispiel Standards festlegen oder Qualität durch das Erfassen von quantitativen Parametern zu messen versuchen (vgl. Schlettig, 1997). Jedoch:

> „Ob eine Pflegehandlung als qualitativ gut oder nicht gut beurteilt wird, hängt nicht allein davon ab, was gemacht worden ist (es ist wichtig und beeinflusst die Qualität, dass das Richtige gemacht wird), sondern wie etwas gemacht worden ist: Die Information eines Patienten ist quantitativ auch dann erfolgt, wenn sie „heruntergeleiert" wird, als qualitativ gut wird sie in diesem Fall allerdings nicht beurteilt werden" (ebd, S. 237; Hervorhebungen im Original).

Das Konzept subjektivierenden Arbeitshandelns trägt dazu bei, aufzuzeigen, *wie* und *in welcher Art und Weise* eine Pflegehandlung qualitativ gut durchgeführt wird. Es bietet damit einen Ansatz, ein der direkten Pflegearbeit adäquates Verfahren der handlungs- und prozessbezogenen Qualitätssicherung zu entwickeln.[5]

3 Arbeitsorganisatorische Gestaltungsprinzipien zur Förderung subjektivierenden Arbeitshandelns in der Altenpflege

Unsere ersten Problemanalysen in den untersuchten Altenpflegeheimen zeigten, dass ein subjektivierendes Arbeitshandeln in der Pflege durch eine stark ausgeprägte Arbeitsteilung mit hoher Standardisierung von Arbeitsabläufen und rigider Zeiteinteilung – wie sie gerade in der Funktionspflege zum Ausdruck kommen – deutlich erschwert bzw. nahezu unmöglich gemacht wird. Wurde hingegen eine „Ganzheitliche Pflege" (vgl. hierzu ausführlicher Glaser, in diesem Band), insbesondere unter Berücksichtigung von Bezugspflege und des Pflegeprozessmodells im Pflegealltag praktiziert (d.h. dass es nicht nur als Rahmenkonzept im Unternehmensleitbild stand, sondern auch auf den Stationen im Pflegealltag gelebt wurde), wirkte sich dies für ein subjektivierendes Arbeitshandeln der Pflegekräfte unterstützend und fördernd aus.[6]

Aufgrund der identifizierten hemmenden und fördernden Rahmenbedingungen und aufgrund der Ergebnisse unserer arbeitssoziologischen Analysen konnten arbeitsorganisatorische Gestaltungsprinzipien zur Förderung subjektivierenden Arbeitshandelns als wesentlichem Moment qualitäts- und effizienzorientierter Interaktionsarbeit auf den Ebenen Arbeitsorganisation (4.1), Personalpolitik und Personaleinsatz (4.2) und Betriebsorganisation und Unternehmenskultur (4.3)

---

5 Vergleiche hierzu die Entwicklung und Erprobung eines Verfahrens der Qualitätssicherung unter anderem in Form von Handlungsleitlinien, die auf einem "situativen Handeln" beruhen, bei Brater und Maurus (2000).

6 Zur daraus folgenden Umsetzung der Bezugs- bzw. Bereichspflege – organisiert durch Pflegeteams – auf der Modellstation im betrieblichen Projekt und den Ergebnissen hierzu vgl. den Beitrag von Sing und Landauer (in diesem Band).

herausgearbeitet werden.[7] Allgemeine Grundsätze humanorientierter Arbeitsgestaltung, wie z.B. Gesundheitsschutz und -förderung, sind auch für das subjektivierende Arbeitshandeln eine wichtige Grundlage, werden aber im Folgenden vorausgesetzt und nicht gesondert aufgeführt. Unsere Untersuchungen haben gezeigt, dass die bisherigen Kriterien für eine bewohner- und mitarbeiterorientierte Arbeitsgestaltung für die Pflege nicht ausreichen, sondern modifiziert und ergänzt werden müssen.

3.1 Arbeitsorganisation

Im Rahmen der Arbeitsorganisation wird ein subjektivierendes Arbeitshandeln der Pflegekräfte durch folgende Grundsätze ermöglicht und gefördert:

- Existenz und Umsetzung des *Rahmenkonzeptes ganzheitliche Pflege* (das also nicht nur im Unternehmensleitbild verankert sein soll, sondern auch im Stationsalltag gelebt werden muss): Durch die damit verbundene hohe Bewohnerorientierung und *vollständige Aufgabenstruktur* für die Pflegekräfte ist eine kontinuierliche Betreuung der Bewohner gewährleistet, die „intime" Kenntnisse über seinen Zustand, seine (evtl. sich verändernden) Möglichkeiten, seine Gewohnheiten und Vorlieben ermöglicht. Dies sind zugleich wichtige Voraussetzungen z.B. für ein erfolgreiches dialogisch-exploratives Vorgehen, für eine gelungene Wahrnehmung als in der Altenpflege notwendige Form der Kommunikation, für eine Beziehung der Vertrautheit und Nähe sowie für ein assoziativ-bildhaftes Denken aufgrund eines umfangreichen Erfahrungswissens mit den „eigenen" Bewohnern.
- Prinzip der *offenen Planung* (es gibt lediglich einen Rahmenplan, die einzelnen Arbeitsvollzüge werden schrittweise in der Interaktion mit dem Bewohner entwickelt und durchgeführt) und der *geringen Standardisierung*: Dies stellt eine wesentliche Grundlage dar, um z.B. auf Bewohnerbedürfnisse, variierende Anforderungen und Unwägbarkeiten eingehen zu können, also situations- und kontextbezogen vorgehen zu können.
- *Hohe Dispositions- und Entscheidungsspielräume*, die es ermöglichen, im Rahmen der offenen Planung situativ vorzugehen.
- *Zeitliche Spielräume und Flexibilität* - sowohl hinsichtlich der eigenverantwortlichen Einteilung im Rahmen der offenen Planung durch die Pflegekräfte als auch hinsichtlich eines situativen und explorativen Vorgehens. Auch

---

7 Zur Umsetzung einzelner Gestaltungsprinzipien beim betrieblichen Partner vgl. den Beitrag von Sing und Landauer (in diesem Band); zur Evaluation der Maßnahmen vgl. den Beitrag von Weigl und Glaser (in diesem Band).

fördert eine weniger punktuelle, sondern stärker *prozessbezogene Zeit-Bewertung* (die die zeitliche Effizienz erkennt, wenn z.B. nicht gegen Widerstände des Bewohners gearbeitet wird oder Bedürfnisse nicht ignoriert oder verschoben werden, die dann zu einem späteren Zeitpunkt umso mehr Arbeit machen würden) ein situations- und kontextbezogenes Vorgehen.

- Förderung von *Teamarbeit* und Eröffnung von Möglichkeiten für einen *wechselseitigen Erfahrungsaustausch* auch durch *informelle* Kommunikationsmöglichkeiten (nicht nur offizielle Besprechungen, Schichtübergaben) und durch *informelle* Kooperationsmöglichkeiten (gemeinsames „Tun"): Dies ist eine wichtige Grundlage z.B. für den Aufbau eines gemeinsamen Erfahrungshintergrunds und für die Weiterentwicklung, den Austausch und die gegenseitige Überprüfung von Erfahrungswissen.
- Stärkung der *Bewohnerorientierung* und Intensivierung der *Biographiearbeit* (auch unter Einbeziehung z.B. der Angehörigen) – wie in allen untersuchten Pflegeheimen bereits zumindest im Unternehmensleitbild verankert: Damit werden – z.B. auch über „intime" Kenntnisse – ein situatives Vorgehen, ein assoziatives, erlebnisbezogenes Denken und eine Beziehung der Nähe und Vertrautheit zum Bewohner gestärkt.
- Verbindung der *direkten Pflegetätigkeit mit „quasi"-hauswirtschaftlichen Tätigkeiten*, wie z.B. Essenbestellung aufnehmen, Essen herrichten und ausgeben: Da genau auch bei diesen Tätigkeiten die Bedürfnisse der Bewohner kennengelernt werden, stellt dies eine wichtige Grundlage für den Erwerb von „intimen" Kenntnissen und den Aufbau einer Beziehung der Vertrautheit und Nähe zum Bewohner dar.

3.2 Personalpolitik und Personaleinsatz

Im Rahmen der Personalpolitik und des Personaleinsatzes wird ein subjektivierendes Arbeitshandeln der Pflegekräfte durch folgende Grundsätze ermöglicht und gefördert:

- Personalauswahl unter Berücksichtigung und Beurteilung von *sozialen Kompetenzen wie Empathie und Einfühlungsvermögen*: Dadurch werden z.B. eine gefühlsgeleitete Wahrnehmung, ein situatives Vorgehen oder der Aufbau einer persönlichen Beziehung der Nähe zum Bewohner erleichtert.
- Förderung und Unterstützung einer *stabilen personellen Besetzung*. Dadurch werden z.B. der Aufbau und Erhalt einer persönlichen Beziehung zum Be-

wohner, die Kenntnis von Bewohnerbedürfnissen sowie die Entwicklung situativer Kenntnisse ermöglicht und gestärkt.

- Förderung von *Motivation und Engagement* durch *positive Sanktionen* (Anerkennung): Dadurch wird die Eigenverantwortung z.B. im Rahmen des situativen Vorgehens gestärkt.
- *(Weiter-)Qualifizierung im Bereich soziale Kompetenzen*[8]: Damit werden eine gefühlsgeleitete Wahrnehmung, ein situatives Vorgehen oder der Aufbau einer persönlichen Beziehung der Nähe zum Bewohner weitergehend gefördert.
- *Qualifizierung durch Partizipation am Erfahrungswissen von erfahrenen Kolleginnen und Kollegen* – z.B. durch Praxiserzählungen und begleitetes Erfahrungslernen (mitgehen und zeigen, sinnlich erfahren, erleben lassen, wie z.B. welche Hautröte aussieht, wie der Schweiß sich in unterschiedlichen Situationen darstellt, wie der Hautwiderstand sich wann anfühlt usw.): Dies ist eine wesentliche Form z.B. der Befähigung zu subtiler, komplexer sinnlicher Wahrnehmung bzw. des organisierten Erwerbs von Erfahrungswissen insgesamt.
- *Qualifizierung zu subjektivierendem Arbeitshandeln* in der Pflege in Form einer *konkreten Fortbildungsmaßnahme*: Damit wird im Rahmen einer Erweiterung der betrieblichen Fortbildung subjektivierendes Handeln als berufliche Kompetenz tätigkeitsbezogen, arbeitsplatznah und zeitlich komprimiert vermittelt und trainiert. Da ein solches Fortbildungsinstrument bislang nicht zur Verfügung stand, wurde im Rahmen des Vorhabens „Interaktionsarbeit" in Zusammenarbeit der drei Verbundpartner Gesellschaft für Ausbildungsforschung und Berufsentwicklung – GAB München (Dr. Michael Brater), Universität Augsburg – Extraordinariat für Sozioökonomie der Arbeits- und Berufswelt (Dipl.-Soz. Sabine Weishaupt) und Internationales Institut für empirische Sozialökonomie – INIFES Stadtbergen (Dr. Dorit Sing) eine konkrete Fortbildungsmaßnahme zu subjektivierendem Arbeitshandeln in der Pflege entwickelt, beim betrieblichen Verbundpartner durchgeführt und anschließend evaluiert. Die Erfolge dieser Fortbildung[9] im Hinblick auf eine

---

8 Zum Thema (Weiter-)Qualifizierung erfordern unsere empirischen Erfahrungen folgenden Hinweis: Ebenso wie es nicht damit getan ist, ein Rahmenkonzept oder bestimmte Pflegeprinzipien im Unternehmensleitbild zu verankern, reicht es auch nicht aus, Fortbildungen anzubieten: Es muss den Pflegekräften auch ermöglicht werden, z.B. durch eine zustimmende Haltung der Vorgesetzten und eine entsprechende Einteilung im Schichtplan, daran teilnehmen zu können.

9 Zu den Evaluationsergebnissen wie auch zu Inhalten und Ablauf der Fortbildungsmaßnahme vgl. Brater & Weishaupt, 2003. Zu Qualifizierung für Interaktionsarbeit allgemein vgl. den Beitrag von Brater & Rudolf in diesem Band.

Förderung subjektivierenden Arbeitshandelns und damit einhergehend auf eine Verbesserung der Qualität und Effizienz sowie der Arbeitsbedingungen in der Pflege, sowie einige konkrete Anfragen aus der Praxis haben bewirkt, dass dieses Fortbildungsinstrument zukünftig eine weitere Verbreitung bei Interessenten aus dem Pflegebereich finden kann.

3.3 Betriebsorganisation und Unternehmenskultur

Im Rahmen der Betriebsorganisation und Unternehmenskultur wird ein subjektivierendes Arbeitshandeln der Pflegekräfte durch folgende Grundsätze ermöglicht und gefördert:

- *Vertrauen in nicht objektivierbare und nur begrenzt dokumentierbare Arbeitspraktiken* der Pflegekräfte: Dies ist eine wichtige Voraussetzung z.B. für das Treffen von Handlungsentscheidungen aufgrund einer subtilen Wahrnehmung nicht exakt definierbarer Informationen oder für ein exploratives Vorgehen.
- *Begrenzte Kontrolle*, bzw. Kontrolle im Sinne einer Lernhilfe: Dies ist eine wichtige Grundlage z.B. für den Aufbau von Erfahrungswissen.
- *Positive Fehlerkultur* (Fehler werden als etwas angesehen, aus dem man lernen kann und nach Fehlern gibt es lernförderliche Rückmeldungen), bei der *auch Fehler nicht ausgegrenzt werden, die aus nicht vollständig rational begründbaren und explizierbaren Vorgehensweisen resultieren*: Dies ist eine wichtige Grundlage z.B. für den Aufbau von Erfahrungswissen.

Die Ergebnisse unserer arbeitssoziologischen Untersuchungen wie auch die Ergebnisse und Effekte der im Rahmen des Verbundvorhabens durchgeführten Fortbildung haben gezeigt, welche wesentliche Rolle subjektivierendes Arbeitshandeln für gelungene Interaktionsarbeit in der Pflege (die sowohl die Bewohnerperspektive als auch die Mitarbeiterperspektive berücksichtigt) einerseits spielt, und wie wichtig und notwendig andererseits aber auch die Unterstützung und Förderung eines solchen subjektivierenden Arbeitshandelns durch arbeitsorganisatorische Rahmenkonzepte, Grundsätze und Maßnahmen ist.

Literatur

Bauer, H. G., Böhle, F., Munz, C., Pfeiffer, S. & Woicke, P. (2002). *Hightech-Gespür. Erfahrungsgeleitetes Arbeiten und Lernen in hoch technisierten Arbeitsbereichen.* Schriftenreihe des Bundesinstituts für berufliche Bildung. Bielefeld: Bertelsmann.

Benner, P. (1994). *Stufen zur Pflegekompetenz. From Novice to Expert.* Bern, Göttingen, Toronto, Seattle: Verlag Hans Huber.

Böhle, F. (1999). Nicht nur mehr Qualität, sondern auch höhere Effizienz – Subjektivierendes Arbeitshandeln in der Altenpflege. *Zeitschrift für Arbeitswissenschaft, Heft 3, Jg. 53*, 174-181.

Böhle, F., Brater, M. & Maurus A. (1997). Pflegearbeit als situatives Handeln. Ein realistisches Konzept zur Sicherung von Qualität und Effizienz der Altenpflege. *Pflege, 10*, 18-22.

Böhle, F. & Milkau, B. (1988). *Vom Handrad zum Bildschirm – Eine Untersuchung zur sinnlichen Erfahrung im Arbeitsprozeß.* Frankfurt/M.: Campus.

Böhle, F. & Rose, H. (1992). *Technik und Erfahrung – Arbeit in hochautomatisierten Systemen.* Frankfurt/M.: Campus.

Böhle, F. & Weishaupt, S. (2003). Unwägbarkeiten als Normalität – die Bewältigung nichtstandardisierbarer Anforderungen in der Pflege durch subjektivierendes Handeln. In A. Büssing & J. Glaser (Hrsg.), *Dienstleistungsqualität und Qualität des Arbeitslebens im Krankenhaus* (S.149-162). Göttingen: Hogrefe.

Böhle, F. & Weishaupt S. (im Druck). Kundenorientierung bei direkten personenbezogenen Dienstleistungen – die Besonderheit der Arbeit am Menschen. In M. Moldaschl (Hrsg.), *Kundenorientierung und Dienstleistungsmentalität. Subjektivierung von Arbeit III.* München und Mering: Rainer Hampp Verlag.

Bolte, A. (1993). *Planen durch Erfahrung – Arbeitsplanung und Programmerstellung als erfahrungsgeleitete Tätigkeiten von Facharbeitern mit CNC-Werkzeugmaschinen.* Kassel: Institut für Arbeitswissenschaft.

Brater, M. & Maurus, A. (2000). *Das GAB-Verfahren zur Qualitätssicherung und -entwicklung für pädagogische und soziale Einrichtungen.* München: Gesellschaft für Ausbildungsforschung und Berufsentwicklung GbR.

Brater, M. & Weishaupt, S. (2003). Altenpflegende ermutigen, subjektivierend zu handeln – ein Fortbildungselement im Haus Heilig Geist. In D. Sing & E. Kistler (Hrsg.), *Lernfeld Altenpflege. Praxisprojekte zur Verbesserung der Dienstleistung an und mit alten Menschen* (S. 51-73). München: Hampp.

Carus, U. & Schulze, H. (1995). Leistungen und konstitutive Komponenten erfahrungsgeleiteter Arbeit. In H. Martin (Hrsg.), *CeA – Computergestützte erfahrungsgeleitete Arbeit* (S. 48-82). Berlin: Springer.

Groß, B. (2001). Selbst-Erfahrung und die Erfahrungen des Lernens. In F. Wagner & J. Osterbrink (Hrsg.), *Integrierte Unterrichtseinheiten. Ein Modell für die Ausbildung in der Pflege* (S. 55-73). Bern: Huber.

Hösl, G. (1998). *Subjektivierendes Arbeiten. Eine neue Handlungsstrategie am Beispiel der Altenpflege* (Unveröffentlichte Diplomarbeit). München: Institut für Soziologie der Ludwig-Maximilians-Universität.

Josefson, I. (1988). The nurse as engineer – the theory of knowledge in research in the care sector. In B. Göranzon & I. Josefson (Eds.), *Knowledge, Skill and Artificial Intelligence* (S. 19-30). Heidelberg: Springer.

Pfeiffer, S. (1999). *Dem Spürsinn auf der Spur – Subjektivierendes Arbeitshandeln an Internet-Arbeitsplätzen am Beispiel Information-Broking*. München: Hampp.

Schlettig, H.-J. (1997). Qualitätsmanagement aus der Perspektive der Bezugspflege. In A. Büssing (Hrsg.), *Von der funktionalen zur ganzheitlichen Pflege* (S. 223-241). Göttingen: Verlag für Angewandte Psychologie.

Uzarewicz, C. & Uzarewicz, M. (2001). Transkulturalität und Leiblichkeit in der Pflege. *intensiv, 9*, 168-175.

Weishaupt, S. (1994). Körperbilder und Medizintechnik – Die Verwissenschaftlichung der Medizin und ihre Grenzen. In IfS, INIFES, ISF & SOFI (Hrsg.), *Jahrbuch Sozialwissenschaftliche Technikberichterstattung, Schwerpunkt Technik und Medizin* (S. 239-262). Berlin: Edition Sigma.

Wolkowitz, C. (2002). The social relations of body work. *work, employment and society, 16 (3)*,497-510.

Förderung von Interaktionsarbeit in der Praxis – Erfahrungen der betrieblichen Erprobung im Altenpflegeheim

Dorit Sing & Gudrun Landauer

1 Ausgangssituation

Im Vorhaben „Interaktionsarbeit in der Pflege" wurden in Kooperation zwischen dem Altenpflegeheim Heilig Geist der MÜNCHENSTIFT GmbH und dem Internationalen Institut für Empirische Sozialökonomie INIFES gGmbH arbeitsorganisatorische Maßnahmen zur Förderung von Interaktionsarbeit entwickelt und erprobt. Ziel der betrieblichen Umsetzung war es, die Interaktionsbeziehungen sowohl zwischen den Pflegekräften unterschiedlicher Qualifikation als auch zwischen Pflegekräften und den Bewohnern zu verbessern. Die Neugestaltung der Pflegearbeit erfolgte dabei in einem zweistufigen Verfahren. So wurde in der ersten Hälfte der Projektlaufzeit ein organisatorisches Rahmenkonzept mit dem Ziel der Umsetzung ganzheitlicher Pflege auf die betrieblichen Belange angepasst und implementiert. Im zweiten Teil des Projektes ging es um die Interaktion zwischen Pflegebedürftigen und Pflegekräften, die auf Basis arbeitsorganisatorischer Grundsätze verbessert werden sollte.

1.1 Die MÜNCHENSTIFT GmbH

Die MÜNCHENSTIFT GmbH ist seit dem Jahr 1996 Betriebsträger der ehemals städtischen und stiftungseigenen Alten-, Altenpflege- und Altenwohnheime der Landeshauptstadt München.[1] Das Unternehmen besteht aus zehn Alten- und Pfle-

[1] Die Einführung der Pflegeversicherung hatte u.a. zur Folge, dass zunehmend wettbewerbliche Elemente den Pflegemarkt bestimmen und damit die Anbieter pflegerischer Dienstleistungen unter Druck geraten. Mit der Gründung der MÜNCHENSTIFT GmbH hat die Landeshauptstadt München auf einschneidende Veränderungen für kommunal geführte Altenheime reagiert, um Problemen wie fehlender öffentlicher Mittel zur Deckung laufender Betriebskostendefizite, einem Nachrang öffentlicher vor frei-gemeinnützigen und selbständigen Trägern oder einer Sicherstellung selbständig wirtschaftender Einheiten wirkungsvoll zu begegnen.

geheimen, drei Altenwohnheimen und einer Mietwohnanlage des „Selbständigen Wohnens“ mit einem Gesamtangebot von mehr als 3.000 Plätzen. Ihr wirtschaftlicher und sozialpolitischer Auftrag ist die langfristige Sicherstellung einer hohen Lebensqualität für die ältere Generation in München. Ihre Angebote zielen darauf ab, ältere, kranke und pflegebedürftige Menschen darin zu begleiten, ihr Leben in Selbstbestimmung, Wohlbefinden, Würde und in bestmöglicher Gesundheit zu führen. Das zugrunde liegende Dienstleistungsverständnis ist dabei durch den Respekt vor sowie dem Interesse am Kunden geprägt.

Da die Lebensqualität in Altenpflegeeinrichtungen und Seniorenwohnheimen wesentlich vom kommunikativen Klima und den sozialen Beziehungsstrukturen beeinflusst wird, decken sich die Ziele des Projekts „Interaktionsarbeit in der Pflege“ und des Gesamtkonzepts der MÜNCHENSTIFT. Das Projekt stellte die sozialen und kommunikativen Prozesse in den Mittelpunkt mit dem Ziel, diese weiter zu entwickeln und zu verbessern. Auch für die MÜNCHENSTIFT ist es von essentieller Bedeutung, von welcher Qualität die Interaktionen zwischen Beschäftigten und Bewohnern, aber auch der Beschäftigten untereinander sind. Da das Forschungsdesign vor allem auf die Art und Weise der Durchführung der Pflegetätigkeit fokussiert, griff das Projekt „Interaktionsarbeit in der Pflege“ ein Thema auf, das von der MÜNCHENSTIFT im Rahmen des Lebensweltkonzeptes[2] seit 1999 fach- und einrichtungsübergreifend als Unternehmensstrategie umgesetzt wird. In diesem Sinne beschreitet die MÜNCHENSTIFT einen konsequenten Weg der kontinuierlichen Qualitätssicherung und -verbesserung, um den letzten Lebensabschnitt in Pflegeeinrichtungen menschenwürdig zu gestalten.

Da eine Reihe von Voraussetzungen wie rechtliche, ökonomische und gesellschaftliche Strukturen, insbesondere jedoch vor allem die konkreten Arbeitsbedingungen dazu beitragen, ob bzw. inwieweit Interaktionen während des Pflegeprozesses in einer qualitativ befriedigenden Weise stattfinden können, wird in dem Verbundvorhaben als Ausgangshypothese angenommen, dass die Implementation bzw. Umsetzung eines ganzheitlichen Pflegesystems als organisatorisches Rahmenkonzept in die Praxis eine notwendige – wenn auch nicht hinreichende – Bedingung für gelungene Interaktionsarbeit bzw. Interaktionsbeziehungen zwischen Bewohnern und Pflegekräften darstellt. So ist das Vorliegen geeigneter arbeits- und betriebsorganisatorischer Rahmenbedingungen notwendig, damit vermehrt wechselseitige, stabile soziale Beziehung zwischen Mitarbeiter und Heimbewohner stattfinden können. Beispielsweise schränken formalisierte Ab-

---

2 Der Ansatz des sogenannten Lebensweltkonzeptes wurde federführend von Karla Kämmer (2000) erarbeitet und ist mit zahlreichen konkreten Maßnahmen verbunden, die zur Verbesserung der Lebensqualität pflegebedürftiger älterer Menschen und ihrer Angehörigen beitragen sollen.

läufe und hoch arbeitsteilige Prozesse, wie sie vor allem im System der funktionalen bzw. funktionsorientierten Pflege zu finden sind, die Interaktionsmöglichkeiten zwischen Bewohner und Pflegekraft ein (vgl. Glaser, in diesem Band). Aber auch die Ausgestaltung der Arbeitssituation selbst, die Belastungen sowie Beanspruchungen der Mitarbeiter sind von zentraler Bedeutung, da diese in direktem Zusammenhang mit deren Erleben und Befinden stehen und sich unmittelbar auf das Verhalten gegenüber den zu versorgenden Bewohnern auswirken können.

Die konkrete Ausgestaltung der personenbezogenen Dienstleistung Pflege sowie deren (Re-)Organisation ist zudem vor dem Hintergrund einer Steigerung von Effektivität und Effizienz aller Prozesse der Leistungserstellung zu betrachten. Mit anderen Worten heißt das, dass bei der Implementierung organisatorischer Maßnahmen solchen zur Sicherung der Wirtschaftlichkeit neben Bemühungen zur Professionalisierung und Maßnahmen zur Verbesserung der Arbeitssituation durch den Abbau arbeitsbelastender und qualitätseinschränkender Faktoren eine immense Bedeutung zukommt. Dementsprechend konnte sich die MÜNCHENSTIFT dem Überdenken bestehender Organisationsstrukturen, der effizienten Ausgestaltung der Arbeitsabläufe, aber auch der fachlichen Qualifizierung nicht verschließen. Die leitenden Zielvorstellungen der MÜNCHENSTIFT im Rahmen dieses Projektes lassen sich schließlich wie folgt zusammenfassen:

- eine verbesserte Dienstleistung und Kundenzufriedenheit,
- eine verbesserte, „humane" Arbeitswelt,
- eine verbesserte Wirksamkeit/Effizienz,
- eine verbesserte Stellung im Wettbewerb und in der Öffentlichkeit.

1.2 Das Altenpflegeheim Heilig Geist der MÜNCHENSTIFT GmbH

Das betriebliche Vorhaben wurde im Haus Heilig Geist der MÜNCHENSTIFT GmbH durchgeführt. Das Pflegeheim verfügt über 320 Pflegeplätze auf acht Wohnbereichen. Von diesen sind ein Viertel in Pflegestufe I, die Hälfte in Pflegestufe II und etwa ein Viertel in den Pflegestufen III und IV (Härtefall) eingestuft. Zur Versorgung der Bewohner dieser Einrichtung stehen 167 Planstellen zur Verfügung, von denen 137 aus dem Bereich der Pflege sind. Neben der Pflege und Betreuung der Bewohner auf den einzelnen Wohnbereichen steht ergänzend und unterstützend ein Netz von spezialisierten Abteilungen und Kooperationspartnern den Wohnbereichen zur Verfügung.

Die Philosophie des Hauses Heilig Geist baut auf Gemeinschaftlichkeit und den Austausch mit anderen Menschen auf, wobei eine umfassende, individuell angepasste Betreuung ein hohes Maß an Normalität des Lebens gewährleisten soll. Trotz der langen Tradition des Hauses – das ursprüngliche „Heilig Geist Spital“ war im 13. Jahrhundert die erste Institution in München, die sich um die Versorgung kranker und pflegebedürftiger Menschen kümmerte – befindet sich das Haus Heilig Geist fortlaufend in Phasen neuer Herausforderungen bzw. permanenter Anpassungsprozesse. Strukturelle Veränderungen des Bewohnerklientels mit einem wachsenden Anteil Hochaltriger sowie Mitbürger ausländischer Herkunft, der Zusammensetzung des Mitarbeiterstammes (z.B. durch die Anerkennung von im Ausland erworbenen Abschlüssen bei gleichzeitiger Zunahme deutscher Mitarbeiter) oder aber rechtlicher Auflagen (z.B. hinsichtlich der Dokumentationspflicht) sowie insgesamt neue Anforderungen (einschließlich umfangreicher Fortbildungsprogramme), die an die Häuser der MÜNCHENSTIFT GmbH seitens der Geschäftsführung herangetragen werden, bringen Dynamik in den Pflegealltag. Die Mitarbeiter sind – nicht zuletzt durch die Einführung von Profit-Center-Strukturen seit dem Jahre 1998 mit eindeutigen Zielvereinbarungen für jedes Wirtschaftsjahr – verstärkt aufgefordert, die Inhalte ihrer Arbeit, den Anspruch an Qualität vor dem Hintergrund betriebswirtschaftlicher Vorgaben, Wirtschaftlichkeit und Effizienzgesichtspunkten zu reflektieren. Gerade auch in diesem Punkt sollte das Vorhaben dazu beitragen, das Spannungsfeld zwischen dem Selbstverständnis der Pflegekräfte bzw. deren Qualitätsanforderungen an eine humane, ganzheitliche Pflegetätigkeit und den an sie herangetragenen Aspekten der Wirtschaftlichkeit und Effizienz aufzugreifen und durch Analyse und anleitende Prozesssteuerung beide Aspekte dahingehend zu integrieren, dass die Pflegekräfte von einem „entweder Qualität oder Wirtschaftlichkeit“ hin kommen zu einem Verständnis von hochgradig qualitätsorientierter Pflege unter Beachtung wirtschaftlicher Gesichtspunkte.

1.3 Der Modell- und Kontrollwohnbereich im Haus Heilig Geist

Für das Projekt wurden zwei Wohnbereiche – ein Modell- und ein Kontrollwohnbereich – ausgewählt mit der Option, bei erfolgreicher Durchführung auch alle anderen Wohnbereiche des Hauses bzw. weitere Einrichtungen der MÜNCHENSTIFT von den positiven Ergebnissen profitieren zu lassen. Während die Mitarbeiter der Kontrollstation zum Teil schon seit über 15 Jahren zusammenarbeiteten und der Pflegealltag generell durch relativ wenig Personalwechsel gekennzeichnet war, wurde im Jahre 1996 der Bereich der Modellstation fundamental umstrukturiert. Neben einer Zusammenlegung von zwei Stationen in einen Wohnbereich – eine solche Zusammenlegung fand zur gleichen Zeit auch auf der Kontrollstation statt – wurde ein Teilbereich zu einer geronto-psychiatrischen Pflegestation ausgebaut, auf der vor allem schwer dementen Personen spezielle Versorgungsleistungen angeboten werden sollten. Für dieses anspruchsvolle, aber auch pflege- und arbeitsintensive Projekt – es wurde daher ein höherer als der MÜNCHENSTIFT-interne Personalschlüssel geplant – wurden die erfahrensten und motiviertesten Pflegemitarbeiter des Hauses zusammengeholt. Dieses Unternehmen scheiterte jedoch aufgrund von Finanzierungsproblemen frühzeitig. In der Folge führte dies dazu, dass dieser Wohnbereich seine Sonderstellung verlor und die formale Trennung der Modellstation in einen normalen und einen geronto-psychiatrischen Bereich aufgelöst wurde. Allerdings wurde diese Änderung – bei Beibehaltung der Bewohner – von den Mitarbeitern nicht in gleicher Weise mitgetragen, so dass zahlreiche engagierte Pflegekräfte die Station verließen und eine gewisse Dynamik in der Personalstruktur entstand. Diese Situation stellte für die Durchführung des Projektes „Interaktionsarbeit in der Pflege" auf der einen Seite eine große Herausforderung dar, auf der anderen Seite war damit aber auch auf Seiten der Mitarbeiter und der Hausleitung Offenheit für neue Wege und der Wunsch nach Veränderungen vorhanden.

1.4 Das im betrieblichen Projekt beratende und begleitende Institut INIFES

Das betriebliche Teilvorhaben beinhaltete eine Reihe von unterschiedlichen Handlungs- und Reflexionsdimensionen, die bei der Einführung und Umsetzung des Konzepts der ganzheitlichen Pflege – unter spezieller Berücksichtigung von Interaktionsarbeit – zum Tragen kommen. Entgegen der weitverbreiteten Meinung, dass sich das Konzept der ganzheitlichen Pflege „einfach" verwirklichen und umsetzten lässt, ging man im Verbund davon aus, dass diese nicht ohne die Schaffung geeigneter organisatorischer Rahmenbedingungen in der Aufbau- und Ablauforganisation sowie den intensiven Austausch mit den betroffenen Pflegekräften selbst erreicht werden kann. Eine einseitige Vorgabe dieses Konzepts durch die Geschäftsleitung bei gleichzeitiger Aufforderung der Pflegenden zum wirtschaftlichen Handeln hätte die Gefahr in sich geborgen, dass notwendige Maßnahmen zur Einführung ganzheitlicher Pflege unterblieben und die Umsetzung an der Nicht-Akzeptanz der Pflegekräfte gescheitert wäre. Es musste folglich ein sensibler, wissenschaftlich angeleiteter und begleitender Prozess in Gang gebracht werden, in dem die an der Pflege, aber auch an dem Umsetzungsprozess der ganzheitlichen Pflege Beteiligten erfahren, wie die scheinbar sich gegenseitig ausschließenden Prinzipien der Wirtschaftlichkeit – ausgelöst durch die Pflegeversicherung mit ihren engen Minutentaktvorgaben –, der Pflegequalität und einer humanen Arbeitswelt nicht im Widerspruch mit einander stehen müssen. Diese Aufgabe sowie die Anleitung zur Etablierung geeigneter organisatorischer Rahmenbedingungen wurde von INIFES als beratendem Institut übernommen.

2 Implementierung eines ganzheitlichen Pflegesystems und Durchführung spezifischer Maßnahmen zur Förderung von Interaktionsarbeit

2.1 Projektstrukturen

Das betriebliche Vorhaben „Interaktionsarbeit in der Pflege“ gliederte sich in vier unterschiedlich lange Projektphasen mit einer Gesamtlaufzeit von drei Jahren. In der ersten Phase wurden zunächst die organisatorischen Rahmenbedingungen im Haus Heilig Geist der MÜNCHENSTIFT GmbH hinsichtlich ihrer Eignung zur Umsetzung des Konzeptes „ganzheitlicher Pflege“ überprüft. Dazu wurden im Rahmen einer Problem- und Schwachstellenanalyse durch die externe Begleitung mit Erhebungen (Mitarbeiter-, Angehörigen-, Bewohnerbefragungen, Beobachtungen, Expertengesprächen sowie Dokumentenanalysen) strukturelle und organisatorische Gegebenheiten hinsichtlich der Arbeitsbelastungen sowie der Effizienz und Qualität der Pflege auf dem Projektwohnbereich und dem Kontrollwohnbereich untersucht.

Für die Umsetzung veränderter organisatorischer Rahmenbedingungen in Richtung ganzheitlicher Pflege war es in der zweiten Projektphase unerlässlich, notwendige Maßnahmen in enger Kooperation mit den Mitarbeitern zu erarbeiten und mögliche Verbesserungen der Arbeitssituation sichtbar zu machen. In dieser Umsetzungsphase wurden daher im Haus Heilig Geist Arbeitsgruppen eingerichtet (vgl. dazu ausführlich Punkt 2.3), die Lösungsvorschläge zur Verbesserung der Rahmenorganisation sowie weiterer für das Vorhaben zentraler Themengebiete erarbeiteten und sukzessive umsetzten.

Da es für ein Pflegesystem erforderlich ist, dass seine beiden Komponenten, nämlich die Pflegeorganisation und die inhaltliche Orientierung – das sogenannte Pflegeprinzip –, am Ziel der ganzheitlichen Pflege ausgerichtet sind (vgl. Glaser & Büssing, 1996, 1997, sowie Glaser, in diesem Band), waren die Fokussierung bzw. analytische Annäherung an die wissenschaftlichen Ansätze der Interaktionsarbeit die thematischen Schwerpunkte in den beiden letzten Projektphasen. So sollte der Ablauf der Pflege bzw. das Arbeitshandeln konkret gestaltet werden. Während in der dritten Phase die organisatorischen Grundsätze zur inhaltlichen

Ausgestaltung des Pflegesystems, d.h. hin zu einer (noch) stärkeren Bewohnerorientierung, genutzt wurden, war es Ziel der vierten Projektphase zu überprüfen, inwiefern die neu entstandenen Pflegeprinzipien sich tatsächlich vollständig umsetzen ließen bzw. auf welche Hemmnisse sie stießen.

2.2 Ergebnisse der Problem- und Schwachstellenanalyse

Insgesamt zeigten die Ergebnisse der Problem- und Schwachstellenanalyse, dass das Konzept der ganzheitlichen Pflege schon vor Projektbeginn in Teilen im Haus Heilig Geist implementiert war (vgl. Sing, 2003). Durch den Übergang der einstmals städtischen Einrichtung in die MÜNCHENSTIFT GmbH wurden die Unternehmensphilosophie, das Pflegeleitbild sowie die Pflegestandards der MÜNCHENSTIFT GmbH übernommen. Diese erfüllten in wichtigen Aspekten die Anforderungen an eine „ganzheitliche Pflege" (vgl. Glaser, in diesem Band). So wies die MÜNCHENSTIFT GmbH beispielsweise in ihren Unternehmensleitlinien auf bestimmte Qualitätsziele gegenüber Bewohnern (Berücksichtigung von individuellen Wünschen und Bedürfnissen, Atmosphäre des menschlichen Miteinanders, etc.) als auch gegenüber Mitarbeitern hin (Eigenverantwortung fördern oder Rahmenbedingungen schaffen, die sicheres Arbeiten ermöglichen und der Erhaltung geistiger, seelischer und körperlicher Gesundheit dienlich sind).

Aber auch wenn die im Pflegeleitbild formulierten Zielvorgaben, wie die Umsetzung von Bezugspflege sowie die Anwendung des Pflegeprozessmodells – unter Einbindung der Angehörigen und unter Hervorhebung individueller Aspekte der Pflege sowie der Aktivierung der Bewohner –, geforderte Kriterien einer hinreichenden Bewohner- bzw. Mitarbeiterorientierung ergänzten, so wurde in der Praxis deutlich, dass die Umsetzung dieser Punkte auf den untersuchten Wohnbereichen nur teilweise vollzogen war. So war zwar im Sinne der Bezugspflege eine Pflegefachkraft – ähnliches gilt für die Pflegehelfer – auf dem Projekt- als auch auf dem Kontrollwohnbereich für bestimmte Bewohner zuständig (hinsichtlich Pflegeanamnese, -planung, -dokumentation und Pflegeevaluation) und wurde als solche gegenüber dem Bewohner und seinen Angehörigen in der Regel benannt, im täglichen Dienst wurde aber bei der Einteilung der Pflegekräfte diese Zuständigkeit nur sehr beschränkt berücksichtigt. Erschwert wurde die Durchführung von Bezugspflege im Alltag zudem dadurch, dass eine Pflegekraft meist für Bewohner aus verschiedenen (Unter-)Bereichen zuständig war. Neben den unregelmäßigen Dienstzeiten (z.B. Nachtdienste, Personen in der Ausbildung etc.), die zu einer Reduzierung der Anzahl der in einem Monat geleisteten Tagesschichten führen und damit die Umsetzung von Bezugspflege erschwerten (z.B.

auch hinsichtlich der Aktivierung von Bewohnern), wurde von Seiten der Mitarbeiter sogar häufig – entgegen dem Ziel der Kontinuität von „Pflegebeziehungen" – gewünscht, dass nach wenigen Tagen ein „Austausch" der Bewohner bzw. der Unterbereiche im Pflegealltag erfolgen sollte.

Dennoch stellten die Bewohner nach Aussagen der Mitarbeiter weniger eine Belastung dar. So wiesen die Ergebnisse unserer Mitarbeiterbefragung insgesamt auf eine sehr hohe Bewohnerorientierung bzw. auf ein gutes Verhältnis der Pflegemitarbeiter zu den Bewohnern hin (vgl. Sing, Juen & Schoske, 2003). Die hohe Zustimmung zu Aussagen, wie „Es ist schon erstaunlich, wie manche alten Menschen wieder aufleben, wenn ich sie einmal in den Arm nehme oder streichle" oder „Bei meiner Arbeit mit alten Menschen erlebe ich so viel, dass mir diese Tätigkeit interessant und abwechslungsreich vorkommt und mir viel bedeutet", belegen, dass aus gelungenen Interaktionen sowie den Beziehungen zu den Bewohnern schon zu Projektbeginn generell eine hohe Arbeitszufriedenheit gezogen wurde. Auch in der Angehörigen- und Bewohnerbefragung fällt die Bewertung des Umgangs der Pflegekräfte mit den Bewohnern sowie die Qualifikation der Pflegenden gut bis sehr gut aus. Aus der Sicht von Führungskräften wurde dagegen einschränkend darauf aufmerksam gemacht, dass nicht alle Mitarbeiter in der Lage wären, Bedürfnisse der Bewohner richtig einzuschätzen und mit diesen umzugehen.

Aber auch von den Pflegemitarbeitern selbst wurde zugestanden, dass häufig zu wenig Zeit vorhanden sei, um wirklich auf die Bedürfnisse der Bewohner – über die Pflegetätigkeit hinaus – eingehen zu können. Zwar wäre bei Normalbesetzung eine Pflege ohne Zeitdruck nach Meinung der Pflegekräfte möglich, bei knapper Besetzung z.B. durch überdurchschnittliche Krankheitsfälle oder Personalfluktuation träte allerdings schon Hetze auf. So hatte der Modellwohnbereich zu Projektbeginn durch drei langzeitkranke Mitarbeiter mit einer hohen Rate krankheitsbedingter Ausfälle bzw. generell mit hohen Personalbewegungen aufgrund struktureller Veränderungen (vgl. dazu Abschnitt 1.3) zu kämpfen, die nur durch Leiharbeit überbrückt werden konnten. Zeit für eine den Anforderungen von Interaktionsarbeit angemessene Einarbeitung dieser Mitarbeiter war in der Regel – aufgrund der sowieso knappen Personalsituation – nicht vorhanden. Darüber hinaus verschärfte sich gerade in den Wintermonaten die Situation, da bestimmte Erkrankungen (wie z.B. eine Infektion) nicht vereinzelt auftraten, sondern meist mehrere Mitarbeiter – und auch Bewohner! – zur gleichen Zeit betrafen, so dass die Arbeit durch sehr gering besetzte Schichten geleistet werden musste. Parallel dazu konnten durch die Problem- und Schwachstellenanalyse auf dem Kontrollwohnbereich Hinweise gesammelt werden, dass routiniertes Arbeiten – das gute Bewohnerkenntnisse und ein eingespieltes Team als Grundpfeiler einer guten Pflege voraussetzt – letztlich auch so etwas wie die Schaffung von „Zeitfenstern" ermöglicht. Insofern traten vor allem auf dem Modellwohnbereich Ineffizienzen durch nicht genügend eingearbeitetes Personal bzw. sporadisches Einsetzen von Mitarbeitern in unterschiedlichen Bereichen innerhalb des Wohnbereiches auf.

Wie wichtig der Aspekt der Teamarbeit dabei gerade auch im Bereich der Altenpflege ist, zeigt die Abbildung 1. Hier ist ein breites Spektrum von Aspekten wiedergegeben, die den Mitarbeitern hinsichtlich ihrer Arbeitssituation besonders wichtig sind.

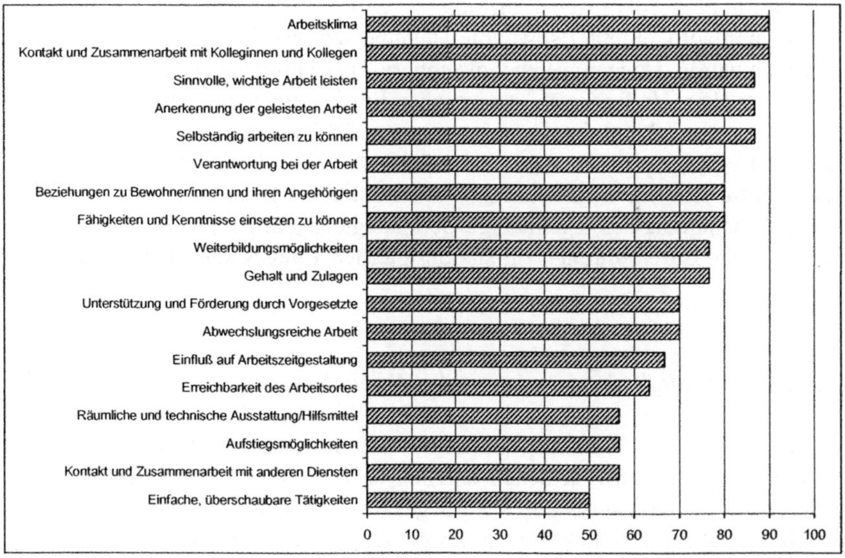

Abbildung 1: Aspekte, die den Mitarbeitern hinsichtlich ihrer Arbeitssituation besonders wichtig sind (Häufigkeit der Nennungen in Prozent)

Dabei wird deutlich, dass zwar die Tätigkeit als solche eine sehr hohe, aber nicht die höchste Priorität bei der Bewertung der Arbeitssituation genießt. Das Arbeitsklima sowie der Kontakt und die Zusammenarbeit mit Kolleginnen und Kollegen werden etwas häufiger als entscheidende Faktoren zur Bewertung der Arbeitssituation genannt. Auch dies musste berücksichtigt werden, wenn man – wie in diesem Projekt – den Dienstleistungsprozess bzw. die Interaktionsbeziehungen zwischen Pflegekräften und Bewohnern, aber auch der Pflegekräfte (unterschiedlicher Qualifikation) untereinander als solches ins Zentrum der Untersuchungen rückt.

Neben diesen Faktoren, die ein kontinuierliches Arbeiten erschwerten, wurden als weitere Ursachen für hohe physische und psychische Arbeitsbelastungen von den Mitarbeitern die Struktur des Gebäudes bzw. die technischen Ausstattungen (z.B. Zimmer ohne Toiletten und Duschmöglichkeiten, die zu langen Wegen führen, bis ein Bewohner zur Toilette gebracht ist etc.) sowie vor allem die aufwändigen Dokumentationsarbeiten genannt. Letztere machten hinsichtlich des Bewohners Sinn und wurden von den Mitarbeitern daher als notwendig angesehen, der hohe bürokratische Aufwand durch die – teilweise bzw. zeitweilige – Umstellung auf Computer sowie die Dokumentationspflicht gegenüber den Pflegekassen wurde dagegen weniger akzeptiert. Tatsächlich ist das Dokumentationssystem im Haus Heilig Geist – wie in allen Einrichtungen der MÜNCHENSTIFT GmbH – entsprechend den Bestimmungen des Pflegeversicherungsgesetzes weit ausgereift (Biographie der Bewohner, Pflegeberichte, Pflegeplanung, Durchführungskontrollblatt, Barthel-Index, Northen-Skala etc.) und wird von Seiten der Pflegedienstleitung auf regelmäßige Berichtlegung (einmal pro Schicht) und hinsichtlich der Durchführung von stationsinternen Pflegevisiten regelmäßig überprüft.

2.3 Konkrete Maßnahmen auf dem Modellwohnbereich

Die Ergebnisse der Problem- und Schwachstellenanalyse gaben neben den Ergebnissen der wissenschaftlichen Ist-Analyse (vgl. Weigl & Glaser, in diesem Band) wichtige Hinweise auf die Pflegesituation zu Projektbeginn und waren gleichzeitig Ausgangspunkt für die Erarbeitung geeigneter Maßnahmen zur Umsetzung ganzheitlicher Pflege sowie der Verbesserung der Interaktionsarbeit auf dem Modellwohnbereich (vgl. Sing 2003a, 2003b).

Eine wesentliche Maßnahme im ersten Teil der Projektlaufzeit stellte zunächst das Einsetzen eines Steuerungsteams auf der Leitungsebene dar, das aus der Pflegedienstleitung, der Wohnbereichsleitung sowie dem externen Projektpartner bestand. Für bestimmte Fragestellungen wurden darüber hinaus die Hausleitung, die gerontologische Geschäftsführung der MÜNCHENSTIFT GmbH sowie der Betriebsrat hinzugezogen. Aufgabe dieses Gremium war es, das organisatorische Rahmenkonzept ganzheitliche Pflege auf die besonderen Gegebenheiten des Modellwohnbereichs anzupassen, spezifische Umsetzungsmaßnahmen zu planen und mit den Mitarbeitern in der regelmäßig stattfindenden Projektarbeitsgruppe abzustimmen. Parallel dazu wurden aber auch von der Ad-hoc-Arbeitsgruppe auf dem Modellwohnbereich eigenständig verschiedene Fragestellungen, wie z.B. „Was verstehe ich unter ganzheitlicher Pflege bzw. was ist für mich persönlich eine gute Pflege?“, „Welche Anforderungen ergeben sich aus dem Anspruch einer ‚ganzheitlichen Pflege' an die Mitarbeiter, die Organisation, die Angehörigen etc.?“ oder „Welche förderlichen oder aber hinderlichen Faktoren sehe ich hinsichtlich einer ausreichenden Bewohner- bzw. Mitarbeiterorientierung?“, diskutiert und im Anschluss entsprechende Lösungsvorschläge zur Verbesserung der Rahmenorganisation und weiterer für das Vorhaben zentraler Themengebiete erarbeitet. Durch diese Form der Partizipation wurden die Mitarbeiter in das Projekt integriert und auch für das Gesamtvorhaben sensibilisiert. Darüber hinaus wurde dadurch die Akzeptanz für organisatorische Veränderungen erhöht und die Kommunikation und der Austausch unter den Mitarbeitern sowie zur Führungsebene des Hauses intensiviert. Ferner wurden zahlreiche Details, vor allem aber auch die Dynamik von Veränderungsprozessen und den damit einhergehenden praktischen Problemen erörtert[3], die durch die Problem- und Schwachstellenanalyse und die wissenschaftlichen Ist-Analysen nicht so deutlich wurden.

Insgesamt zielten die von der Steuerungsgruppe sowie der Ad-hoc-Arbeitsgruppe diskutierten Gestaltungsmaßnahmen vor allem auf eine Optimierung der Arbeitsabläufe ab. Diese potenziellen Umsetzungsmaßnahmen waren insofern für die Verwirklichung ganzheitlicher Pflege relevant, als die Verbesserung der Aufbau- und Ablauforganisation zur Verringerung von unnötigem Abstimmungsbedarf und Qualitätseinbußen in der Pflege (z.B. durch unklare Zuständigkeiten) beitragen sollten. Während sich ein Teil der Maßnahmen bald als nicht umsetzbar erwies (z.B. Wiedereinführung eines Stationsassistenten zur Übernahme pflegeferner Aufgaben), sich im Laufe der Zeit erübrigten (z.B. Einführung eines Bereitschaftsdienstes zur Reduktion von „sporadischer“ Leiharbeit) oder aber hinsichtlich der Zielsetzung des Projektes und beschränkter Ressourcen keine Priorität eingeräumt werden konnte (z.B. Verbesserung der Kooperation bzw. Kommunikation mit anderen Funktionsbereichen, Einführung eines wohnbereichsinternen Angehörigenstammtisches unter Mitwirkung der Pflegekräfte), bestand vor dem Hintergrund vorhandener Personalbewegungen eine wichtige Maßnahme zunächst darin, dass die Pflegemitarbeiter des Modellwohnbereichs mit Unterstützung von INIFES ein Wohnbereichshandbuch erstellten. In diesem wurden die zwar teilweise bereits formal bestehenden, teilweise aber nur infor-

3 Während die Bewohnerstruktur bzw. die mit den Bewohnern verbundenen Pflegeerfordernisse sich permanent ändern können, ist beispielsweise die Flexibilität des Mitarbeitereinsatzes auf dem Wohnbereich durch bestehende Arbeitsverträge eingeschränkt.

mell zugewiesenen Zuständigkeiten schriftlich fixiert und damit überprüfbar gemacht. So dient das Wohnbereichshandbuch zum einen als praktische Orientierungshilfe und Nachschlagewerk für einfache Arbeitsabläufe (wie etwa Bestellungen von Essen, Medikamenten, Pflegemitteln etc.), Notsituationen (wie Todesfälle, extreme Personal-Unterbesetzung) und spezielle Dienstanweisungen. Zum anderen stellt es einen Orientierungsleitfaden dar, in dem der jeweilige Zuständigkeitsbereich einer Schichtführung (z.B. Übernahme von pflegefernen, administrativen oder organisatorischen Tätigkeiten zur Entlastung der Pflegekräfte), einer Bezugspflegefachkraft (praxisnahe Ausgestaltung und Einhaltung des Pflegeprozessmodells etc.) oder einer Pflegehilfskraft bei der Bezugspflege (Anbringen von Namensetiketten an Möbeln und Kleidung, Überprüfen der Pflegeartikel der Bewohner etc.) definiert wird. Gerade auch neue Mitarbeiter sollten in der Einarbeitungsphase von diesen Checklisten und Übersichten profitieren.

Den zentralen Punkt für die Neugestaltung der pflegerischen Arbeit bildete schließlich die möglichst vollständige Umsetzung von Bezugspflege bzw. von begleiteter Bezugspflege“als geeignetes organisatorisches Rahmenkonzept. „Begleitete Bezugspflege“ zeichnet sich nach Kämmer (2000, S. 160) dadurch aus, dass sie

> „fachlich und persönlich begleitet durch eine zuständige Pflegefachkraft statt[findet, d.V.]. Die direkte Pflegeleistung und Beziehungsgestaltung bleibt in der Hand der kontinuierlichen pflegerischen Bezugsperson, gleichgültig, ob sie examiniert ist oder nicht. (...) Ist die Bezugsperson nicht examiniert, werden die Fachpflegeaufgaben und die Pflegeprozessplanung unter Anleitung und Kontrolle einer Pflegefachkraft nach SGB XI bzw. von dieser durchgeführt“.

Dazu wurden entsprechend den auf dem Wohnbereich vorgegebenen Unterbereichen A1, A2, B3 sowie B4 vier Pflegeteams gebildet. In einer dafür anberaumten Teamsitzung mit allen Mitarbeitern des Modellwohnbereichs wurde bei dieser Neueinteilung darauf geachtet, dass einerseits die bestehenden Bezugspflegeverhältnisse nicht unnötigerweise aufgelöst wurden, und andererseits – unter Berücksichtigung der Mitarbeiterwünsche – eine ausgewogene Verteilung von examinierten Pflegekräften und Helfern, von Schülern oder beispielsweise von Mitarbeitern, die zu diesem Zeitpunkt auf eigenen Wunsch überwiegend im Nachtdienst tätig waren, auf die vier Pflegeteams gelang. In den Pflegeteams befinden sich nun in der Regel zwei Fachkräfte sowie zwei Helfer. Jede Fachkraft ist zusammen mit einem Helfer für bestimmte Bewohner aus dem jeweiligen Unterbereich – im Sinne des Pflegeprozessmodells – umfassend zuständig.

Darüber hinaus wurde durch eine angemessene Gestaltung des Dienstplans (durch die Berücksichtigung der Pflegeteamstrukturen mit den Unterbereichen

A1, A2, B3, B4 bzw. der Bereiche A und B) und das Zur-Verfügung-Stellen eines schnurlosen Telefons gewährleistet, dass die – auch schichtführenden – Mitarbeiter soweit wie möglich tatsächlich in ihrem jeweiligen Bereich arbeiten können. Damit wird eine möglichst kontinuierliche Versorgung und Betreuung der Bewohner ermöglicht. Um diese neuen Bezugspflegestrukturen auch gegenüber den Bewohnern und deren Angehörigen transparent zu machen, wurden die jeweils zuständigen Vertrauenspersonen in einem Anschreiben bekannt gemacht und in den Bewohnerzimmern ausgehängt. Zur Unterstützung der Pflegeteams – ihrer Selbstorganisation bzw. hinsichtlich einer intensiveren Kooperation untereinander – wurde im Dienstplan darüber hinaus Zeit für eine monatliche Sitzung je Team eingeräumt. Während anfangs von dem Steuerungsteam bestimmte Fragestellungen vorgegeben wurden, um gemeinsame Planungen zu ermöglichen und den internen Austausch anzuregen, entwickelte sich schnell eine Eigendynamik, die insbesondere immer wieder die einzelnen Bewohner mit ihren jeweils spezifischen Problemen sowie die unterschiedlichen Lösungsstrategien der Mitarbeiter in den Mittelpunkt der Diskussionen rückte. Die Ergebnisse der Treffen wurden in teameigenen Readern schriftlich festgehalten und dadurch auch für nicht anwesende Teammitglieder dokumentiert.

Während diese inhaltliche Ausgestaltung der Teamsitzungen – unter Anleitung der externen Begleitung sowie zeitweise der Bereichsleitung oder aber der Qualitätsbeauftragten des Hauses Heilig Geist – bereits in Richtung der Förderung von Interaktionsarbeit in der Pflege wies, wurde dennoch deutlich, dass verbesserte Rahmenbedingungen allein für die Förderung einer subjektivierenden – d.h. an den einzelnen Bewohnern orientierten und an die spezifischen Situationen angepassten – Pflege (vgl. Weishaupt, in diesem Band) nicht ausreichen. So war zwar ein Teil der Pflegekräfte sehr wohl in der Lage, beispielsweise die Bedürfnisse der Bewohner richtig zu erkennen, dennoch bestand im Pflegealltag nicht selten die Gefahr, dass Mitarbeiter eher zweckrational agierten, Aufgaben funktional erledigten oder vor allem auf die Einhaltung von rein objektivierenden Vorgaben bedacht waren. Der Bewohner als Subjekt geriet damit leicht in den Hintergrund des eigentlichen Arbeitshandelns. Hierfür können eine Reihe von Faktoren von Bedeutung sein, wie (empfundener) Zeitdruck, aber auch fehlende Erfahrung oder Aufmerksamkeit, um Situationen bzw. Stimmungen von Bewohnern richtig zu erfassen.

Aus diesem Grunde wurde in der zweiten Projekthälfte eine spezifische Fortbildungsmaßnahme in Zusammenarbeit mit Herrn Dr. Brater (GAB) und Frau Weishaupt (Universität Augsburg) mit Mitarbeitern des Modellwohnbereichs durchgeführt. Im Rahmen dieser Veranstaltung an vier Halbtagen wurden zunächst durch einfache Übungen von den Mitarbeitern selbst die entscheidenden

Unterschiede zwischen einer objektivierenden bzw. subjektivierenden Vorgehensweise erarbeitet (vgl. ausführlich Brater & Weishaupt, 2003). So wurde von den Mitarbeitern schnell erkannt, dass ein objektivierendes Vorgehen in der Pflege (d.h. nach Plan, das Ergebnis ist entweder eindeutig richtig oder falsch, das Ergebnis ist unabhängig von der Person reproduzierbar etc.) den konkreten Pflegesituationen meist nicht gerecht werden. „Erfolgreiche" Interaktionen erfordern vielmehr ein höchst vielschichtiges, komplexes Vorgehen. So gibt es gerade beispielsweise auch für unruhige und verwirrte Bewohner keine einfachen Erfolgsrezepte, sondern in jeder Situation müssen zahlreiche Informationen wahrgenommen und vor dem Hintergrund bisheriger Erfahrungen ausgewertet werden. Ob eine Interaktion dann letztlich als gelungen gelten kann, entzieht sich dabei häufig aufgrund fehlender (verbaler) Rückmeldung objektiven Kriterien. Um so wichtiger ist es dann allerdings, ob von den Pflegekräften die eigene Handlungsweise in den jeweiligen Situationen als stimmig oder angemessen empfunden wird. Um die Teilnehmer der Fortbildung in diese Richtung zu sensibilisieren bzw. für sie subjektivierendes Wahrnehmen und Denken sowie „dialogisches Vorgehen" erfahrbar zu machen, wurden praktische Übungen – immer mit dem Transfer zur Pflegearbeit – angeleitet.

Da der Ansatz des erfahrungsgeleiteten „subjektivierenden Arbeitshandeln" weitgehend mit den Vorstellungen der Pflegekräfte bezüglich guter Pflege übereinstimmte und von Seiten der Teilnehmer der Qualifizierungsmaßnahme der Wunsch geäußert wurde, dass alle Wohnbereichsmitarbeiter von den Inhalten dieser Veranstaltung profitieren sollten, wurden in den monatlichen Teamsitzungen immer wieder Elemente der Fortbildungsveranstaltung von der externen Begleitung aufgegriffen und in ähnlicher Weise umgesetzt. Darüber hinaus wurde das Thema „Umgang mit Gefühlen bzw. Emotionen in der Pflege" in zwei weiteren Fortbildungen – angeleitet von Herrn Giesenbauer vom Lehrstuhl für Psychologie an der TU-München – vertieft. Ziel dieser Sitzungen in der zweiten Hälfte der Projektzeit war es somit, einerseits eine Verbesserung bzw. Intensivierung der Interaktionen zu den Bewohnern zu ermöglichen (beispielsweise aufgrund von Biographiearbeit, Analyse der Pflegeprioritäten sowie Erarbeitung möglicher subjektivierender Versorgungsformen), andererseits die Kommunikation in den Teams zu stärken und den Austausch z.B. zu Themen wie Gefühls- und Emotionsarbeit anzuregen.

3 Bewertung der arbeitsorganisatorischen Gestaltung und Förderung von Interaktionsarbeit aus betrieblicher Sicht

In diesem Abschnitt sollen die durchgeführten Maßnahmen unter dem Aspekt bewertet werden, ob nunmehr die Rahmenbedingungen und die Arbeitsorganisation besser dem besonderen Charakter der Pflegearbeit entspricht. Damit gilt es die These zu belegen, dass die klassische industrielle Arbeitsorganisation bzw. die funktionale und funktionsorientierte Pflege nur scheinbar zu höherer Rationalität und damit Effizienz führt.

3.1 Ergebnisse zur Umsetzung des organisatorischen Rahmenkonzepts „ganzheitliche Pflege" bzw. „ganzheitlicher Bezugspflege"

Seit Mitte 2002 wird die Umsetzung von Bezugspflege im Pflegealltag auf dem Modellwohnbereich statistisch erfasst. Dabei handelt es sich um die Auswertung der Tagesschichten, die die Mitarbeiter in ihrem eigenen Pflegeteam oder in einem anderen (Unter-)Bereich geleistet haben. Als Zielgröße wurde dabei ein Prozentsatz von 66% angestrebt, da damit einerseits ein hohes Maß an Kontinuität für die Pflegenden und Bewohner, andererseits aber auch noch genügend Flexibilität bezüglich des Personaleinsatzes – so müssen die Wohnbereichsmitarbeiter selbstverständlich alle Bewohner des Wohnbereichs kennen und jeder Zeit Auskunft über diese geben können – gewährleistet werden kann.

Tatsächlich arbeiteten die Mitarbeiter des Modellwohnbereiches, wie man der Abbildung 2 entnehmen kann, im Jahr 2003 durchschnittlich etwa zwei von drei Tagesschichten (62%) in dem Bereich (d.h. im Team A1, A2, B3 oder B4), in dem sich „ihre Bewohner" befanden, d.h. für die sie – auch im Sinne der Pflegeprozessanalyse – umfassend zuständig und verantwortlich sind. Die nächst größere Einheit bilden die Bereiche A und B, die sich jeweils aus zwei Pflegeteams (A1 und A2 bzw. B3 und B4) zusammensetzen. Hier zeigt sich, dass der Mitarbeiteraustausch zwischen den Bereichen noch deutlich geringer ausfällt: 83% der Tagesschichten wurden im Jahr 2003 im eigenem Bereich A bzw. B geleistet. Betrachtet man schließlich die Anzahl der von einem Team erbrachten Tagesschichten im eigenen Unterbereich, so liegen diese in jedem Monat meist bei über 30 Früh- bzw. Spätschichten. Das bedeutet, dass im Schnitt jeden Tag jemand aus dem Pflegeteam auch bei den „eigenen" Bewohnern sein kann. Somit wurde durch diese Maßnahme auf dem Modellwohnbereich erst die Grundlage für eine höhere Kontinuität sowie für stabile soziale Beziehungen zwischen Pflegekräften und Bewohnern geschaffen.

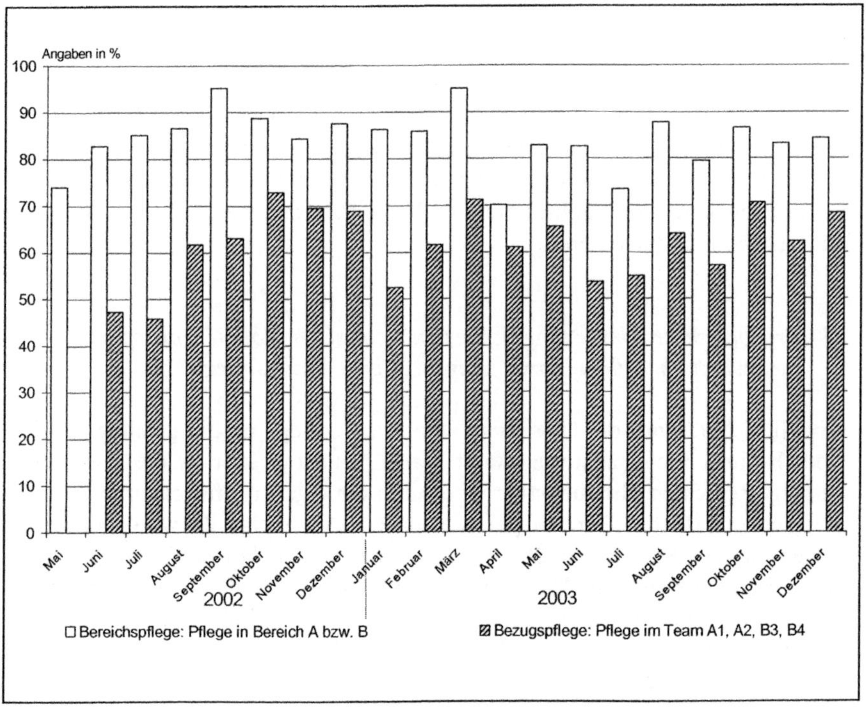

Abbildung 2: Umsetzung von Bereichs- bzw. Bezugspflege auf dem Modellwohnbereich im Jahr 2002 und 2003[4]

Darüber hinaus belegen durch Leitfäden gestützte Interviews mit Mitarbeitern, dass die nun regelmäßigere Versorgung der eigenen Bewohner sowohl für die Bewohner als auch für die Mitarbeiter zu positiven Veränderungen führten. Neben der nun höheren personellen Kontinuität bei der Durchführung der Pflege erfahren die Bewohner mehr Transparenz und Sicherheit sowie eine bessere Be-

4 Die Säulen geben die Anteile der Tagesschichten an, die eine Pflegekraft im eigenen Bereich (A bzw. B) bzw. im eigenen Pflegeteam (A1, A2, B3 bzw. B4) geleistet hat. Damit ist noch nichts über das Pflegeprinzip ausgesagt, d.h. ob sie beispielsweise eher verrichtungsbezogen oder bewohnerorientiert ausgeführt wurde.

rücksichtigung ihrer Gewohnheiten und individuellen Bedürfnisse. Dies spiegelt sich z.B. in den folgenden Aussagen von Pflegekräften wider:

- „Die Bewohner können sich besser orientieren; sie wissen, mit wem sie es zu tun haben".
- „Die Leute warten schon, dass man kommt. Einmal war eine Aushilfskraft da, da wollte ein Bewohner unbedingt, dass ich beim Waschen dabei bin".
- „Es ist irgendwie schöner. Die Leute fragen, wann man wieder kommt, und man kann sagen ‚bis morgen, da bin ich wieder da'".
- Durch die Bezugspflege kenne ich „die Leute, ich kenne alles. Für mich ist es nicht gut, in allen Bereichen zu arbeiten. Für mich wäre das Chaos. Man fängt jeden Tag von Null an: Welche Creme ist richtig, was mag eine Person, was will sie – was nicht".

Darüber hinaus ermöglicht das Arbeiten in kleinen Pflegeteams eine bessere Abstimmung zwischen den Pflegekräften. Die Kommunikation und Kooperation mit den Kollegen wird verbessert, wobei sich dies sowohl unmittelbar auf die Qualität der Pflege als auch auf die Arbeitsbelastungen der Mitarbeiter vorteilhaft auswirkt. So berichten Mitarbeiter beispielsweise:

- „Du versuchst wirklich einheitlich zu pflegen – z.B. das Waschen am Morgen. Der eine macht es im Bett, der andere am Waschbecken, der andere macht's teils-teils. So kannst du dich viel besser absprechen. Ich mach das bei ihr so. Wie machst Du's? Und dann waren wir uns halt einig, wie wir das dann eben ständig machen. Dass die [Bewohner] sich nicht ständig umgewöhnen müssen – bei jedem anders".
- „Die Zusammenarbeit ist eine Hilfe: Vielleicht sehe ich nicht alles oder merke etwas nicht".
- „Ich fühle mich entlastet, da die Kollegin mitverantwortlich ist für meinen Bereich. Man kann was teilen. Es gibt Sicherheit, weil man zu zweit entscheidet. Sie kommt auch, wenn sie Fragen hat".

Hiermit sind nur einige wenige Faktoren genannt, die sich im Sinne einer höheren Bewohner- bzw. Mitarbeiterorientierung durch die Umsetzung ganzheitlicher Pfleg" in Form von Bezugspflege in Pflegeteams auf dem Projektbereich verbessert haben. Viele weitere, wie eine höhere Verantwortung gegenüber den (eigenen) Bewohnern, eine höhere Motivation, Pflegeziele zu erreichen, verbesserter Möglichkeiten der Arbeitsplanung und Arbeitskoordination im Pflegeteam sowie der insgesamt gestiegenen Arbeitszufriedenheit können darüber hinaus belegt werden.

Zentral für das Projekt ist jedoch, dass schon allein diese organisatorischen Maßnahmen dazu geführt haben, dass Pflegekräfte von Veränderungen im Pflegeprozess und teilweise sogar hinsichtlich der Interaktionsbeziehungen zu Bewohnern berichten:

> „Man baut eigentlich einen ganz anderen Bezug auf. Also, so empfinde ich zumindest. Wenn du ständig da drin bist, im Frühdienst, im Spätdienst und so weiter, dann tust du viel sensibler reagieren. Und die Leute halt auch, die kennen dich besser, die kommen viel mehr aus sich heraus, die erzählen dir viel mehr. (...) Eine Zuneigung entsteht dann sogar im Grunde genommen, doch ja, ja. Die vertrauen dir viel mehr an oder sprechen über viel mehr, was – wenn ständig Wechsel ist – nicht ist. Und du beobachtest auch viel mehr, wenn das deine Leute, deine Leute im Grunde genommen sind. [...] Die Zuständigkeit ist wichtig. Du tust dann ganz anders rangehen, du bist aufgeschlossener, beobachtest viel mehr und es interessiert dich auch viel mehr, wie die reagieren, was sie antworten. Du willst eigentlich was herausfinden."

3.2 Ergebnisse zur Förderung von Interaktionsarbeit in der Pflege

Vielfach werden Gründe wie Zeit- bzw. Geldmangel für eine nicht ausreichende Bewohner- bzw. Mitarbeiterorientierung angeführt. Der Charme der Konzepte zur Interaktionsarbeit liegt jedoch genau darin, dass man bei „angemessener" Interaktionsarbeit – neben den Effekten einer höheren Bewohner- und Mitarbeiterzufriedenheit – insgesamt auch von Zeiteinsparungen bzw. Effizienzsteigerungen ausgehen kann (vgl. Böhle, Weishaupt 2003). Während die Umsetzung von Bezugspflege schon eine wesentliche Voraussetzung dafür schuf, da bereits dadurch „ganz andere"' (bessere, vertraulichere etc.) Beziehungen zu den Bewohnern möglich werden, die mit geringeren Widerständen bei den Bewohnern einhergehen können, so berichteten die Mitarbeiter der Fortbildungsmaßnahme davon, dass sie nun viel intensiver auf Zeichen bei den Bewohner achteten und sich um adäquate Interaktionen bemühten. Sie würden nun beispielsweise auch mit einem ganz anderen Blick zu Schichtbeginn Rundgäng" in ihrem Pflegebereich machen, um ein erstes Bild zu gewinnen und daraus einen groben Plan für weiteres, der jeweiligen Situation angepasstes Vorgehen abzuleiten.

Ferner wurde im Anschluss an die Fortbildung festgestellt, dass es sich beim „subjektivierenden" Arbeitshandeln um eine Arbeitsform handelt, von der viele Pflegekräfte äußern, dass sie gerne „so" arbeiten würden, aus verschiedenen Gründen sich häufig daran aber gehindert fühlen. Dies ist z.B. der Fall, wenn die

Arbeit stark reglementiert und fremdkontrolliert ist bzw. so erscheint oder formale Anforderungen (z.B. an die Dokumentation) keinen erkennbaren Bezug mehr zum inhaltlichen Sinn der Arbeit haben. Während manchmal dem einen oder anderen selbst die Fähigkeiten fehlen, den Bewohnern oder aber Kollegen subjektivierend zu begegnen, so wird ein solches Arbeitshandeln auch nicht immer von allen Beteiligten am Pflegeprozess (Angehörige, Vorgesetzte, Kollegen etc.) anerkannt. Dies liegt nicht zuletzt daran, dass diese Art des Arbeitshandeln sich letztlich objektiven Erfolgs- oder aber Kontrollkriterien entzieht.

Durch die Aussagen der Mitarbeiter wurde deutlich, dass der spezifische Ansatz zur Förderung der Interaktionsarbeit Zeit und Raum benötigt, um von den Mitarbeitern verstanden bzw. erfahren zu werden. So wurde die Fortbildungsmaßnahme gerade dadurch positiv aufgenommen, dass man abseits der täglichen Pflege sich auf die verschiedenen Übungen einlassen konnte und nicht – wie bei den Teamsitzungen zur Mittagszeit – gerade von der Arbeit kommt (und damit noch keinen Abstand zu den eben beendeten Tätigkeiten hat) bzw. gerade auf dem Weg zur Arbeit befindet (und sich im Prinzip schon auf die Arbeitssituation einstellt).

Dennoch leisteten die Pflegeteamsitzungen einen entscheidenden Beitrag zur vertiefenden Analyse von Interaktionen und Interaktionsbeziehungen. Denn während durch die verschiedenen Erzählungen der Mitarbeiter aus der Pflegepraxis zum einen das Erleben und Empfinden des jeweils Betroffenen zur Sprache kam und somit einem Bewusstmachungs- bzw. Reflektionsprozess unterzogen wurde, profitierten auch die Zuhörenden von den Erfahrungen bzw. Bewältigungsstrategien der Kollegen. Im Mittelpunkt der Analysen standen dabei in der Regel die Bewohner. So wurde häufig auffälliges Verhalten einzelner Bewohner angesprochen, Ursachen erforscht und adäquate Verhaltensstrategien im Sinne des Bewohners diskutiert bzw. Handlungsspielräume ausgelotet. Häufig wurden dabei Hintergründe aus der Biographie des Betroffenen transparent gemacht, die in der normalen Pflegearbeit aufgrund bestehenden Zeitdrucks und zeitweilig auch häufig wechselnder Bewohner (z.B. Personen in Kurzzeitpflege) nicht zur Sprache gekommen wären. Die Ziele dieser Sitzungen, einerseits eine Verbesserung bzw. Intensivierung der Pflege hinsichtlich der Bewohner zu ermöglichen, andererseits die Selbstorganisation in den Teams zu stärken und den Austausch z.B. zu Themen wie Gefühls- und Emotionsarbeit anzuregen, konnten erreicht werden.

3.3 Zusammenfassende Bewertung der Umsetzungserfahrungen aus betrieblicher Sicht

Im Laufe des betrieblichen Projekts wurde immer wieder offensichtlich, dass die Umsetzung wissenschaftlicher bzw. theoretischer Erkenntnisse in die Praxis – sei es auf der Ebene der organisatorischen Rahmenbedingungen, sei es auf der Ebene des eigentlichen Arbeitshandelns – mit großen Herausforderungen bzw. Unwägbarkeiten behaftet ist. So hatte das Projekt gerade in seiner Anfangsphase mit hohen Personalausfällen bzw. generell mit hohen Personalbewegungen zu kämpfen. Durch die Anstrengungen von Seiten des Hauses Heilig Geist der MÜNCHENSTIFT GmbH, vor allem einen festen Mitarbeiterstamm auf dem Modellwohnbereich zu schaffen, sowie durch die Umsetzung von Bezugspflege und weiterer Maßnahmen konnte ein großer Teil der anfangs aufgetretenen Schwierigkeiten nach einiger Zeit deutlich reduziert werden. So stabilisierte sich zur Mitte der Projektlaufzeit die Mitarbeitersituation – bei einer gleichzeitigen Tendenz, die Bewohnerstruktur des geronto-psychiatrischen Bereichs an die der anderen Stationen anzugleichen. Nichts desto weniger sind die „Nachwehen" der Umstrukturierungsmaßnahmen der letzten Jahre immer noch spürbar, d.h. es werden dort in der Regel – bei einer hinsichtlich der Pflegestufen des Pflegeversicherungsgesetzes vergleichsweise ähnlichen Bewohnerstruktur wie auf der Kontrollwohnbereich – schwierigere Fälle versorgt.

Während somit einerseits die Erfolge im Projekt deutlich bestätigen, dass es Möglichkeiten gibt, um verbesserte Interaktionen bzw. Interaktionsbeziehungen in der Pflege konkret erfahrbar zu machen, wären aus Projektsicht noch weitere Maßnahmen zur Förderung von Interaktionsarbeit im Rahmen der Pflegeteams bzw. auf Ebene des Modellwohnbereichs geplant gewesen. So wurde neben der Umsetzung von begleitendem Erfahrungslernen durch die Wohnbereichsleitung(en) angestrebt, bis zum Ende der Projektlaufzeit ein detailliertes Einarbeitungskonzept mit subjektivierenden Elementen (z.B. durch Führung eines „Tagebuchs" mit konkreten Aufgabenstellungen) auf der Wohnbereichsebene auszuarbeiten. Wünschenswert wäre auch ein eigenes Konzept für die Einzugssituation neuer Bewohner gewesen, da auch diese eine besondere Gelegenheit darstellt, um subjektivierende Elemente analysierend zu vertiefen.

Aufgrund personeller Veränderungen auf den Führungsebenen des Hauses während der Projektlaufzeit, wie der Beförderung der Pflegedienstleitung zur Heimleitung einer anderen Einrichtung oder der Beförderung der stellvertretenden Pflegedienstleiterin zur Pflegedienstleitung (wobei von dieser aufgrund fehlender personeller Alternativen nun für mehrere Wochen beide Funktionen ausgeübt werden mussten), sowie weiterer personeller Veränderungen (dreimaliger

Wechsel der Wohnbereichsleitung, mehrfacher Personalwechsel bei der stellvertretenden Pflegedienstleitung sowie auf der Stelle des Qualitätsbeauftragten des Hauses) mussten jedoch immer wieder Personen von Neuem in das Projekt eingearbeitet und damit Zeitverluste hingenommen werden.

Doch während es sicherlich für die Umsetzung der genannten Maßnahmen von Vorteil gewesen wäre, wenn neben der Begleitung durch INIFES auch auf den Führungsebenen des Hauses Heilig Geist ein höheres Maß an personeller Kontinuität vorhanden gewesen wäre, so ist die beschriebene Situation für den Bereich der Pflege durchaus nicht ungewöhnlich. So liegen Erfahrungswerte vor, nach denen in der Regel eine Stelle dreimal zu besetzen ist, ehe sie endgültig vergeben wird. Als Ursachen für diesen häufigen Personalwechsel können – sofern überhaupt geeignete Kandidaten zur Auswahl stehen – einerseits die Über-, aber auch Unterforderung der Personen sowie anderseits eine Reihe weicher Faktoren, die in der Pflege von besonderer Bedeutung sind, genannt werden. Dass sich das betriebliche Projekt dennoch – das heißt trotz dieser schwierigen, für den Bereich der Pflege aber keineswegs untypischen Rahmenbedingungen – bewährte, kann als ein wichtiges Indiz dafür gewertet werden, dass mit den ergriffenen Umsetzungsmaßnahmen ein erfolgversprechender Weg für weitere Pflegeeinrichtungen zur Verbesserung der Dienstleistung Pflege beschritten werden kann.

4 Nachhaltigkeit und Anschlussfähigkeit der Maßnahmen

Mittlerweile werden die Ergebnisse des Projektes „Interaktionsarbeit in der Pflege“ im gesamten Hause Heilig Geist verwendet, um in den anderen Wohnbereichen der Einrichtung die Aufbau- und Ablauforganisation der Pflege zu verbessern bzw. hinsichtlich der Kriterien zur Umsetzung ganzheitlicher Pflege zu optimieren. So wurden auch dort – entsprechend der jeweiligen Anzahl an Unterbereichen auf den einzelnen Wohnbereichen – Pflegeteams gebildet und seit Mitte 2003 die Umsetzung von Bezugspflege im Pflegealltag statistisch erfasst. Nach einer Vorlaufzeit von nur sechs Monaten liegt der Anteil der Tagesschichten, die die Pflegeteams im Hause Heilig Geist in ihren eigenen Unterbereichen leisten, bei durchschnittlich 60% (Stand: Dezember 2003).

Dabei gestaltete sich die Anfangsphase durchaus heterogen: Während ein Wohnbereich mit einem hohen Anteil von Leiharbeit zunächst Schwierigkeiten hatte, überhaupt Pflegeteams zu bilden, d.h. die Pflegemitarbeiter auf die bestehenden vier Unterbereiche zu verteilen, gelang es anderen Wohnbereichen relativ schnell, ihre Organisationsstrukturen den beschriebenen Erfordernissen anzupassen. Dennoch zeigte sich auch bei diesen, dass die einmalige Bildung von Pflegeteams nicht ausreicht. Erst die Gestaltung des Dienstplanes oder aber der Abgleich mit den Auswertungsergebnissen machten deutlich, ob die bestehenden Einteilungen der Pflegeteams sich auch im Alltag als geeignet erweisen. Beispielsweise lag es bei einer Umsetzung von Bezugspflege im Pflegealltag von durchschnittlich 30% auf einem Wohnbereich nahe, die Einteilung der Pflegeteams noch einmal zu überdenken und an die Anforderungen der Praxis anzupassen. So ist es letztlich auch nicht verwunderlich, dass die Umsetzung von Bezugspflege sich auf jedem Wohnbereich etwas anders gestaltet und aufgrund bestehender Dynamiken (z.B. in der Bewohnerstruktur) auch immer wieder überprüft und angepasst werden muss.

Literatur

Böhle, F. & Weishaupt, S. (2003): Unwägbarkeiten als Normalität – die Bewältigung nichtstandardisierbarer Anforderungen in der Pflege durch subjektivierendes Handeln. In A. Büssing & J. Glaser (Hrsg.), *Dienstleistungsqualität und Qualität des Arbeitslebens im Krankenhaus* (S.149-162). Göttingen: Hogrefe.

Brater, M. & Weishaupt, S. (2003): Altenpflegende ermutigen, subjektivierend zu handeln. Ein Fortbildungselement im Haus Heilig Geist. In D. Sing & E. Kistler (Hrsg.), *Lernfeld Altenpflege. Praxisprojekte zur Verbesserung der Dienstleistung an und mit alten Menschen* (S. 51-73). München: Hampp.

Büssing, A. & Glaser, J. (1998). Was ist ganzheitliche Pflege? Eine Begriffsklärung. In Prognos (Hrsg.), *Patientenorientierung – eine Utopie?* (S. 17-32). Stuttgart: Gustav Fischer.

Glaser, J. & Büssing, A. (1996). Ganzheitliche Pflege: Präzisierung und Umsetzungschancen. *Pflege, 9*, 221-232.

Glaser, J. & Büssing A. (1997). Ganzheitliche Pflege und Arbeitsbelastung. In A. Büssing (Hrsg.), *Von der funktionalen zur ganzheitlichen Pflege. Reorganisation von Dienstleistungsprozessen im Krankenhaus* (S. 301-322). Göttingen: Verlag für Angewandte Psychologie.

Kämmer, K. (2000). Ablauforganisation. In K. Kämmer & B. Schröder (Hrsg.), *Pflegemanagement in Alteneinrichtungen* (S. 158-164). Hannover: Schlütersche.

Sing, D., Juen, P. & Schoske, A. (2003). Das Projekt „Interaktionsarbeit in der Pflege" – Die Gestaltung der Altenpflege als personenbezogene Dienstleistung. In D. Sing & E. Kistler (Hrsg.), *Lernfeld Altenpflege. Praxisprojekte zur Verbesserung der Dienstleistung an und mit alten Menschen* (S. 35-50). München: Hampp.

Sing, D. (2003a). Altenpflege als Dienstleistungsprozess. (Zwischen-)Ergebnisse eines Praxis- bzw. Umsetzungsprojektes zur Förderung von Interaktionsarbeit in der stationären Altenpflege. *PflegeImpuls, 1*, 7-12.

Sing, D. (2003b). Der pflegebedürftige alte Mensch – vom Objekt zum Subjekt. *Pflegezeitschrift, 3*, 196-198.

Evaluation der Förderung von Interaktionsarbeit – Befunde der wissenschaftlichen Begleitforschung im Altenpflegeheim

Matthias Weigl & Jürgen Glaser

1 Hintergrund der betrieblichen Förderung von Interaktionsarbeit

Dieses Kapitel behandelt die Evaluation eines betrieblichen Gestaltungsprojekts (vgl. Sing & Landauer, in diesem Band), in dem versucht wurde, Altenpflege durch simultane Verbesserung der Arbeitssituation der Pflegekräfte sowie der Qualität der Bewohnerversorgung zu optimieren. Ganzheitliche Pflegesysteme sind dabei ein vielversprechender Weg zur Reorganisation und Modernisierung der Altenpflege, denn sie stellen den pflegenden und gepflegten Menschen in den Mittelpunkt (Büssing, Barkhausen, Glaser & Schmitt, 1998).

In der wissenschaftlichen Analyse ist Evaluation die systematische Anwendung empirischer Forschungsprozeduren zur Bewertung des Konzeptes, des Untersuchungsplanes, der Implementierung und der Wirksamkeit von Interventionsprogrammen (Rossi & Freeman, 1993). In diesem Kapitel geht es um die Bewertung von betrieblichen Gestaltungsmaßnahmen, welche im Int*akt*-Verbundvorhaben zur Einführung eines Bezugspflegesystems und der Förderung von Interaktionsarbeit ergriffen wurden. Es geht sowohl um eine wiederholte systematische Bestandsaufnahme von Arbeitsbedingungen in der stationären Altenpflege wie auch um die Ableitung von Empfehlungen zur längerfristigen Verbesserung der Arbeitsqualität in der geriatrischen Pflege. Beides entspricht den Zielen des Verbundvorhabens, durch Arbeitsgestaltung Interaktionsprozesse zu fördern sowie Schwerpunkte für die weitere erforderliche Qualifizierung und Gestaltung zu ermitteln (vgl. Böhle, Glaser & Büssing, in diesem Band).

Wie in Abbildung 1 ersichtlich ist, liegt dem Gestaltungsvorhaben die Kooperation zwischen dem Lehrstuhl für Psychologie der TU München, dem Altenpflegeheim Hl. Geist der MÜNCHENSTIFT GmbH und dem Sozialwissenschaftlichen Institut INIFES zugrunde (vgl. Sing & Landauer, in diesem Band). Für die Wissenschaft bestand der Auftrag, valide empirische Befunde zum Stand sowie Erfolg der Gestaltungsmaßnahmen zu ermitteln. Auf Seite der betrieblichen Projektpartner lag die Aufgabenstellung darin, eine angemessene Umsetzung der wissenschaftlichen Konzepte der Bezugspflege und zur Förderung der Interaktionsarbeit zu etablieren sowie organisatorische Lösungen „experimentell“ und „modellhaft“ in der Praxis zu entwickeln.

Den Veränderungsmaßnahmen liegt das Konzept der Ganzheitlichen Pflege zugrunde (vgl. Glaser, in diesem Band). Dieses zielt auf die Schaffung vollständiger Pflegetätigkeiten ab. Hierfür notwendige organisatorische Voraussetzungen eines ganzheitlichen Pflegeprozesses und daraus resultierende vollständige Pflegetätigkeiten begünstigen die Interaktion zwischen Pflegekräften und Bewohnern im Heimalltag.

Die Evaluation berücksichtigt verschiedene Kriterien zur Abschätzung des Projekterfolgs. Einerseits geht es um die Analyse und Bewertung der Vollständigkeit pflegerischer Aufgaben als Kernbestandteil einer ganzheitlichen Pflegetätigkeit. Weiterhin sollte eine gesundheits- und persönlichkeitsförderliche Arbeitsumgebung bestehen, die sich durch hohe Anforderungen, ausreichende Ressourcen und moderate Belastungen auszeichnet. Die Veränderungsmaßnahmen sollten zudem eine Positivwirkung auf die Gesundheit der Pflegekräfte, ihre Einstellung zur Arbeit sowie auf das Wohlbefinden der Bewohner und die Qualität der pflegerischen Versorgung zeigen.

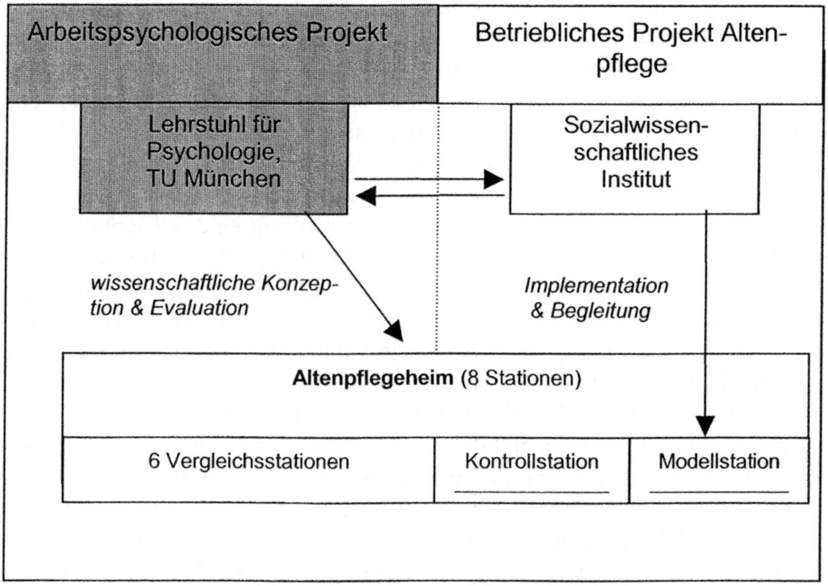

Abbildung 1: Betriebliches Projekt Altenpflege im Verbundprojekt Int*akt*

Die betrieblichen Maßnahmen sind im Beitrag von Sing und Landauer (in diesem Band) beschrieben. Die Evaluation dieser Maßnahmen bezieht sich im wesentlichen auf Veränderungen zweier Schwerpunktbereiche: die organisatorischen Rahmenbedingungen bzw. Tätigkeitsmerkmale pflegerischer Aufgaben und die Interaktion zwischen Pflegekraft und Bewohner.

2 Ziele, Design und Methoden der Evaluation

Das methodische Vorgehen der Evaluationsstudie besteht aus einem prozessbegleitenden Untersuchungsplan im Sinne einer formativen Evaluation, und es werden unterschiedliche Erhebungsmethoden und Bewertungsperspektiven eingeschlossen. Formative Evaluationen stellen vor und während der Intervention Informationen bereit, um kritische Aspekte zu identifizieren und die Gestaltung des betrieblichen Projektes prozessbegleitend modifizierend zu steuern. Frühere Projekte im Pflegebereich zeigen, dass die Einführung einer bezugsorientierten Pflegeorganisation durch eine solche evaluative, prozessnahe und dynamische Begleitung unterstützt und gefördert wird (vgl. Büssing et al., 1998).

An den oben genannten Bewertungskriterien orientierend, lassen sich die folgenden, zu evaluierenden Untersuchungsaspekte aufführen:

- Analyse der organisatorischen Rahmenbedingungen: Ebene der Pflegeorganisationsform (Pflegesystem und -prozess)
- Analyse der Arbeitsbedingungen (Ebene der Anforderungen, Belastungen und Ressourcen)
- Bestandsaufnahme verschiedener Fassetten von Interaktionsarbeit (Ebene der Voraussetzungen, Bedingungen und Komponenten der Interaktionsarbeit)
- Auswirkungen auf das Wohlbefinden der Mitarbeiter (Ebene der arbeitsbezogenen Einstellungen und Gesundheit der Mitarbeiter)
- Auswirkungen auf die Qualität der Dienstleistung (Ebene der Versorgungsqualität aus Sicht der Betreuten, ihrer Angehörigen und Mitarbeiter)

Für die Veränderungsmaßnahmen wurde eine Modellstation benannt, auf welcher die betrieblichen Gestaltungsmaßnahmen durchgeführt wurden. Zusätzlich wurde im gleichen Heim auch ein Wohnbereich ausgewählt, der keine spezifischen Förderungen erhalten sollte (Kontrollstation). Dies ermöglichte einen konsequenten Vergleich einer Versuchs- und Kontrollbedingung. Zudem wurden auch die anderen sechs Wohnbereiche in die Erhebungen einbezogen, um Entwicklungen im

Gesamthaus während der Projektlaufzeit zu ermitteln. Die Auswahl der Modell- und Kontrollstation wurde von der Heimleitung getroffen. Mit der Modellstation wurde ein Wohnbereich ausgewählt, der viel „Entwicklungs- und Verbesserungspotenzial" aufwies, während die Kontrollstation eine gute Verfassung zeigte. In Vorbereitung des Evaluationsvorhabens und des betrieblichen Projektes wurden eine Vor- und eine Pilotstudie durchgeführt. Beide dienten zur Identifikation für die Pflege relevanter Analysebereiche und der Entwicklung geeigneter Erfassungsverfahren (ausführlich dokumentiert in Büssing et al., 2001a).

Vor Beginn der betrieblichen Maßnahmen erfolgte die sogenannte Ist-Analyse in allen Wohnbereichen des Altenheimes. Dieser erste Messzeitpunkt (Mitte 2001) bildet den Status-Quo zu Projektbeginn ab und ist die informationelle Grundlage für betriebliche Maßnahmen (dokumentiert in Büssing et al., 2001b). Gemäß der prozessbegleitenden Evaluation wurden Handlungsfelder für Gestaltungs- und Qualifizierungsmaßnahmen identifiziert. Im November 2002 erfolgte die Zwischenerhebung (Prozess-Analyse), welche aus praktischen Erwägungen nur auf der Modell- und Kontrollstation erfolgte. Ziel war die Analyse zwischenzeitlicher Veränderungen, ausgelöst durch erste betriebliche Veränderungen. Zusätzlich sollten neue Handlungsansätze für weiterführende betriebliche Gestaltungsschritte abgeleitet werden (dokumentiert in Büssing et al., 2003). Als dritte und letzte Erhebung wurde im November 2003 die Abschluss-Analyse in allen Wohnbereichen durchgeführt. Ziel dieser Analyse war die Effektkontrolle der Gestaltungsmaßnahmen.

2.1 Befragte Personengruppen und Erhebungsmethodik

Um eine differenzierte Sicht auf die verschiedenen Untersuchungsaspekte und Effekte der betrieblichen Gestaltungsmaßnahmen zu erreichen, werden die Perspektiven der maßgeblichen Teilhaber der Pflege im Heim zusammengeführt. Deshalb ist nicht nur die Sicht der Beschäftigten entscheidend, sondern ebenso die Meinung der Bewohner und ihrer Angehörigen. Folgende Tabelle stellt die Inhalte und die Gruppe der Befragten dar:

Tabelle 1: Befragte Personengruppen und Erhebungsmethodik

Gruppe / ***Untersuchungsaspekt***	Altenpflege-kräfte	Bewohner	Angehörige
Bedingungsbezogene Arbeitsanalyse	FB		
Personenbezogene Arbeitsanalyse	FB		
Analyse der Interaktionsarbeit	FB/BEOB/INT		
Analyse der Dienstleistungsqualität	FB	INT	FB
Analyse der Lebensqualität		INT	

FB: Fragebogen; BEOB: Beobachtungsverfahren; INT: Standardisiertes Interviews

Die Bewohnerbefragung fand in Form vollstandardisierter Interviews statt, die von Projektmitarbeitern im ausführlichen Gespräch mit befragungsfähigen Heimbewohner erfolgten. Im Mittelpunkt der drei Analysen stand die schriftliche Befragung der Altenpflegekräfte zu Voraussetzungen, Bedingungen und Wirkungen des Arbeitslebens.

2.2 *Durchführung*

Ausführliche Darstellungen zu den Erhebungen finden sich in den begleitenden Projektberichten, so dass hier nur eine verkürzte Beschreibung erfolgt.

Die Mitarbeiterbefragung richtete sich an alle Pflegekräfte des Altenheimes. Die Teilnahmequoten von 60% bis bei manchen Wohnbereichen 85% zeigen eine gute Akzeptanz und Resonanz. Auch wenn auf mancher Station ein zeitweilig hoher Prozentsatz an Zeitarbeitskräften eine optimale Ausschöpfung einschränkte, waren die Befragten für das Gesamthaus und für alle Zeitpunkte repräsentativ. Verschiedene erfasste Personenmerkmale hinsichtlich Herkunft, Qualifikation und Beschäftigungsdauer unterstreichen dies.

Bewohnerbefragungen im Rahmen von arbeitswissenschaftlichen Evaluationen sind selten, da sie beträchtliche Anforderungen an die Durchführung stellen. Insbesondere in der stationären Altenpflege ist es aufgrund dementieller oder mental eingeschränkter Klienten schwierig, eine genügende Zahl von Interviewpartnern zu erhalten. Ausführliche Befragungen zur erlebten Pflege und damit verbundener Einschätzungen bedeuten nicht nur für die Interviewer Geduld und Feinfühligkeit, sondern sind auch für die befragten Bewohner mit Ausdauer und Gesprächsbereitschaft verbunden. Da es der Anspruch des Projektes war, Interaktionsarbeit auch aus Sicht der Dienstleistungsempfänger zu erfassen, wurde durch Schulung der Interviewer und sorgfältige Auswahl interviewfähiger Bewohner eine genügende Menge umfassender Einschätzungen seitens der Pflegeempfänger erfasst.

Alle dem Pflegeheim bekannten Angehörigen und Betreuer erhielten Fragebögen mit standardisierten Bewertungsinhalten zur Dienstleistungsqualität.

2.3 Untersuchungsaspekte und Erhebungsmethodik

Um eine über die beschriebenen Befragungen hinausgehende methodische Vielfalt zu erreichen, wurden außerdem Beobachtungsverfahren eingesetzt, die eine Erfassung der pflegerischen Interaktion ermöglichen. Folgende Tabelle führt die Untersuchungsaspekte und entsprechenden Untersuchungsinstrumente auf:

Zur bedingungsbezogenen Arbeitsanalyse wurde eine an die stationäre Altenpflege adaptierte Fassung des Screenings TAA-KH-S (Büssing & Glaser, 2002) eingesetzt. Es ist eine praxisorientierte und ökonomisch einsetzbare Kurzfassung der Vollversion des „Tätigkeits- und Arbeitsanalyseverfahren für das Krankenhaus – Selbstbeobachtungsversion (TAA-KH-S)". Das Verfahren basiert auf dem „Organisationsstruktur–Tätigkeit–Individuum (OTI)-Konzept" von Büssing (1992b), dem Konzept der vollständigen Tätigkeit (Hacker, 1998) sowie einem handlungsregulationstheoretischen Modell von Anforderungen und Belastungen in der Arbeit (vgl. Leitner et al., 1993). Die Instrumente zur Analyse der Gefühls- und Emotionsarbeit wurden für diesen Zweck neu entwickelt und in der vorausgehen den Pilotstudie umfangreich getestet und dokumentiert. Für die verschiedenen Aspekte der personenbezogenen Arbeitsanalyse wurden etablierte Verfahren herangezogen (u.a. MBI-D: Büssing & Perrar, 1992; SF-12: Bullinger & Kirchberger, 1998). Mit dem Münchener Instrument zur Patientenbefragung (MIP: Büssing & Glaser, 2002) existiert ein Instrument, welches in verschiedenen Versionen, die Qualität der Dienstleistung aus Sicht der Mitarbeiter, Bewohner sowie ihrer Angehörigen erfasst.

Die Ganzschichtbeobachtungen wurden von geschulten Projektmitarbeitern durchgeführt, welche eine erfahrene Pflegekraft begleiteten und ein detailliertes Profil des Arbeitsablaufes erstellten. Fokus der Beobachtungen waren pflegerische Interaktionsepisoden, kategorisiert nach Interaktionspartnern, Zeit, Dauer, initiierender Person und inhaltlicher Ausprägung.

Tabelle 2: Untersuchungsaspekte und Untersuchungsinstrumente

Untersuchungsaspekt	*Titel des Untersuchungsverfahren*
Pflegesystem	Fragebogen zum Pflegeprozess
	Fragebogen zur Bewohnerorientierung
Bedingungsbezogene Arbeitsanalyse	Anforderungen, Ressourcen und Belastungen (Screening TAA)
	Fragebogen zur Arbeitszeitautonomie
Bedingungen und Komponenten von Interaktionsarbeit (Gefühlsarbeit / Emotionsarbeit)	Interaktionscharakteristika (*Beobachtungsverfahren)*
	Bedingungen von Interaktionsarbeit
	Interaktionsorientierte Führung/ Interaktionsspielraum
	Qualifikationsanforderungen und Kompetenz für Interaktionsarbeit
	Gefühlsregeln
	Gefühlsausdruck: Häufigkeit und Intensität
	Typen von Gefühlsarbeit
	Emotionale Belastung in der Interaktionsarbeit
	Konstellationen von Emotionsarbeit
Personenbezogene Arbeitsanalyse	Einstellungen zu Arbeit, Beruf und Organisation:
	Fragebogen zu Aspekten der Arbeitszufriedenheit
	Fragebogen zur Organisationalen Bindung
	Fragebogen zum Work - und Job Involvement
	Psychophysische Gesundheit: Gereiztheit/ Belastetheit; Burnout; Phys. & psych. Gesundheit
Personenbezogene Ressourcen:	Aussagen zur sozialen Unterstützung
Qualität der Dienstleistung	Ganzheitliche Behandlung und Versorgung: MIP: Angehörigen-, Patienten-, Mitarbeiterversion

3 Veränderungen in Arbeitsorganisation und Arbeitsbedingungen im Altenpflegeheim

Drei Messzeitpunkte, verschiedene Evaluationsinhalte, drei untersuchte Personengruppen, mehrere Wohnbereiche und simultane betriebliche Veränderungen ergeben in der Gesamtsicht vielfältige Resultate, die hier nur in verkürzter Form wiedergeben werden können. Erfahrungen in vergleichbar konzipierten Projekten haben gezeigt, dass sich Veränderungsprozesse in aller Regel nicht auf sogenannte Modellstationen eingrenzen lassen, sondern auch auf Kontrollstationen „ausstrahlen" (Büssing & Glaser, 2000). Diese innerbetrieblichen Prozesse sollten in der Bewertung der vorliegenden Daten berücksichtigt werden, erschweren jedoch dadurch Aussagen zu kausalen Ursache-Wirkungs-Zusammenhängen. Resultierende Effekte lassen sich nicht durchweg mit der Wirkung betrieblicher Gestaltungsmaßnahmen begründen, sondern können auch durch andere, von den Untersuchern nicht beabsichtigte oder extra-organisationale Bedingungen, beeinflusst sein.

Es wurde, wie bereits erwähnt, ein quasi-experimentelles Vorgehen gewählt, das sich durch die Unterteilung in Modell- und Kontrollstation auszeichnet. Die folgende Ergebnisdarstellung konzentriert sich auf die Entwicklung der Modellstation, behandelt aber bei bestimmten Aspekten auch die Ergebnisse der Kontrollstation und der Vergleichsstationen.

3.1 Veränderungen des Pflegesystems – Pflegeorganisation und Pflegeprinzip

Die Zuständigkeit der Pflegekräfte für die Bewohner einer Station wird durch die sogenannte „Pflegeorganisationsform" bestimmt, welche zugleich gemeinsam mit dem Pflegeprinzip die wesentlichen Bestimmungsstücke eines Pflegesystems bildet (vgl. Glaser & Büssing, 1996; Glaser, in diesem Band).

Zumeist findet sich in der Praxis eine Mischform aus Bereichs- und Bezugspflege, die auch in diesem Altenpflegeheim vorzufinden war. Im Rahmen der Ist-Analyse zeigte sich in den Interviews mit Pflegekräften und Stationsleitungen, dass diese Mischform zwar organisatorisch implementiert, jedoch eine konsequente inhaltliche Umsetzung noch nicht verwirklicht war. Die Einführung von Bezugpflegeteams auf der Modellstation sollte in Verbindung mit den anderen Maßnahmen (Sing & Landauer, in diesem Band) dazu beitragen, ganzheitliche Pflege weiter voranzubringen. In der Ist- und Abschlussanalyse stufen die Beschäftigten den Umsetzungsgrad ganzheitlicher Pflege als hoch ein. Besonders die Erkennung von Pflegeproblemen und die systematische Überprüfung von Pflegezielen werden positiv bewertet. Verbesserungsmöglichkeiten werden hingegen bei der Sammlung von Bewohnerinformationen gesehen. Insgesamt weisen die Ergebnisse der Erhebungen darauf hin, dass die Gestaltung ganzheitlicher Pflegetätigkeit weit fortgeschritten ist und auch als überdauernd positiv bewertet wird.

Neben diesen Hauptaspekten des Pflegeprozesses wurden weitere Aspekte der Bewohnerorientierung und deren Umsetzung erfasst. Auf der Modellstation ergeben sich zu beiden Zeitpunkten ebenfalls positive Bewertungen, insbesondere was die Transparenz der pflegerischen Zuständigkeit betrifft. Zwischenzeitliche Ergebnisse in der Prozess-Analyse wiesen noch einen Unterschied zugunsten der Modellstation auf, insbesondere was die Einschätzung der Pflegeorganisation und des Pflegeprinzips betrifft. Zur Abschlusserhebung sind diese Unterschiede ausgeglichen, was auf oben angesprochene „Abstrahlungseffekte“ hindeutet und auch die Eindrücke der betrieblichen Verantwortlichen wiedergibt, die von einem „Nachahmungseffekt“ bei den anderen Bereichen sprechen – motiviert durch das positive Praxisbeispiel der Modellstation.

Insgesamt sind die vorliegenden Ergebnisse zur Umsetzung eines ganzheitlichen Pflegesystems ermutigend und bedeuten ein positives Feedback und Resultat erfolgreicher Arbeit des betrieblichen Projektes.

3.2 Anforderungen, Ressourcen und Belastungen in der Altenpflege

Mit Hilfe des Screenings wurden zu allen Erhebungen Beurteilungen der Arbeitssituation im Heim erhoben. Zu allen drei Untersuchungszeitpunkten stuften die Altenpflegekräfte als besonders ausgeprägt die Anforderungen Verantwortung zu übernehmen, die Kooperationserfordernisse, die qualifikatorischen Voraussetzungen und die Informationsverarbeitung ein. Innerhalb der Wohnbereiche sind die Pflegerinnen nicht nur hinsichtlich ihrer Fähigkeiten und Kenntnisse der pflegerischen Arbeit gefordert, sondern müssen ebenso in der Lage sein, mit Kollegen, Bewohnern und Angehörigen eng zu kooperieren. Gestaltungsansätze ergeben sich am ehesten bei der Automatisierung, also der Routinisierung der Tätigkeiten, und dem eigenen Entscheiden und Problemlösen. Über alle drei Erhebungen hinweg besteht ein nahezu stabiler Anforderungsgrad. Zwar ergeben sich bei einigen Anforderungen geringe tendenzielle Veränderungen, doch insgesamt rangieren alle auf einem zufriedenstellenden bis hohen Niveau.

Aus arbeitspsychologischer Sicht sollten solche hohen Anforderungen in der pflegerischen Arbeit mit ausgeprägten organisationalen und tätigkeitsspezifischen Ressourcen einhergehen, damit sie ihre positive entwicklungsförderliche Wirkung entfalten. Zum Abschluss des betrieblichen Veränderungsprozesses sehen die Mitarbeiter der Modellstation besonders die Transparenz der eigenen Aufgaben und Leistung sowie die Kooperation mit der Stationsleitung sowie Kollegen/innen als wichtige Ressource ihrer Arbeit. Als weiterhin unzureichend, wenn auch graduell verbessert, werden die eigenen Partizipationsmöglichkeiten beurteilt, d.h. der Einfluss auf Entscheidungen und Prozesse des Wohnbereiches. Insgesamt zeigt sich jedoch ein positives Bild der arbeitsbezogenen Ressourcen, besonders was die Ist- und die Abschluss-Erhebung betrifft. Zur zwischenzeitlichen Prozess-Analyse zeigten sich einige soziale Ressourcen (Soziales Klima mit

Stationsschwester/-pfleger sowie mit Kollegen) durch die Fluktuation und die Vakanz der Stationsleitungsposition stark beeinträchtigt, was sich im Projektverlauf jedoch wieder besserte.

Im Unterschied zu Anforderungen und Ressourcen, die als fördernde Merkmale der Arbeit gelten und positiv für die emotionale, geistige und gesundheitliche Entwicklung der Beschäftigten zu bewerten sind, handelt es sich bei Belastungen in unserem Verständnis um potenziell schädigende, negative Bedingungen der Arbeit. Die beurteilten Belastungen zeigen insgesamt ein moderat ausgeprägtes Niveau. Als gering werden soziale Stressoren, Unterbrechungen durch Blockierung und Funktionsstörungen gesehen, während hingegen der allgemeine Zeitdruck als einzig kritischer Belastungsaspekt eingestuft wird. Wie bereits in ähnlichen Analysen in der Altenpflege wird die allgemeine Zeitknappheit als problematisch erlebt. Eine weitere, leicht überdurchschnittlich bewertete Einschränkung ist die Überforderung durch den Gesundheitszustand der Bewohner. In Hinsicht auf die Förderung der Interaktionsarbeit ist festzuhalten, dass nicht die (ebenfalls erhobene) Persönlichkeit der Bewohner als belastend erlebt wird, sondern eher der Grad der Pflegebedürftigkeit und der psychophysischen Gesundheit der Bewohner für das Belastungserleben entscheidend ist. Im Zeitverlauf ist eine tendenzielle Verringerung des Belastungsniveaus zu verzeichnen. Deutlich positive Veränderungen, also signifikante Abnahmen, ergeben sich bei der Belastung durch Fluktuation/Absentismus und bei den sozialen Stressoren. Im Vergleich zu den anderen Stationen des Altenpflegeheimes zeigen sich ähnliche Belastungskonstellationen. Positivere Unterschiede zugunsten der Modellstation erweisen sich bei den sozialen Stressoren und Fluktuation/Absentismus. Das lässt die Vermutung aufkommen, dass die Gestaltungs- und Fördermaßnahmen sich stark auf das soziale Miteinander der Modellstation ausgewirkt haben, besonders resultierend in einer stabilisierten Personalsituation, etablierter Führung durch die Stationsleitung und verbessertem sozialen Klima.

3.3 Interaktion zwischen Pflegekräften und Bewohnern

Die Förderung von Interaktionsarbeit ist Hauptgegenstand der Gestaltungsmaßnahmen und steht im Fokus der Evaluation. Daher wird diesen Ergebnissen eine besondere Aufmerksamkeit geschenkt. Einerseits aus inhaltlichem Interesse, andererseits da ein neuartiger methodischer Zugang zur Erfassung von Interaktionsarbeit probiert wurde. Die Ergebnisdarstellung orientiert sich am Rahmenkonzept der Interaktionsarbeit und den darin enthaltenen Komponenten der Interaktionsarbeit (vgl. Böhle, Glaser & Büssing, in diesem Band). Beginnend werden Erkenntnisse zu den Bedingungen von Interaktionsarbeit vorgestellt, dann Ergebnisse zur Gefühlsarbeit und zur Emotionsarbeit.

3.4 Bedingungen von Interaktionsarbeit

Im Vordergrund stand zunächst die Erfassung ausgewählter Merkmale der pflegerischen Interaktion zwischen Pflegekraft und Bewohner. Hierfür wurde als methodischer Zugang die begleitendende Schichtbeobachtung gewählt, die einen Einblick in die individuelle Ausgestaltung der pflegerischen Interaktion ermöglicht. Zudem lassen sich daraus auch Informationen zu organisatorischen Rahmenbedingungen wie auch die individuellen Verhaltensstile in der pflegerischen Arbeit gewinnen. Eine Pflegekraft tritt während einer Frühschicht nicht nur mit bis zu 29 Interaktionspartnern (Bewohner, Kollegen/Vorgesetzten, anderen Personengruppen) in Interaktion, sondern sie führt ca. 2,3 Interaktionsepisoden im Durchschnitt mit diesen pro Dienst durch. In der Analyse dieser Episoden zeigt sich, dass deutlich mehr als die Hälfte weniger als einer Minute dauert und nur zu einem geringen Teil, Interaktionen mit mehr als fünf Minuten Dauer auftreten. Durch die begleitendende Beobachtung kann auch geklärt werden, welchem Zweck die Interaktionen dienen. Es wird unterschieden zwischen sozio-emotionalen Interaktionen, solche ohne sachbezogene Informationsvermittlung, rein-verrichtungsbezogenen Interaktionen, Kommunikation zur Ausübung von Pflegehandlungen, sowie der Mischform dieser beiden: beispielsweise das Gespräch über ihren gestrigen Angehörigenbesuch während die Bewohnerin gewaschen wird. Den Beobachtungen zufolge kommt die Mischform der zugleich sozio-emotionalen und verrichtungsbezogenen Interaktion am häufigsten vor. Gerade diese Form ist vor dem Hintergrund der Überlegungen zur Interaktionsarbeit von besonderer Bedeutung, da es sich bei ihr in aller Regel um die tatsächliche Umsetzung dessen handelt, was als „Gefühlsarbeit" beschrieben werden kann: beispielsweise das Anlegen einer Bandage in gleichzeitiger Kommunikation mit dem Bewohner, um dessen Missstimmung durch wiederholtes Zureden auszugleichen. Auch die Analyse der Initiierung und Richtung der Kommunikation zeigt, dass mehrheitlich die Pflegekräfte die Kontakte einleiten und die Kommunikation in drei Viertel der Fälle dann wechselseitig zwischen beiden erfolgt. Bedenkt man die eingeschränkten Kommunikationsmöglichkeiten vieler, zum Teil schwerst pflegebedürftiger Bewohner, sind diese Beobachtungen dahingehend ermutigend, dass die oft beklagte einseitige verrichtungsbezogene Pflege nicht so häufig auftritt. Eine weitere oft genannte Kritik ist der zu geringe zeitliche Anteil von Tätigkeiten mit Bewohnerkontakten in der pflegerischen Arbeit.

Die Beobachtungsergebnisse zeigen, dass die Pflegekräfte ca. die Hälfte ihrer Zeit in direktem Bewohnerkontakt stehen, während die andere Zeit mit Pflegeplanung, -dokumentation und -vorbereitung ausgefüllt ist.

Um die verschiedenen Beobachtungsdaten anzureichern, wurden die Altenpflegekräfte auch anhand standardisierter Fragen zu Bedingungen der Interaktionsarbeit befragt. Nach Selbstaussage finden die häufigsten und längsten Interaktionen mit Bewohnern in ungünstigem Gesundheitszustand statt. Dies zeigte sich bereits auch in früheren Analysen, wie auch dass die kürzesten Kontakte zu Bewohnern mit günstigem Gesundheitszustand bestehen, hingegen die seltensten Interaktionen mit Klienten mit ungünstiger Persönlichkeit auftreten. Im Verlauf bleibt festzuhalten, dass auf der Modellstation selbstbeobachtete Interaktionshäufigkeiten zu Bewohnern mit günstigen wie auch ungünstigen Interaktionsvoraussetzungen zugenommen haben. Dies deutet darauf hin, dass das Int*akt*-Projekt beigetragen hat, den pflegerischen Fokus auf die Interaktion mit dem – angenehmen wie auch unangenehmen – Bewohner zu lenken.

Wesentliche Bedingungen für Interaktionsarbeit sind interaktionsorientierte Führung und der individuelle Interaktionsspielraum. Auf der Modellstation zeigten sich zur zwischenzeitlichen Prozess-Analyse noch wesentliche Defizite in der Bewertung interaktionsorientierter Führung. Dies kann sicherlich auch mit der vakanten Stationsleitungsposition begründet werden. Zur Abschluss-Analyse sind diese Werte deutlich verbessert, was darauf schließen lässt, dass eine stabile interaktionsorientierte Bereichsleitung positivere Einschätzungen seitens der Mitarbeiter erfährt. Dennoch ist festzuhalten, dass sich hier deutliche Unterschiede zwischen den einzelnen Wohnbereichen ergeben, die darauf hindeuten, dass solche Aspekte interaktionsorientierter Führung wahrscheinlich zum einen durch die Wohnbereichsleitung wie auch durch die dortige Bewohnerstruktur bestimmt werden.

Maßgeblichen Einfluss auf das Erleben und die Bewältigung von Interaktionsarbeit in der Pflegetätigkeit haben die Qualifikationsanforderungen und die selbstbeobachtete Kompetenz für Interaktionsarbeit. Die jeweiligen Beurteilungen der Pflegekräfte zeigen hier durchweg positive Bewertungen. Für die Altenpflegetätigkeit wird demnach ein hohes Maß an sozialen und emotionalen Fertigkeiten verlangt, wofür sich die Mitarbeiter überwiegend als kompetent einschätzen. Fast durchgängig werden die Interaktionsanforderungen ausgeprägter als die eigenen Kompetenzen eingeschätzt. Vorausgesetzt dieser Bewertungsunterschied ist zu überwinden, sollten kontinuierliche, transferbezogene Trainingskonzepte hier noch verstärkter zum Einsatz kommen.

Zusätzliche Bedingungen für erfolgreiche Interaktionsarbeit bestehen in den vorherrschenden Gefühlsregeln, denen handelnde Pflegekräfte in ihrer täglichen

Arbeit unterliegen (vgl. Giesenbauer & Glaser, in diesem Band). Insgesamt erweisen sich in der täglichen Arbeit normative berufliche oder organisationale Ausdrucks- und Empfindensregeln als gering ausgeprägt. Am ehesten finden, den Mitarbeitern zufolge, persönliche Regeln des Gefühlsausdrucks und –empfindens Anwendung. Das kann positiv bewertet werden, da den Pflegekräften wenig Gefühlsregeln vorgegeben sind, was im Sinne eines situativ flexiblen Handelns förderlich ist. Andererseits besteht damit die Gefahr, dass Unsicherheiten im Umgang mit Bewohnern und daraus resultierenden Gefühlen, keine Gewissheiten in Form bestimmter Regeln gegenüber stehen, die eine Orientierung darüber geben, was von der Gesamtorganisation des Altenpflegeheims als vernünftig oder wünschenswert erachtet wird.

3.5 Gefühlsarbeit

Befragt nach der Häufigkeit ihres Gefühlsausdrucks gaben die Pflegekräfte der Modellstation zum Projektabschluss einen deutlich geringeren Wert als noch zu Anfang an. Zwar blieb die Bewertung der Gefühlsintensität nahezu gleich, aber der Rückgang der Gefühlshäufigkeiten erweist sich als unerwartetes und nicht hypothesenkonformes Ergebnis. Zum einen ist zu vermuten, dass mit der Mehrzahl an Interaktionen, welche beobachtet wurden, vielleicht ein gewisser emotionaler Rückzug seitens der Pflegekräfte verbunden ist. Andererseits zeigen auch Erfahrungen in anderen betrieblichen Gestaltungsprojekten, dass durch intensivierte Arbeitsbedingungen, Beschäftigte „detached concern" („emotionaler Abstand") zeigen. Es bleibt jedoch zu konstatieren, dass die Pflegekräfte besonders häufig und intensiv positive Gefühle wie Sympathie, Freude und Interesse ausdrücken. Selten werden hingegen Angst, Aggression und Antipathie benannt – alles negativ getönte Gefühle.

Ein wesentlicher Bestandteil von Pflegetätigkeit ist die Gefühlsarbeit, also das Einwirken auf die Gefühle des Klienten. Die Ergebnisse zeigen, dass die Pflegekräfte im mittleren Umfang Gefühlsarbeit leisten. Schwerpunkt ist die Fassungs-/Vertrauensarbeit, also das Aufbauen von Vertrauen zum Bewohner und dessen Unterstützung in Krisensituationen. Für die Modellstation resultiert zur Abschluss-Analyse eine deutliche Verringerung der Gefühlsarbeit, was, ähnlich wie bei den oben besprochenen verminderten Gefühlshäufigkeiten, den ursprünglichen Erwartungen widerspricht. Zwar befinden sich die Werte alle in einem durchschnittlichem Bereich, geben jedoch Anlass zu Überlegungen, inwieweit die Gestaltungsmaßnahmen sich möglicherweise negativ auf die Gefühlsarbeit der Beschäftigten ausgewirkt haben. Da jedoch im Gesamthaus sich ähnliche

Bewertungen ergaben, ist anzunehmen, dass veränderte Bewohner- und Mitarbeiterstrukturen nachhaltigen Einfluss auf die Gefühlsarbeit haben.

3.6 Emotionale Arbeit

Pflegetätigkeit bedeutet nicht nur das Management fremder Gefühle sondern auch den effektiven Umgang mit den eigenen Emotionen (vgl. Giesenbauer & Glaser, in diesem Band). Emotionale Belastungen werden insbesondere durch Interaktionspartner mit ungünstigen Interaktionsvoraussetzungen ausgelöst. Auf der Modellstation entsteht aus Sicht der Beschäftigten Emotionale Belastung besonders durch Bewohner mit ungünstigem Gesundheitszustand sowie Angehörige mit ungünstiger Persönlichkeit. Über alle Stationen betrachtet, ergeben sich teilweise andere Belastungskonstellationen: Hier sind es eher Bewohner mit ungünstiger Persönlichkeit, die emotionales Unbehagen auslösen. Die Bewertung hängt demnach auch von der Klientel des Wohnbereiches ab.

Zudem wurden die Mitarbeiter befragt, welche Konstellationen emotionaler Arbeit vermehrt auftreten. Strategien des Umgangs mit den Emotionen durch Tiefen- und Oberflächenhandeln (vgl. Giesenbauer & Glaser, in diesem Band) werden zuvorderst genannt. Deutlich geringer, und insbesondere zur Abschluss-Analyse sehr selten, wird Emotionale Devianz erlebt. Durch die verschiedenen betrieblichen Maßnahmen bedingt, erleben die Pflegekräfte zunehmend seltener Emotionen, die im Widerspruch zu organisationalen, beruflichen oder persönlichen Regeln und Normen stehen.

4 Wirkungen für Pflegekräfte: Arbeitsbezogene Einstellungen und psychophysische Gesundheit

Arbeitsbedingungen fördern oder beeinträchtigen Einstellungen zur Arbeit sowie die individuelle Gesundheit. Im folgenden Abschnitt werden zuerst die Gestaltungseffekte auf die Einstellungen der Pflegekräfte zu ihrer Arbeit, zu ihrem Beruf und dem beschäftigenden Altenpflegeheim vorgestellt. Folgend schließen sich Ergebnisse zur psychophysischen Beanspruchung an. Abschließend wird mit der sozialen Unterstützung eine wichtige personenbezogene Ressource in der Arbeit vorgestellt.

4.1 Einstellungen zu Arbeit, Beruf und Organisation

Ein wichtiger Indikator für eine positive, leistungsbereite Einstellung zur eigenen Pflegetätigkeit ist die Arbeitszufriedenheit. Auf der Modellstation sind die Pflegekräfte insbesondere zufrieden mit ihrer eigenen Tätigkeit, der Zusammenarbeit mit den Kollegen auf Station sowie den Weiterbildungsmöglichkeiten. Unzufriedener sind sie hingegen mit der körperlichen Arbeitstätigkeit, den Mitbestimmungsmöglichkeiten im Heim sowie den Lohn- und Sozialleistungen. Verglichen zum Projektbeginn ergibt sich zwar nur eine geringfügige Steigerung der Arbeitszufriedenheit, jedoch nachdem in der zwischenzeitlichen Prozess-Analyse der Grad der Arbeitszufriedenheit klar gesunken war, hat sich diese zur letzten Erhebung wieder deutlich verbessert. Auch dies ist ein Indiz, dass die Herausforderungen der betrieblichen Gestaltungsmaßnahmen und die temporären bereichsinternen Führungsprobleme nachhaltig überwunden wurden.

Die wahrgenommene Bindung an die beschäftigende Einrichtung ist ein Indiz für die Identifikation der Pflegekräfte mit den Zielen des Gesamthauses. Die moralische Bindung, also die emotionale Verbundenheit mit dem Heim, ist seit dem Projektbeginn nahezu konstant positiv ausgeprägt. Ähnlich stabil, nur auf deutlich geringerem Niveau, bewegt sich die alienative Bindung, die eine entfremdete, distanzierte Haltung beschreibt. Die kalkulative Bindung, also die berechnende Einstellung, sich nur bei genügendem persönlichen Ertrag dem Heim verpflichtet zu fühlen, hat zur letzten Erhebung, nach zwischenzeitlichem Hoch, deutlich abgenommen. Dies ist positiv, da die Etablierung der Bezugspflegeteams und die dadurch resultierenden stabileren Beziehungen zu den Bewohnern des eigenen Bereiches dazu beitragen, das nüchterne Kosten-Nutzen-Kalkül bzgl. der eigenen Tätigkeit in den Hintergrund treten zu lassen.

4.2 Psychophysische Beanspruchung: Irritation, Burnout und Gesundheit

Unter psychophysischer Beanspruchung sind die potenziell negativen bzw. schädigenden Wirkungen von Arbeitsbelastungen auf das körperliche und mentale Befinden der Beschäftigten zu verstehen. Eine dieser Beanspruchungsreaktionen ist die Irritation: wiederkehrende Erschöpfungs- und Ärgerzustände, die nicht mehr durch die täglichen Arbeitspausen abgebaut werden können (Mohr, 1991). Zur Abschluss-Analyse geben die Pflegekräfte der Modellstation eine deutliche Reduzierung dieser negativen Befindlichkeit an. Dieses erfreuliche Resultat deutet auf eine Stärkung der psychischen Ressourcen durch die Gestaltungs- und Qualifizierungsmaßnahmen hin. Eine ähnlich ermutigende Entwicklung ist auch bei der Burnout-Komponente Depersonalisierung zu verzeichnen. Diese, eine eingeschränkte Interaktion mit den Bewohnern verursachende Beanspruchungsfolge, ist über den Zeitraum merklich zurückgegangen. Während sich die Pflegekräfte nahezu konstant hoch in ihrer persönlichen Leistungsfähigkeit einschätzen, hat sich die Emotionale Erschöpfung im Vergleich zur Prozess-Analyse wieder auf das mittlere Ausgangsniveau verringert. Die zwischenzeitlichen Anstrengungen durch die Gestaltungsmaßnahmen schlugen sich demnach insbesondere kurzfristig in verstärkter Emotionaler Erschöpfung nieder.

Angaben zum physischen und mentalen Gesundheitszustand der beschäftigten Pflegekräfte zeigen eine tendenzielle Verbesserung der Werte, die aber allesamt im Normbereich vergleichbarer Stichproben liegen.

4.3 Soziale Unterstützung

Wiederholt hat die Arbeitspsychologie auf die wichtige Rolle der sozialen Unterstützung in der Bewältigung von Anforderungen und Belastungen in der täglichen Pflegearbeit hingewiesen. Zum Projektbeginn und besonders zur zwischenzeitlichen Prozess-Analyse verließen sich die Pflegekräfte eher noch auf Personen ihres privaten Umfeldes wie Freunde und (Ehe)Partner. Zum Projektabschluss hingegen werden als primäre Quelle sozialer Unterstützung die Vorgesetzen und weiterhin die Kollegen/innen gesehen – auch ein Resultat der etablierten Führungs- und beständigen Mitarbeiterstruktur.

5 Dienstleistungsqualität aus Bewohner-, Angehörigen- und Mitarbeitersicht

Dienstleistungsqualität in der Altenpflege lässt sich aus verschiedenen Perspektiven betrachten. Mitarbeiter, Bewohner und deren Angehörige nehmen den Dienstleistungsprozess aus ihrer eigenen Sicht wahr und können so zu unterschiedlichen Urteilen kommen. Von hoher Dienstleistungsqualität ist dann zu sprechen, wenn sowohl die Erbringer der Dienstleistung (die Pflegekräfte) als auch die Empfänger (Bewohner, Angehörige) die Versorgung als ganzheitlich und an den Bewohnerbedürfnissen orientiert beurteilen (Büssing & Glaser, 2001). Folgende Aspekte stehen im Analysefokus von Dienstleistungsqualität: Ganzheitliche Pflege; Organisationsstrukturen und -abläufe im Altenpflegeheim; Rolle des Bewohners in der Einrichtung; Servicequalität.

Aus Sicht der Pflegekräfte der Modellstation liegen die Stärken zum Projektabschluss in den transparenten Organisationsstrukturen, -abläufen und in der Rolle des Bewohners. Auch die beiden anderen Qualitätsaspekte werden durchgehend positiv beurteilt, so dass davon auszugehen ist, dass die pflegerische Dienstleistungsqualität auf hohem Niveau gehalten wurde. Aus komplementärer Bewohnersicht ergibt sich ein ähnlich positives Bild: die Organisationsstrukturen und -abläufe sowie die Servicequalität (die „Hotelaspekte" der Unterbringung) werden als sehr positiv erlebt. Im Vergleich zur ersten Erhebung ist bei diesem Aspekt des allgemeinen Services (u.a. Essen, allgemeine Sauberkeit) ein deutlicher Bewertungszuwachs zu verzeichnen. Hier haben die verschiedenen Gestaltungsmaßnahmen beigetragen, die Versorgung aus Bewohnersicht zu verbessern. Die dritte Perspektive auf die Dienstleistungsqualität der Altenpflegeeinrichtung ist die der Angehörigen. Diese geben der Servicequalität die positivste Bewertung, schätzen jedoch auch die anderen Qualitätsaspekte als recht hoch ein. In Tendenz werden die verschiedenen Kriterien positiver als noch zu Projektbeginn eingeschätzt, was dafür spricht, dass die betrieblichen Gestaltungsmaßnahem von den Angehörigen wahrgenommen und entsprechend honoriert werden. Auch die Einschätzung anhand einer Schulnote repliziert diese Verbesserung. Stellt man die Bewohner ihren Angehörigen paarweise gegenüber, so ist zu erkennen, dass von den Älteren die Servicequalität besser eingeschätzt wird, währenddessen die Angehörigen die Organisationsstrukturen und -abläufe positiver beurteilen. Die erfolgten Gestaltungsmaßnahmen im Wohnbereich wirken sich aus Bewohnersicht besonders auf den allgemeinen Service aus, während hingegen die Angehörigen Wert auf transparentere Strukturen und nachvollziehbarere Dienstleistungsprozesse im Wohnbereich legen.

Zusätzlich hatten die Bewohner Gelegenheit für ihren Aufenthalt im Heim eine Schulnote zu vergeben. In der Abschluss-Analyse ergibt sich eine mittlere Bewertung - im Bereich einer Zwei, die deutlich besser als bei den beiden vorangegangenen Analysen ausfällt. Auch wenn auf einzelnen Stationen nur eine stark eingeschränkte Zahl der Bewohner interviewfähig war, so verdeutlichen die Ergebnisse, dass Änderungen in der Dienstleistungsqualität sehr wohl ihren Niederschlag im Bewohnerurteil finden.

Die Versorgungsqualität manifestiert sich ebenso in der Lebensqualität der Bewohner. Sehr positiv bewerteten die Gepflegten der Modellstation ihre psychische Lebensqualität und die Qualität der Umwelt. Von der Allgemeinnorm gering negativ abweichende Werteniveaus ergeben sich bei den physischen und sozialen Entfaltungsmöglichkeiten, was für Heimbewohner jedoch charakteristisch ist, da der Heimaufenthalt meist durch eingeschränkte motorische Fertigkeiten begründet ist und sie aus dem häuslich-sozialen Umfeld herauslöst.

In der Zusammenschau der Perspektiven der drei Personengruppen lässt sich von der Ist-Analyse zur Abschluss-Analyse ein durchgängiger Trend konstatieren: die Dienstleistungsqualität auf der Modellstation wird von allen drei Gruppen zum Projektabschluss positiver bewertet.

6 Erfolgsbewertung und Ausblick

Ein mehrjähriges Gestaltungsprojekt mitsamt begleitendender Bewertung bedeutet für alle Beteiligten eine Herausforderung. Für die Heimleitung hieß es vor allem wiederholte Kommunikation und Werbung für das Vorhaben. Ziele müssen den mittleren Führungskräften vermittelt werden, Gestaltungsschritte mit dem laufendem Heimbetrieb koordiniert sowie Konflikte und Widerstand ernsthaft und wertschätzend behandelt werden. Die Moderatoren des betrieblichen Partners waren gefragt, konsequent die Projektschritte und Gestaltungsvorhaben mit den Pflegekräften zu erörtern und im oftmals hektischen Pflegealltag umzusetzen. Da dies nicht zu Lasten der Versorgung und Dienstleistungsqualität gehen darf, waren Einsatz und Durchhaltevermögen vonnöten. Für die wissenschaftliche Begleitung ergeben sich eine Menge Informationen: drei Erhebungen, drei Personengruppen, mehrere Wohnbereiche, diverse Untersuchungsinhalte und unerwartete Schwierigkeiten in der betrieblichen Praxis bilden ein heterogenes Gesamtbild. Für die Mitarbeiter ergeben sich, neben dem oftmals belastenden Pflegealltag, zusätzliche Herausforderungen durch sich verändernde Aufgabenbestandteile und –prozesse, zumal intensivierte Bewohnerzuwendung, gefördert durch Qualifizierungsmaßnahmen nur einen Effekt hat, wenn die Mitarbeiter auch die Unterstützung der Heim- und Stationsleitungen erfahren. Nicht zuletzt wurden auch die Bewohner und deren Angehörige gefordert. Sie mussten sich auf andere Bezugspfleger, ungewohnte Zuständigkeiten und veränderte Abläufe einstellen.

Die Erfolgsbewertung erfolgt zweistufig. Zuerst wird diskutiert, inwiefern das Vorgehen der Evaluation erfolgreich ist. Danach wird auf Effekte der betrieblichen Reorganisation und Förderung der Interaktionsarbeit eingegangen.

Solche Gestaltungsmaßnahmen zeigen vielfältige Effekte, die nicht immer, bedingt durch die Komplexität einer Pflegeeinrichtung, einfach zu identifizieren sind. Das Evaluationsvorhaben mit seinem Anspruch unterschiedliche Perspektiven der beteiligten Personengruppen, verschiedene Zeitpunkte und diverse Inhalte zusammenzuführen, trägt dem Rechnung. Die Ergebnisse zur Dienstleistungsqualität ergeben, dass sich Veränderungen unterschiedlich auf die Innensicht der Bewohner und die Außensicht der Angehörigen auswirken. Die drei Erhebungszeitpunkte ermöglichen Aussagen zum Zeitverlauf. Die zwischenzeitliche Prozess-Analyse verdeutlicht, dass die Veränderungen nicht umgehend positive Effekte verursachen, sondern eher noch zu einer temporären Irritation und Unzufriedenheit führen. Die Analyse auf Stationsebene, verbunden mit einer Versuchs- und Kontroll-Bedingung, ermöglicht eine genaue Differenzierung nach bereichsspezifischen Effekten und erlaubt entsprechende Rückmeldungen und Maßnahmenplanungen für die einzelnen Wohnbereiche.

Was ist als Fazit zu den Effekten der betrieblichen Maßnahmen festzuhalten? Berücksichtigt man die komplizierten Anfangsbedingungen, die phasenweise schwierigen Umstände auf der Modellstation und die vielfältigen Herausforderungen, die das Gestaltungsvorhaben für alle Beteiligten bedeutete, kann man durchaus ein positives Resümee ziehen. Die Ergebnisse der Prozess-Analyse verdeutlichen mehrfach, dass anfängliche Veränderungen einen leicht destabilisierenden Effekt auf die Arbeitssituation der Modellstation hatten. Dies in Kombination mit der Vakanz der Stationsleitungsposition und der Fluktuation von Pflegekräften erzeugte eingeschränkte arbeitsbezogene Ressourcen. Zudem zeigten sich in der Bewertung der interaktionsorientierten Führung und den gesundheitlichen Wirkungen deutliche Indizien für eine Mehrbelastung durch die veränderten betrieblichen Realitäten. Trotz des hohen Einsatzes des betrieblichen Partners konnten die Herausforderungen betrieblicher Gestaltungsmaßnahmen nicht ausreichend kompensiert werden, zumal wenn es an unterstützenden Führungskräften mangelt. Zum Projektabschluss bewirkt die stabile Besetzung der Stationsleitung und die Festigung der Teamstrukturen eine deutlich günstigere Bewertung der sozialen Bezüge. Trotzdem besteht auch weiterhin der Wunsch seitens der Mitarbeiter, ausreichend in betriebliche Planungs- und Gestaltungsprozesse involviert zu sein. Hier ist die Heimleitung gefordert, auch über den abgelaufenen Zeitraum des Gestaltungsprojekts, die Mitarbeiter ausreichend einzubinden. Zudem ist deutlich, dass die Gestaltung sich positiv auf die „soziale Konfiguration" der Station selber ausgewirkt. Solche Zuwendungseffekte sind öfters bei Interventionen zu beobachten: in diesem Fall durch die sich verändernden Quellen sozialer Unterstützung. Rat und Hilfe wird zunehmend wieder bei Kollegen und Vorgesetzten gesucht.

Hauptgegenstand der betrieblichen Maßnahmen und Fokus der Evaluation ist die Förderung von Interaktionsarbeit. Die Analysen bekräftigen, dass die pflegerische Interaktion mehrheitlich eine Mischform aus sachbezogenen Informationen und sozio-emotionalen Anteilen ist. Die Pflegekräfte sind gefordert, bei ausgeprägten Qualifikationsanforderungen für Interaktionsarbeit, parallel zur Verrichtung von Pflegeaufgaben am Bewohner, auf dessen Gefühle zu reagieren, diese in die Arbeit einzubinden und mit dem Ziel ihres Handelns abzustimmen. Auf diese anspruchsvolle Gefühlsarbeit muss noch weiter in Qualifizierungs- und

Trainingsmaßnahmen eingegangen werden, damit die individuellen Kompetenzen gestärkt werden. Zudem belegen die Ergebnisse, dass Förderung von Interaktionsarbeit immer auch ein Resultat der pflegerischen Arbeitsorganisation ist. Organisations- und Aufgabenprozesse beeinflussen die Häufigkeiten und Intensitäten von Gefühlsausdrücken – es ist also nicht allein Sache der einzelnen Pflegekraft, ständig adäquate Interaktion zu leisten. Die Ergebnisse zur Gefühlsarbeit verdeutlichen einige nicht erwartungskonforme Effekte. Das Projekt leistet mit seinen Förder- und Gestaltungsmaßnahmen den schwierigen Spagat zwischen der Intervention auf Personenebene (u.a. Qualifizierung für subjektives Arbeitshandeln, Training von Bewältigungsmaßnahmen) und der Gestaltung organisationaler Rahmenbedingungen (u.a. Etablierung von Bezugspflegeteams). Personenbezogene Wirkungen ergeben in einigen Aspekten ein verbessertes Wohlbefinden der Mitarbeiter durch die Maßnahmen. Bei dem insgesamt durchweg nahezu konstanten Anforderungs- und Belastungsniveau der Arbeitsbedingungen bewirken verschiedene Maßnahmen eine tendenzielle Verbesserung des Wohlbefindens der Pflegekräfte. Ein Projektergebnis was verdeutlicht, zukünftige Gestaltungsvorhaben im pflegerischen Bereich stärker darauf auszurichten, simultan sowohl auf Ebene der Arbeitsorganisation sowie der individuellen Ressourcen und Fähigkeiten anzusetzen.

Positive Effekte in der Dienstleistungsqualität beweisen, dass man durch Gestaltung ganzheitlicher Pflege, mehr Bewohnerorientierung und eine bessere Servicequalität erreicht. Diese Einschätzung wird nicht nur aus der Sicht der Bewohner getragen, sondern ergibt sich auch in den Bewertungen ihrer Angehörigen. Hier sind also wichtige Personengruppen „Nutznießer" von Gestaltungsmaßnahmen, die sich primär an die Pflegekräfte und deren Arbeit richten. Der Weg von einer funktionsorientierten Bereichspflege mit Defiziten in der Dienstleistungsqualität hin zu einer bewohnerorientierten Bereichspflege mit vermehrten Bezugspflegeelementen sollte weiter beschritten werden. Wie sich empirisch beweisen lässt, sind ganzheitliche Pflege und die Förderung von Interaktionsarbeit ein guter Ansatz, die Qualität des Arbeitslebens in der Altenpflege und gleichzeitig die Dienstleistungsqualität zu steigern.

Literatur

Büssing, A. (1992). *Organisationsstruktur, Tätigkeit und Individuum. Untersuchungen am Beispiel der Pflegetätigkeit*. Bern: Huber.

Büssing, A., Barkhausen, M., Glaser, J. & Schmitt, S. (1998). Exkurs: Die arbeits- und organisationspsychologische Begleitung der Implementation eines ganzheitlichen Pflegesystems – Evaluationsmethoden und Ergebnisse. In prognos (Hrsg.), *Patien-*

tenorientierung - eine Utopie? - Modellerfahrungen im Pflegedienst des St. Elisabeth Krankenhauses Mayen GmbH (S. 257-304). Stuttgart: Gustav Fischer.

Büssing, A., Giesenbauer, B., Glaser, J. & Höge, T. (2001a). *Rahmenbedingungen der Arbeit in der stationären Altenpflege: Eine empirische Studie in bayerischen Altenpflegeheimen.* (Bericht Nr. 57 aus dem Lehrstuhl für Psychologie). TU München: Lehrstuhl für Psychologie.

Büssing, A., Giesenbauer, B., Glaser, J. & Höge, T. (2001b). *Erfassung von Interaktionsarbeit in der Altenpflege. Ergebnisse der Ist-Analyse einer Längsschnittstudie in einem Altenpflegeheim.* (Bericht Nr. 60 aus dem Lehrstuhl für Psychologie). TU München: Lehrstuhl für Psychologie.

Büssing, A., Giesenbauer, B., Glaser, J. & Höge. T. (2003). *Möglichkeiten zur Verbesserung von Interaktionsarbeit in der Altenpflege. Ergebnisse der Prozess-Analyse einer Längsschnittstudie in einem Altenpflegeheim.* (Bericht Nr. 71 aus dem Lehrstuhl für Psychologie). TU München: Lehrstuhl für Psychologie.

Büssing, A. & Glaser, J. (2000). *Psychischer Stress und Burnout in der Krankenpflege. Ergebnisse der Abschlussuntersuchung im Längsschnitt.* (Bericht Nr. 47 aus dem Lehrstuhl für Psychologie). TU München: Lehrstuhl für Psychologie.

Büssing, A. & Glaser, J. (2001). Mitarbeiter- und Patientenorientierung in der Pflege als Teil des Qualitätsmanagements - Stand und Forschungsbedarf. *Pflege, 14,* 339-350.

Büssing, A. & Glaser, J. (2002). *Das Tätigkeits- und Arbeitsanalyseverfahren für das Krankenhaus - Selbstbeobachtungsversion (TAA-KH-S).* Göttingen: Hogrefe.

Büssing, A. & Perrar, K.M. (1992). Die Messung von Burnout. Untersuchung einer Deutschen Fassung des Maslach Burnout Inventory (MBI-D). *Diagnostica, 38,* 328-353.

Bullinger, M. & Kirchberger, I. (1998). *Der SF-36 Fragebogen zum Gesundheitszustand (SF-36).* Göttingen: Hogrefe-Testzentrale.

Glaser, J. & Büssing, A. (1996). Ganzheitliche Pflege: Präzisierung und Umsetzungschancen. *Pflege, 9,* 221-232.

Glaser, J. & Büssing, A. (1997). Ganzheitliche Pflege und Arbeitsbelastungen. In A. Büssing (Hrsg.), *Von der funktionalen zur ganzheitlichen Pflege. Reorganisation von Dienstleistungsprozessen im Krankenhaus* (S. 301-321). Göttingen: Verlag für Angewandte Psychologie.

Hacker, W. (1998). *Allgemeine Arbeitspsychologie. Psychische Regulation von Arbeitstätigkeiten.* Bern: Huber.

Leitner, K., Lüders, E., Greiner, B., Ducki, A., Niedermeier, R. & Volpert, W. (1993). *Analyse psychischer Anforderungen und Belastungen in der Büroarbeit - Das RHIA/VERA-Büro-Verfahren-Manual und Antwortblätter.* Göttingen: Hogrefe.

Mohr, G. (1991). Fünf Subkonstrukte psychischer Befindensbeeinträchtigungen bei Industriearbeitern: Auswahl und Entwicklung In S. Greif, E. Bamberg & N. Semmer (Eds.), *Psychischer Stress am Arbeitsplatz* (pp. 91-119). Göttingen: Hogrefe.

Rossi, R. H., Freeman H. E. (1993). *Evaluation. A systematic approach.* Beverly Hills, CA: Sage.

Sing, D., Juen, P. & Schoske, A. (2003). Das Projekt "Interaktionsarbeit in der Altenpflege". In D. Sing & E. Kistler (Hrsg.), *Lernfeld Altenpflege. Praxisprojekte zur Ver-*

besserung der Dienstleistung an und mit alten Menschen (S. 35-50). München: Rainer Hampp Verlag.

Produktmanagement als Brückenfunktion zwischen Kundenanforderungen und Entwicklungsinteressen – arbeitsorganisatorische Rahmenbedingungen für Interaktionsarbeit in der Softwareentwicklung

Annegret Bolte

1 Die Gestaltung der Kundenbeziehung in der Softwarebranche – ungelöste Probleme

Eine Szene aus einem Softwarehaus, wie sie der Geschäftsführer schildert: Ein Kunde betritt am Morgen um 9 Uhr das Haus; er möchte eine Softwarelösung für sein Unternehmen kaufen. Die Verhandlungen gehen in technische Details, zu deren Klärung der Vertrieb einen Entwickler hinzuziehen möchte. Dieser erscheint auf der Bühne, allerdings unrasiert, in Jeans und zerknittertem Hemd: Er hat bis tief in die Nacht an einem Problem gearbeitet und sich dann in seinem Büro auf die Couch gelegt. Jetzt ist er noch ziemlich müde und mehr an der Fortführung seiner Problemlösung als an dem Problem des Kunden interessiert: Dieser solle doch einfach die Version 5.2 des existierenden Produkts kaufen oder den Auftrag für eine Neuentwicklung erteilen

In anderen Schilderungen erscheint das Verhältnis zwischen Entwicklern und Anwendern von Software als von Vorbehalten und Vorurteilen bestimmt. Aus der Perspektive der Softwareentwickler verstehen die Anwender nichts von der Technik; sie sind nicht in der Lage, ihre Wünsche zu formulieren oder sie ändern diese ständig und erschweren damit den Entwicklern die Arbeit. Aus der Sicht der Anwender haben Entwickler keine Ahnung von der Komplexität der Arbeitsanforderungen und zeigen auch kein zureichendes Interesse dafür; sie sind auf ihre Technik fixiert und haben kein Verständnis für die Besonderheit der jeweiligen Arbeitssituation (vgl. Weltz & Ortmann, 1992, S. 76). Es gibt also genügend Konfliktpotenzial zwischen Entwicklern und Nutzern von Software: Entwickler und Anwender[1] leben in verschiedenen Welten, sie sprechen verschiede-

---

1 Dabei ist die Gruppe der Anwender keineswegs homogen: Mit der Einführung von Software in einem Unternehmen ist zumeist auch eine Veränderung der Aufgabenstruktur und der Ar-

ne Sprachen. So berichten Weltz und Ortmann (ebenda, S. 109) davon, wie allein ein unterschiedliches Verständnis des Begriffs „Prozess" zu zahlreichen Missverständnissen und Schwierigkeiten führen kann.

Diesem Problem sollte in den 1980er Jahren mit dem Konzept der partizipativen Softwareentwicklung (vgl. Floyd, Mehl, Reisin, Schmidt & Wolf, 1990; Brödner & Simonis, 1991; Rauterberg, Spinas, Strohm, Ulich & Waeber, 1994) begegnet werden, bei dem Nutzer an der Entwicklung von Software beteiligt werden sollten. Diese Ansätze sind gescheitert: Sie haben sich als zu aufwändig erwiesen und das Problem der Vermittlung zwischen unterschiedlichen Interessen, Herangehensweisen und Sprachen nicht gelöst. Schon der Begriff der „Beteiligung" impliziert(e), dass hier nicht daran gedacht war, zwei Gruppen von Experten – nämlich Systemexperten und Nutzerexperten – gleichgewichtig ihre Expertise und ihr Fachwissen einbringen zu lassen: Die zu beteiligenden Nutzer verblieben in der Position der Laien.

Um die Gräben besser überwinden zu können, wird immer wieder eine bessere Qualifizierung der beiden Gruppen eingefordert. So gibt es Angebote einer informationstechnischen Qualifizierung für Anwender mit dem Ziel, dass diese sich selbständig Kriterien für den Einsatz und die Gestaltung von IuK-Technologien in ihrem Arbeitsumfeld erarbeiten können. Ein anderer Ausweg wird in der Verbesserung der Ausbildung von Softwareentwicklern gesehen. So konstatieren Funken (2001), Baukrowitz, Boes und Eckhardt (1994) sowie Boes, Baukrowitz und Eckhardt (1995), dass im Informatikstudium weder der Aufgabenanalyse und der Anforderungsdefinition noch dem Erwerb sozialer Kompetenzen genügend Beachtung eingeräumt wird. Aber selbst wenn das Vorhaben gelänge, den Entwicklern die Aneignung von Wissen über das Anwendungsgebiet zu ermöglichen, wäre dieses Verfahren viel zu aufwändig: Eine große Zahl von Entwicklern müsste sich immer wieder in neue Aufgabengebiete einarbeiten, ohne dass damit der Kernbereich ihrer Tätigkeit berührt wäre. Zudem lässt das zu Beginn dieses Beitrags geschilderte Beispiel es fraglich erscheinen, ob allein eine bessere Ausbildung die Überwindung der Distanz gewährleisten kann.

Es bleibt festzuhalten, dass es zur Zeit keine übertragbaren Modelle für die Zusammenarbeit von Entwicklern und Anwendern gibt.[2] Es sind Verfahren notwendig, die es erlauben, divergierende Wahrnehmungen und Deutungsmuster

---

beitsorganisation verbunden. Damit verschieben sich aber Machtstrukturen in Unternehmen, sodass eine solche Einführung immer auch interessenpolitische Konsequenzen hat.

2 Zwar ist es in einigen Softwareprojekten zu tragfähigen und wirksamen informellen Kontakten zwischen Entwicklern und Anwendern gekommen (vgl. Weltz & Ortmann, 1992, S. 78f.). Diese haben sich jenseits von institutionalisierten Ansätzen zur unmittelbaren Einbeziehung von Anwendern in Entwicklungsprojekte konstituiert; allerdings ist die Reichweite auf die Entwicklung von Anwendungen für einzelne Nutzer begrenzt.

einem Verständigungsprozess zuzuführen. Einige Softwarefirmen setzen inzwischen so genannte Mediatoren ein, die eine Brückenfunktion zwischen Kunden und Entwicklern einnehmen und die genau diesen Vermittlungsprozess übernehmen. Erste Erfahrungen deuten darauf hin, dass es mit einer solchen Brückenfunktion gelingen kann, die existierenden Gräben zu überwinden und auf diesem Wege Software zu entwickeln, die auf die Bedürfnisse der Kunden zugeschnitten ist.

Im Vorhaben „Interaktionsarbeit in der Softwareentwicklung" wurden in Kooperation zwischen dem Softwarehersteller Kleindienst Datentechnik AG (KLD) und dem Institut für Sozialwissenschaftliche Forschung e.V. ISF München arbeitsorganisatorische Maßnahmen zur Förderung von Interaktionsarbeit entwickelt und erprobt. Dabei wurde zunächst ein organisatorisches Rahmenkonzept entwickelt und praktisch umgesetzt: Das Produktmanagement vermittelt nun in einer „Brückenfunktion" zwischen Kunden und Entwicklern.[3] Diese Brückenfunktion wurde als Pilotprojekt bei einer Tochterfirma von KLD, der ICR Software und Systeme GmbH & Co. KG etabliert und später auf andere Unternehmensbereiche übertragen. Zu Beginn des Jahres 2006 wurde KLD in die Beta Systems Software AG integriert, die auch ein Produktmanagement eingeführt hat.

Im Folgenden wird zunächst die Einführung des Produktmanagements als Brückenfunktion geschildert. Anschließend wird dargestellt, wie sich die interaktive Arbeit eines mit einer solchen Brückenfunktion betrauten Produktmanagers in der Zusammenarbeit mit Kunden und Entwicklern vollzieht.[4]

2 Vom Projekt zum Produkt

Das Management von Dokumenten zählt zu den wachstumsstärksten Segmenten des IT-Marktes: In den westlichen Industriestaaten verdoppelt sich die Zahl der Papierdokumente alle vier Jahre. Das Handling von Papieren ist aber zeit- und kostenintensiv. Somit bergen schon die elektronische Bearbeitung und Archivierung dieser Papierdokumente erhebliche Effizienzvorteile. Gleichzeitig ist eine rasante Zunahme der Zahl elektronischer Dokumente, so genannter eDocs (Dateien mit Texten, Tabellen, Spreadsheets, Präsentationsdokumenten, E-Mails,

---

3 An der Durchführung und Auswertung der empirischen Erhebungen waren Gabriele Hösl, Frank Iwer, Stephanie Porschen und Sabine Weishaupt beteiligt. Bei ihnen bedanke ich mich ebenso wie bei Holger Burkert für kritische Diskussionen und Anregungen der folgenden Ausführungen.

4 Auch andere Unternehmen greifen für die Abwicklung von Kundenprojekten auf eine Brückenfunktion zurück, ohne diese jedoch mit der Funktion eines Produktmanagers zu verknüpfen.

Webseiten), zu beobachten. Daher setzt sich das bisher vor allem im angelsächsischen Bereich übliche umfassendere Verständnis des Dokumentenbegriffs auch in Deutschland durch. Heute fallen also neben Papierdokumenten auch elektronische Dokumente, Bilder (Images) sowie Audio- und Videodokumente unter den Terminus des Dokuments.

Die ersten Kunden der Kleindienst Datentechnik (KLD) waren Banken: Im Zahlungsverkehr fallen täglich viele Millionen Vorgänge an, deren Belege sich – wie beispielsweise Überweisungsträger – leicht standardisieren lassen. Fest positionierte Felder für Kontonummern, Bankleitzahlen und Beträge lassen – bei einem korrekt ausgefüllten Formular – keinen Interpretationsspielraum über die Art des Datums, so dass bei diesen standardisierten Formularen inzwischen Datendurchsätze von 250000 Dokumenten pro Stunde und Erkennungsraten von mehr als 95 Prozent erreicht sind. Die Anzahl der Vorgänge, die manuell nachbearbeitet werden müssen, sinkt somit immer weiter. Auch in anderen Branchen wie Versicherungen, Telekommunikation und Versorgungsbetrieben fallen Massendaten an, die schon relativ früh für eine elektronische Aufarbeitung geeignet waren. So wurden hier frühzeitig Dokumentenmanagementsysteme für die Bildung, Verteilung und Bearbeitung von Vorgangsakten entwickelt, die weit über die zunächst übliche Archivierung und Recherche hinausführten.

Die Entwicklung in den 1990er Jahren war durch die Weiterentwicklung der Technologie von der Formularlesung (mit fest positionierten Lesefeldern) hin zur automatischen Dokumentenanalyse gekennzeichnet. Jetzt konnten auch halb- und unstrukturierte Geschäftsdokumente ausgelesen werden: Rechnungen, Lieferscheine oder Antragsformulare werden in Form von Images der eingehenden Papierpost, der Faxe oder E-Mails weitgehend automatisch bearbeitet. Aufgabenstellungen sind sowohl die Sortierung der eingegangenen Post (Klassifizierung der Dokumente) als auch deren inhaltliche Erschließung: „Gibt es Betreff-Angaben?“, „Was könnte die Lieferantennummer sein, was das Datum?“, „Stimmt die Summe?“ Die Software zieht alle relevanten Informationen aus den Dokumenten heraus und prüft sie. Ergebnis dieser Datenanalyse sind extrahierte Daten wie Bestell- und Rechnungsnummern, Lieferpositionen, Preise, Summen etc. Automatische Plausibilitätskontrollen und Datenbankabgleiche ermöglichen eine hohe Qualität der an angrenzende Systeme weitergegebenen Daten. Solche Branchen übergreifende Software kann mit relativ geringen sprachlichen Modifikationen und Anpassungen an kulturelle Gegebenheiten im Grunde weltweit in allen Industrieländern eingesetzt werden – mit dem Ergebnis, dass auf diesem Markt ein globalisierter Wettbewerb existiert. Ob sich das Produkt auf diesem Markt durchsetzen kann, hängt zunächst von seiner Qualität ab; ebenso entscheidend ist aber auch die Existenz geeigneter Vertriebskanäle.

Die ICR war als Tochterfirma von Kleindienst Datentechnik eine der allerersten Firmen, die zur Dokumentenanalyse statt auf hardwareorientierte Lösungen auf das Realisierungskonzept „Software only & PC-basierend" setzte, das sich inzwischen als Marktstandard etabliert hat. Die angebotenen Lösungen wurden zunächst im so genannten Projektgeschäft kundenspezifisch entwickelt. Allerdings haben vergleichbare Fallbeispiele des Softwaremarketings gezeigt, dass das Projektgeschäft ein relativ geringes Wachstumspotenzial hat: Es ist insbesondere durch die Beschränkung des Marktzugangs auf eigene Aktivitäten des Unternehmens und durch die Zahl der für kundenspezifische Anpassungen benötigten Experten begrenzt. Größere Wachstumschancen bestehen nur dann, wenn es gelingt, ein Produkt am Markt breit durchzusetzen. Allerdings hat die Erschließung breiterer Geschäftsperspektiven im Produktgeschäft seinen Preis:

- Die technischen Anforderungen an das Produkt hinsichtlich Bedienbarkeit (Ergonomie, ease of use), Fehlerminimierung sowie Dokumentation erhöhen sich im Vergleich zum Projektgeschäft. An die Qualität des Produktes werden erheblich höhere Anforderungen gestellt, die nur durch automatische Tests etc. und durch „total quality" über den gesamten Entwicklungsprozess zu erreichen sind. Der erforderliche Reifegrad des Produkts bemisst sich auch daran, dass Vertriebspartner in der Lage sein müssen, die bei der Installation und Inbetriebnahme des Produkts auftretenden Probleme rasch und kompetent zu lösen.
- Um einen breiten Marktzugang zu erreichen, müssen außerdem die Vertriebskanäle europa- bzw. weltweit aufgebaut und durch Marketingunterstützung, umfassende Ausbildung der Vertriebspartner sowie Supportleistungen begleitet werden.

Somit ist festzustellen, dass sich das Produktgeschäft vor allem durch die erheblichen Vorleistungen und Investitionen, die erbracht werden müssen, vom Projektgeschäft unterscheidet: Dies betrifft sowohl die Entwicklung des Produkts als auch den Aufbau der Vertriebskanäle. Selbst wenn Dokumentenmanagementsysteme inzwischen als Produkte auf dem Markt erhältlich sind, unterscheiden sie sich doch noch sehr stark von anderen Produkten wie beispielsweise Paketen für die Textverarbeitung: Trotz erfolgreicher Standardisierung bleibt ein erheblicher Anpassungsaufwand erforderlich, der sich sowohl auf die Software-Konfiguration als auch auf die mit einer automatisierten Dokumentenerfassung und -verarbeitung verbundene Restrukturierung von Prozessen, Strukturen und Abläufen bei den Endkunden bezieht.

Diese Adaptionen, das sogenannte Customizing, werden von Vertriebspartnern der KLD, den sogenannten VAR-Partnern (Value Added Resellers) geleistet. Diese VARs sind Beratungsunternehmen und Systemhäuser, die über langjährig angeeignetes Know-how verfügen und oftmals schon Zugang zu den Kunden, insbesondere Großunternehmen, haben. Aus ihrer unmittelbaren Konfrontation mit den Anforderungen und Bedürfnissen der (End-)Kunden entstehen immer wieder Ansprüche an das Standardprodukt, die – aus Sicht der VARs – nach Möglichkeit sofort und ohne Rücksicht auf zukünftige Releaseplanungen erfüllt werden sollen. Solche Anforderungen geraten leicht in Widerspruch zu den geplanten Entwicklungsaktivitäten: Dies betrifft sowohl die Kapazitäten als auch die vorrangigen Prioritäten. Allerdings will KLD die Wünsche seiner Kunden auch nicht brüsk abweisen: Zum einen hängt der finanzielle Erfolg sowohl der Partner als auch des Unternehmens selbst an der Erfüllung dieser Kundenanforderungen; zum anderen hat die prompte Erfüllung von Kundenwünschen auch dazu beigetragen, dass sich ICR bzw. KLD als Projekthaus am Markt durchsetzen konnte. Diese Problematik wirft drei Fragen auf:

- Wie kann die Entwicklung vor zuviel Änderungs- und Sonderwünschen der VARs geschützt werden, ohne diese bzw. deren Kunden durch Verlagern bestimmter Anforderungen in ein nächstes oder übernächstes Release zu verärgern?
- Wie können Änderungs- und Sonderwünsche so kanalisiert werden, dass aus ihnen nicht nur kundenspezifische Lösungen entstehen, sondern solche, die ein breites Einsatzspektrum haben (Standardsoftware)?
- Wie können Flexibilität und Kundennähe, die das Unternehmen „groß gemacht" haben, unter den Bedingungen der Umorientierung zum Produktgeschäft erhalten bleiben, ohne die bisherige Geschäftsbasis zu ruinieren?

Damit gerät die Neugestaltung der Beziehungen zu den Kunden ins Blickfeld. Die Lösung aus der Ära eines Projekthauses, dass die Entwickler mit den Kunden über Machbarkeit, Aufwand und Kosten verhandeln, kann der differenzierten Organisationsstruktur eines Produkthauses nicht mehr angemessen sein. Je komplexer die Kundenbeziehungen in der Zeit des Wandels zum Produkthaus werden, desto mehr entsteht ein Bedarf nach Regelungen dieser Beziehungen.

Es stellen sich also neue Anforderungen an das Management von Schnittstellen, und zwar sowohl innerhalb des Unternehmens (Entwicklung, Vertrieb, Kundenbetreuung) als auch in den Außenbeziehungen (VARs, Vertrieb). Das Unternehmen benötigt Strukturen, die die Balance zwischen der auch zukünftig erforderlichen Kundennähe (Sicherung von Innovationsfähigkeit) und der notwendigen Standardisierung gewährleisten können. Damit wird ein organisatorisches Rahmenkonzept erforderlich, das die notwendigen Integrationsleistungen sichern kann: Es geht darum, die jeweils für sich berechtigten Sichten und Logiken etwa des Vertriebs (Kundenzufriedenheit), der Entwicklung (technisch anspruchsvolle Aufgaben bei stabileren Rahmenbedingungen), der Kunden (schnelle und kompetente Problemlösung zu angemessenen Preisen) und der Projektleitung (Zeit- und Budgeteinhaltung) nicht zu negieren oder gegeneinander zu stellen, sondern konzeptionell und argumentativ miteinander in Einklang zu bringen.

3 Das Produktmanagement als organisatorisches Rahmenkonzept

Die geforderte Koordinationsleistung ist mit den herkömmlichen Koordinationsinstrumenten nicht zu leisten – weder mit der persönlichen Weisung durch Vorgesetzte noch mit der technisch-organisatorischen Koordination durch Programme. Grundlage dieser klassischen Koordinationsinstrumente ist die Annahme, dass die verschiedenen Abteilungen ihre Aufgaben im Normalfall unabhängig voneinander erfüllen können und Abstimmungsbedarfe und -probleme nur relativ selten auftauchen. Diese können dann auf der nächsthöheren Ebene durch Vorgesetzte bzw. über in Verfahrensanweisungen niedergelegten Handlungsvorschriften gelöst und entschieden werden. Aber Verfahrensanweisungen lassen keine innovative Problemlösung entstehen; Vorgesetzte der nächsthöheren Ebene – hier der Geschäftsführung – wären zumindest zeitlich überfordert, wenn sie sich in alle Einzelheiten der Neu- und Weiterentwicklung von Produkten einarbeiten sollten.[5] Auch die in den letzten Jahren propagierten neuen Organisationsformen, wie die Matrixorganisation oder die Sparten- und Prozessorganisation,[6] scheiden in diesem Fall als Lösungen aus: Das Unternehmen ist zu klein, um sich Vertriebs- oder Marketingabteilungen leisten zu können, die sich auf einzelne Produkte spezialisieren.

Die entscheidende Anforderung an eine zu entwickelnde organisatorische Lösung besteht darin, dass es hier nicht um die bloße Koordination von Aktivitäten geht. Die Neu- und Weiterentwicklung eines neuen Produkts stellt eine kooperative Leistung dar, eine gemeinsame Aufgabe von Marketing *und* Entwick-

5 Zu den Grenzen dieser Koordinationsinstrumente vgl. Kieser und Kubicek (1992) sowie Steinmann und Schreyögg (2000).

6 Diese Organisationsformen wurden mit der Hoffnung eingeführt, Abstimmungsprobleme auf seltene Ausnahmefälle reduzieren zu können. Diese Erwartungen haben sich oftmals nicht erfüllt: Wir sind in unseren Untersuchungen auf zahlreiche, teilweise verdeckte Abstimmungserfordernisse gestoßen (vgl. Bolte, 2000; Böhle & Bolte, 2002), die gerade nach solchen Reorganisationsmaßnahmen auftauchten.

lung, aber auch von anderen Abteilungen wie Vertrieb oder Dokumentation. Um diese Koordinations- und Kooperationsanforderungen zu realisieren, ist in dem Unternehmen als organisatorisches Rahmenkonzept eine Brückenfunktion installiert worden: Hier sollen die unterschiedlichen Interessen von Entwicklung und VAR-Partnern bzw. Endkunden im gegenseitigen Einverständnis geklärt werden. Diese Brückenfunktion wird von Produktmanagern wahrgenommen: Sie sollen die Kooperation zwischen den verschiedenen Abteilungen sicherstellen, sie sollen dafür sorgen, dass die Neu- und Weiterentwicklung der Produkte auf die Marktanforderungen ausgerichtet wird und sie sollen entwicklungsnahe Ansprechpartner für die Kunden sein.

Die Grundzüge eines solchen Produktmanagements sind inzwischen in der betriebswirtschaftlichen Literatur beschrieben worden, wenngleich dort der Schwerpunkt vor allem auf den koordinierenden Anteilen liegt. So bestehen nach Steinmann und Schreyögg die Hauptaufgaben des Produktmanagements darin, „sämtliche Aktivitäten für Entwicklung, Fertigung und Vermarktung eines Produkts so aufeinander abzustimmen, dass die übergreifende Produktzielsetzung zum Tragen kommt. Es hat vor allem dafür zu sorgen, dass sich die durch Arbeitsteilung entstehenden Teilziele der Funktionsabteilungen nicht verselbständigen (...). Die Leiter der Funktionsabteilungen sind für die effiziente Abwicklung der Aufgaben ihrer Funktionen verantwortlich und für die Integration der arbeitsteiligen Leistungsprozesse innerhalb ihrer Funktionen. Im Unterschied dazu haben die Produktmanager das Gesamtziel ihres Produkts über die Funktionen hinweg zu verfolgen. Sie sollen mit anderen Worten die zentrifugalen Kräfte, die eine komplexe Arbeitsteilung mit sich bringt, auffangen und den Ressourceneinsatz aus einer integrativen Perspektive bündeln“ (Steinmann & Schreyögg, 2000, S. 428).

Die Umsetzung dieses Konzepts ist aber kein Selbstläufer: Dies liegt zunächst daran, dass die Position eines Produktmanagers quer zu den sonstigen Organisationsstrukturen liegt, die ja gerade der Separierung in verschiedene Abteilungen und nicht deren Koordinierung dienen. Das Produktmanagement ist somit oftmals die einzige Funktion, die übergreifende koordinierende Aufgaben in den Kernprozessen eines Unternehmens hat. Damit verlangt die Einführung einer solchen Position besondere Anstrengungen, um die Entstehung von Unsicherheiten zu vermeiden (vgl. Bolte, Iwer & Weishaupt, in diesem Band). Eine besondere Schwierigkeit liegt darin, dass das Produktmanagement zwar Ziele für das Produkt definiert, deren Umsetzung aber nicht selbst bewerkstelligen kann: Es kann sie nur begleiten und koordinieren. Damit ist der Produktmanager zunächst in einer anderen Position als andere Koordinatoren wie beispielsweise Wanderer oder Tandems (vgl. Böhle & Bolte, 2002; Bolte & Porschen, 2006), welche die an einer Schnittstelle anfallenden Probleme – soweit möglich – selbst bearbeiten. Fredmund Malik hat auf die Gefahren aufmerksam gemacht, die dann entstehen können, wenn Probleme nur gemanagt und nicht bearbeitet werden[7]: „Sie (die Produktmanager) werden sich mit Interessantem statt mit Vielseitigem befassen. Und die Kosten werden steigen, aber nicht in erster Linie deshalb, weil die (...) Koordinatoren selbst Geld kosten, sondern weil diese allen anderen Mitarbeitern die Zeit stehlen und sie vom Arbeiten abhalten. Statt zu handeln, werden dann Analysen gemacht“ (Malik, 2002, S. 200).

Bei dem untersuchten Unternehmen sind die drei Produktmanager für die Produktbereiche „Post-Eingangslösungen“, „Scanner“ und „Archivierung“ sowie der Leiter des Produktmanagements dem Vertriebsvorstand als Stabsstelle zugeordnet. Somit hat das Produktmanagement gegenüber den Kooperationspartnern keine Vorgesetztenfunktion. Produktmanager agieren als Gleiche unter Gleichen; sie können in ihrer Tätigkeit nicht auf Anweisungen zurückgreifen, sondern müssen Probleme im Diskurs lösen. Damit müssen Produktmanager bei Ressourcenkonkurrenzen oder sonstigen Konflikten versuchen, in Abstimmung mit den involvierten Teams sowie den „Entwicklungsroadmaps“ Diskussionslösungen zu erarbeiten und zu realisieren.

4 Produktmanagement im Spannungsfeld von Kunden und Entwicklung

Ein Produkt kann nur dann erfolgreich auf dem Markt etabliert werden, wenn es auf die Wünsche und Bedarfe der Kunden zugeschnitten ist. Im Produktgeschäft darf ein Unternehmen aber wiederum nicht nur auf aktuelle Anforderungen reagieren: Es muss in der Lage sein, „vorauszudenken“ und Szenarien zu entwickeln, die die zukünftige Marktentwicklung antizipieren. So steht die konsequente Weiterentwicklung der Produkte entsprechend den Anforderungen des Marktes und den Potenzialen der unternehmenseigenen Entwicklung im Mittelpunkt der Aufgaben der Produktmanager. Dazu muss ein Produktmanager auf unterschiedlichen Bühnen agieren: Bei Kunden und Partnern, aber auch bei den Experten von Service und Consulting aus dem eigenen Unternehmen muss er aktuelle Wünsche an das Produkt verstehen und aufnehmen. Solche Anforderungen muss er anhand seiner eigenen Vorstellungen über zukünftige Entwicklungstendenzen und unter Berücksichtigung der Unternehmensstrategie in Prioritäten und Konzepte für die Neu- und Weiterentwicklung der Produkte umsetzen und diese mit

---

7 Beispiele für solche koordinierende Tätigkeiten finden sich in vielen Industriebetrieben, die elaborierte Qualitätsmanagementsysteme (z.B. nach ISO 9000 ff.) eingerichtet und Qualitätsmanager eingestellt haben.

Produktmarketing, Vertrieb, Entwicklung sowie Geschäftsführung diskutieren und abstimmen. Gegenüber der Entwicklungsabteilung muss er dabei nicht nur solche Anforderungen der Kunden vertreten, die sich auf die technische Funktionalität der Systeme beziehen; er muss auch die Kompatibilität zu anderen bei den Kunden eingesetzten Systemen und die Ergonomie im Auge behalten. Mit der Geschäftsführung muss er um Ressourcen ringen, mit der Dokumentationsabteilung um verständliche und nachvollziehbare Bedienungsanleitungen und Dokumentationen.

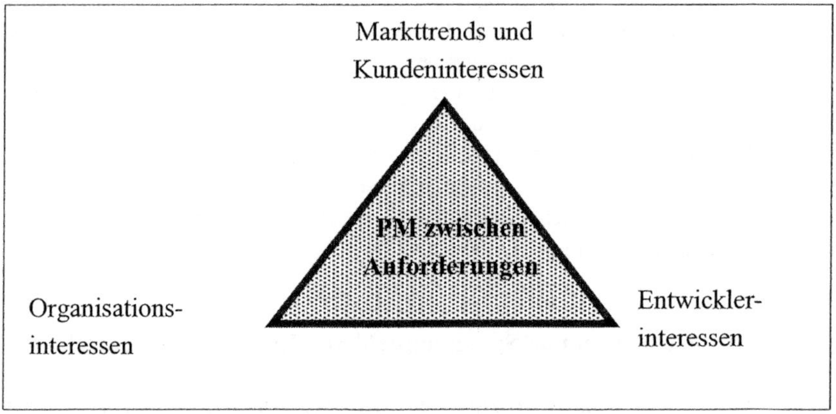

Abbildung 1: Leitbild der Produktmanagement-Tätigkeit

Allerdings verändern sich die Funktionen und Aufgaben des Produktmanagers im Lauf des Produktlebenszyklus: In der Definitionsphase liegt der Schwerpunkt der Tätigkeit zunächst in der Aufnahme der Kunden- bzw. Marktanforderungen und im Abgleich mit den Fähigkeiten des Unternehmens. In der Realisierungsphase liegt der Schwerpunkt dagegen in der Übersetzung der externen Anforderungen in konkrete Aufgaben für die Entwicklung sowie in der engen Abstimmung zwischen beiden Sichten. In der Pilot-bzw. Markteintrittsphase kommt es wesentlich auf die Verallgemeinerung der Einsatzerfahrungen bei den Pilotanwendern mit Blick auf ggf. notwendige Softwareanpassungen an. In der Reifephase, und noch mehr in der Phase der reinen Produktpflege, verschiebt sich der Fokus hingegen zunehmend wieder zur Marktbeobachtung und -analyse, um Anforderungen für Folge- bzw. Ergänzungsprodukte zu finden. Da sich diese Phasen über einen Zeitraum von mehreren Jahren hinziehen und sich zum Teil sogar überlagern, ist es für einen Produktmanager erforderlich, im Sinne der Selbstreflexion und -steuerung seine Tätigkeit und seine Schwerpunkte jeweils neu zu definieren und dies auch in der eigenen Organisation zu vermitteln.

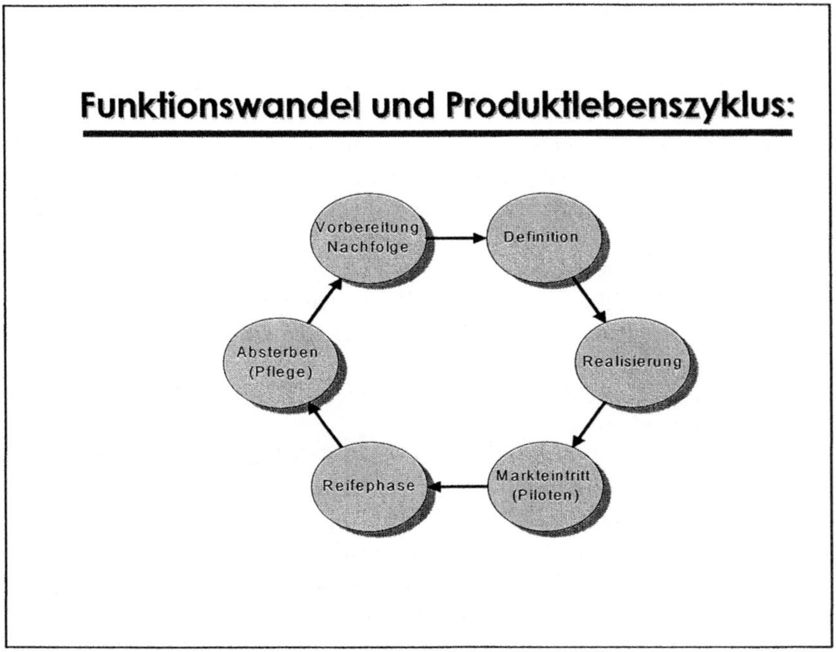

Abbildung 2: Wandel der Funktionen des Produktmanagements im Lebenszyklus des Produkts

5 Der Produktmanager als Koordinator

Produktmanager üben ihre Tätigkeit auf verschiedenen Ebenen aus. Zum einen agieren sie außerhalb des Unternehmens auf der Kundenseite: Sie spüren bei Vertriebspartnern und Endkunden (zukünftige) Ansprüche an das Produkt auf, bewerten diese und tragen sie in das eigene Unternehmen hinein. Damit sind die Produktmanager Ansprechpartner für die Kunden in allen Fragen, die die (Weiter-)Entwicklung des Produkts betreffen. In dieser Funktion sind die Produktmanager Agenten, die die Interessen des Unternehmens nach außen vertreten und als Vermittlungsinstanz zwischen Kunden und Entwicklungsabteilung wirken. Zum anderen agieren die Produktmanager aber auch innerhalb des Unternehmens: Indem sie die auf „ihr" Produkt ausgerichteten Aktivitäten verschiedener Abteilungen koordinieren, nehmen sie Planungs- und Managementaufgaben wahr. Allerdings ist diese Tätigkeit – wie geschildert – nicht mit einer Vorgesetztenfunktion verknüpft; die Produktmanager agieren als Gleiche unter Gleichen. Somit steht ihnen das Instrument der hierarchischen Koordinierung – die Anweisung – nicht zur Verfügung: Die Produktmanager müssen auf Diskurs, Überzeugung und Kooperation setzen.[8]

Die Tätigkeit der Produktmanager erschöpft sich aber nicht in einer technisch-organisatorischen Koordination betrieblicher (Teil-)Arbeiten und Prozesse: Produktmanager müssen eigene Ideen entwickeln, sie müssen kreativ sein, ein Gefühl für zukünftige Entwicklungstrends entwickeln und diese mit denjenigen innerhalb und außerhalb des Unternehmens diskutieren, welche die Produkte entwickeln oder später verkaufen bzw. kaufen sollen. Es gilt andere Ideen aufzunehmen oder zu entkräften, Bedenken zu berücksichtigen oder zu widerlegen und darauf zu achten, dass die unterschiedlichsten Perspektiven eingebracht und berücksichtigt werden können. Im Umsetzungsprozess ist zu prüfen, ob die getroffenen Vereinbarungen eingehalten werden können, ob es Rückschläge in der Entwicklung gibt, ob die Annahmen über den Markt noch richtig sind, ob man getroffene Entscheidungen ggf. revidieren und den Entwicklungsprozess in eine andere Richtung steuern soll. In der Phase des Markteintritts ist zu kontrollieren, ob sich die Erwartungen an das Produkt bei den unterschiedlichsten Kundengruppen erfüllen oder ob Revisionen und Anpassungen nötig sind. Das bedeutet, dass ein Produktmanager ständigen Kontakt zu Kunden, zur Entwicklung und zur

---

8 Im Beitrag von Bolte, Iwer und Weishaupt (in diesem Band) wird dargestellt, dass es Konfliktsituationen gibt, die mit diesen Mitteln nicht zu bewältigen sind. Dann bleiben die Produktmanager auf das Instrument der hierarchischen Koordinierung durch Vorgesetzte angewiesen.

Geschäftsführung halten muss, um Veränderungen frühzeitig erkennen und darauf reagieren zu können.

Dieses Fachwissen ist eine notwendige, aber keineswegs hinreichende Voraussetzung für die Tätigkeit eines Produktmanagers: Produktmanager sind auf die Kooperation mit anderen angewiesen; die meiste Arbeitszeit verbringen sie in der Kommunikation mit verschiedenen Partnern. Dazu benötigen sie erst einmal eine eigene Haltung gegenüber den Kooperationspartnern.[9] „Man arbeitet als Produktmanager in einem Spannungsfeld unterschiedlicher Interessen. In einem solchen Spannungsfeld muss man in der Lage sein, seine eigene Position zu finden und zu überdenken." Diese eigene Haltung ermöglicht eine eigenständige Beurteilung der Situation und ist damit eine Voraussetzung für ein erfolgreiches Agieren eines Produktmanagers: „Selbstständigkeit, Kompromissbereitschaft, Kommunikationsfähigkeit und ein gewisses Selbstvertrauen, dass man etwas erreichen kann und dass man es schon schafft, ein Problem zu lösen." Zudem ist Verlässlichkeit eine starke Voraussetzung für das Gelingen von Kooperationsbeziehungen und damit für die Tätigkeit eines Produktmanagers. Ob man sich wechselseitig aufeinander verlassen kann, stellt sich aber erst im Laufe einer Kooperationsbeziehung heraus. Die Erfahrungen und Einschätzungen aus vorangegangenen Gesprächen und Verhandlungen fließen in neue Vorhaben ein; man lernt Kooperationspartner einzuschätzen. Damit ein Produktmanager erfolgreich handeln kann, ist es also erforderlich, dass er die Situation im Unternehmen und die Möglichkeiten der Entwicklungsabteilung gut einschätzen kann: „Ich habe Selbstvertrauen und eine gewisse Selbstsicherheit: Ich weiß, was ich anderen zusagen kann; ich weiß aber auch, wo Grenzen liegen. Nur so kann ich, wenn ich etwas zusage, ein Versprechen auch halten."

Zu der Tätigkeit eines Produktmanagers gehört es, offene Prozesse und Interessenkonstellationen so zu steuern, dass am Ende für alle Beteiligten verbindliche Ergebnisse (Kundenvertrag, Pflichtenheft, Terminplanung) stehen. Dies erfordert in hohem Maße soziale Kompetenzen; zudem gründet die Wirksamkeit seiner Arbeit nicht in formaler Autorität, sondern in der Akzeptanz seiner Rolle und seiner Kompetenzen bei den beteiligten Akteuren. „Man bekommt als Produktmanager nicht per definitionem irgendeine Kompetenz, ein Ansehen oder eine Verfügungsgewalt zugeschrieben. Die muss man sich erarbeiten. Wenn man nicht weisungsbefugt ist, muss man über Akzeptanz oder über Kompetenz arbeiten." Solch eine persönliche Akzeptanz entsteht nur im Laufe der Tätigkeit als

[9] Die im Folgenden aufgeführten Zitate stammen – soweit sie nicht mit einer besonderen Quellenangabe versehen sind – aus Interviews mit Produktmanagern. Mit Rücksicht auf die zugesicherte Anonymität verzichten wir auf eine genauere Quellenangabe.

Produktmanager; sie entsteht nicht schon daraus, dass eine Geschäftsführung einen Produktmanager einsetzt.

Somit sind in diesem Spannungsfeld unterschiedlicher Anforderungen die Problemlagen, auf die ein Produktmanager trifft, nur zu einem kleinen Teil technischer Natur. Eine zentrale Rolle spielen vielmehr die Interaktion und Kommunikation mit unterschiedlichen Akteuren, insbesondere mit Kunden und Entwicklern. Die Interaktionen mit diesen beiden Akteursgruppen sollen im Folgenden dargestellt werden.

6 Interaktion mit Kunden

Die Position der Produktmanager wurde in dem hier beschriebenen Unternehmen unter anderem deshalb eingeführt, um die Beziehungen zu den Kunden neu zu gestalten. Die Produktmanager sind die Ansprechpartner für die Kunden in allen Fragen, welche die (Weiter-)Entwicklung des Produkts betreffen. Dabei nehmen die Vertriebspartner, die sogenannten VARs, eine Schlüsselstellung ein: Sie verfügen über einen erheblichen Teil der Zugänge zu den Endkunden und wissen somit um deren Bedürfnisse. Zudem müssen die VARs, die ja im Customizing in die technische und organisatorische Anpassung beim Endkunden einbezogen sind, frühzeitig über technische Erweiterungen und Konzepte informiert werden. Eine enge und systematische Verbindung zu den VARs erfüllt somit strukturell die Funktion, die andere Hersteller von Standardsoftware mit ihren Beta-Testgruppen realisieren. Dem Produktmanagement obliegt auch die fachliche Vorbereitung und Durchführung der regelmäßigen VAR-Tagungen, bei denen Themen wie die Schnittstellenausgestaltung oder die Produktweiterentwicklung diskutiert werden. Die strategische Aufgabe des Produktmanagements liegt – wie erwähnt – darin, die Weiterentwicklung des Produkts „entsprechend den Marktanforderungen“ zu forcieren. Doch diese Marktanforderungen sind nicht statisch; sie verändern sich mit ihrem Umfeld, mit neuen, auf dem Markt auftauchenden Produkten. Zudem sind diese Anforderungen auf eine Zukunft hin ausgerichtet, die nur begrenzt prognostizier- und planbar ist. Dementsprechend lassen sich eine strategische und langfristige Produktplanung und daraus resultierende Entscheidungen auch nicht unmittelbar aus den Marktanforderungen generieren. Gleichwohl müssen solche Entscheidungen getroffen werden.

Bei der Produktplanung kann man sich aufgrund der größeren Vorleistungen an Entwicklungsaufwand und der veränderten Vertriebsstruktur (vgl. Abschnitt 2) kaum auf die Usancen eines Projekthauses zurückziehen und direkt auf Einzelanforderungen reagieren. Ein Produktmanager schildert anschaulich die Unterschiede: „Es gab Banken und man hat dann irgendwie von Projekt zu Projekt irgendwie geschaut, was die für Anforderungen haben und hat dann danach entwickelt. Aber dass wir Produkte konsequent entwickeln, konsequent überlegen, ob und wie wir unser Produkt in verschiedenen Märkten platzieren können, das ist neu. Diese Funktion sollte der Produktmanager übernehmen."

Im Produktgeschäft ist diese Analyse- bzw. Identifikationsphase – im Unterschied zur Projektbearbeitung – nicht auf einen Kunden beschränkt: Veränderungen sind nur dann implementierbar, wenn sie zumindest den kleinsten gemeinsamen Nenner der Endkunden darstellen. Dies gilt einerseits für inkrementelle Verbesserungen am bestehenden Produkt, andererseits aber auch für das Antizipieren neuer Anforderungen und Markttrends. Die Aufgabe des Produktmanagements nach außen erfordert daher ein breites Beobachten des Marktes sowie eine intensive Beschäftigung mit den Erfahrungen sowohl der Endkunden wie auch der Vertriebspartner, der VARs. Dabei muss der Produktmanager immer zwischen kurzfristigen Anforderungen und langfristiger Perspektive unterscheiden: „Das ist ein großes Problem. Ich kann ja keine langfristige Entwicklung ausschließlich darauf aufbauen, dass ein Kunde sagt: Das will ich morgen haben. Der Kunde weiß in der Regel ja gar nicht, wie das in einem oder zwei Jahren aussieht."

Diese steigende Bedeutung der strategischen Planung ist aber nicht nur dem geschilderten Umstieg vom Projekt- zum Produkthaus geschuldet. Sie spiegelt auch die Veränderungen auf einem Markt wider, auf dem zwar viele Ansätze und Ideen miteinander konkurrieren, auf dem aber – wie die Krise der New Economy gezeigt hat – nach einer eher euphorischen Phase das Scheitern von Ideen zur Normalität geworden ist.

Auch Endkunden oder Vertriebspartner können zukünftige Entwicklungen und Anforderungen nicht zuverlässig prognostizieren. Gerade neue Endkunden haben meist nur sehr diffuse Vorstellungen von ihren Softwarewünschen; zudem ändern sich diese Wünsche sehr schnell, wenn die Kunden erst einmal mit entsprechenden Systemen gearbeitet haben. Diese Phänomene sind schon aus dem Projektgeschäft bekannt (vgl. Funken, 2001, S. 23); sie tauchen im Produktgeschäft in verschärfter Form wieder auf. Der Ausweg, die Kunden einfach nach ihren Wünschen zu befragen, ist damit nur begrenzt gangbar. Diese können dem Produktmanager eben nicht explizit sagen, was sie in zwei oder drei Jahren benötigen werden. Zudem ist ihre Sichtweise stark von ihren unternehmensinternen Verhältnissen geprägt: Entweder sind ihre Vorstellungen zu sehr an ihrem aktuellen System orientiert und es mangelt ihnen an Phantasie, darüber hinausgehende Vorstellungen zu entwickeln; oder sie verlangen nach Lösungen, die sich im Augenblick (noch) nicht – oder nicht mit einem vertretbaren Aufwand – realisieren lassen. Dieses Manko hat im Projektgeschäft keine so großen Auswirkungen, weil die Definition der Ziele und Realisierungen jeweils in einer gemeinsamen Interaktion zwischen Auftragnehmer und Auftraggeber entsteht, indem beispielsweise Prototypen gebaut werden, die noch verändert werden können. Im Produktgeschäft ist diese Abschätzung weitaus schwieriger zu realisieren. Doch wie sollen strategische Entscheidungen angesichts dieser Unsicherheiten über die zukünftige Marktentwicklung getroffen werden?

Die einzige Möglichkeit für einen Produktmanager besteht darin, sich selbst ein Bild vom Markt und von den zukünftigen Anforderungen zu machen: Er muss sich deshalb Informationen im eigenen Unternehmen, bei den Kunden und eventuell auch bei der Konkurrenz besorgen. Da sich zukünftige Anforderungen der Kunden nicht durch einfaches Abfragen eruieren lassen, muss der Produktmanager in einem dialogisch-explorativen Verfahren mit Kunden und Entwicklung versuchen, solche Tendenzen herauszufiltern. Dies kann nur dann gelingen, wenn der Produktmanager in die Welt der Kunden eintaucht, wenn er deren aktuelle Probleme auch aus deren Perspektive beurteilen kann. Anlässe für solche Gespräche finden sich in Problemsituationen, die bei Kunden entweder im Vorfeld eines Vertragsabschlusses oder nach der Installation eines Systems auftauchen: „Wenn es da technische Nachfragen oder Schwierigkeiten gibt, dann komme ich mit dazu." So werden die Besuche bei den Kunden zu einem wichtigen Bestandteil der Tätigkeit der Produktmanager; ca. ein Fünftel ihrer Arbeitszeit ist durch Presales-Aktivitäten bei Kunden bestimmt.

Der Produktmanager muss zu dem (End-)Kunden hinfahren, um die Situation vor Ort beurteilen zu können. Es genügt nicht, allein mit den Chefs zu reden: „Es gehört zum guten Stil, sich da direkt zu informieren, wie es wirklich abläuft. Sie müssen mit den Leuten reden, die wirklich mit dem System arbeiten, die es wirklich betreiben müssen, die wirklich die Probleme damit haben und die vielleicht auch beurteilen können, wie das Umfeld ist. Das bekommen Sie nur beim Kunden vor Ort hin. Da kriegt man dann auch mit, wer der richtige Ansprechpartner ist. In den Pausen oder nach den offiziellen Gesprächen kann man das dann im Einzelnen bereden. Oder die kommen direkt auf mich zu und fragen. Das kann auch passieren. (...) Man kann nicht von Kunden sprechen, wenn man den Kunden gar nicht gehört hat."

In der Konsequenz stellt sich die Arbeit mit den Kunden als ein Nebeneinander von planbaren und situativen Anteilen dar. So lässt sich zwar ein Teil der Kontakte zu den Vertriebspartnern vorausplanen, indem das Unternehmen zweimal jährlich Workshops organisiert. Hier stellen die Produktmanager neue Entwicklungen vor und diskutieren mit den Partnern zukünftige Trends. Aber die Vertriebspartner stoßen in ihrem alltäglichen Geschäft mit den Endkunden häufig auf spezifische Kundenanforderungen, die die Weiterentwicklung des Produkts betreffen. „Von Seiten der Partner kommen solche Anforderungen eigentlich immer situativ. Wir würden uns ja wünschen, dass ein Partner mit uns – unabhängig von konkreten Kundenanforderungen – über strategische Ziele spricht. Aber das ist einfach nicht die Realität.“

7 Interaktion mit Entwicklern

Die Marktanforderungen, wie sie sich aus der Sicht des Produktmanagers stellen, müssen in ein Produkt umgesetzt werden. Damit werden aus ihnen Anforderungen an die Entwicklung: Wenn der Produktmanager eine Vorstellung bzw. Ideen über vorzunehmende Änderungen oder Erweiterungen der Software hat, muss er diese den Entwicklern übermitteln. Das geschieht gerade in kleinen Unternehmen, die nicht über eine hoch arbeitsteilige Organisation und entsprechende Abläufe verfügen, nur zum Teil über formalisierte Pflichtenhefte; ein erheblicher Teil der Vermittlung ist informeller Natur, zumal der Produktmanager in der Regel nicht nur Anforderungen der Kunden benennt, sondern zugleich Lösungsansätze vorschlägt, die mit den Entwicklern diskutiert werden müssen. Der Produktmanager muss allerdings immer darauf achten, dass seine Produktideen mit den Möglichkeiten des Unternehmens in Übereinstimmung gebracht werden. „Das Produktmanagement hat genau diese Mittlerfunktion zwischen den Marktanforderungen und den Entwicklern. Es bestehen oft sehr große Unterschiede zwischen dem, was die Entwickler sich ausdenken, und dem, was die Kunden oder der Markt dann gebrauchen.“

Allerdings können Lösungsansätze teilweise auch erst im Rahmen der Realisierung überprüft werden: Ändert sich das Design, wird das konkrete Leistungsspektrum der neuen Version erst abschließend festgelegt. Dies ist dann wiederum mit den VARs und den Endkunden zu besprechen. Solche Anpassungen sind der Normalfall; sie entspringen nicht einer unzureichenden Planung, sondern sind der Komplexität geschuldet: „Auch bei uns im Unternehmen gibt es Leute, die keine Programmiererfahrung haben. Sie sind der Meinung, dass alles im Vorhinein beschrieben und vorgedacht werden kann. Das funktioniert aber nicht: Die Lösungen sind viel zu komplex, als dass wir alles vordenken könnten.“

In diesem Entwicklungsprozess haben die Produktmanager oftmals andere Anforderungen im Blick als die Entwickler: Letztere sehen vor allem die Verbesserung der technischen Funktionalitäten als ihr Ziel an, wenn sie beispielsweise die Erhöhung der Erkennungsraten um einen Prozentpunkt anstreben. Es kann aber sein, dass diese Leistung, die nur mit viel Aufwand zu erreichen ist, von den Kunden gar nicht entsprechend gewürdigt wird. Da sowieso nicht alle Dokumente hundertprozentig erkannt werden können, müssen die Kunden weiterhin Personal zur Nachbearbeitung vorhalten. Da spielt es für viele Kunden keine große Rolle, ob nun vier oder nur drei Prozent des Posteingangs nachbearbeitet werden müssen. Für diese Kunden sind die Handhabbarkeit und Ergonomie des Systems sicherlich viel wichtiger. Zudem gibt es auch auf diesem Markt gewisse Modeerscheinungen, auf die Anbieter reagieren müssen: „Auch Technologieentscheidungen sind letztlich immer intuitiv. Kunden können ein Produkt nie nach rein rationalen Kriterien auswählen. Das geht nicht: Ich kaufe ein Auto auch nicht nach rein rationalen Kriterien und genauso wenig macht das ein Kunde im Softwarebereich. Aufgrund einer Modeerscheinung meint ein Kunde, dass er unbedingt ein bestimmtes Feature braucht. Aber die Entscheidung, ob er ein bestimmtes Feature je gebrauchen wird, kann er nicht immer im Vorhinein treffen, weil er die Komplexität gar nicht übersehen kann."

Somit muss der Produktmanager darauf achten, dass bestimmte Standards, die sich auf dem Markt etablieren, eingehalten werden, obwohl deren technischer Nutzen vielleicht sogar eher fraglich ist. Wenn Konkurrenten Schnittstellen zu Visual Basic als Skriptsprache anbieten und es damit den Kunden ermöglichen, zusätzliche Module selbst zu programmieren, muss der effektive Nutzen für die Kunden nicht unbedingt sehr groß sein. Wenn es sich aber zeigt, dass diese Ausstattung von den Kunden nachgefragt wird, muss das Unternehmen darauf reagieren. Hier ist es die Aufgabe des Produktmanagers, die eigene Entwicklung zu überzeugen und Widerstände zu überwinden: „Ich kann den Entwicklern das erzählen, kann ihnen das erklären. Eigentlich wissen die auch, dass das so sein kann und dass das, was ich sage, wahr ist. Aber das heißt noch lange nicht, dass sie bereit sind, das zu akzeptieren."

Es reicht nicht, die Entwickler zu überreden. Nur wenn diese selbst von einer Lösung überzeugt sind, werden sie sich entsprechend engagieren. Ansonsten wird die Umsetzung des Vorhabens scheitern. Dies hat der Produktmanager zu berücksichtigen, wenn er mit den Entwicklern über zukünftige Releases verhandelt: „Ich kann zwar rationale Argumente an die Entwickler weitergeben. Aber was dabei herauskommt, ob die das wirklich verstehen, ob die sich wirklich dafür engagieren, das ist eine ganz andere Sache. Es ist natürlich bei neuen Dingen extrem schwierig zu vermitteln, was wir erreichen wollen. Wenn ich es aber schaffe, die Entwickler mit einzubinden, dann kommt schneller etwas dabei heraus; es ist qualitativ besser und ich kann dann mit ihm vielleicht auch über Details reden. Wenn ich es aber nicht schaffe, ihn einzubeziehen, dann gebe ich ihm hundertmal eine Spezifikation, an die er sich nicht hält. Dann muss ich sagen: ‚Du hast die Spezifikation nicht eingehalten!' Dann wird das alles sehr rationalisiert, aber das bringt mich am Ende auch nicht weiter. Deswegen versuche ich immer zu erreichen, dass der Entwickler sich mit meinen Anforderungen auch identifizieren kann und selbst dahinter steht."

Aber die Ziele des Produktmanagers sind häufig nicht mit denen der Entwicklungsabteilung identisch. So gerät der Produktmanager, der nur für „sein" Produkt zuständig ist, oftmals in Konflikt mit dem Entwicklungsleiter, der sich nicht nur um dieses eine Produkt, sondern auch um zahlreiche andere kümmern muss. „Na klar, die Produktmanager wollen individualisieren, die wollen möglichst auf ihren Bedarf zugeschnittene Entwicklungen haben. Ein Entwicklungsleiter ist dagegen bestrebt, möglichst wenig Hilfsmittel und Standards zu haben, damit er möglichst viele Ressourcen austauschen kann. Er möchte möglichst wenig neue Hilfsmittel haben, damit er sie effizient nutzen kann; er möchte möglichst ein Verfahren haben, das für alle Bereiche gilt. Das ist ein Konflikt, den man irgendwie lösen muss." In solchen Konfliktsituationen nützt es einem Produktmanager, wenn er sein Gegenüber gut kennt: Er kann abschätzen, auf welche Argumente sich sein Partner einlassen und welche er eher abblocken wird. Darauf kann er sich einstellen: „Also, ich kenne doch meine ‚Pappenheimer': Ich weiß doch sehr genau, wer auf welche Argumente oder welche Druckmittel reagieren wird."

Aber der Produktmanager bleibt immer derjenige, der die Sicht der Kunden in die Verhandlungen mit der Entwicklung einbringen muss: „Gerade dieses Visual Basic ist bei uns ein absoluter Streitpunkt. Das ist ein für Kunden deutlich erkennbares Kriterium, da sagen alle: ‚Das hast du, darüber brauchen wir nicht zu diskutieren.' Oder: ‚Das kannst du nicht, oh nein, dann kommt dieses System für uns überhaupt nicht infrage.' Wenn ich meinen (Vertriebs-)Partner gewinnen will und ich ihn erst einmal überzeugen muss, dass unsere alternativ angebotene Lösung viel, viel besser ist, tue ich mich schwer, schnell vorwärts zu kommen." Auch hier agiert der Produktmanager in einem Spannungsfeld unterschiedlicher Anforderungen. Seine Hauptaufgabe ist es, zu gemeinsamen Lösungen zu kommen und diese Lösungen in die Planung der Releases aufzunehmen. Mit dieser Festlegung ist von Seiten der Entwicklung aber auch der Anspruch verbunden, Sicherheit über die eingeschlagene Richtung zu erhalten.

8 Produktmanagement als Brücke zwischen Kunden und Entwicklern

Die Einführung des Produktmanagements als Brückenfunktion hat sich bei dem untersuchten Unternehmen bewährt. Insbesondere hat sich aus der Sicht aller Beteiligten die Wettbewerbssituation entscheidend verbessert: Für das Überleben auf den schnelllebigen internationalen IT-Märkten ist die Innovationsfähigkeit eines Unternehmens, die Fähigkeit, aktuelle und zukünftige Kundenbedarfe zu erkennen und zu erfüllen, von entscheidender Bedeutung. Die Einführung des Produktmanagements hat sich als ein erfolgreicher Weg erwiesen, die Abstimmung der Interessen der Kunden, der Entwicklungsabteilung und des Unternehmens zu gewährleisten. Es ist gelungen, die Bedarfe der Kunden zielgenau zu erfassen, auf Realisierungsmöglichkeiten hin zu überprüfen und somit der Entwicklung einen besseren Zugang zu den Kundenwünschen jenseits von „zufällig" geäußerten Partikularinteressen zu geben. Zudem hat sich gezeigt, dass die mit der Einführung des Produktmanagements erreichte interne Klarheit über zukünftige Entwicklungslinien auch zu einer neuen Klarheit gegenüber den Kunden geführt hat: Das Unternehmen ist nun in der Lage, fundierte Aussagen über zukünftige Entwicklungstrends zu treffen. Diese Ergebnisse können dann mit Kunden diskutiert und ggf. an weitere Kundenwünsche angepasst werden. Somit hat die Einführung des Produktmanagements zu einer deutlichen Verbesserung der Kunden- und Marktkommunikation beigetragen.

Der hier geschilderte Ansatz zeichnet sich dadurch aus, dass er der Vermittlung der unterschiedlichen Interessen und Perspektiven eine besondere Bedeutung zukommen lässt. Der Schwerpunkt der Etablierung des Produktmanagements liegt in der durch Interaktionsarbeit beschriebenen inhaltlichen Ausgestaltung dieser Tätigkeit: in der dialogisch-explorativen Vorgehensweise der Produktmanager, in der Herstellung gemeinsamer Erfahrungsräume mit Kunden und Entwicklern als Grundlage von Kooperation, in der Unterstützung einer gegenstands- und handlungsvermittelten Kommunikation, aber auch in der Herstellung persönlich-empathischer Beziehungen zu Kunden und Entwicklern.

Wie die mit einer solchen Brückenfunktion betrauten Personen in solchen Interaktionsbeziehungen handeln, welche Handlungsstrategien sie verfolgen, wird in dem folgenden Beitrag ausführlicher beschrieben. Als Einstieg hierfür seien zunächst noch einige Befunde aus dem untersuchten Unternehmen dargestellt: Sie geben Hinweise darauf, dass sich die geschilderte Interaktion der Produktmanager mit Kunden und Entwicklern nicht mit dem herkömmlichen Verständnis von Arbeit vereinbaren lässt und dieses somit einer Erweiterung bedarf.

9 Gespür, Gefühl und Erfahrungswissen als Voraussetzungen für ein erfolgreiches Handeln der Produktmanager

Henry Mintzberg (1991) hat darauf hingewiesen, dass es endlich Zeit sei, von der Vorstellung einer Rationalität ökonomischen Handelns und von dem Glauben an rationale Entscheidungsfindungen Abschied zu nehmen. Sutcliffe und Weber (2003) haben sogar die in der Diskussion um das Wissensmanagement häufig geäußerte Annahme widerlegt, dass Unternehmen über möglichst genaue Informationen – insbesondere über das Wettbewerbsumfeld – verfügen müssten, um sich schneller den sich ständig ändernden Märkten anzupassen und erfolgreich zu sein. Selbst wenn Informationen über das Umfeld zur Verfügung stehen, liegt es selten auf der Hand, welche Schlüsse aus ihnen zu ziehen sind. Zahlen und Fakten sprechen – entgegen einem weit verbreiteten Satz – nicht für sich. Es genügt nicht, diese Fakten zu verstehen; sie müssen darüber hinaus interpretiert werden.

Die Ungewissheit zukünftiger Ereignisse bewirkt, dass Entscheidungen risikobehaftet sind. Gerade wenn es um grundlegende strategische Entscheidungen, wie die Entwicklung neuer Produkte oder die Erschließung neuer Geschäftsfelder und Märkte geht, kann auch durch ein Mehr an Informationen die Rationalität von Entscheidungen nicht erhöht werden. Ob Interpretationen aber richtig oder falsch sind, ob sich eine Geschäftsidee durchsetzt, ob sich eine Investition auszahlt, lässt sich erst im Nachhinein anhand des Eintritts oder Nichteintritts gewisser Ereignisse beurteilen.

Auch die Arbeit eines Produktmanagers erfordert Abschätzungen und Entscheidungen, welche nicht allein nach dem Modell eines kognitiv-rationalen Handelns ablaufen können: Stattdessen sind Gefühl, Gespür und Erfahrungswissen notwendig. Zwar benötigen Produktmanager auch ein umfassendes Fachwissen (vgl. Bolte, Iwer & Weishaupt, in diesem Band); aber dieses Fachwissen reicht nicht aus: Ebenso notwendig ist ein Gespür dafür, was bei Kunden, Entwicklern und Vertriebsmitarbeitern „abläuft"; ein Gespür dafür, auf wen man sich verlassen kann; ein Gespür dafür, wie bestimmte Aussagen zu bewerten sind. Selbst Entscheidungen über die Neu- und Weiterentwicklung eines Produkts beruhen nicht vorwiegend auf Daten, sondern auf persönlichen Einschätzungen, auf Intuition.

Zwar hat einer der im Unternehmen tätigen Produktmanager als ehemaliger Programmierer und studierter Informatiker ein solides Hintergrundwissen, um Entwicklungstätigkeiten für das Produkt beurteilen zu können. Gleichwohl steckt er nicht so tief in der Entwicklung drin, dass er alle Aussagen der Entwickler zu den technischen Details beurteilen kann. Er benötigt somit über sein technisches Wissen hinaus ein Gespür dafür, was machbar ist, und er muss seine Gesprächspartner einschätzen können: „Bei den Entwicklern ist es so, dass es da welche gibt, die keine Probleme haben, einen anzulügen. Und wenn man das nicht durchschauen kann, dann tut man sich relativ schwer. Für mich ist es wichtig, ein Gefühl dafür zu haben, ob das, was ich von den Entwicklern als Feedback bekomme, der Wahrheit entspricht oder nicht. Die betreiben aus ihrer eigenen Position heraus immer eine eigene Politik, meist den Weg des geringsten Widerstandes." Ein Gefühl dafür, wie die Aussagen eines Entwicklers einzuschätzen sind, lässt sich nur aus konkreten Kooperationsbeziehungen entwickeln. Ähnliches gilt für die Einschätzung der Aussagen von Kunden: „Man benötigt ein Gefühl dafür, was bei den Kunden abläuft, wie die Spielchen, die da stattfinden, funktionieren. Wenn man das kennt, dann ist es relativ einfach."

Aber Gespür und Intuition sind nicht nur wichtig für die Bewertung der Beiträge der Verhandlungspartner. Letztendlich entscheiden Gespür und Intuition von Produktmanagern und anderen Entscheidungsträgern auch darüber, welche Strategie bei der Neu- und Weiterentwicklung der Produkte verfolgt werden soll. „Diese Vorhersagen, wie sich etwas entwickeln wird, entstehen zum großen Teil intuitiv. Dies gilt auch für das Gefühl und das Gespür, das man haben muss, um die Aussagen zum Produkt, welche die Partner und Kunden an uns herantragen, zu interpretieren. Aus diesem intuitiven Gefühl muss man dann die richtigen Schlüsse ziehen und argumentieren, warum das so ist. Wenn man das Gefühl hat, dass es sich in eine bestimmte Richtung entwickelt, muss man das anschließend mit Zahlen untermauern." Dieses Gespür für zukünftige Entwicklungen ist die erste Grundlage für Entscheidungen. Ein solches Gefühl ist aber anderen Personen schwer zu vermitteln, auf einer solchen Grundlage kann man kaum argumentieren. Dementsprechend muss ein Produktmanager – genau wie andere Manager – dieses Gefühl mit einer rationalen Begründung hinterlegen und Argumentationen finden, die anderen zugänglich sind. Solche Begründungen finden sich zumeist in Zahlen: „Man sucht dann: Das sind genau die Zahlen, die ich brauche, um meine These zu untermauern. Das ist ein rein rationales und schematisches Vorgehen."

Im folgenden Beitrag werden die hier geschilderten Phänomene eines subjektivierenden Arbeitshandelns näher ausgeführt und vertieft. In einem weiteren Beitrag werden auf dieser Grundlage arbeitsorganisatorische Gestaltungsprinzipien zur Förderung der Interaktionsarbeit des Produktmanagers vorgestellt.

Literatur

Baukrowitz, A., Boes, A. & Eckhardt, B. (1994). *Software als Arbeitsgestaltung. Konzeptionelle Neuorientierung der Aus- und Weiterbildung von Computerfachkräften.* Opladen: Westdeutscher Verlag.

Boes, A., Baukrowitz, A. & Eckhardt, B. (1995). Herausforderung „Informationsgesellschaft". Die Aus- und Weiterbildung von IT-Fachkräften vor einer konzeptionellen Neuorientierung. *Mitteilungen aus der Arbeitsmarkt- und Berufsforschung, 28 (2)*, 239-251.

Böhle, F. & Bolte, A. (2002). *Die Entdeckung des Informellen – Der schwierige Umgang mit Kooperation im Arbeitsalltag.* Frankfurt: Campus.

Bolte, A. (2000). Ingenieure zwischen Theorie und Praxis – Zum Umgang mit Unwägbarkeiten in der Innovationsarbeit. In ISF München (Hrsg.), *Jahrbuch Sozialwissenschaftliche Technikberichterstattung 2000 – Schwerpunkt: Innovation und Arbeit* (S. 107-149). Berlin: edition sigma.

Bolte, A. & Porschen, S. (2006). *Die Organisation des Informellen.* Wiesbaden: Verlag für Sozialwissenschaften.

Brödner, P. & Simonis, G. (Hrsg.). (1991). *Arbeitsgestaltung und partizipative Systementwicklung.* Opladen: Westdeutscher Verlag.

Floyd, C., Mehl, W.-M., Reisin, F.-M., Schmidt, G. & Wolf, G. (1987). *Scanorama – Methoden, Konzepte, Realisierungsbedingungen und Ergebnisse von Initiativen alternativer Softwareentwicklung und -gestaltung in Skandinavien* (Werkstattbericht Nr. 30, Reihe Mensch und Technik, Sozialverträgliche Technikgestaltung). Düsseldorf: Ministeriums für Arbeit, Gesundheit und Soziales NRW.

Funken, C. (2001). *Modellierung der Welt. Wissenssoziologische Studien zur Software-Entwicklung.* Opladen: Leske und Budrich.

Kieser, A. & Kubicek, H. (1992). *Organisation* (3. Aufl.). Berlin: de Gruyter.

Malik, F. (2002). *Führen, Leisten, Leben – Wirksames Management für eine neue Zeit.* (4. Aufl.). Stuttgart: Heyne.

Mintzberg, H. (1991). *Mintzberg über Management.* Wiesbaden: Gabler.

Rauterberg, M., Spinas, P., Strohm, O., Ulich, E. & Waber, D. (1994). *Benutzerorientierte Software-Entwicklung.* Stuttgart: vdf.

Steinmann, H. & Schreyögg, G. (2000). *Management – Grundlagen der Unternehmensführung – Konzepte – Funktionen – Fallstudien.* Wiesbaden: Gabler.

Sutcliffe, K.M. & Weber, K. (2003). *Wenn Wissen schadet. Harvard Business manager, 25 (8)*, 66-79.

Weltz, F. & Ortmann, R.G. (1992). *Das Softwareprojekt. Projektmanagement in der Praxis.* Frankfurt: Campus.

Subjektivierendes Arbeitshandeln des Produktmanagers – die Interaktion mit Kunden und Entwicklern

Sabine Weishaupt, Gabriele Hösl, Annegret Bolte & Frank Iwer

1 Subjektivierendes Handeln bei der Vermittlung zwischen Kunden und Entwicklern

In diesem Beitrag sollen die bereits mehrfach angesprochenen besonderen Anforderungen von Produktmanagern in der Brückenfunktion und deren Bewältigungsstrategien durch ein erfahrungsgeleitetes subjektivierendes Arbeitshandeln systematisiert und empirisch illustriert werden. Wenn wir hier von Produktmanagern sprechen, meinen wir all die Personen, die im Rahmen der Softwareentwicklung mit einer Brückenfunktion, d.h. der Vermittlung zwischen den Kundeninteressen und den Entwicklungsanforderungen, betraut sind. In unseren empirischen Untersuchungen im Rahmen des Verbundvorhabens „Interaktionsarbeit" waren dies neben Produktmanagern beispielsweise auch Marketingmanager oder, in kleinen Softwareunternehmen, auch die Inhaber oder Geschäftsführer, die eine solche Brücken- und Vermittlungsfunktion jedoch eher „naturwüchsig", d.h. eher nebenbei, eher notgedrungen, jedenfalls nicht entsprechend institutionalisiert bzw. ausgestaltet und ausgestattet, ausführten.[1] Nicht nur aus sprachlichen Gründen („mit der Brückenfunktion betraute Person" klingt ähnlich sperrig wie „Brückenmensch"), sondern weil auch beim „klassischen" Produktmanager zumeist eine Kundenbetreuung mit angelegt ist, vor allem jedoch weil bei unserem Projektpartner und Umsetzungsbetrieb Kleindienst Solutions GmbH & Co. KG die Brückenfunktion mit der Position eines Produktmanagers etabliert und konkret

---

1 Grundlage waren Experteninterviews in sechs Unternehmen, von denen vier als Softwarehersteller firmieren und zwei als Großbetriebe aus anderen Branchen auch selbst Software entwickeln – in einem Fall für externe Kunden, in einem Fall für interne Kunden (Abteilungen oder Tochterunternehmen). Die Untersuchungen und Auswertungen zum subjektivierenden Arbeitshandeln wurden durchgeführt vom Verbundpartner Universität Augsburg: Dipl.-Soz. Sabine Weishaupt, Dipl.-Soz. Gabriele Hösl und Prof. Dr. Fritz Böhle. Alle im Folgenden angeführten Zitate stammen aus diesen Interviews mit Produktmanagern bzw. anderen mit der Brückenfunktion betrauten Personen.

ausgestaltet wurde (vgl. Bolte, sowie Bolte, Iwer & Weishaupt, in diesem Band), benennen auch wir im Folgenden die Person, die eine solche Brücken- und Vermittlungsposition innehat, „Produktmanager".

Produktmanager in der Brückenfunktion zwischen Entwicklern und Kunden sind in einem Spannungsfeld unterschiedlicher Anforderungen tätig. Wie die Produktmanager mit diesen Anforderungen umgehen, wie sie agieren und welche Voraussetzungen sie dafür mitbringen müssen, soll im Folgenden aus Sicht der Produktmanager geschildert werden.

Die Problemlagen, auf die Produktmanager stoßen, sind nur zu einem kleinen Teil technischer Natur. Ihre Hauptaufgabe ist es, zu gemeinsamen Lösungen zu kommen und diese Lösungen in die Planung von neuen Produkten oder Releases aufzunehmen. Es geht darum, die externen Anforderungen (die in der Regel nicht klar sind, sondern eruiert und „erspürt" werden müssen; siehe unten) und die internen Fähigkeiten und Kapazitäten aufeinander abzustimmen und zu einer für beide Seiten erfolgreichen Lösung zu kommen. Diese Abstimmung ist zu einem großen Teil Interaktionsarbeit – und zwar in zwei Richtungen: Interaktionsarbeit mit dem Kunden und Interaktionsarbeit mit dem Entwickler. Dabei agieren die Produktmanager in unterschiedlichen Welten und erbringen Übersetzungsleistungen von der einen Welt in die andere: „Da geht es um die Fähigkeit zur Kommunikation, um die vermittelnde Rolle. Das hat auch was mit Diplomatie zu tun. Mit Feeling; damit, ein Gespür für die Situation zu haben; damit, auch andere Leute sozial einschätzen zu können."

Die Tätigkeit von Produktmanagern ist immer auf eine Zukunft hin ausgerichtet, die nicht vorhersehbar ist und damit Überraschungen in sich birgt. Solche Abweichungen von den ursprünglichen Annahmen muss ein Produktmanager aufnehmen, er muss darauf gegebenenfalls reagieren und gemeinsam mit den anderen Beteiligten Konzepte und Ziele revidieren und neu definieren. Für den Umgang mit ex ante nicht planbaren und technisch-wissenschaftlich nicht beherrschbaren Unwägbarkeiten sind besondere Formen des Arbeitshandelns notwendig, die wir als erfahrungsgeleitet-subjektivierend bezeichnen (vgl. Böhle, Glaser & Büssing, sowie Weishaupt, in diesem Band). Hier werden Fähigkeiten und Arbeitspraktiken von Arbeitskräften ins Blickfeld gerückt, die aus dem vorherrschenden Konzept von Arbeit als planmäßig-rationalem Arbeitshandeln bislang weitgehend ausgegrenzt oder als unzureichend, wenn nicht sogar störend und gefährlich eingeschätzt wurden.

Die Bezeichnung „subjektivierend" unterstreicht die Bedeutung des Subjektcharakters des Interaktionspartners wie auch des Arbeitsgegenstandes sowie die Bedeutung sogenannter subjektiver Faktoren wie Gefühl, Erleben und Empfinden. Der Begriff erfahrungsgeleitet betont die besondere Rolle des „Erfahrens" als Grundlage sowohl des kognitiven als auch des praktischen Umgangs mit äußeren Gegebenheiten. Demgegenüber lässt sich ein planmäßig-rationales Handeln auch als ein objektivierendes Handeln bezeichnen, da hier – im Prinzip – subjektunabhängige allgemeingültige Kriterien für Wissen, Verfahren und ähnliches zur Anwendung kommen. Objektivierendes und subjektivierendes Arbeitshandeln unterscheiden sich nicht grundsätzlich hinsichtlich ihrer Funktionalität; sie sind beide arbeitsbezogen und weisen allgemeine Merkmale von Arbeit als instrumentellem Handeln auf. Sie unterscheiden sich jedoch hinsichtlich des „Wie" bzw. der Arbeitsweise, mittels der Ziele definiert und erreicht werden (vgl. Böhle & Weishaupt, im Druck).

Das herkömmliche Verständnis auch von Vermittlung und Kommunikation bei der Klärung technisch-sachlicher Probleme ist primär an einem sogenannten objektivierenden Handeln orientiert, das ein planmäßiges Vorgehen und eine sachliche Beziehung zu Personen und Arbeitsgegenständen ebenso umfasst wie ein logisch-formales Denken und eine exakte objektive Wahrnehmung. In unseren Untersuchungen ist aber deutlich geworden, dass Produktmanager ebenso Fähigkeiten zum erfahrungsgeleiteten, subjektivierenden Handeln, wie ein dialogisch-exploratives Vorgehen und assoziatives Denken auf der Basis von Erfahrungswissen, eine persönliche Beziehung zu Interaktionspartnern und den Arbeitsgegenständen sowie eine komplexe sinnliche Wahrnehmung sowohl benötigen als auch einsetzen. Ausprobieren und suchen, Dialog und Interaktion mit Personen sowie den Arbeitsgegenständen, Imagination und Empathie sind konstitutive Bestandteile sowohl der Arbeitsanforderungen als auch des Arbeitsvermögens.

Für die Arbeit von Softwareentwicklern oder Produktmanagern sind die Anforderungen an objektivierendes Handeln hinlänglich bekannt. Sie benötigen auf der Wissensebene theoretische Kenntnisse und Fachwissen darüber, wie man programmiert und wie man ein definiertes Problem in ein Programm umsetzt. Dabei betrachten sie ihr Produkt aus einer distanziert-sachlichen Perspektive. Mit Kunden und Entwicklern kooperieren die Produktmanager auf der Grundlage von deren betrieblichen Positionen; so müssen sie beispielsweise gegenüber Entscheidern bei Kunden entsprechend auftreten. Diese Handlungsanforderungen und Handlungsaspekte auf der Seite des objektivierenden Handelns sind alle unumstritten.

Im Folgenden sollen für die Handlungsdimensionen Vorgehen (2.), sinnliche Wahrnehmung (3.) Wissen und Denken (4.) sowie Beziehung zu Personen und Arbeitsgegenständen (5.) aber nicht primär die Anforderungen auf der Seite des objektivierenden Arbeitshandelns dargestellt werden, sondern vor allem die auf der Seite des subjektivierenden Arbeitshandelns als wesentlichem Bestandteil von erfolgreicher Interaktionsarbeit.

2 Vorgehen

Um sowohl die Kundenbedarfe als auch die eigenen Möglichkeiten einschätzen und voraussehen zu können, ist für den Produktmanager zunächst die Beschaffung von Informationen im eigenen Unternehmen, bei den Kunden und eventuell auch bei der Konkurrenz unabdingbar.

Da sich weder der aktuelle Kundenbedarf und die Kundenbedürfnisse im Projektgeschäft, noch künftige Entwicklungen oder künftige Anforderungen der Kunden im Produktgeschäft durch einfache Abfragen eruieren lassen, bleibt dem Produktmanager nur die Möglichkeit, in einem dialogisch-explorativen Vorgehen mit Kunden und eigener Entwicklung solche Tendenzen herauszufiltern. Die Kunden haben ihre eigene Situation vor Augen, ohne unbedingt zu wissen, ob, in welcher Form, und unter welchen Bedingungen sich der Einsatz von Software anbietet:

> „Die einzige Möglichkeit herauszukriegen, was der Kunde wirklich will, ist permanentes Nachfragen: ‚Kann ich mir das so und so vorstellen? Ist das so richtig?' Das heißt, ich nehme entgegen, was er mir erzählt und hole mir sofort sein Feedback. Ich frage ab, ob meine Vorstellung, die ich jetzt habe, nachdem er mir das erklärt hat, mit dem übereinstimmt, was er sich vorstellt. Ich sage also: ‚Ich habe jetzt folgendes Bild. Ist das so richtig, stimmt das mit dem, was Sie sich vorstellen, überein?' Also, es ist im Prinzip ein Dialog, wo ich permanent nachhake und versuche festzustellen, ob unsere Vorstellungswelten übereinstimmen."

Zugleich muss der Produktmanager „das, was der Kunde sagt oder irgendwie zu erkennen gibt, strukturieren und ordnen." Dabei darf er jedoch kein vorgefertigtes Muster oder Raster im Kopf haben, denn er muss für die individuellen Belange des Kunden offen sein – nur so lässt sich eine zufriedenstellende Lösung entwickeln:

> „Ich habe keinen standardisierten Fragenkatalog, weil ich eine Bedarfsanalyse wirklich individuell vor Ort mit dem Kunden erarbeite. Ich lehne die Standardisierung ab, weil das immer eine Typisierung ist, wo ich von vorneherein schon versuche, jemanden in ein Raster zu pressen. Das entspricht überhaupt nicht meiner Arbeitsaufgabe, da würde ich nicht weit kommen."

Mit dem Begriff „vor Ort“ wurde hier ein weiterer sehr wichtiger Umstand für die erfolgreiche Aufgabenerfüllung des Produktmanagers angesprochen. Der Produktmanager muss zu den Kunden „hinfahren und die Struktur, Arbeitsweise etc. des Betriebs anschauen“. Denn bei allem Eruieren, Vorstellen und Einfühlen geht es nicht um den Kunden als Person, sondern der Produktmanager muss über die vom Kunden vermittelten, verbalen und nonverbalen Informationen die dahinterliegende komplexe Realität des Betriebes und damit den betrieblichen Bedarf ermitteln. Dazu ist es erforderlich, diese betriebliche Realität selbst wahrzunehmen, selbst zu erleben, ein Gefühl dafür zu bekommen:

> „Ich nutze dann alles, alle sensorischen Mittel, die mir zur Verfügung stehen. Wie ist die Stimmung in dem Laden, lachen die Leute auf dem Gang, sind die grimmig? Wie gehen die, was für eine Körperhaltung haben die? Wie ist der Umgang, wie ist die Tonalität in der Firma, sind die Leute mit Spaß bei der Arbeit? Was für ein Klima ist das, arbeiten die miteinander oder sind das lauter Einzelkämpfer, obwohl sie eine Firma sind? Gibt es so was wie Teams, ist da Teamwork vorhanden usw.? Da geht es um die Struktur, die Organisation, aber auch um das reale Leben des ganzen Betriebes. Das sind auch gefühlsmäßige Dinge, vieles kann ich nur so abklären.“

Ein erstes verbindliches Ergebnis ist die Planung, wie eine Lösung aussehen kann, was sie enthalten soll, in welchem zeitlichen Rahmen sie umgesetzt werden soll, und mit welchen Kosten zu rechnen ist. Doch selbst solch eine Planung kann den Weg nicht Schritt für Schritt festlegen. Der Prozess ist zu komplex, Unwägbarkeiten (z.B. sich im Prozess entwickelnde, weitergehende inhaltliche Anforderungen, entsprechende zeitliche Verschiebungen und technische Folgekosten o.ä.) gehören sozusagen zum Alltagsgeschäft. Somit legt die Planung Mindestanforderungen und angestrebte Ziele fest und stellt einen Rahmenplan im Sinne einer offenen Planung dar:

> „Die Planung ist eine Verknüpfung zwischen Kunde und Entwickler. Die Planung ist jedoch nicht so sehr detailliert. Denn im gesamten Prozess gibt es immer Unwägbarkeiten und Unvorhersehbares. Die Planung ist immer so offen, dass eine flexible Änderung mit Kunde oder Entwickler möglich ist.“

Der Produktmanager muss aber auch beurteilen, welche Leistungen die eigene Entwicklung erbringen kann: „Ich habe einen technischen Einblick in die Programmierung und in das, was möglich ist und in das, was nicht geht. Deshalb kann ich das beurteilen, was machbar ist und was nicht.“ Dieser Einblick in die Machbarkeit ist die Voraussetzung dafür, mit den Programmierern über die Anforderungen an das Produkt sprechen zu können. Der Produktmanager kann ja seine Vorstellungen nicht unmittelbar umsetzen; er ist dazu auf die Zusammenarbeit mit den Programmierern angewiesen:

> „Ich muss die Programmierer ja auf meiner Seite haben. Ich muss ja ihr Wohlwollen haben; ich muss ja wollen, dass sie das gleiche Ziel haben wie ich. Deshalb fange ich damit an, ihnen zu erklären, worin der Vorteil liegt, wenn wir das in Zukunft so oder anders machen wollen. Das ist der Einstieg."

Der Produktmanager agiert gegenüber den Programmierern ähnlich wie gegenüber den Kunden; auch mit ihnen muss er eine gemeinsame Verständigungsbasis schaffen:

> „Ich muss meine Vorstellung dem Programmierer beschreiben, ihn in meine Vorstellungswelt holen. Im Endeffekt erkläre ich ihm eigentlich ganz bildlich, wie ich mir das vorstelle, wenn es fertig ist. Ja, ich sage ihm, was ich gern hätte, was das Endergebnis sein sollte, visualisiere ihm das Bild vor meinem inneren Auge, wie ich meine, dass das Problem lösbar ist."

Unklarheiten darüber, was geht und was nicht geht, bestehen aber nicht nur auf Seiten der Kunden, sondern auch auf Seiten der Programmierer:

> „Es gibt auch noch Aushandlungen: Es gibt schon Situationen, wo der Programmierer sagt: ‚So in der Form, ganz genau so geht es nicht!' Da muss ich nachhaken: ‚Warum geht es nicht, wo ist das technische Problem oder wo ist das Programmierproblem? Welches Problem gibt es überhaupt?'"

Hierbei helfen Visualisierungen, die etwa durch Zeichnen sinnlich erfahrbar gemacht werden und die der Welt der Programmierer entsprechen, wie zum Beispiel „so eine Art Organigramm oder Flussprozess".

3 Sinnliche Wahrnehmung

Produktmanager müssen die Entwicklungen um sich herum wahrnehmen; sie beobachten den Markt, um zu schauen, was andere Anbieter herausbringen, oder in welche Richtung diese beispielsweise forschen. Neben diesen Anforderungen an objektivierendes Handeln entwickeln sie aber vor allem ein Gespür für die Situation; sie nehmen unbestimmte und vielschichtige Signale wahr, interpretieren und schätzen sie ein. Solch ein Gespür ist gerade im Prozess der Evaluation von Kundenwünschen von großer Bedeutung. Eine Voraussetzung, um dies zu erlangen, ist zunächst ein sehr genaues Hinhören:

„Also, im Gespräch mit dem Kunden ist das Hören für mich besonders wichtig. Also, hören im Sinne von genauer hören, tiefer hören, Zwischentöne zu hören. Auch nachzufragen, wenn mir etwas nicht klar ist. Dazu muss ich erst einmal besonders aufmerksam zuhören."

Es geht dabei also auch um Tonfall, Tonlage, Wortwahl, Aussprache usw., das heißt um eine subtile Wahrnehmung von nicht objektiv definierbaren Informationen:

„Manchmal ist sich der Kunde selbst nicht sicher, dann muss ich ja den Kunden irgendwo beraten. Also, dann muss ich zwischen den Zeilen die Unsicherheit, mit der er mir das erklärt, hören. Ja, man muss auch beim Hören zwischen den Zeilen lesen. Ich versuche mehr zu hören, als offensichtlich da ist."

Dabei nutzt und kombiniert der Produktmanager verschiedene Sinne, denn er behält sein Gegenüber auch im Auge, er achtet auf Körperhaltungen, Mimik, Gestik und andere Äußerungen. Er interpretiert für sich, „ob ich das Gehörte in Einklang bringe mit dem, was ich sehe, oder ob es da einen Widerspruch gibt. Der kann mir ja eine Geschichte erzählen und rutscht die ganze Zeit so unmutig auf dem Stuhl hin und her. Oder er hat einen Gesichtsausdruck, wo ich sage: ‚Irgendwas stimmt da nicht. Will der das überhaupt, oder warum erzählt der mir das jetzt?'" Solche Unstimmigkeiten zwischen verbaler und nonverbaler Kommunikation bedürfen der Interpretation:

„Das wäre eine Dissonanz. Ich würde zum Beispiel feststellen, dass zwischen dem, was gesprochen wird und dem, wie die Erscheinung des Gegenübers wirkt, etwas nicht zusammen stimmt. Das würde ich dann erspüren, das wäre dann ein Gefühl."

Dabei kann sich der Produktmanager im Endeffekt nur auf sein subjektives Empfinden verlassen: „Ich versuche intuitiv festzustellen, ob der Gesamteindruck stimmt."

Die Wahrnehmung sämtlicher relevanten Informationen, also auch der nicht exakt beschreibbaren und objektiv definierbaren Informationen, sowie deren Abgleich und Interpretation auf der Basis einer gefühlsmäßigen Stimmigkeit sind erforderlich, um den Kundenbedarf bzw. seine Bedürfnisse wirklich zu erkennen und eine entsprechende Lösung entwickeln zu können:

„Aus dem, was ich höre, sehe, wahrnehme und spüre, muss ich Rückschlüsse ziehen für die Bedarfsanalyse und natürlich auch hinsichtlich der Lösung des Problems. Ich vernetze das in dem Moment schon mit der Frage: Gibt es da einen Weg in diese oder jene Richtung, um das Problem zu lösen? Also, es ist ein zwischen den Zeilen lesen: Was will er noch, will er das wirklich so, ist das überzeugend, was er will?“

Wesentlich ist dabei jedoch, wie bereits erwähnt, dass es nicht primär darum geht, die „persönlichen“ Bedürfnisse des Kunden zu erfassen. Im Zentrum steht vielmehr, vermittelt über das Gespräch mit dem Kunden, die konkreten Gegebenheiten und Anforderungen des jeweiligen Anwendungsbereiches der Software zu erkennen und zu bestimmen. Auf eine ähnliche Weise wie den Kunden nimmt der Produktmanager auch den Programmierer wahr:

> „Beim Programmierer ist es genau das Gleiche: Wenn er anfängt, hin und her zu schaukeln und sich nach hinten lehnt, ja, dann habe ich das Gefühl, dass er mir – wie soll ich es sagen – wegrutscht, entgleitet, dass er nicht mehr präsent ist, dass ich ihn wieder holen muss.“

Die verschiedenen Sinne spielen aber nicht nur bei der Wahrnehmung der verbalen oder nonverbalen Äußerungen der beiden Interaktionspartner Kunde und Programmierer eine Rolle. Sie werden vom Produktmanager auch genutzt, um seine Lösungsvorschläge, zugeschnitten auf den jeweiligen Kunden oder Entwickler, sinnlich erfahrbar und damit besser versteh- und erlebbar, vermitteln zu können:

> „Es gibt auditive Typen, der reagiert auf das, was er hört. Es gibt visuelle Typen, der reagiert auf das, was er sieht. Es gibt sogar einen haptischen Menschen, der reagiert mehr auf das, was er fühlt. Ja, das sind diese verschiedenen Ebenen des Erlebens. Ich muss natürlich auch das Feeling dafür haben, was für ein Typ sitzt mir denn eigentlich gegenüber? Auf was reagiert er, und wie gehe ich bei dem am besten vor?“

Die sinnliche Wahrnehmung des Produktmanagers beschränkt sich nicht auf die Interaktion mit Kunden und Entwicklern. Ganz wesentlich ist darüber hinaus die Wahrnehmung ihrer Arbeitsgegenstände, der Programme. Doch diese entziehen sich der direkten Beobachtung: Sie können nur als mentale Modelle imaginiert werden. Die Produktmanager stellen sich mentale Bilder vor, um sich Programmabläufe und eventuell auftretende Schwierigkeiten anschaulich zu machen und zu vergegenständlichen:

> „Ich versuche, das, was man mir erklärt hat und was ich gehört habe, in ein Bild umzusetzen. Ich sehe das zwar nicht aktiv mit meinem äußeren Auge, sondern ich sehe es mit meinem inneren Auge. Das ist eine Visualisierung im Kopf – und das ist für mich auch ‚sehen'.“

Diese Visualisierung geht so weit, dass vor dem „inneren Auge" ganze Filme ablaufen:[2]

> „Wenn es komplexere Dinge sind, dann erfordert das natürlich auch ein komplexeres Bild. Das können dann natürlich auch Bildabläufe sein. Also, es klingt vielleicht bescheuert, aber ich habe vor meinem inneren Auge schon komplette Zeichentrickfilme ablaufen sehen."

Produktmanager sind also mit einer Vielzahl von Sinneseindrücken aus ihren Interaktionen mit Kunden und Entwicklern konfrontiert, aber auch mit den von ihnen selbst geschaffenen inneren Bildern. Die Gesamtheit dieser komplexen Wahrnehmungen hilft den Produktmanagern, Situationen sicher beurteilen zu können:

> „Ich vernetze alle Sinne. Ich verlasse mich nicht auf die Information eines einzelnen Sinnes, sondern ich verlasse mich auf deren Zusammenführung. Wenn ich feststelle, dass die überwiegend übereinstimmen, dann kann ich mich gefühlsmäßig darauf verlassen. Wenn sie aber überwiegend nicht übereinstimmen, dann stimmt etwas nicht. Also, es ist die Summe der Sinne."

Solche komplexen sinnlichen Wahrnehmungen verdichten sich zu einem Gespür für die Situation:

> „Mit dem Gefühl bewerte ich, was ich da oben (deutet auf den Kopf, Anm. d. Verf.) gesehen und gehört habe. Also, das Gefühl oder das Gespür hier unten (deutet auf den Bauch, Anm. d. Verf.) ist der Filter, der Trichter, durch den das Gesehene und Gehörte laufen, um die Informationen zu verifizieren."

Aber Gespür und Intuition sind nicht nur wichtig für die Bewertung der Beiträge der Verhandlungspartner. Letztendlich entscheiden Gespür und Intuition von Produktmanagern – wie im vorherigen Beitrag geschildert – auch darüber, welche Strategie bei der Neu- und Weiterentwicklung im Produktgeschäft verfolgt werden soll.

---

2 Solche Phänomene werden auch von Facharbeitern geschildert, die schon bei der Programmierung einer CNC-Werkzeugmaschine die spätere Bearbeitung des Werkstücks „sehen" (vgl. Bolte, 1993).

4 Wissen und Denken

Produktmanager an der Schnittstelle zwischen Softwareentwicklung und Kunden benötigen im Projektgeschäft zunächst ein fundiertes fachliches Wissen über Inhalte und Möglichkeiten der Softwareentwicklung und -programmierung und im Produktgeschäft auch fundierte Kenntnisse über das eigene Produkt und dessen Eigenschaften, über dessen Entwicklungsstand und über Entwicklungsperspektiven. Sie müssen das Produkt kennen, seine Anwendungsbereiche, den Stand seiner Entwicklung und dessen Entwicklungsperspektiven. Gerade in ihrer Brückenfunktion benötigen Produktmanager aber auch Kenntnisse über die Anwendungssituationen bei den Kunden. Um diese Kenntnisse zu erlangen, gehen sie zunächst planmäßig vor: Sie besorgen sich bei den Kunden Informationen über die Anwendungssituationen; sie beobachten den Markt, um frühzeitig auf Veränderungen reagieren zu können. In den Worten eines Produktmanagers: „Man benötigt eine solide fachliche Basis; man muss Ahnung von Strukturen, Abläufen und Machbarkeiten haben."

Neben der Lösungsfindung und -organisation im Projektgeschäft, besteht die Aufgabe eines Produktmanagers im Produktgeschäft darüber hinaus vor allem darin, die Weiterentwicklung des Produkts zu steuern. Dazu braucht er eine Vorstellung davon, wo nicht nur aktuelle, sondern auch zukünftige Bedürfnisse der Kunden liegen: Ist es z.B. sinnvoll, mit großem Aufwand den Erkennungsgrad für Rechnungen von 95% auf 98% zu steigern? Lohnt sich die Ausweitung auf fremdsprachige Rechnungen oder auf solche, die nicht mit dem in Deutschland gültigen Mehrwertsteuersatz operieren? Rechtfertigt der zu erwartende Nutzen den Aufwand? Sind die Kunden bereit, den Aufwand zu bezahlen? Solche Fragen sind ebenso wie bei der Lösungsfindung im Projektgeschäft nicht durch einfaches Abfragen von Wünschen zu evaluieren. Der Produktmanager muss sich statt dessen in beiden Fällen in die Situation der Kunden hineinversetzen, er muss die Abläufe bei den Kunden aus eigenem Erleben nachvollziehen können.

Dazu benötigt er ein Vorstellungsvermögen über das, was dem Kunden wichtig ist. Produktmanager schildern, dass sie in Vorstellungswelten hineintauchen: „Ich muss permanent in der Lage sein, mich in die Empfängersituation zu versetzen", oder: „Ich muss in die Perspektive des Kunden eintauchen". Dabei überprüft der Produktmanager mit Hilfe von Visualisierungen, ob seine Vorstellungswelt mit der des Kunden übereinstimmt und wo Differenzen liegen:

> „Wenn ich ihm etwas visualisiere, dann sagt er mir gleich, wo die Fehler sind in meinem Bild. Weil es stimmt dann ja vielleicht mit seiner Vorstellung nicht überein. Aber dann kriege ich raus, wo unsere Vorstellungen nicht übereinstimmen – auf die-

sem Weg. Mit Visualisierung kriege ich raus, wo unsere Vorstellungen nicht übereinstimmen."

Eine solche Übereinstimmung der Vorstellungswelten ist eine wichtige Voraussetzung, um den Bedarf und die Bedürfnisse des Kunden in die Sprache und die Welt des Entwicklers übersetzen zu können:

> „Also, es ist im Endeffekt ein dialektischer Prozess, wo ich permanent nachhake: Stimmen unsere Vorstellungswelten überein, ist seine Vorstellungswelt, von dem, was er gelöst haben will, was er programmiert haben will, dieselbe Vorstellungswelt, die ich mitnehme? Das muss ich abgeklärt haben, bevor ich den Kunden verlasse. Nur so bin ich in der Lage, das auch vernünftig weiterzugeben."

Die Produktmanager versuchen, dem Kunden zum Abgleich der Vorstellungswelten die eigene Perspektive zu vermitteln: „Ich versuche den Kunden dazu zu bringen, in meine Vorstellungswelt einzutauchen". Im Endeffekt bleibt der Produktmanager derjenige, der am stärksten die jeweils andere Perspektive übernehmen muss:

> „Also, ich versuche, sein Niveau einzunehmen, seine Position einzunehmen. Ich kann nicht von ihm, vom Kunden, verlangen, dass er meine einnimmt. Also, da bin ich wieder als Brücke gefragt, mich zu bewegen und zwar in seine Richtung."

Der Produktmanager spannt in seiner Brückenfunktion einen gemeinsamen Erlebnis- und Erfahrungsraum mit dem Kunden auf, um auf dieser Grundlage Anforderungen an die Software abschätzen zu können.

Der Abgleich der Vorstellungswelten mit Hilfe der Visualisierung (der analog mit dem Entwickler praktiziert wird) sowie der gemeinsame Erlebnis- und Erfahrungsraum (den der Produktmanager nicht nur mit den Kunden, sondern ebenso mit den Entwicklern benötigt) stehen in engem Zusammenhang mit einem bildhaften und assoziativen Denken auf der Basis von Erfahrungswissen:

> „Wenn ich mich im Thema auskenne, wenn ich vom Markt eine Ahnung habe, wenn ich vom Kunden eine Ahnung habe, wenn ich mich in seinem Bereich auskenne, dann entstehen bei mir sofort Bilder im Kopf. Ich sehe sofort Konzepte, ich sehe sofort Möglichkeiten, ich sehe Lösungen. Ich sehe, und es entsteht, ohne dass ich nachdenken muss. Es ist kein bewusster, aktiv gesteuerter Prozess, ich sehe das sofort, spontan."

Die gedanklichen Bilder, die gesehen werden, entstehen assoziativ und durch den holistischen Abgleich von erlebten Situationen:

„Wenn ich in irgendeiner Situation zu einem Problem komme, das ich noch nicht erlebt habe, dann ist doch der erste Schritt des Gehirns, dass es nachschaut: Gibt es eine ähnliche Situation, die ich schon mal erlebt habe? Kann ich aus einer anderen Situation irgendeine Information rausziehen, die für diese andere, jetzige Situation relevant oder erforderlich ist?“

Eine wichtige Grundlage für bildhaftes, assoziatives Denken und den Aufbau eines gemeinsamen Erlebnis- und Erfahrungsraums ist ein Erfahrungswissen, das nicht einfach nur einen Erfahrungsschatz im Sinne von angesammelten Erfahrungen darstellt, sondern das im „training on the job, bzw. by doing“ und „im try and error-Spiel“ entstanden ist – d.h. das durch sinnlich erlebte Erfahrungen, durch subjektives Erleben, durch die praktische Auseinandersetzung mit konkreten Gegebenheiten bei subjektivem Involvement entwickelt wurde und entsprechend weiterentwickelt wird. Erst ein solches Erfahrungswissen lässt spontane Bilder, Assoziationen, aber auch Reaktionen und auf den Erfahrungsraum des Kunden oder Entwicklers bezogene Lösungsmöglichkeiten entstehen:

„Stellen wir uns folgende Situation vor: Der Kunde fragt mich für eine spezielle Anforderung, ein spezielles Bedürfnis, um eine Problemlösung. Oder ich muss mit einem Entwickler zu einem sinnvollen Kompromiss zwischen Kundenbedürfnis und technisch Machbarem kommen. Habe ich in diesen Bereichen kein Erfahrungswissen, kann ich nicht spontan reagieren, weil ich ja dann erst mal hergehen müsste und sagen müsste: Ich setze mich mit denen zusammen, mache eine Gruppenarbeit mit den Leuten, die es betrifft, nehme ein Szenario auf, um mir zu überlegen, wie die Situation zu lösen ist, oder diese Anforderung, oder was auch immer. Eine spontane Reaktion ohne Erfahrungswissen ist nicht möglich, grundsätzlich nicht.“

Erst sein Erfahrungswissen macht den Produktmanager zum Experten („Das macht ihn ja gerade zu dem Experten und Spezialisten, dass er auf ein Erfahrungswissen zurückgreifen kann“). Und dieses Erfahrungswissen – im Gegensatz zum fachlichen Wissen, der Analytik und Logik („es ist nicht immer alles mit Fachwissen und Logik lösbar“) – nimmt den intuitiven Entscheidungen („mehr als 60% sind eigentlich Bauchentscheidungen“) und „dem Gefühl als Prüfstelle“ den Nimbus des Unprofessionellen:

„Deswegen kann ich mich auf meine Intuition oder auf mein Gefühl verlassen. Weil ich weiß, ich habe die Erfahrung, ich kenne die Situation oder die ist sehr ähnlich. Das Gefühl halte ich für sehr wichtig. Das ist einer der wichtigsten Punkte überhaupt. Ich persönlich neige dazu, zu sagen: Wer seinen Gefühlen nicht trauen kann, der sollte aufhören zu arbeiten.“

Erfahrungswissen hilft dem Produktmanager nicht nur bei seiner Vermittlungsaufgabe und bei der Lösungsfindung, sondern es führt dabei auch zu höherer Effizienz:

> „Im Endeffekt dient das Erfahrungswissen für mich auch dazu, schneller zu werden, also ein Projekt einfach auch zügiger durchzuziehen, mit weniger Fehlern. Das ist auch Erfahrungswissen, weil das ein ständiger, kontinuierlicher Verbesserungsprozess ist. Fehler vermeiden, schneller werden und auf Dauer dadurch natürlich kostengünstiger zu arbeiten. Das sind ja alles Dinge, die meinem Arbeitgeber und auch den Kunden im Endeffekt wieder zugute kommen. Also, Erfahrungswissen ist ganz wichtig."

5 Beziehung zu Personen und Arbeitsgegenständen

Um das Arbeitshandeln der Produktmanager zu analysieren, ist es auch erforderlich, ihre Beziehung zu den Interaktionspartnern sowie zu den Gegenständen, den Produkten zu betrachten. Ein Produktmanager kooperiert mit Kunden und Entwicklern zunächst auf der Grundlage seiner betrieblichen Position: Er darf gegenüber den Kunden die Interessen seines Unternehmens genauso wenig aus den Augen verlieren, wie gegenüber den Entwicklern die Interessen der Kunden. Gleichzeitig muss er sich aber in die Position des jeweils anderen hineinversetzen und diese nachvollziehen, um gerade diese unterschiedlichen Positionen integrieren zu können. Eine erste unabdingbare Voraussetzung für die Erfüllung dieser Anforderungen ist die Verankerung des Produktmanagers in beiden Welten. Nur so kann er als Mediator die Brücke zwischen den beiden Welten schlagen und Übersetzungsleistungen von der einen Welt in die andere erbringen. Darüber hinaus erfordert ein wirkliches Verstehen des Problems durch Nachvollziehen, Hineinversetzen in die Position des Anderen eine anerkennende, partnerschaftliche und empathische Beziehung zum Gegenüber (zum Kunden ebenso wie zum Entwickler):

> „Ich kann mich nur dann in ihn hineinversetzen, wenn ich ihn als Person und als Charakter und als Mensch akzeptiere. Ich muss mich in ihn und sein Problem einfühlen können. Und zu einem gemeinsamen Ergebnis, das wir gemeinsam erarbeitet haben und das wir gemeinsam tragen, kommen wir nur, wenn wir uns gegenseitig als gleichberechtigte Partner akzeptieren."

Eine solche partnerschaftliche Beziehung ermöglicht ein sich Öffnen auf beiden Seiten und damit das für ein erfolgreiches Kooperationsverhältnis notwendige Vertrauen:

> „Ich habe eigentlich nur eine Möglichkeit, ihm die Angst zu nehmen, ihm emotionale Sicherheit zu geben und Vertrauen zu schaffen – indem ich mich öffne. Also – wenn ich jetzt ein Bild verwende: Ich mache meinen Mantel auf und zeig ihm mein Innenleben. Ich öffne mich so, und wenn er mich niedersticht, habe ich Pech gehabt, aber das Risiko muss ich eingehen. Aber in aller Regel steht er mir danach näher, kann sich auch leichter öffnen und spürt, dass er mir vertrauen, sich auf mich verlassen kann."

Die Qualität der persönlichen Beziehung bestimmt auch die Qualität der Kooperation und des Ergebnisses:

> „Die Beziehung steht und fällt mit der Qualität des persönlichen Kontaktes, der persönlichen Nähe. Also, je persönlicher und partnerschaftlicher die Beziehung ist, desto besser und gut laufend ist meiner Erfahrung nach auch die Kooperations- und Geschäftsbeziehung und damit auch die Lösung."

Gerade zur Beurteilung der entwickelten Lösung, des Programms, benötigen Produktmanager zunächst eine distanziert-sachliche Beziehung. Gleichzeitig müssen sie sich aber auch – um mit Entwicklern kommunizieren zu können – in die technischen Abläufe einfühlen und diese nachvollziehen können. Produktmanager in der Brückenfunktion sprechen davon, dass sie „auf technischer Basis eine emotionale Beziehung" zu den Produkten haben. Sie identifizieren sich mit ihren Produkten; sie sprechen davon, „dass das alle meine Babys sind". Ihr Bezug zu den Gegenständen ist durch „Hineinfühlen" und Empathie gekennzeichnet – und zwar sowohl gegenüber den Produkten als auch gegenüber den sächlichen Gegebenheiten und Abläufen bei den Kunden.

Die Beziehung der von uns untersuchten Produktmanager zu ihrer eigenen Arbeit zeichnet sich aus durch eine hohe innere Anteilnahme („Ich könnte zum Beispiel niemals ein Projekt umsetzen, mit dem ich mich nicht identifizieren kann.") bis hin zur Leidenschaft:

> „Er muss begeistern können, er muss Dinge visualisieren oder verbalisieren können, so, dass jemand anders sich vorstellen kann, dass das toll ist. Der muss Leute mitreißen können, der muss motivieren können, er muss aber auch mal bremsen können. Also, er muss agil sein, er muss aktiv sein, er braucht auch eine gewisse Dynamik, er braucht auch eine Begeisterungsfähigkeit, ich sag immer Leidenschaft. Einen Produktmanager ohne Leidenschaft kann ich mir nicht vorstellen."

6 Resümee

Die Aufgaben von Produktmanagern in der von uns beschriebenen Brückenfunktion sind von größter Komplexität: Produktmanager benötigen umfassende Kenntnisse über Strukturen und Prozesse sowohl auf der Entwicklungs- als auch auf der Kundenebene. Dazu reichen sachliche und technische Kenntnisse allein nicht aus. Es sind auch die beschriebenen besonderen Fähigkeiten zur Interaktion nötig: Ein dialogisch-exploratives Vorgehen, eine komplexe sinnliche Wahrnehmung, ein erfahrungsgeleitetes Wissen und Denken sowie eine empathische Beziehung zu Personen und Arbeitsgegenständen. Allerdings werden diese Kompetenzen in Aus- und Weiterbildung nicht systematisch berücksichtigt und vermittelt. Sie werden daher überwiegend in der Praxis erworben. Eine wesentliche Voraussetzung hierfür, wie überhaupt für die erfolgreiche Interaktionsarbeit von Produktmanagern ist, dass arbeits- und betriebsorganisatorische Voraussetzungen geschaffen werden und bestehen, durch die solche Kompetenzen ermöglicht, unterstützt und gefördert werden. Wie dies konkret in einem Unternehmen der Softwarebranche modellhaft realisiert wurde, wird im folgenden Beitrag geschildert.

Literatur

Böhle, F. & Weishaupt S. (im Druck). Kundenorientierung bei direkten personenbezogenen Dienstleistungen – die Besonderheit der Arbeit am Menschen. In M. Moldaschl (Hrsg.), *Kundenorientierung und Dienstleistungsmentalität. Subjektivierung von Arbeit III*. München: Hampp.

Bolte, A. (1993). *Planen durch Erfahrung – Arbeitsplanung und Programmerstellung als erfahrungsgeleitete Tätigkeiten von Facharbeitern mit CNC-Werkzeugmaschinen*. Kassel: Institut für Arbeitswissenschaft.

Förderung von Interaktionsarbeit im Produktmanagement der Softwarebranche

Annegret Bolte, Frank Iwer & Sabine Weishaupt

Die Position eines Produktmanagers ist „– jedenfalls in der Form, wie sie in dem am Verbundvorhaben Int*akt* beteiligten Softwarehersteller eingeführt wurde –“ als eine Querschnittsfunktion neu eingerichtet worden (vgl. Bolte, in diesem Band). Sie beinhaltet keinerlei Weisungsbefugnis gegenüber den anderen Stellen, mit denen ein Produktmanager zusammen arbeiten muss und die er koordiniert. Gleichzeitig wird aber erwartet, dass diese Stellen die Produktmanager bei der Erfüllung ihrer Aufgaben unterstützen. Somit fügt sich diese Position nicht in das herkömmliche, nach funktionalen und hierarchischen Kriterien aufgebaute Organisationsschema. Aus dieser besonderen Konstellation ergeben sich bestimmte Anforderungen an die organisatorische Einbettung der Position innerhalb des Unternehmens, an die Gestaltung der Tätigkeit und an die Personalpolitik. Im Folgenden sollen auf der Basis der Untersuchungen in den Unternehmen arbeitsorganisatorische Grundsätze zur Förderung der Interaktionsarbeit des Produktmanagers sowie personalpolitische Maßnahmen und die Einbettung der Position in ein unternehmenspolitisches Gesamtkonzept dargestellt werden.

1 Arbeitsorganisatorische Grundsätze

1.1 Den Lebenszyklus des Produkts begleiten

Die Produktmanager müssen in den *gesamten Lebenszyklus* eines Produkts involviert sein, von der Produktdefinition über den Markteintritt bis hin zur Vorbereitung eines Nachfolgeprodukts. Bei einer Trennung zwischen Planung und Durchführung könnten die mit der Einführung des Produktmanagements verbundenen Erwartungen, die ja gerade auf eine Überwindung der klassischen Separierung betrieblicher Funktionen gerichtet sind, nicht erfüllt werden.

1.2 Präsenz bei den Kunden

Die Produktmanager müssen *vor Ort bei den Kunden* präsent sein; sie müssen sehen, in welchen (Arbeits-)Umgebungen ihr Produkt eingesetzt wird. Nur so können sie die an das Produkt gestellten Anforderungen nachvollziehen und mögliche Schwierigkeiten voraus sehen. Gleiches gilt für die persönliche Anwesenheit in der Entwicklungsabteilung und die face-to-face- Kontakte mit den Entwicklern: Auch hier bekommt ein Produktmanager oftmals vor Ort „mehr" über Realisierungsmöglichkeiten, aber auch über Schwierigkeiten usw. mit, als wenn er beispielsweise nur Berichte liest. Zugleich dient diese Anwesenheit vor Ort dem *Aufbau gemeinsamer Erfahrungsräume*; sie ermöglicht den Beteiligten, direkte Erfahrungen zu machen und auch solche Sachverhalte und Umstände wahrzunehmen, die sich nicht objektivieren lassen. Dies kann nicht gelingen, wenn die Produktmanager nur am „grünen Tisch" über Pflichtenhefte verhandeln. Dementsprechend ist es eine wichtige Anforderung an die Ausgestaltung der Tätigkeit von Produktmanagern, angemessene Zeiträume für die Vor-Ort-Gespräche bei Kunden (und mit Entwicklern) vorzusehen – selbst dann, wenn kein unmittelbarer Anlass für eine Anwesenheit („trouble shooting") besteht.

1.3 Dispositions- und Entscheidungsspielräume

Die Tätigkeit der Produktmanager erfordert große *Dispositions- und Entscheidungsspielräume.* Dafür sind zwei Gründe ausschlaggebend: Die Produktmanager können nur so bei ihren Kooperationspartnern eine hohe Akzeptanz erreichen, obwohl sie nicht mit einer Vorgesetztenfunktion ausgestattet sind. Dies kann aber nicht gelingen, wenn sie wegen jeder zu treffender Entscheidung bei ihren Vorgesetzten nachfragen müssen. Zudem erfordert die Tätigkeit der Produktmanager hohe *zeitliche Spielräume.* Nur so bleibt den Produktmanagern die Möglichkeit, bei entsprechenden Anforderungen situativ zu reagieren.

1.4 Nähe zu Kunden und Entwicklern

Ein Erfolgsgeheimnis erfolgreicher Produktmanager ist die *Nähe zu Kunden und Entwicklern*; aus dieser Nähe resultiert die umfassende Kenntnis der Anwendungs- und der Realisierungsbedingungen. Gleichzeitig ist diese Nähe aber mit Gefahren verbunden; Produktmanager müssen auch die notwendige *Distanz* wahren können.

1.5 Situative Reaktion auf Kundenwünsche

In der Konsequenz dieser unterschiedlichen Aufgaben und Anforderungen stellt sich die Tätigkeit eines Produktmanagers und anderer mit einer Brückenfunktion betrauter Personen als ein Nebeneinander von planbaren und situativen Anteilen dar: Er muss mit Vertriebspartnern und eigener Entwicklung darüber verhandeln, ob es sich lohnen wird, die von dem Partner geäußerten Anforderungen zur Grundlage für die Weiterentwicklung des Produktes zu machen. Aus der Notwendigkeit zur situativen Reaktion auf Kundenwünsche resultiert, dass auch die Aktivitäten innerhalb des eigenen Unternehmens nur begrenzt planbar sind. Dies ist auch bei der Arbeitsorganisation speziell bei der Definition der Arbeitsaufgaben und Festlegung zeitlicher Vorgaben zu berücksichtigen. Ausnahmen bilden regelmäßig wiederkehrende Aufgaben wie die Aufstellung eines Marketingplans etc. „Eigentlich ist man in einer Koordinierungsfunktion total verplant. Wenn ich die Abteilungen koordinieren will, habe ich gar keine andere Chance als die Termine zu planen. Es gibt aber einen relativ großen Anteil, der dann kurzfristig kommt und nicht planbar ist. Da kann man dann nur reagieren. Das nimmt dann natürlich einen relativ großen Zeitanteil ein.“[1]

1.6 Koordinieren statt Umsetzen

1. Weil die Umsetzung ihrer Konzepte von so vielen Einflussfaktoren und Personen abhängig ist, kann für Produktmanager die Versuchung groß werden, selbst mit „anzupacken“ und sich innerhalb des eigenen Unternehmens in Aufgaben anderer Abteilungen „hineinziehen“ zu lassen, um die Umsetzung der eigenen Konzepte zu gewährleisten. Ein Produktmanager muss somit darauf achten, nicht alle Dinge selbst erledigen zu wollen und letztendlich in der Fülle der operativen Aufgaben zu versinken: „Die Konsequenz daraus ist, dass man sich nicht um alles selbst kümmern kann und darf: Man muss seine koordinierende Funktion behalten; sonst würde es nicht funktionieren. Ich bin für die Koordination verantwortlich. Wenn ich mich um alles selbst kümmern würde, bliebe die Abgrenzung gegenüber den anderen Abteilungen oder auch gegenüber den Kunden auf der Strecke.“

1 Dieses und die im Folgenden aufgeführten Zitate stammen – soweit sie nicht mit einer besonderen Quellenangabe versehen sind – aus Interviews mit Produktmanagern und anderen mit einer Brückenfunktion betrauten Personen. Mit Rücksicht auf die zugesicherte Anonymität verzichten wir auf eine genauere Quellenangabe.

2 Personalpolitische Grundsätze

2.1 Umfassendes Fachwissen aus verschiedenen Welten

Produktmanager können das beschriebene breite Tätigkeitsspektrum nur dann erfolgreich ausüben, wenn sie über vielfältige Kompetenzen und Fähigkeiten verfügen. Als Wanderer zwischen den Welten von Kunden, Entwicklern und Vertrieblern müssen sie in der Lage sein, Probleme aus der Perspektive dieser verschiedenen Akteursgruppen zu betrachten. Dafür ist fundiertes Fachwissen aus diesen drei Welten erforderlich. Wenn dieses „bloße" Fachwissen noch um eigene Erfahrungen aus dem jeweiligen Bereich[2] ergänzt wird, sind die Produktmanager imstande, einen Perspektivenwechsel vorzunehmen. Derartige Kompetenzen können nicht allein aufgrund eines Studiums gewonnen werden, sondern bedürfen darüber hinaus breit gefächerter, möglichst eigener Erfahrungen mit den unterschiedlichen Akteursperspektiven (Kunde, Entwickler, Projektleiter etc.): „Der Produktmanager muss der beste Kenner des Marktes sein und er muss ein guter Kenner des Produktes sein."

Ein Produktmanager muss die Rahmenbedingungen der eigenen Organisation (Know-how, Personen, Verfahren, Ressourcen etc.) gut kennen. Nur so kann er die Übersetzungsleistungen erbringen, die erforderlich sind, damit die jeweiligen internen und externen Akteure wechselseitig ihre Anforderungen, Ziele, Interessen und Restriktionen formulieren und verstehen können. „Eine Vermittlungsfunktion wird dadurch einfacher, dass man das Gegenüber verstehen kann. Das ist auf der Vertriebsseite relativ einfach: Man sollte halt ein Wissen und eine Erfahrung davon haben, wie Vertrieb funktioniert." Gleichwohl muss zu diesen Erfahrungen aus dem Vertrieb noch ein Hintergrundwissen über die Einsatzbedingungen des Produkts kommen. „Wenn ich keine Ahnung vom Rechnungswesen, von der Rechnungsverarbeitung und vom kaufmännischen Background habe, aber dafür ein Produkt anbieten muss, dann muss ich mich darum kümmern, dort eine Ausbildung zu bekommen. Man kann das schwer trennen, ob das eigentlich eine Grundvoraussetzung für den Job ist oder ob man eine Ausbildung braucht. Auf jeden Fall gehören diese Kenntnisse zum Job dazu."

Der Produktmanager benötigt aber – in Abgrenzung zur klassischen Vertriebsfunktion – nicht nur erhebliches Wissen über das vorhandene Produkt, sondern auch über seine Erweiterungs- und Entwicklungspotenziale. Hier ist eher visionäres Arbeiten gefordert: Die unterschiedlichen Wünsche und Anforderun-

---

2 Inzwischen sind in verschiedenen Unternehmen zahlreiche Modelle entwickelt worden, die es Beschäftigten ermöglichen, sich bereichsübergreifende Praxis- und Erfahrungsfelder anzueignen (vgl. Bolte & Porschen, 2006).

gen müssen in „Technologielinien" oder Leitbilder übersetzt werden, die mit dem vorhandenen Produkt kompatibel sind. Diese Frage nach der Kompatibilität geht aber weit über das technisch Machbare hinaus: Hier ist nicht nur ein erhebliches Wissen über das im Unternehmen vorhandene Know-how erforderlich, sondern es ist auch die Frage der Verfügbarkeit freier Ressourcen tangiert. Der Produktmanager muss im Grunde wissen, was die Entwicklung in welchem Zeitraster leisten kann. „Bei der Entwicklungsseite muss es vielleicht noch einen Schritt weiter gehen (als beim Vertrieb). Man muss da auch eine gewisse technische Ahnung, einen technischen Background haben, um sich nicht anlügen oder ausbremsen zu lassen."

2.2 Kontinuierliche personelle Besetzung

Wir haben schon oben darauf hingewiesen, dass die Besetzung der Stelle eines Produktmanagers eine gewisse Kontinuität erfordert, damit er alle Phasen eines Produkts mit gestalten und seine Kontakte zu den beteiligten Kooperationspartnern kontinuierlich aufbauen kann. In diesem Kontext stellt sich in den heutigen schnelllebigen und „dynamischen" Zeiten ein nicht geringes Problem: Ein derartiges Erfahrungswissen über die eigenen Produkte, die handelnden Personen sowie die Stärken und Schwächen der eigenen Organisation, verbunden mit einem Gespür für zukünftige Entwicklungen und Trends, ist in hohem Maße informell und kontextabhängig; es ist nicht aus Organisationshandbüchern oder Arbeitsplatzbeschreibungen abzuleiten. Dies gilt umso mehr, wenn der Standardisierungsgrad der Produkte und Prozesse im Unternehmen gering ist, wie es in der Softwareentwicklung typischerweise anzutreffen ist. Es benötigt Zeit, damit ein „zukünftiger" Produktmanager zunächst dieses Erfahrungswissen generieren kann; auch die Ausfüllung der Tätigkeit bedarf einer gewissen Stabilität und Kontinuität. „Stabilität ist die Voraussetzung dafür, dass sich die Wirkung des Produktmanagements entfalten kann. Das wirkt erst über die Dauer. Das birgt wiederum die Konsequenz in sich, dass man einen Produktmanager nicht einfach so austauschen kann. Aber damit ist das Unternehmen auch sehr gebunden und von den jeweiligen Personen abhängig."

2.3 Verankerung des Produktmanagements als Karriereposition

Die Position eines Produktmanagers bedarf der Wertschätzung durch das (unternehmenseigene) Umfeld; sie muss als eine Karriereposition verankert werden, damit sich auch Angehörige anderer Unternehmen eine Vorstellung von den Anforderungen und Leistungen machen können.

Damit ein Produktmanager erfolgreich agieren kann, ist es erforderlich, dass seine Funktion im Unternehmen positiv gesehen und wahrgenommen wird. Dazu ist es hilfreich, wenn sie mit entsprechenden Aufstiegsmöglichkeiten verbunden ist. Dies ist allerdings – zumal in kleinen Unternehmen – schwierig zu realisieren: Die Tätigkeit des Produktmanagers als Koordinations-, Integrations- und (partiell) Delegationsfunktion berührt letztlich Kernfunktionen des Managements. Dieses muss bereit und in der Lage sein, dem Produktmanager die erforderlichen Kompetenzen und Ressourcen zuzuschreiben. Zugleich sind die möglichen Positionen im Hinblick auf Aufstiegschancen stark limitiert.

2.4 Weiterbildung als Ort der Reflexion

Um das eigene Erfahrungswissen sowohl im Anwendungs- als auch im Entwicklungsbereich weiterentwickeln zu können, müssen sich die Produktmanager auf diesen Feldern weiterbilden. Dazu können insbesondere Hospitationen nützlich sein. Aber auch institutionalisierte Weiterbildungsangebote haben ihren Platz: Gerade die Durchführung solcher Maßnahmen hat sich im Laufe des Projekts als ein wesentlicher Faktor für die Verankerung der Funktion des Produktmanagements im Unternehmensprozess herausgestellt. Solche Veranstaltungen sind auch ein Coaching für die Produktmanager: Hier ist ein Ort, an dem sie ihre Position reflektieren und damit die Voraussetzung für die Weiterentwicklung des Profils des gesamten Produktmanagements schaffen können. Die Produktmanager agieren durch ihre Koordinations- und Vermittlungstätigkeit oftmals in sozial und emotional „aufgeladenen Handlungsräumen“[3]. Zudem ändern sich – wie am Ablauf des Produktlebenszyklus (vgl. Bolte, in diesem Band) verdeutlicht – die Aufgaben und Anforderungen an die Produktmanager. Beides macht eine regelmäßige Reflexion der jeweiligen Rollen und Erfahrungen erforderlich. Dazu gehört auch und gerade eine enge Abstimmung mit der Geschäftsführung darüber, in welchem Umfang und in welcher Ausprägung tatsächlich Leitungsaufgaben übernommen werden können und dürfen.

---

3 Aus diesem Grund wird in der Weiterbildungsmaßnahme neben den notwendigen Fachthemen auch explizit das Feld der sogenannten sozialen Kompetenzen bearbeitet. Dabei geht es vor allem darum, dass die Produktmanager „die koordinierende Rolle des Produktmanagements erkennen“ und „die bei Konflikten wirkenden Mechanismen kennen, um bei typischen Produktmanagement-Konflikten neue Verhaltensweisen zur Konfliktlösung verfügbar zu haben“ (Zitat aus dem Weiterbildungsprogramm für Produktmanager bei einem Unternehmen).

3 Unternehmenspolitische Grundsätze

Die Einführung einer Brückenfunktion erfolgte in allen von uns untersuchten Unternehmen wohlbegründet. Da es sich um eine Position handelt, die bislang noch relativ wenig verbreitet ist, sind von Unternehmensseite allerdings besondere Maßnahmen nötig: Nur so kann diese Position in einer Art und Weise etabliert werden, dass die damit verbundenen Erwartungen erfüllt werden können. Dies betrifft insbesondere den Einführungsprozess und die Unterstützung durch die Geschäftsleitung.

3.1 Bewusst gestalteter Einführungsprozess

Bei der Einführung des Produktmanagements in einem Unternehmen ist vor allem die Geschäftsführung eines Unternehmens gefordert. Sie muss die Funktion des Produktmanagements auf allen Ebenen im Unternehmen darstellen, sie muss klar machen, welche Erwartungen in das Produktmanagement gesetzt werden, womit das Produktmanagement beauftragt ist, welche Aufgaben und Befugnisse damit verbunden sind und was die Rolle der anderen Abteilungen sein wird.

Erfolg oder Misserfolg der Einführung eines Produktmanagements hängen nicht allein vom Wirken der damit beauftragten Produktmanager ab; ebenso entscheidend ist die Qualität der Zusammenarbeit mit den anderen Abteilungen. Dies kann aber nicht allein das Wirken des Produktmanagers gewährleisten; ganz wesentlich ist es, ob die anderen betroffenen Abteilungen in der Schaffung einer solchen Position Vorteile für sich selbst erkennen können oder ob sie mit der Einführung ihre eigene Position bedroht sehen. Somit reicht die bloße Entscheidung der Geschäftsführung nicht aus: Die betroffenen Abteilungen müssen von den Vorteilen eines solchen Vorhabens überzeugt werden, damit die Produktmanager nicht in Gefahr geraten, mit ihren Vorhaben „aufzulaufen".

Ein Produktmanager schildert die Anfangsschwierigkeiten bei der Etablierung dieser Funktion: „Also die Geschäftsführer haben damals gesagt, dass sie ein Produktmanagement brauchen. Aber sie haben sich keine Gedanken darüber gemacht, was das für die Organisation und für sie selbst bedeutet. Produktmanagement ist gut, okay, das war´s. Aber irgendwann ist das eskaliert und man hat erkannt, dass es damit Probleme gibt." Es stellte sich sehr schnell heraus, dass die Abteilungen, mit denen die Produktmanager zusammen arbeiten müssen, an diesem Einführungsprozess kaum beteiligt waren. „Welche Aufgaben das Produktmanagement hat und wie die Zusammenarbeit mit den anderen Abteilungen stattfinden soll, ist auf der Führungsebene zunächst kein Thema gewesen. Das war aber ein Problem, alle Beteiligten waren verunsichert. (...) Die anderen Abteilungen haben uns ignoriert, sie haben uns nicht wahrgenommen. Sie wussten eigentlich gar nicht genau, was wir tun." Die Situation änderte sich erst, als die Geschäftsführung aktiv wurde und die von der Einführung betroffenen Stellen mit einbezog. Mit einer solchen offensiven Strategie konnte die Geschäftsführung die Bedeutung des Produktmanagements für das Unternehmen signalisieren. „Vor ein paar Wochen sind alle Hauptabteilungsleiter mit den dazugehörigen wichtigen Gruppen- und Teamleitern darüber informiert worden, was die Funktion der Produktmanager ist. Seitdem geht alles viel einfacher."

3.2 Rückendeckung durch die Geschäftsleitung

Die explizite Unterstützung durch die Geschäftsführung ist für Produktmanager aber nicht nur bei der Installierung ihrer Funktion nötig, sondern auch im Alltag: Die Position ist diskursiv angelegt; allerdings lassen sich nicht alle auftretenden Koordinationsprobleme diskursiv lösen. Dies gilt insbesondere dann, wenn Zeit- und Ressourcenkonflikte auftreten. Für solche Situationen benötigt der Produktmanager zumindest eine Rückendeckung durch die Geschäftsführung, um erforderliche Priorisierungen zu erreichen und im Notfall auch durchzusetzen. Seine Tätigkeit ist daher bei aller Orientierung an Akzeptanz und Kompetenz immer auch sehr „managementnah", er benötigt die Unterstützung einer entsprechenden organisatorischen Einbettung. Damit entsteht aber ein Spannungsverhältnis: Das Produktmanagement soll als Querschnittsfunktion zwischen unterschiedlichen Sichtweisen vermitteln und mittelfristige Ziele (z.B. neue Produktfeatures) gegen den oftmals hohen operativen Druck von außen und gegen Widerstände von innen formulieren und durchsetzen. Hierzu benötigt der Produktmanager zwar in erster Linie Akzeptanz bei den Beteiligten, auch um in derartig „aufgeladenen" Situationen Lösungsvorschläge zu entwickeln und die Beteiligten hierfür zu gewinnen. Zugleich ist der Produktmanager aber als Stabsstelle unmittelbar an die Geschäftsführung angebunden, ohne in Konfliktsituationen (z.B. bei Prioritätsentscheidungen, Ressourcenkonkurrenzen etc.) über deren Kompetenzen zu verfügen. Dies kann zu schwierigen Rollensituationen sowohl mit Blick auf die Kollegen („primus inter pares") als auch mit Blick auf die Geschäftsführung führen.

So ist gerade in Konfliktsituationen die Rückendeckung der Geschäftsleitung von enormer Bedeutung. Wenn sie fehlt, ist den Produktmanagern die Grundlage ihres Handelns entzogen. Dies ist beispielsweise der Fall, wenn die Geschäftsführung Kompetenzen der Produktmanager an sich reißt und Konflikte an den Produktmanagern vorbei entscheidet. „Man kann mit solchen Konflikten (mit Vertrieb oder Entwicklung) umgehen, wenn die übergeordneten Hierarchien das decken. Aber was langfristig nicht geht, ist, dass man als Produktmanager von der Geschäftsführung ständig umgangen wird. Also ich kann Prügel von den Kunden einstecken, ich kann auch interne Prügel einstecken. Aber ich kann es nicht akzeptieren, wenn die Geschäftsführung meint, dass sie einen Sündenbock braucht. Da kommt man dann zwangsweise in eine Verteidigungshaltung. Die Geschäftsführung muss sich dann auch um die Mitarbeiter kümmern. Wir brauchen die Unterstützung, wir können uns ja nicht einfach zurückziehen."

4 Produktmanagement: Bleiben die Erfolge verdeckt?

Mit dem Produktmanagement ist eine neue Position geschaffen worden, die in den Abläufen des Unternehmens zunächst einmal verankert werden muss. Die Erwartungen an diese Position sind – da sie quer zu den herkömmlichen Funktionen liegt – zunächst einmal diffus: Zu Beginn eines solchen Einführungsprozesses kann keiner der Beteiligten genau bestimmen, wie die Produktmanager auf den verschiedenen Feldern agieren werden, welche Stellung sie im Spannungsfeld von Kunden, Entwicklung und Geschäftsführung einnehmen werden. Diese Diffusität kann ein Vorteil sein, weil sich daraus für die Produktmanager die Möglichkeit ergibt, ihr Arbeitsumfeld und ihre Arbeitsaufgaben selbst zu strukturieren: „Die Erwartungshaltung war zunächst nicht so groß. Das hat den Vorteil, dass man eine gewisse Flexibilität hat, die man auch benötigt."

Die Diffusität der Erwartungen kann allerdings auch dazu führen, dass Erfolge des Produktmanagements nicht gesehen oder nicht entsprechend gewürdigt werden. Wenn ein Produkt ein Erfolg wird, stehen zwei Gewinner im Rampenlicht: Die Entwicklung hat ein gutes Produkt ersonnen und der Vertrieb hat es zu einem Verkaufsschlager gemacht. Die Rolle des Produktmanagements bleibt eher verschwommen: Welchen Anteil kann man ihm daran zuweisen, dass die Entwicklung die Marktanforderungen aufgenommen und umgesetzt hat? Wenn die Vermittlungsarbeit gut gelingt, wenn es dem Produktmanagement gelingt, Kundenerwartungen und Entwicklungsinteressen im Vorfeld abzustimmen, beinhaltet dies eine Gefahr: Die Erfolge der Tätigkeit werden nicht wahrgenommen, weil ja vermeintlich keine Probleme existieren und somit „nichts passiert". „Wenn der Produktmanager seine Arbeit gut macht, fällt es eigentlich gar nicht auf. Wir haben dasselbe Problem wie viele Hausfrauen, dass ihre Arbeit nicht wahrgenommen wird."

Die Abstimmungsleistung eines Produktmanagers wird im eigenen Unternehmen nur dann zum Thema, wenn sie nicht gelingt. „Ein Kunde würde sich an die nächsthöhere Stelle wenden, wenn er mit dem Verhalten eines Produktmanagers nicht zufrieden wäre, wenn er mit meiner Lösung nicht einverstanden wäre und ich ihm nicht helfen könnte. Aus der Sicht des Kunden ist es entscheidend, ob etwas eskaliert oder nicht. Sein Kriterium dafür, ob man seinen Job gut macht oder nicht, ist, ob man die Vermittlungsfunktion gut wahrnimmt oder nicht. Manchmal gibt's dieses Feedback aber auch dann, wenn's gut läuft."

Es zeigt sich, dass das Produktmanagement eher durch Misserfolge denn durch Erfolge auf sich aufmerksam machen kann. Wenn Erfolge nicht eindeutig zuzuordnen sind, lässt sich die Leistung der Produktmanager auch kaum anhand von Zahlen bewerten. Damit erscheint ein Bewertungssystem, das sich an solchen so genannten objektiven Kriterien orientiert, wenig angemessen. Dies ist gerade dann ein Problem, wenn – wie in dem geschilderten Fall – das Produktmanagement beim Vertrieb angesiedelt ist, der vorrangig auf Grundlage der Absatzzahlen bewertet wird. Die Leistungen eines Produktmanagers sind aber immer auf die Zukunft ausgerichtet, sie lassen sich kaum anhand aktueller Verlaufszahlen bewerten. „Es bleibt ja eine Frage, wie man die Leistung messen will. Wir haben in unseren Bonusverträgen bestimmte Ziele festgeschrieben, die etwas mit dem Produktmanagement zu tun haben. Dazu gehören auch ein paar Ziele wie Auftragseingang und Qualitätsmerkmale, die man versuchen kann zu messen. Aber ob man die eigentliche Leistung des Produktmanagers direkt messen kann, das bezweifle ich. (...) Wir wollen dahin kommen, dass wir in Zielvereinbarungen solche Ziele wie die Entwicklung und Fortschreibung von Produktmarketingplänen, die Treffgenauigkeit von Vorhersagen und die Qualität der Untersuchungen mit aufnehmen. Aber das sind Ziele, die zwar zu definieren, aber schwer zu messen und zu bewerten sind."

Weil den Vorgesetzten die Bewertung der erbrachten Leistungen so schwer fällt und viele Erfolge immer auch anderen zugeschrieben werden könnten, kann die Institution Produktmanagement immer wieder neu infrage gestellt werden. Mit dem Erfolg steigt die Gefahr, als überflüssig angesehen zu werden. Wozu benötigt man ein Produktmanagement, wenn es weder in den externen Beziehungen zu den (Vertriebs-)Partnern noch in den internen Beziehungen zwischen Vertrieb und Entwicklung Konflikte gibt? „Wenn ein Produkt gut läuft, wird natürlich schnell der Ruf kommen, ob wir denn überhaupt Produktmanager gebrauchen. ‚Ich sehe ja gar nicht, welche Aufgaben der hat. Was bringt der denn überhaupt?' Ich bin fest davon überzeugt, dass solche Fragen dann kommen werden, wenn wir in einem Produktbereich Erfolg haben. Ich befürchte, dass man dann gar nicht mehr sieht, dass der Produktmanager daran einen Anteil hat." So bleibt die Position des Produktmanagers selbst dann prekär, wenn sie erfolgreich ist.

5 Resümee: Produktmanagement professionalisieren

Dies gilt um so mehr, als das Produktmanagement als Institution in der Softwarebranche bislang immer noch kaum verbreitet ist. Damit entfällt die Möglichkeit, auf Erfahrungen in anderen Unternehmen zu verweisen. Diese geringe Durchdringung hat zudem zur Folge, dass sich Produktmanager in ihrer Außendarstellung schwer tun: Weil es keine etablierte Vorstellung davon gibt, welche Aufgaben ein Produktmanager hat und was er leisten muss, gibt es keine allgemein anerkannte statusmäßige Verankerung dieser Position. Diese Tatsache wirkt sich für Produktmanager insbesondere dann negativ aus, wenn sie in ein anderes Unternehmen wechseln wollen. „Produktmanager zu sein ist noch nichts, was als toll angesehen wird. Die Funktion ist in der Branche nicht so bekannt. Damit ist sie aber auch noch nicht mit Prestige verbunden. Wenn ich zu jemandem sagen würde, dass ich Entwicklungsleiter bin, würde das einen höheren Status mit sich bringen, als wenn ich sage, dass ich Produktmanager bin. Mit dem Begriff Produktmanager können die meisten nichts anfangen."

Das Konzept des Produktmanagements kann somit in der Softwarebranche erst dann zum Erfolg werden, wenn sich branchenweit ein Einverständnis über die Erwartungen an diese Institution und die mit dieser Funktion betrauten Mitarbeiter herstellt – kurz: wenn der Prozess der Professionalisierung beginnt.

Literatur

Bolte, A. & Porschen, S. (2006). *Die Organisation des Informellen.* Wiesbaden: VS Verlag für Sozialwissenschaften.

Interaktionsarbeit im Klassenraum – eine Untersuchung bei Lehrern an beruflichen Schulen

Thomas Höge

In den vorangegangenen Kapiteln wurden das arbeitswissenschaftliche Konzept der *Interaktionsarbeit* und arbeitsorganisatorische Grundsätze zur Gestaltung von Interaktionsarbeit und deren Umsetzung an zwei Praxisbeispielen beschrieben. Die konzeptuellen Überlegungen als auch die Praxisprojekte waren auf zwei spezifische Felder der personenbezogenen Dienstleistung beschränkt: Pflege und Softwareentwicklung. Durch den Einbezug dieser sehr unterschiedlichen Branchen wurde zwar in Ansätzen bereits deutlich, dass sich das Konzept der Interaktionsarbeit als Ausgangsbasis zur Analyse und qualitätsorientierten Gestaltung von Arbeit in verschiedenen Dienstleistungsfeldern eignet. Die Frage nach der Generalisierbarkeit der Konzepte und Methoden auf personenbezogene Dienstleistungen allgemein beantwortet sich damit jedoch noch nicht. Aus diesem Grund wurde im Rahmen des Verbundvorhabens Int*akt* mit der Lehrtätigkeit in der Schule ein weiteres wichtiges Feld der personenbezogenen Dienstleistung in die Betrachtung einbezogen. In einer Untersuchung mit angehenden Berufsschullehrern (Referendaren) in Bayern wurden Voraussetzungen, Bedingungen und Komponenten von Interaktionsarbeit gemäß dem integrierten Konzept zur Interaktionsarbeit (vgl. Böhle, Glaser & Büssing, in diesem Band) analysiert. Eine ausführliche Ergebnisdarstellung dieser Untersuchung findet sich bei Büssing, Giesenbauer, Glaser und Höge (2002).

1 Arbeit in der Schule

Die Lehrtätigkeit kann neben den Gesundheits- und Heilberufen mit Fug und Recht als ein Prototyp „personenbezogener Dienstleistung" bezeichnet werden. Arbeitsgegenstand ist auch hier ein menschliches Gegenüber – der Schüler. Ebenso ist auch in der Schule das Produkt – also die Vermittlung von Wissen, Kompetenzen, Einstellungen etc. – nur in Ko-Produktion (Badura, 1995) zwischen Lehrer und Schülern zu erbringen. Außerdem erfolgt die Leistungserbringung im persönlichen Kontakt. Die Lehrtätigkeit als Kernaufgabe von Lehrpersonen vollzieht sich damit innerhalb der Lehrer-Schüler-Interaktion. Emotionen und Gefühle sollten dabei auf vielfältige Weise im Spiel sein. So ist davon auszugehen, dass auch in der Schule die verschiedenen Funktionen von Emotionen (vgl. Dunkel, 1998, sowie Giesenbauer & Glaser, in diesem Band) im Kontext personenbezogener Dienstleistungstätigkeiten eine zentrale Rolle im Alltag von Lehrern spielen. Übertragen auf die Lehrtätigkeit sollten damit folgende „Hypothesen" gelten:

Auch in der Lehrtätigkeit sind Gefühle Gegenstand der Arbeit. Lehrer müssen im Sinne der Gefühlsarbeit („sentimental work", vgl. Strauss, Fagerhaugh, Suczek & Wiener, 1982) auf die Gefühle des Gegenübers einwirken, damit Wissen und Kompetenzen vermittelt werden können. Lehrer müssen z.B. bei Schülern Interesse für den Lernstoff wecken und aufrecht erhalten, ein ausreichendes Maß an Disziplin herstellen, Schüler motivieren und nach Misserfolgen ermutigen.

Auch von Lehrern wird Emotionsarbeit im Sinne des Arbeitens an den eigenen Gefühlen (Hochschild, 1990) geleistet. Um die Emotionen der Schüler beeinflussen zu können, ist eine Regulation eigener Emotionen erforderlich. So ist etwa eine Motivierung von Schülern kaum möglich, wenn man selbst gelangweilt wirkt. In schwierigen Situationen, in denen z.B. die Disziplin in der Klasse bedroht ist, muss evtl. Wut oder Angst unterdrückt und Gelassenheit und Souveränität gezeigt werden.

Lehrer sollten die eigenen Gefühle zudem auch als Arbeitsmittel nutzen. Wie im Konzept des subjektivierenden Arbeitshandelns beschrieben (Böhle, 1999), können Lehrer ihre eigenen Gefühle als „Instrumente" des Wahrnehmens, Erfassens und Verstehens des emotionalen Zustands und des Verhaltens von Schülern einsetzen. Zentral ist hierbei der Aspekt der „Empathie".

Die Arbeit in der Schule weist bei den genannten Gemeinsamkeiten zu anderen Formen der personenbezogenen Dienstleistung jedoch auch einige offenkundige Spezifika auf. Diese sollten sich auf die Ausformung von Interaktionsarbeit im Lehrerberuf auswirken. Im Unterschied etwa zu Gesundheitsdienstleistungen besteht die primäre Arbeitsaufgabe nicht in der Förderung (oder zumindest Bewahrung) des *Gesundheitszustandes*, sondern es geht vorwiegend um die Entwicklung und Förderung von *Wissen*. Daneben ist auch die Vermittlung von „weicheren" Faktoren wie z.B. sozialen Kompetenzen, Teamfähigkeit, Werten und Normen Teil des Erziehungsauftrags von Lehrern. Daneben bestehen noch weitere Spezifika der Lehrtätigkeit und insbesondere der Referendarstätigkeit an beruflichen Schulen, die im Folgenden umrissen werden.

1.1 Berufsausbildung von Berufsschullehrern

Im Unterschied etwa zu Pflegeberufen erfordert die Lehrtätigkeit an Schulen eine universitäre Ausbildung. Voraussetzung für den Studiengang „Lehramt an beruflichen Schulen" sind in Bayern entweder der Nachweis der Hochschulreife oder bei Fachhochschulstudenten ein erfolgreiches Vordiplom in einer eng verwandten Fachrichtung des Lehramtsstudiums. Studieninhalt ist neben dem beruflichen Erst- und dem allgemeinen Zweitfach die Erziehungswissenschaft. Das erziehungswissenschaftliche Studium umfasst 14 Semesterwochenstunden in Pädagogik und 12 Semesterwochenstunden in Psychologie. Allein in diesem eng umrissenen erziehungswissenschaftlichen Studium sowie in den Schulpraktika dürfte es sich um Phasen der universitären Ausbildung handeln, bei denen wichtige Kompetenzen für Interaktionsarbeit wenigstens ansatzweise vermittelt werden.

Die Regelstudienzeit für das Lehramt an beruflichen Schulen liegt bei neun Semestern. Nach der 1. Staatsprüfung schließt sich das zweijährige Referendariat an. Im ersten Jahr dieser zweiten Ausbildungsphase erfolgt eine Verteilung der Referendare auf Seminarschulen, an denen Unterrichtspraxis durch Hospitationen, Hörstunden und Lehrversuche gesammelt wird. Ab dem dritten Monat sind sechs Wochenstunden zusammenhängender und ab dem sechsten Monat sechs Wochenstunden eigenverantwortlicher Unterricht vorgesehen. Die Betreuung und Ausbildung vor Ort erfolgt durch eine Seminarlehrkraft. Diese ist auch für die Unterstützung der Referendare bei Problemen mit Schülern verantwortlich. Hinzu kommen Seminarveranstaltungen am jeweiligen Studienseminar (20 eintägige Veranstaltungen). Das zweite Jahr erfolgt an einer sogenannten Einsatzschule, an der elf Wochenstunden eigenverantwortlicher und zusammenhängender Unterricht geleistet werden. Wie im ersten Jahr kommen weiterhin Hör- und Hospitationsstunden hinzu, jedoch in geringerem Ausmaß. Ebenso wie im ersten Jahr finden an 20 Tagen Seminarveranstaltungen am Studienseminar statt.

Bezogen auf die Ausbildung von Berufsschullehrern im Freistaat Bayern lässt sich eine Orientierung am Leitbild „Gymnasiallehrer" erkennen. Dies wird etwa deutlich am verpflichtenden Studium eines allgemeinen Unterrichtsfaches wie Deutsch oder Geschichte (sogenanntes Zweitfach) neben der beruflichen Fachrichtung im Erstfach (z.B. Bautechnik oder Ernährungswissenschaft und Hauswirtschaft) sowie der reduzierten Berufspraxis (einjähriges Praktikum) als Voraussetzung für die Zulassung zur 1. Staatsprüfung. Im Gegensatz dazu lässt etwa Baden-Württemberg bei den dem Lehramt gleichgestellten Diplomstudiengängen zum Gewerbe- oder Handelslehrer eine Akzentuierung in Richtung des „Fachmann"-Leitbildes erkennen (Bader, 1995).

1.2 Arbeitsorganisation in der beruflichen Schule

Der Unterricht an beruflichen Schulen erfolgt – wie auch an anderen staatlichen Schulen – im 45-Minutentakt. Ein wesentlicher Unterschied der Berufsschulen gegenüber den allgemein bildenden Schulen besteht jedoch darin, dass es sich in der Regel um Teilzeitschulen handelt. Die Jugendlichen erhalten entweder Einzeltagesunterricht an einem, höchstens an zwei Tagen pro Woche oder Blockunterricht.

Auf eine Berufsschulklasse entfielen im Jahr 2000 statistisch 0.59 Lehrkräfte und auf einen Berufsschullehrer durchschnittlich 38.7 Schüler (vgl. Büssing et al., 2002). Zum Vergleich: Im selben Zeitraum waren es an den bayerischen Gymnasien mit 1.64 Gymnasiallehrern je Klasse mehr als doppelt so viele Lehrer und entsprechend mit 15.2 Gymnasiasten pro Lehrer weniger als die Hälfte an Schülern. Ein weiterer Unterschied zu Gymnasien liegt darin, dass der Unterricht generell auch am Nachmittag erfolgt. Die Pflichtstundenzahl von Lehrern an beruflichen Schulen in Bayern beträgt 24 Stunden pro Woche. Referendare unterrichten im ersten Ausbildungsjahr ab dem sechsten Monat sechs Stunden und im zweiten Ausbildungsjahr elf Stunden. Hinzu kommen Verwaltungstätigkeiten sowie Vor- und Nachbereitungszeiten, die in aller Regel zu Hause geleistet werden.

Die Klassenstärke an den Berufsschulen in Bayern lag im Jahr 2000 bei durchschnittlich knapp 23 Schülern. Dabei lassen sich jedoch beträchtliche Abweichungen erkennen: In einem Drittel aller Klassen sitzen 20 oder weniger Schüler, in 6% ist die Lehrkraft mit 31 oder mehr Schülern konfrontiert, in einigen wenigen Fällen gibt es auch Klassen mit 41 oder mehr Schülern.

Elternarbeit spielt an den Berufsschulen kaum eine Rolle, dafür jedoch die Kooperation mit den Ausbildungsleitern der Ausbildungsbetriebe. Für die Referendare im ersten Ausbildungsjahr stellt die Seminarlehrkraft die Hauptkontaktperson aus dem Lehrerkollegium der Berufsschule dar. Mit dem Seminarlehrer werden in der beruflichen Fachrichtung (Erstfach) wöchentliche Fachsitzungen abgehalten, im allgemein bildenden Zweitfach Sitzungen im vierzehntäglichen Zyklus. Im zweiten Ausbildungsjahr an der Einsatzschule arbeiten die Referendare in inhaltlicher Hinsicht quasi als voll ausgebildete Lehrer jedoch mit einer reduzierten Stundenzahl. Neben den elf vorgesehenen Wochenstunden sind weitere fünf Wochenstunden Unterrichtsauftrag bei zusätzlicher Vergütung möglich.

1.3 Emotion und Interaktion im Unterricht

Für den Bereich der Lehrtätigkeit finden sich bisher kaum Untersuchungen, die explizit Bezug nehmen auf die Komponenten von Interaktionsarbeit. Zwar wird die Rolle von Emotionen im Unterricht vielfach betont (vgl. Ulich, 2001) jedoch nur selten in Beziehung gesetzt zu Konzepten wie der Emotions- oder Gefühlsarbeit. Eher dominiert eine Betrachtungsweise, die den Einfluss der Emotionen von Lehrern auf die Unterrichtsinteraktion mit den Schülern (z.B. auf die Leistungsbeurteilung) in den Vordergrund rückt oder (negative) Emotionen als Stressindikatoren heranzieht. Ergänzend zu dieser Betrachtungsweise wird jedoch – etwa von Hargreaves (1998, 2000) – betont, dass ähnlich zu anderen Dienstleistungsberufen auch von Lehrern täglich emotionale Arbeit geleistet werden muss. Diese beinhaltet nicht nur das oberflächliche „Vorspielen" bestimmter Emotionen, sondern auch bewusste Versuche, eigenes emotionales Erleben im Sinne des Tiefenhandelns in eine Richtung zu lenken, die für einen guten Unterricht in einer bestimmten Situation als notwendig angesehen wird. Darüber hinaus zeigt Hargreaves (2000), dass Lehrer vor allem das „Faking in good faith" (vgl. Rafaeli & Sutton, 1987), also das Vortäuschen von Gefühlen in guter Absicht zum Wohle des Schülers, positiv – im Sinne von pädagogischer Kompetenz – erleben. Hargreaves (1998, S. 83) fasst die Bedeutung von Emotionen für den Lehrerberuf in der folgenden pointierten Aussage zusammen. *„Emotions are the heart of teaching"*. Gleichzeitig beklagt er, dass Pädagogik und Psychologie die Rolle von Emotionen bisher deutlich unterbewerten und sich vor allem mit den kognitiven Aspekten des Lehrens und Lernens beschäftigen.

Besser als die Rolle der Emotionen im Lehrerberuf ist die Lehrer-Schüler-Interaktion im Unterricht untersucht worden (für einen Überblick vgl. Ulich, 1996, 2001). Neben Analysen auf der Verhaltensebene, wie etwa der Identifizierung typischer Interaktionsabläufe im Unterricht, nimmt auch die Untersuchung der Lehrer-Schüler-Interaktion auf der Beziehungsebene einen breiten Raum in der bisherigen Forschung ein. Von zentraler Bedeutung sind hier vor allem die gegenseitigen Erwartungen, Kategorisierungen und Stereotypisierungen, welche die Interaktion zwischen Lehrern und Schülern und das Leistungsverhalten der Schüler beeinflussen können (vgl. Hofer, 1997).

Die Belastungen, die durch den intensiven Kontakt mit Schülern entstehen können, werden immer wieder mit der empirisch in vielen Studien bestätigten starken Beanspruchung von Lehrern in Verbindung gebracht. So weisen verschiedene Untersuchungen darauf hin, dass etwa 15-28% unter Burnout-Symptomen leiden (vgl. Schmitz, 2003). Die Quote der Frühpensionierungen von Lehrern schwankt in Deutschland in den letzten zehn Jahren zwischen 50% und

60%. Die Mehrzahl dieser Frühpensionierungen (ca. 52%) ist auf psychische bzw. psychosomatische Leiden zurückzuführen (Weber, 2003). Probleme im Umgang mit Schülern nehmen in der Rangreihe von Belastungen in aller Regel den Spitzenplatz ein (vgl. Redeker, 1993; Ulich, 1996). Im Vordergrund steht hier vor allem der schwierige Umgang mit Leistungs- und Verhaltensproblemen von Schülern. Trotz dieser alarmierenden Befunde ist bisher noch relativ wenig über die emotionalen Anforderungen des Lehrerberufs aus einem arbeitspsychologischen Blickwinkel bekannt.

2 Durchführung einer Studie zur Interaktionsarbeit bei Lehrern

Die Untersuchung wurde in Form einer Fragebogenstudie durchgeführt. Die Befragung der Referendare erfolgte in enger Zusammenarbeit mit den Seminarvorständen der Studienseminare von Süd- und Ostbayern. Insgesamt nahmen 176 Referendare dieser beiden Studienseminare an der Untersuchung teil. Die Teilnahmequote betrug 98.3%. 62.5% der Befragten waren männlich. Das Durchschnittsalter lag mit 30 Jahren und sieben Monaten erwartungsgemäß relativ niedrig. Die durchschnittliche Dauer der Referendarszeit – und damit der Berufserfahrung – betrug ein Jahr und einen Monat, die durchschnittliche Beschäftigungsdauer an der momentanen Schule sechs Monate.

Als Messinstrumente kamen standardisierte Fragebogenskalen zur Erfassung der Voraussetzungen, Bedingungen und Komponenten von Interaktionsarbeit zum Einsatz. Diese ursprünglich für das Feld der Pflege entwickelten Instrumente wurden zuvor auf der Grundlage von Interviews mit Lehrern an das Feld der Arbeit in beruflichen Schulen adaptiert (vgl. ausführlich Büssing et al., 2002). Die Analyse der psychometrischen Eigenschaften der adaptierten Instrumente ergab gute Ergebnisse, die mit den Originalinstrumenten vergleichbar sind.

3 Ergebnisse zur Interaktionsarbeit bei Lehrern

Zunächst wurden die Arbeitsbedingungen der Referendare näher beleuchtet. Es zeigte sich, dass sich die Referendarstätigkeit durch ausgeprägte und vielfältige Anforderungen auszeichnet. Allein die Kooperationserfordernisse werden relativ gering beurteilt. Darin spiegelt sich möglicherweise der Umstand wider, dass Lehrkräfte zumeist als „Einzelkämpfer" vor der Klasse stehen. Denkbar wäre auch, dass Kooperationserfordernisse speziell bei Referendaren so niedrig ausfallen, weil diese noch nicht in vollem Maß in die Arbeitsabläufe der Schule integriert sind.

Die zur Bewältigung der Anforderungen verfügbaren Ressourcen sind zumeist stark ausgeprägt. Ausnahmen bilden Partizipationsmöglichkeiten und die Transparenz der eigenen Leistung. Die eingeschränkten Partizipationsmöglichkeiten sind möglicherweise darauf zurückzuführen, dass die Referendare nur temporär an der jeweiligen Schule tätig sind und als noch nicht fertig ausgebildete Lehrkräfte recht wenig in die Entscheidungsprozesse in der Schule eingebunden werden. Der niedrige Wert für die Transparenz der eigenen Leistung ist hingegen besonders problematisch, da gerade im Referendariat – als Kern der praktischen Ausbildung von Lehrkräften – eigentlich eine transparente Leistungsrückmeldung im Zentrum stehen sollte.

Auf Seiten der psychischen Belastungen konnten drei Belastungsschwerpunkte identifiziert werden. Insbesondere berichten die Referendare über einen hohen Zeitdruck. Ebenfalls problematisch sind zu große Klassen und eine inhomogene Schülerstruktur. Schließlich berichten die Referendare über Überforderungen auf Grund des schlechten Arbeitsverhaltens von Schülern. *Emotional* belastend ist jedoch vor allem der Umgang mit Schülern mit ungünstiger Persönlichkeit (z.B. nörgelnde, aggressive Schüler).

Neben Anforderungen, Ressourcen und Belastungen wurde auch die Arbeitszeit der Referendare analysiert. Die Referendare berichten über eine durchschnittliche Wochenarbeitszeit von 52.5 Stunden. Das Referendariat ist also sehr arbeitsintensiv. Im Detail geben die Referendare an, 26.3 Stunden pro Woche für die Vor- und Nachbereitung des Unterrichts aufzuwenden. Dem gegenüber beträgt die durchschnittliche Unterrichtszeit „nur" durchschnittlich 11.6 volle Stunden. Die übrige Zeit entfällt auf Korrekturen, Verwaltungsarbeit und sonstige dienstliche Tätigkeiten.

Die durchschnittliche Klassengröße der befragten Referendare liegt bei 24 Schülern. Insgesamt wurden zum Zeitpunkt der Untersuchung von einem Referendar im Durchschnitt 115 Schüler unterrichtet. Es wird also deutlich, dass die Referendare mit einer sehr großen Zahl von Interaktionspartnern zu tun haben.

3.1 Bedingungen für Interaktionsarbeit bei Lehrern

Bezüglich der Bedingungen für Interaktionsarbeit interessierte zunächst, wie lange und wie häufig die Referendare mit verschiedenen „Typen" von Schülern interagieren. Die Ergebnisse zeigen, dass die Referendare am häufigsten mit „angenehmen" Schülern in Interaktion treten. Diese „angenehmen" Schüler zeichnen sich zum einen durch günstige Persönlichkeitseigenschaften und zum anderen durch ein günstiges Arbeits- und Leistungsverhalten aus. Die längsten Interaktionen finden ebenfalls mit diesem Schülertypus statt. Sowohl die Häufigkeit als auch die Dauer der Interaktionen mit „problematischen“ Schülern wird demgegenüber zum Teil deutlich geringer eingeschätzt. Es bleibt jedoch offen, ob dieses Ergebnis damit in Verbindung gebracht werden kann, dass die Referendare eine größere Anzahl von „angenehmen“ Schülern unterrichten, oder ob die Referendare ihre Interaktionen insofern steuern, dass sie die unproblematischen Schüler als Interaktionspartner bevorzugen. Auf letztere Interpretationsmöglichkeit weist hin, dass die Referendare über stark ausgeprägte *Interaktionsspielräume* berichten. Sie sind also in der Lage relativ selbstbestimmt zu entscheiden, mit wem, wann, wie und wie lange sie interagieren. Obwohl ausgeprägte Interaktionsspielräume prinzipiell positiv zu bewerten sind, da Belastungen aus dem Weg gegangen werden kann, ist dies gerade im schulischen Kontext dennoch nicht unproblematisch. Wenn die Interaktionsspielräume vor allem dafür genutzt werden, sich von „schwierigem“ Schülerklientel zurückzuziehen, wird eine wichtige Aufgabe quasi umgangen – die besondere Unterstützung gerade der leistungsschwachen und in ihrem Verhalten auffälligen Schüler.

Ob man sich den interaktiven Anforderungen gerade durch problematische Schüler stellt, dürfte nicht unwesentlich durch die eigenen Kompetenzen in Bezug auf Interaktionsarbeit beeinflusst sein. Aus diesem Grund wurden die Referendare sowohl nach den *qualifikatorischen Anforderungen an Interaktionsarbeit* als auch nach den *eigenen Kompetenzen* auf diesem Gebiet gefragt. Dabei zeigte sich eine Diskrepanz zwischen hohen Anforderungen und deutlich geringer ausgeprägten eigenen Kompetenzen. Dies belegt einen Qualifizierungsbedarf hinsichtlich der für Interaktionsarbeit notwendigen Kompetenzen.

3.2 Gefühlsarbeit und Emotionsarbeit bei Lehrern

Für die Analyse der *Gefühlsarbeit* im Sinne einer Beeinflussung von Gefühlen des Gegenübers wurde zunächst untersucht, welche Gefühle von Referendaren gegenüber Schülern überhaupt zum Ausdruck gebracht werden. Hierzu wurde den Referendaren eine Liste mit 25 Emotionen vorgelegt, die bezüglich der Häufigkeit und Intensität des Ausdrucks einzustufen waren. Es zeigte sich, dass von den Referendaren *Interesse*, *Anerkennung*, *Ausgeglichenheit* und *Ruhe* besonders häufig zum Ausdruck gebracht werden. Hinsichtlich der *Intensität des Gefühlsausdrucks* ergibt sich ein vergleichbares Muster. Es dominiert die *Anerkennung*, gefolgt von *Interesse*, *Ruhe* und *Ausgeglichenheit*. Es wird also deutlich, dass im Arbeitsalltag von Referendaren vor allem das Zeigen von positiven Emotionen im Vordergrund steht. Negative Gefühle wie etwa *Scham*, *Angst*, oder *Ekel* werden hingegen fast überhaupt nicht von den Referendaren gezeigt. Von den negativen Emotionen spielt allein *Ärger* im Arbeitsalltag von Referendaren sowohl hinsichtlich der Häufigkeit als auch der Intensität des Gefühlsausdrucks eine gewisse Rolle. Dies verwundert kaum, als das Zum-Ausdruck-Bringen von Ärger – etwa im Zuge von Sanktionsmaßnahmen bei unerwünschtem Schülerverhalten – als wichtiges pädagogisches Instrument eingesetzt werden kann. Insgesamt zeigen die Ergebnisse jedoch, dass das Zum-Ausdruck-Bringen von positiven Emotionen, die in erster Linie eine emotionale Verbindung zum Schüler aufbauen (Interesse, Anerkennung) und Souveränität signalisieren (Ruhe, Ausgeglichenheit) von besonderer Bedeutung sind.

Die Analyse der Gefühlsarbeit selbst ergab, dass Gefühlsarbeit eine wichtige Rolle im Lehreralltag spielt. Lehrer müssen auf vielfältige Art und Weise auf die Emotionen von Schülern einwirken. Dies gilt insbesondere für *Fassungsarbeit/ Vertrauensarbeit* und den Teilaspekt *Erziehungsarbeit* (zu Formen von Gefühlsarbeit vgl. Giesenbauer & Glaser, in diesem Band). Hingegen wird von den Referendaren die Bedeutung der *Identitätsarbeit/Biografiearbeit* deutlich geringer eingestuft. Gefühlsarbeit im Klassenraum bezieht sich damit vor allem auf das Herstellen einer vertrauensvollen Beziehung, Aufmunterung und Ermutigung, aber auch Ermahnung und Zurechtweisung. Die Beeinflussung der emotionalen Verfassung von Schülern über die Auseinandersetzung mit „persönlichen Themen“ (z.B. deren Ängste, ihren Lebenshintergrund außerhalb der Schule) spielt eine deutlich untergeordnete Rolle im Arbeitsalltag der Lehrer.

Neben der Gefühlsarbeit ist die *Emotionsarbeit* – also die Regulation eigener Emotionen – die zweite wichtige Komponente von Interaktionsarbeit. Eine zentrale Bedingung für Emotionsarbeit im Sinne von Hochschild (1990) sind die normativen Vorstellungen über das Zeigen und Empfinden von Emotionen in bestimmten Situationen. Solche emotionsbezogenen Ausdrucks- und Gefühlsregeln können prinzipiell auf einer beruflichen Ebene (Lehrerberuf), einer organisationalen Ebene (Schule) und einer individuellen Ebene (Referendar) verankert sein. Die Studie zeigt, dass bei den Referendaren die *persönlichen Ausdrucksregeln* offenbar die größte Rolle spielen. Ebenfalls relativ hoch sind die *beruflichen Ausdrucksregeln* ausgeprägt. Die geringste Bedeutung haben *organisationale Ausdrucks- und Gefühlsregeln*. Referendare orientieren sich bei ihrer Emotionsarbeit also vor allem an individuellen Normen, sowie Normen, die nach ihrer Ansicht generell für den Lehrerberuf gelten und in aller Regel über die Ausbildung, aber auch die allgemeine eigene schulische Sozialisation vermittelt werden. Dabei sind vor allem solche Normen von Bedeutung, die sich darauf beziehen, welche Gefühle gegenüber den Schülern gezeigt werden sollten bzw. dürfen. Von geringerer Bedeutung sind Normen bezüglich des Empfindens von Gefühlen.

Auf Grundlage verschiedener Kombinationen von Gefühlsregeln, gezeigten Emotionen und tatsächlich empfundenen Emotionen lassen sich verschiedene Konstellationen emotionaler Arbeit unterscheiden (vgl. Giesenbauer & Glaser, in diesem Band). Hierzu zählt die emotionale Harmonie als Einklang zwischen gezeigten und empfundenen Emotionen und die emotionale Dissonanz, bei der auf Grund von bestimmten Normen emotionaler Ausdruck und emotionales Empfinden eine Diskrepanz aufweisen. Die Ergebnisse der Analyse der verschiedenen Konstellationen von Emotionsarbeit deuten darauf hin, dass das Vortäuschen von Gefühlen ebenso wie emotional deviantes Verhalten (z.B. impulsive, normverletztende „Gefühlsausbrüche") eine eher untergeordnete Rolle im Lehrerberuf spielt. In der Regel zeigen die Referendare ihre authentischen Gefühle. Dies gilt vor allem für positive Emotionen wie Freude, Sympathie, Mitgefühl, aber auch Ärger. Falls Gefühle trotzdem vorgetäuscht werden, geschieht dies eher in guter Absicht, wird also als Teil der beruflichen Verantwortung zum Wohle des Schülers verstanden. So geben die befragten Referendare an, dass sie auf Grund ihrer beruflichen Verantwortung für die Schüler relativ häufig z.B. Antipathie gegenüber Schülern unterdrücken und auch gegenüber eher unsympathischen Schülern versuchen, Sympathie zum Ausdruck zu bringen.

Als wichtigste Strategie des Managements der eigenen Gefühle bzw. des Gefühlsausdrucks erweist sich das sogenannte *Tiefenhandeln*. Dies bedeutet, dass vor allem der Versuch unternommen wird, die eigenen Gefühle quasi im Kern in die gewünschte Richtung zu verändern. Zentral ist auch hier die Emotion der Sympathie bzw. das ernsthafte bemühen, Antipathie nicht zu empfinden. Ein weiterer besonders wichtiger Aspekt ist der Versuch, Angstgefühle zu vermeiden. Das sogenannte *Oberflächenhandeln* – also das reine Vorspielen oder Verbergen von Gefühlen – ist hingegen von geringerer Bedeutung. Falls Oberflächenhandeln trotzdem zum Einsatz kommt, bezieht es sich wiederum in erster Linie auf das Verbergen von Antipathie und Angst.

4 Fazit

Die Ergebnisse der Studie zeigen, dass mit dem Konzept der Interaktionsarbeit ein wichtiger Aspekt der beruflichen Anforderungen an Referendare beschrieben werden kann. Damit rückt die emotionale Seite der Lehrtätigkeit stärker in den Fokus der arbeitspsychologischen Forschung zur Lehrtätigkeit. Die Studie liefert Hinweise, dass Lehrer sowohl die Emotionen von Schülern beeinflussen als auch

Arbeit mit und an den eigenen Emotionen leisten müssen, um ihren Arbeitsauftrag angemessen zu erfüllen. Lehrpersonen müssen insbesondere Vertrauen zu ihren Schülern herstellen und Schülerverhalten in Richtung gewünschter Verhaltensweisen steuern. Die Modifikation der eigenen Gefühle hin zu positiven Emotionen gegenüber den Schülern und das Verbergen bzw. Vermeiden von negativ getönten Emotionen gegenüber den Schülern (wie etwa eigenen Ängsten) ist ebenfalls ein wichtiger Aspekt der Arbeit von Lehrern.

Problematisch an den Befunden ist vor allem die starke Diskrepanz zwischen den von den befragten Referendaren wahrgenommenen Anforderungen an Interaktionsarbeit und ihren eigenen Kompetenzen auf diesem Gebiet. Aspekte der Interaktionsarbeit sollten also in stärkerem Maße in der universitären und der praktischen Ausbildung von Lehrern berücksichtigt werden. Hierzu bedarf es jedoch sowohl einer intensiveren Verbreitung des Konzepts in der pädagogischen Öffentlichkeit als auch der Entwicklung von geeigneten, auf die Lehrtätigkeit zugeschnittenen, Trainingskonzepten. Eng mit der Qualifikationsfrage verbunden ist eine weitere Problematik: Die Ergebnisse der Studie liefern Hinweise, dass die angehenden Referendare dazu neigen, ihre ausgeprägten Interaktionsspielraum dazu zu nutzen, sich von „schwierigen" Schülern zurückzuziehen und die in punkto Persönlichkeit und Arbeits- bzw. Leistungsverhalten „angenehmen" Schüler als Interaktionspartner zu bevorzugen.

Ebenfalls nicht unproblematisch ist die vergleichsweise geringe Bedeutung, welche die angehenden Lehrer der Rolle von Identitäts- und Biografiearbeit beimessen. Biografiearbeit bedeutet, den soziodemografischen Hintergrund, individuelle Gewohnheiten und Eigenarten des Gegenübers kennenzulernen und in aktuellem Handeln zu berücksichtigen. Während es also bei der biografischen Arbeit um allgemeine persönliche und soziale Aspekte geht, werden bei der Identitätsarbeit in einem engeren Sinn „psychische Probleme" bearbeitet. Dies können z.B. die individuellen Ängste und Befürchtungen von Schülern sein. Identitäts- und Biografiearbeit sollten auch in der Schule eine wichtige Rolle spielen. Das Kennenlernen der Schüler und das gemeinsame Bearbeiten individueller Probleme bilden eine wichtige Basis für eine qualitativ gehaltvolle Interaktion im Zuge der Lehr- und Erziehungstätigkeit in der Schule. Es ist jedoch nicht auszuschließen, dass die wenig ausgeprägte Bedeutung dieses Typus der Gefühlsarbeit eine Besonderheit der Tätigkeit an beruflichen Schulen darstellt. Wie bereits beschrieben, handelt es sich bei beruflichen Schulen um „Teilzeitschulen". Im Unterschied zu allgemein bildenden Schulen werden die Schüler also entweder nur 1-2 Tage in der Woche unterrichtet oder der Unterricht findet in wöchentlichen Blöcken statt, die sich mit unterrichtsfreien Phasen abwechseln. Dieser Mangel an Kontinuität könnte die Möglichkeiten Identitäts- und Biografiearbeit zu leisten – aber auch von Interaktionsarbeit insgesamt – erschweren.

Mit dieser Hypothese richtet sich der Blick auf mögliche Zusammenhänge zwischen arbeitsorganisatorischen Rahmenbedingungen und Interaktionsarbeit in der Schule. Nicht nur der diskontinuierliche Unterricht dürfte sich ungünstig auf die Interaktionsarbeit auswirken. Hinderlich für die Ausgestaltung von Interaktionsarbeit in der Schüle dürfte auch der übliche 45-Minutentakt des Unterrichts sein, der ebenfalls die Interaktion zwischen Lehrern und Schülern „fragmentiert" (vgl. Hargreaves, 2000) und damit die Kontinuität der Lehrer-Schüler-Beziehung beeinträchtigt. Außerdem dürfte sich die relativ große Anzahl von Schülern, die von Lehrern unterrichtet werden müssen, ebenfalls ungünstig auf die Interaktionsarbeit von Lehrern auswirken. Dies bezieht sich nicht nur auf die Klassenstärke, sondern auch auf die von einem Lehrer betreuten Schüler insgesamt. Lehrer in weiterführenden Schulen sind in aller Regel Fachlehrer, die ihre Fächer gleichzeitig in mehreren Klassen unterrichten. In Grundschulen ist hingegen ein Klassenlehrer nahezu für den gesamten Unterricht in *einer* Klasse zuständig. Wie Hargreaves (2000) an einem Vergleich zwischen Lehrern an kanadischen Grundschulen und weiterführenden Schulen zeigt, haben arbeitsorganisatorische Unterschiede – und insbesondere der unterschiedliche Grad an Fragmentierung der Interaktion – Auswirkungen auf die Lehrer-Schüler-Interaktion und die emotionalen Beziehungen. So berichteten die Lehrer an weiterführenden Schulen sowohl über erschwerte Möglichkeiten aber auch über ein geringeres Interesse, persönliche Probleme und emotionale Lagen ihrer Schüler kennenzulernen und eine positiv emotionale Beziehung aufzubauen. Insgesamt ist aber über die Zusammenhänge zwischen arbeits- und unterrichtsorganisatorischen Faktoren, Interaktionsarbeit, Qualität des Unterrichts und Qualität des Arbeitslebens von Lehrern noch wenig bekannt. Hier öffnet sich ein zukünftiges Forschungsfeld, das mit Blick auf die derzeitig geforderte Verbesserung der Unterrichtsqualität in Deutschland interessante Impulse geben könnte.

Literatur

Bader, R. (1995). Lehrer an beruflichen Schulen. In R. Arnold & A. Lipsmeier (Hrsg.), *Handbuch der Berufsbildung* (S. 319-333). Opladen: Leske + Budrich.

Badura, B. (1995). Gesundheitsdienstleistungen im Wandel. In H.-J. Bullinger (Hrsg.), *Dienstleistung der Zukunft. Märkte, Unternehmen und Infrastruktur im Wandel* (S. 183-190). Wiesbaden: Gabler.

Böhle, F. (1999). Nicht nur mehr Qualität, sondern auch höhere Effizienz – Subjektivierendes Handeln in der Altenpflege. *Zeitschrift für Arbeitswissenschaft (Themenheft: Personenbezogene Dienstleistung – Arbeit der Zukunft), 53,* 174-181.

Büssing, A., Giesenbauer, B., Glaser, J. & Höge, T. (2002). *Interaktionsarbeit im Altenpflegeheim und in der Schule. Ergebnisse einer vergleichenden Untersuchung bei Altenpflegekräften und Referendaren in berufsbildenden Schulen* (Bericht Nr. 64 aus dem Lehrstuhl für Psychologie). München: Technische Universität Lehrstuhl für Psychologie.

Dunkel, W. (1988). Wenn Gefühle zum Arbeitsgegenstand werden. Gefühlsarbeit im Rahmen personenbezogener Dienstleistungstätigkeiten. *Soziale Welt, 39,* 66-85.

Hargreaves, A. (1998). The emotional practice of teaching. *Teaching and Teacher Education, 14,* 835-854.

Hargreaves, A. (2000). Mixed emotions: teacher's perceptions of their interactions with students. *Teaching and Teacher Education, 16,* 811-826.

Hochschild, A.R. (1990). *Das gekaufte Herz. Zur Kommerzialisierung der Gefühle.* Frankfurt/M.: Campus.

Hofer, M. (1997). Lehrer-Schüler-Interaktion. In F. E. Weinert (Hrsg.), *Psychologie des Unterrichts und der Schule* (S. 215-252) [Enzyklopädie der Psychologie, Themenbereich D, Serie I, Band 3]. Göttingen: Hogrefe.

Rafaeli, A. & Sutton, R. I. (1987). Expression of emotion as part of the work role. *Academy of Management Review, 12,* 23-37.

Redeker, S. (1993). *Belastungserleben im LehrerInnenberuf.* Frankfurt/M.: Lang.

Schmitz, E. (2003). Burnout: Befunde, Modelle und Grenzen eines populären Konzepts. In A. Hillert & E. Schmitz (Hrsg.), *Psychosomatische Erkrankungen bei Lehrerinnen und Lehrern. Ursachen, Folgen, Lösungen* (S. 51-68). Stuttgart: Schattauer.

Strauss, A., Fagerhaugh, S., Suczek, B. & Wiener, C. (1982). Sentimental work in the technologized hospital. *Sociology of Health & Illness, 4,* 254-278.

Ulich, K. (1996). *Beruf Lehrer/in. Arbeitsbelastungen, Beziehungskonflikte, Zufriedenheit.* Weinheim: Beltz.

Ulich, K. (2001). *Einführung in die Sozialpsychologie der Schule.* Weinheim: Beltz.

Weber, A. (2003). Krankheitsbedingte Frühpensionierung von Lehrkräften. In A. Hillert & E. Schmitz (Hrsg.), *Psychosomatische Erkrankungen bei Lehrerinnen und Lehrern. Ursachen, Folgen, Lösungen* (S. 23-38). Stuttgart: Schattauer.

Interaktionsarbeit im Friseurhandwerk – Arbeit am Menschen und Arbeit am Gegenstand

Wolfgang Dunkel

1 Einleitung

Dieser Beitrag verfolgt mehrere Absichten: Zunächst soll den in diesem Band behandelten Feldern der Altenpflege, der Software-Entwicklung und der Arbeit von Lehrern, Zugbegleitern und Call-Center-Agenten ein Beispiel für die Bedeutung von Interaktionsarbeit in einem klassischen personenbezogenen Handwerk, dem Friseurhandwerk, hinzugefügt werden. Des weiteren wird mit diesem Beitrag eine bestimmte These vertreten: Interaktionsarbeit verbindet in der personenbezogenen Dienstleistung notwendig zwei Sphären - die sachliche Sphäre der Arbeit an einem Gegenstand und die soziale Sphäre der Arbeit am Menschen. Bei der Diskussion dieser These wird auf zwei unterschiedliche Konzepte, die für Interaktionsarbeit von Bedeutung sind, zurückgegriffen: auf das Konzept des subjektivierenden Handelns, wie es in diesem Band auf die Bereiche der Altenpflege und der Software-Entwicklung angewandt wird und auf den handlungstheoretischen Ansatz, der im DFG-Projekt „Dienstleistung als Interaktion" entwickelt worden ist. Damit bildet dieser Beitrag gewissermaßen die Brücke zwischen den vorangegangenen Kapiteln und den Beiträgen von Angela Poppitz und Kerstin Rieder, die sich auf Erhebungen des DFG-Projektes stützen.

Der Beitrag zum Friseurhandwerk gliedert sich in vier Abschnitte: Im ersten Abschnitt wird unter Bezug auf kulturhistorische Arbeiten zur Geschichte des Friseurhandwerks und aktueller empirischer Untersuchungen der Forschungsstand zu diesem Feld skizziert. Im zweiten Abschnitt wird unter Zuhilfenahme einer handlungstheoretischen Grundlegung von Abstimmungsproblemen in Dienstleistungsbeziehungen dargestellt, vor welche Handlungsprobleme sich Dienstleistungsgeber und –nehmer im Allgemeinen bzw. Friseur und Kunde im Besonderen in ihrer interaktiven Auseinandersetzung gestellt sehen. Diese Probleme strukturieren dann den dritten Abschnitt, der sich damit beschäftigt, in welcher Weise subjektivierendes Handeln zur Lösung solcher Probleme beitragen kann. In einem abschließenden Kapitel wird auf die Bedeutung kultureller Prägungen für die Interaktionsarbeit eingegangen. Dies bietet sich deswegen an, weil sich am Beispiel des Friseurhandwerks die Verschränkung von Kultur und

Arbeit besonders gut zeigen lässt. Daraus ergeben sich wiederum Folgerungen für die Weiterentwicklung des Konzeptes der Interaktionsarbeit.

2 Friseurhandwerk als Forschungsgegenstand

Das Haar ist, wie kulturgeschichtliche Arbeiten dies nachzeichnen (vgl. etwa Kleinhempel & Soschinka 1996, Bolt 2001), bereits im Altertum Mittel zur Selbstdarstellung und zur Symbolisierung von Zugehörigkeit und Abgrenzung gewesen. Dies hat folgende Gründe:

> „Hair is perhaps our most powerful symbol of individual and group identity – powerful first because it is physical and therefore extremely personal, and second because, although personal, it is also public rather than private. Furthermore, hair symbolism is usually voluntary rather than imposed or 'given'. Finally, hair is malleable, in various ways, and therefore singularly apt to symbolize both differentiations between, and changes in, individual and group identities." (Synnott 1987, S. 381)

Dementsprechend sind historisch immer wieder Handwerke wichtig gewesen, die in der Lage waren, Menschen bei ihrer Selbstdarstellung in kunstfertiger Weise zu unterstützen. So war es im Ägypten der Nofretete üblich, dass sich Frauen wie Männer ihr Haupthaar rasieren und Perücken tragen, die sehr komplizierte Frisuren ermöglichen (Bolt 2001, S. 107). Und im antiken Griechenland und Rom wurden in Barbiersalons Haare geschnitten und gefärbt, es wurden künstliches Haar, Pomade und Salben benutzt, Bärte rasiert und der neueste Klatsch ausgetauscht. Damit sind die wesentlichen Leistungen des heutigen Friseurs bereits vor Tausenden von Jahren angeboten worden – in der Öffentlichkeit allerdings ausschließlich für die Männerwelt. Der erste Friseursalon für Frauen wurde erst 1630 in Paris eröffnet, war aber dann sofort ein großer Erfolg.

Mit dem Niedergang der Kultur der Antike war allerdings neben vielem anderem auch ein Niedergang der Kultur in der Haarpflege verbunden. Immerhin war das Schneiden der Haare und das Rasieren Bestandteil der mittelalterlichen (Wannen- und Dampf-)Badekultur (Stolz 1992, S. 93ff.), in der es in einem ganzheitlichen Sinne um den menschlichen Körper ging: In den Badehäusern wurde der Körper gereinigt, es wurden die Haare gepflegt, es wurden Wunden versorgt und in den Wannenbädern gingen Männer wie Frauen (bis zur zunehmenden Trennung der Geschlechter im 15. Jahrhundert – vgl. Vigarello 1988, S. 39ff.) ihren sexuellen Bedürfnissen nach; dementsprechend wurde das Baderhandwerk zu den so genannten unehrenhaften Handwerken gezählt. Mit der entstehenden Arbeitsteilung in der Badestube differenzierte sich allmählich der Scherer oder Barbier aus dem Baderhandwerk heraus. Scherer/Barbiere hatten (mit Ausnahme der Haarwäsche) nur Männer als Kunden. Neben der Badestube entstand die Barbierstube; die Barbiere galten als diejenigen, die sich sehr geschickt auf ihre Kunden einstellen können, die sich bei jedermann beliebt machen und deren Scherstube der Umschlagplatz des Klatsches ist (Stolz 1992, S. 97). Mit dem ausgehenden Mittelalter wurde die Badekultur nach und nach zurückgedrängt und schließlich zum Erliegen gebracht. Im 17. Jahrhundert begann mit dem Sonnenkönig Ludwig XIV. die Blütezeit der Perückenmacher, die neben den Badern, Barbieren und Friseuren die vierte Zunft darstellten, die sich mit dem Haar handwerklich beschäftigte.

Bis zum beginnenden 20. Jahrhundert entwickelte sich dann allmählich das Friseurhandwerk moderner Prägung, etwa durch die Trennung von Damen- und Herrenfriseur oder die Verlagerung der Schönheitspflege vom privaten in den öffentlichen Raum: Im 19. Jahrhundert war es noch üblich gewesen, dass Friseure ihre Dienste bei Hausbesuchen anboten. Solche Hausbesuche wurden mit der zunehmenden Etablierung von Friseursalons nach und nach unüblicher (Stolz 1992, S. 299). Heute hat das Friseurhandwerk nicht nur eine lange Tradition, sondern zählt auch mit seinen 215.000 Beschäftigten in etwa 67.500 Friseurbetrieben (Zahlen für 2005, Quelle: Zentralverband des Deutschen Friseurhandwerks) trotz seit Jahren rückläufiger Zahlen weiterhin zu den personalstärksten Handwerken in Deutschland und ist der lehrlingsstärkste Ausbildungsberuf für weibliche Auszubildende.

Trotz der langen Tradition und der aktuellen Bedeutung des Friseurhandwerks liegen sozialwissenschaftliche empirische Untersuchungen zu diesem Bereich von Arbeit bislang nur vereinzelt vor. So finden sich eine quantitativ ausgerichtete Studie zur Gefühlsarbeit (Parkinson 1991) und eine ökonomische Analyse (Korpiun 1998) sowie eine Untersuchung der Friseure in ihrer Funktion als alltägliche Helfer (Nestmann 1988). Ein weiterer Aspekt, unter dem die Arbeit von Friseuren betrachtet wird, ist die Arbeit der Kundin am eigenen Körper. In ihrem Buch „Body Work" befasst sich Debra Gimlin (2002) damit, wie Frauen an ihrem Körper arbeiten, um ihre weibliche Identität herzustellen und abzusichern. Der Friseursalon ist ein Ort neben anderen (z.B. dem Fitness-Studio), an dem diese Arbeit am eigenen Körper geschieht. Gimlin betrachtet die Friseurarbeit aus der Kundinnenperspektive (es geht in ihren Untersuchungen ausschließlich um Frauen) und die Friseurinnen als Mittel zu einem Zweck, den die Kundinnen definieren. Die Macht liegt hier bei den Kundinnen, die auch in dem von Gimlin untersuchten Salon fast durchgehend aus höheren sozialen Schichten stammen als die Friseurinnen.

Auch wenn die Arbeit von Gimlin unter Gender-Gesichtspunkten interessant ist – über Dienstleistungsinteraktionen und damit über Interaktionsarbeit im Friseurhandwerk erfährt man kaum etwas. Hier ist eine andere, ebenfalls qualitativ ausgerichtete Studie über das Verhältnis von (amerikanischen) FriseurInnen zu ihren KundInnen ergiebiger: Cohen & Sutton (1998) vertreten die These, dass Friseure nicht nur finanzielle Ziele verfolgen, sondern aus ihrer Arbeit auch ein Höchstmaß an Spaß ziehen wollen. Quelle des Spaßes ist der Kunde – und er macht dann Spaß, wenn er interessante persönliche Geschichten in fröhlicher Art zu erzählen weiß. Die FriseurInnen haben einige Strategien zur Hand, um die Kunden zu einem solchen Verhalten zu bringen. Und die Kunden wissen, dass es eine starke soziale Norm im Salon gibt, nach dem sie in fröhlicher Weise interessante Geschichten zu erzählen haben. Diese Norm lässt sich in der Weise rationalisieren, dass ein besseres Wissen über die Person des Kunden es auch erleichtert, für den Kunden den passenden Haarschnitt zu finden. Aber das eigentliche Motiv der FriseurInnen bestehe darin, während ihrer Arbeit gut unterhalten zu werden sowie durch interessante Geschichten selbst wieder Material zu bekommen, das sie anderen Kunden erzählen können (der Salon als Umschlagplatz des Klatsches). Neben der Norm und dem Eigeninteresse der Friseure spiele auch die Intimität der Interaktionssituation eine Rolle (Berührung des Haares in der USamerikanischen „noncontact culture"), die es dem Kunden nahe lege, auch über intimere Dinge zu sprechen. Persönliche Geschichten sind gut – aber nur so lange, wie sie nicht negativ sind oder zumindest nicht in negativer Weise dargestellt werden: „...clients should provide a stream of interesting personal information and should not do so in a negative manner." (S. 16). Friseure erzählen Persönliches nur so weit, als es notwendig ist, um persönliche Erzählungen des Kunden anzustoßen – würden sie mehr erzählen, gälte dies als unprofessionell. Über den Haarschnitt wird dabei in der Regel nicht viel geredet – den Großteil der Gespräche machen persönliche Themen des Klienten aus. Die Zufriedenheit des Kunden hängt dann auch nur zu einem geringen Teil von der technischen Güte des Haarschnitts ab. Die Zufriedenheit des Friseurs wiederum hängt ganz wesentlich davon ab, ob der Kunde zufrieden ist und dies auch äußert.

Cohen & Sutton (1998) konzentrieren sich in ihrer Analyse auf die Kommunikation zwischen Friseurinnen und ihren Kundinnen – die handwerkliche Arbeit am Haar gerät dadurch in den Hintergrund und wird nur insoweit berücksichtigt, als sie eine bestimmte, nämlich aufgrund der Körperberührung intimere Kommunikationssituation evoziert. Die Perspektive, die im Folgenden auf Interaktionsarbeit im Friseurhandwerk gerichtet wird, versucht eine solche einseitige Ausrichtung zu überwinden und der Arbeit am Gegenstand eine eigenständige Relevanz zu verschaffen. Dabei kann auf verschiedene Studien zurückgegriffen werden, die neben der Beteiligung am Verbundprojekt Intakt am Institut für Sozialwissenschaftliche Forschung (ISF München) durchgeführt wurden.[1]

---

[1] Hierzu gehören das Kooperationsnetzwerk Prospektive Arbeitsforschung – KoprA, das im Rahmen des BMBF-Programms „Zukunftsfähige Arbeitsforschung" gefördert wurde (Dunkel

3 Das Beziehungsdreieck Friseur – Haar – Kunde

Das Selbstverständnis handwerklicher Arbeit ist traditionell von der Vorstellung geprägt, dass Arbeit an einem Gegenstand geleistet wird, also sinnlich-materiell mit der Hand ein Werk erstellt wird. Handwerkliche Arbeit ist aber mehr als das: Sie ist Arbeit an einem Gegenstand, an einer Sache, *und* sie ist Arbeit *für* einen Kunden. Im direkt personenbezogenen Handwerk wie dem Friseurhandwerk ist sie Arbeit *am* Kunden, d.h. der Gegenstand der Arbeit ist mit der Person des Kunden verbunden (aber nicht mit ihr identisch, wie im Folgenden ausgeführt wird). Daraus folgt eine doppelte Anforderung an Beschäftigte im Handwerk: Sie müssen nicht nur den hand-werklichen Umgang mit den Arbeitsgegenständen, sondern auch den kommunikativen Umgang mit den Kunden beherrschen (Dunkel 2004).

Um diese doppelte Arbeit angemessen erfassen zu können, wird hier eine Perspektive vorgeschlagen, die Arbeit am Menschen und Arbeit am Gegenstand integriert und auf diese Weise in ihrem Zusammenhang analysierbar macht. Um dem Aspekt der Interaktivität gerecht werden zu können, werden dabei neben dem Friseur auch der Kunde sowie sein Haar als eigenständige Akteure begriffen. In der folgenden Grafik wird versucht, dies zum Ausdruck zu bringen. Dabei sind die jeweiligen Beziehungen zwischen den drei Polen durch Zitate aus Interviews[2] charakterisiert, die mit FriseurInnen und ihren KundInnen durchgeführt wurden: Während für den Kunden das Haar als Ausdruck der eigenen Persönlichkeit geschätzt wird, besteht ein wichtiger Aspekt des Haares für den Friseur darin, dass es eine eigentümliche Widerspenstigkeit besitzen kann, die bei seiner Bearbeitung beachtet werden muss. Die Beziehung von Friseur und Kunde wiederum ist u. a. durch das Problem charakterisiert, sich über das anzustrebende Ziel der Haarbearbeitung zu verständigen.

& Sauer 2006) und das DFG-Projekt „Dienstleistung als Interaktion" (Dunkel & Voß 2004). Vgl. des weiteren zu neuen Wegen in der Friseurausbildung, die Anforderungen interaktiver Arbeit in besonderer Weise berücksichtigen, den Modellversuch „Ausbildung der Kompetenzen für erfahrungsgeleitetes Arbeiten im Handwerk am Beispiel des Friseurberufs" (Asmus et al. 2004, Dunkel, Bauer & Munz, 2005).

2 Für die Durchführung der Interviews wurden die Zugänge zu Friseursalons in Cottbus genutzt, die aufgrund der wissenschaftliche Begleitung des in FN 1 angeführten Modellversuchs durch das ISF München bestanden. Dabei erfolgten als erster Schritt im Frühjahr 2001 Erhebungen zur Tätigkeit von Friseuren in sieben Salons sowie sehr ausführliche und detaillierte Interviews mit Fachkräften in diesen Salons. Ergänzend wurden im Winter 2001/2002 in drei Salons Arbeitsplatzbeobachtungen sowie Interviews mit FriseurInnen wie auch KundInnen durchgeführt.

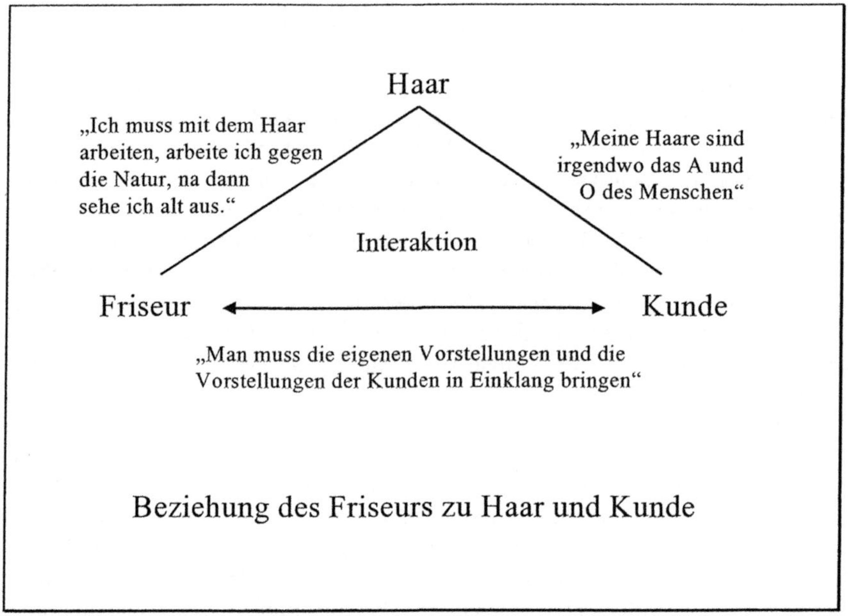

Abbildung 1: Interaktion zwischen Friseur, Kunde und Haar

„Die eigenen und die Vorstellungen des Kunden in Einklang zu bringen“ ist eine Aufgabe interaktiver Arbeit, die, wie jüngere Forschungen zur personenbezogenen Dienstleistungsarbeit zeigen, alles andere als trivial ist:

In dem DFG-Projekt „Dienstleistung als Interaktion“ (Dunkel & Voß 2004) wurde anhand empirischer Untersuchungen zu den Dienstleistungsbeziehungen zwischen Pflegekraft und Altenheimbewohner/in, Zugbegleiter/in und Reisendem/r sowie zwischen Call Center Agent/in und Bankkunde/in herausgearbeitet, dass die Beziehung zwischen Dienstleistungsgeber und –nehmer mehr ist als eine reine Tauschbeziehung: Da die beteiligten Akteure nicht nur das gemeinsame Interesse daran, dass die Dienstleistung erstellt wird, sondern auch gegensätzliche Vorstellungen darüber haben, zu welchen Kosten dies geschehen soll, liegen gemischte Motive vor, die notwendig Abstimmungsprobleme nach sich ziehen. Solche Abstimmungsprobleme können die Form von Koordinations-, Kooperations- und Ungleichheitsproblemen annehmen (Schmid 2003). Sie sind nicht nur dadurch geprägt, dass wir es mit interessegeleiteten Akteuren zu tun haben – dies anzunehmen, empfiehlt sich immer dann, wenn Menschen zur Erreichung ihrer Ziele von anderen Menschen abhängen. Bei personenbezogenen

Dienstleistungen ist diese allgemeine Abhängigkeit noch in spezifischer Weise strukturiert (vgl. Weihrich & Dunkel 2003):

- Die Vorstellungen des Kunden und des Dienstleistungsgebers darüber, was in der Dienstleistungsinteraktion erreicht werden soll, müssen keineswegs per se übereinstimmen. Vielmehr ist es grundsätzlich immer notwendig, den Gegenstand der Dienstleistungsinteraktion, das zu lösende Problem, als einen *gemeinsamen* Gegenstand zu bestimmen. Dies kann über eine interaktive Abstimmung zwischen den Akteuren geschehen und wird im Folgenden als *Problem der Definition des Gegenstandes* gefasst.
- Ebenso wenig, wie das Ziel der Dienstleistungsinteraktion per se feststeht, liegt auch der Weg, auf dem man dieses Ziel erreichen kann, ohne weiteres fest. Dies bedeutet, dass Dienstleistungsgeber und Dienstleistungsnehmer einen Weg finden müssen, ihre Handlungen so aufeinander abzustimmen, dass der gemeinsame Gegenstand erfolgreich bearbeitet werden kann: *Problem der Herstellung von Kooperation.*
- Da weder Gegenstand noch die Prozedur seiner Bearbeitung ex ante festzulegen sind, können Dienstleistungsgeber und –nehmer nur einen unvollständigen Vertrag über die Dienstleistung eingehen: Sie wissen noch nichts über die Qualität der Dienstleistung, bevor diese erbracht wird. Um überhaupt mit der Dienstleistungsinteraktion beginnen zu können, müssen sich beide Seiten einen gewissen Vertrauensvorschuss geben, der dann im Zuge der Interaktion Schritt für Schritt ausgebaut werden kann. Damit haben wir es mit einem dritten Problem, dem *Problem der Vertrauensbildung*, zu tun.

Was bedeutet dies für das Friseurhandwerk? Handwerklich gute Arbeit an der Sache allein genügt nicht – sie muss ergänzt werden durch die erfolgreiche Herstellung einer Kooperationsbeziehung zum Kunden, aber auch durch so etwas wie eine Kooperationsbeziehung zur Sache. Dabei ist die Herstellung von Kooperation nicht als eine zusätzliche Aufgabe zu verstehen, die getrennt von der „eigentlichen" handwerklichen Arbeit zu bewältigen wäre. Beide Seiten der Arbeit, die Arbeit an der Sache und die Kooperation mit dem „Besitzer" der Sache sind aufs engste miteinander verknüpft, beide Seiten bedingen sich wechselseitig. Deshalb können und müssen die drei Probleme der Dienstleistungsbeziehung aus der Sicht des Friseurs in Auseinandersetzung mit dem Haar und in Auseinandersetzung mit der Kundin gelöst werden.

Im Folgenden greifen wir einen zentralen Baustein des in diesem Band vertretenen Konzeptes der Interaktionsarbeit auf – das subjektivierende Arbeitshandeln: Inwieweit spielen nicht-planmäßige, dialogisch-explorative Vorgehensweisen, die Verbindung vielfältiger Sinne bei der Wahrnehmung des Arbeitsgegenstandes oder Gefühl, Empfinden und Erleben eine Rolle für das Arbeitshandeln im Friseurhandwerk und in welcher Weise tragen sie dazu bei, dass die oben genannten Abstimmungsprobleme gelöst werden können?

4 Problemlösung durch subjektivierendes Handeln

Subjektivierendes Handeln eröffnet für die oben genannten Probleme der Definition des Gegenstandes, der Herstellung von Kooperation und der Vertrauensbildung bestimmte Wege der Problemlösung, die wesentlich zu einer gelingenden Dienstleistungsinteraktion zwischen Friseurin und Kundin beitragen können. Dabei führen diese Wege sowohl über eine subjektivierende Auseinandersetzung mit dem Haar wie auch eine subjektivierende Auseinandersetzung mit der Person der Kundin. Subjektivierendes Handeln ist also für beide Seiten der Interaktionsarbeit im Friseurhandwerk bedeutsam: Für die Arbeit am Menschen und für die Arbeit am Gegenstand.

4.1 Definition des Gegenstandes

Bei der Definition des Gegenstandes geht es im Friseurhandwerk darum, zu bestimmen, worin die Dienstleistung bestehen soll. Auch wenn dabei die Arbeit am Haar und die dabei gegebenen Gestaltungsmöglichkeiten (Haarschnitt, -färbung, -styling, -pflege) im Mittelpunkt stehen, können auch andere Aspekte wie die angenehme Atmosphäre im Salon oder die Möglichkeit, sich zu unterhalten, eine Rolle spielen. Der Gegenstand der Dienstleistungsinteraktion ist mithin nicht das Haar an sich, sondern das, was mit dem Haar oder auch jenseits des Haares gemacht werden soll.

Auf der Ebene der Kommunikation mit den Kunden erweist sich, wie die von uns befragten FriseurInnen berichten, bei der Definition dieses Gegenstandes ein dialogisch-exploratives Vorgehen als angemessen: „Eben erst Vorschläge anhören und dann eigene Vorschläge einbringen und dann wieder ein Gespräch führen, also immer so, dass von beiden Seiten etwas kommt und am Ende das Optimalste herauskommt. Auch ohne großartige Überzeugungskünste von ‚Das ist jetzt neu und schön.' ne, einfach so mit ihr zu schwimmen so." [3]

Dieses dialogisch-explorative Vorgehen beschränkt sich nicht nur auf Prozesse diskursiven Aushandelns, sondern umfasst ebenfalls eine empathische Wahrnehmung: „Ich muss Gespür dafür haben, was die Kundin will, auch wenn

3 Diese und alle weiteren Interviewausschnitten stammen aus den Erhebungen, die in Cottbuser Friseursalons durchgeführt wurden – vgl. FN 2.

sie es nicht verbal ausdrücken kann. Wenn sich ein falsches Gefühl eingestellt hat durch Optik, Gespräch etc. muss man es revidieren. Wer ein gesundes Gefühl hat, wird sich das fachlich bestätigen durch Rückkopplung".

Insofern ist für den Prozess der Definition des Gegenstandes eine ganzheitliche Wahrnehmung der Kundin kennzeichnend – neben der diskursiven Aushandlung dessen, was gemacht werden soll, nimmt die Friseurin ihre Kundin in ihrer Körperlichkeit wahr, versucht ihre Stimmungslage zu berücksichtigen und greift dann, wenn sie die Kundin bereits kennt, auf Erfahrungen zurück, die sie mit dieser Kundin bei früheren Terminen gesammelt hat.

Damit sind die verschiedenen Dimensionen, innerhalb derer sich die Definition des Gegenstandes abspielt, aber noch nicht erschöpft. Das dialogisch-explorative Vorgehen bezieht sich nicht nur auf die Person der Kundin, sondern auch auf das Haar: „Das Erste ist ja, man geht in die Haare, also, das ist eine richtige Krankheit bei mir: Als Erstes immer jedem in die Haare zu gehen. Dann weiß man schon, welche Qualität..." „Erst mal seh' ich und dann fühl' ich. Ich taste die Stärke des Haares und die Haarstruktur, damit ich weiß, was ich überhaupt machen kann".

Bereits bei der Definition dessen, was gemacht werden soll, erweist sich also, dass die sachliche und die soziale Dimension, die Arbeit am Gegenstand und die Arbeit am Menschen mit einander verknüpft sind und sich so auch wechselseitig relativieren können: Wenn die Kundin eine Behandlung ihres Haares wünscht, die deren Qualität nicht zulässt, das Haar von Kundin und Friseurin also unterschiedlich wahrgenommen wird, ist es an der Friseurin, zwischen diesen widersprüchlichen Vorgaben zu vermitteln. Eine der befragten Friseurinnen sieht es als notwendig an, dies möglichst frühzeitig zu versuchen: „Also, gleich Argumente, warum nicht oder warum ja. Im Gespräch schon eigentlich deutlich einzugrenzen, was man machen kann oder auszugrenzen, was eigentlich nicht unbedingt ratsam wäre."

Der Friseur hat hier die Möglichkeit, das eigene fachliche Wissen in die Waagschale zu werfen. Offen ist dabei allerdings, ob dieses Wissen vom Kunden auch anerkannt wird. In solchen Fällen erweist sich die Definition des Gegenstandes als problematisch – Friseurin und Kundin haben unterschiedliche Vorstellungen darüber, was gemacht werden soll, sind aber zugleich darauf angewiesen, eine gemeinsame Lösung zu finden.

4.2 Herstellung der Kooperation

Das zweite Problem, das Problem der Herstellung der Kooperation im Verlauf der Dienstleistungsinteraktion, kann ebenso über subjektivierende Formen des

Handelns gelöst werden. Wie bei der Definition des Problems ist auch hier eine ganzheitliche Zuwendung hilfreich, in der die Individualität des Kunden erfasst werden kann. Dabei ist wiederum eine ganzheitliche Wahrnehmung der Befindlichkeit des Kunden sowie eine Perspektivenübernahme bedeutsam. Hilfreich ist dies bspw. für die Einschätzung, ob ein Kunde sich während des Haarschnitts unterhalten möchte oder nicht: „Hier muss man, kann man nur, wenn man die Gestik, jeder hat irgendwo eine andere Gestik, jeder Kunde, oder einen Blick oder, man muss spüren, ob ein Kunde sich unterhalten will oder nicht. Das muss man sich immer wieder von Neuem, weil jeder reagiert irgendwo anders. Das muss man immer aufspüren und man muss sich das auch irgendwo mal ein bisschen beibringen, der ist so und der ist so. Und man muss Rückschlüsse daraus ziehen und sagen, der Andere könnte das ja auch nicht wollen."

Neben der Herstellung einer Kooperationsbeziehung in der Arbeit am Menschen ist auch die Kooperation in der Arbeit am Gegenstand notwendig. Dabei gilt es, das Haar zum Sprechen zu bringen und auf diese Weise zu erfahren, ob man auf dem richtigen Weg ist: „Das gute Auge ist, sie müssen, wenn sie schneiden und den Fall des Haares betrachten, dann muss ich sehen, das fällt gut (...) Wenn ich nun die Haare so nehme hier (Handbewegung) und wenn ich sie so fallen lasse, dann sehe ich eben ob es schön fällt und durch diese Fallbewegung bleibt das auch wo es dick ist, wupp, das fällt richtig schwer jetzt, das sieht man richtig."

Auffällig ist an dieser Schilderung einer der befragten Friseure, dass das Haar durch eine taktile Stimulation (Anheben und Fallenlassen) dazu gebracht wird, Informationen über sich preiszugeben. Der Subjektcharakter, das Eigenleben des Haares wird also zum Vorschein gebracht; auf dieser Grundlage wiederum kann sich der Friseur auf die individuellen Qualitäten des Haares einstellen, seine Vorgehensweise daran ausrichten, ggf. Zielsetzungen revidieren.

4.3 Vertrauensbildung

Aufgabe des Friseurs ist es, den Kunden bei der Stilisierung seiner Individualität zu unterstützen. Dementsprechend hoch kann die Bedeutung sein, die von Seiten des Kunden einer gelungenen oder missratenen Frisur zugeschrieben wird. Sich die Haare schneiden zu lassen, beinhaltet für die Kundin mithin ein Risiko, da sie vor der Erbringung der Dienstleistung deren Ergebnis nicht überprüfen kann und die erbrachte Dienstleistung nicht ohne weiteres[4] revidierbar ist, während etwa

[4] Eine der befragten Kundinnen berichtet darüber, dass sie nach jedem Friseurbesuch erstmal unter die Dusche geht. Es gibt also gewisse Möglichkeiten, nicht zufrieden stellende Dienstleistungsergebnisse zu kaschieren. Auch mag es tröstlich sein, dass die Haare ja wieder nach-

materielle Güter bei Nicht-Gefallen umgetauscht werden können. Wie aber wird unter solchen Umständen eine Kooperationsbeziehung eingegangen und aufrechterhalten?

„Was machen Sie eigentlich während der [Vorname des Friseurs] bei Ihnen schneidet? Unterhalten Sie sich manchmal? Achten Sie auch drauf, was er so an Ihnen macht?" „Nee. Vertrauen (lacht), blankes Vertrauen. Ja, das ist wirklich blanke Vertrauenssache. Ich denke, er hat einen Blick dafür, wie es am besten aussieht. Und er kennt seine Kunden und kennt glaube ich ihre Vorstellungen auch so gut, dass er weiß, wie und wo er zu schneiden hat."

Aus dieser Gesprächspassage, die einem Interview mit einer Kundin eines Cottbuser Friseurs entnommen ist, geht hervor, dass das Risiko der Inanspruchnahme einer Friseurdienstleistung dadurch reduziert werden kann, dass die Kundin Vertrauen in die Fähigkeiten des Dienstleistungsgebers setzt. Dies fällt umso einfacher, je häufiger der Dienstleistungsgeber seine Vertrauenswürdigkeit unter Beweis stellen konnte. In dem hier zitierten Fall währt die Dienstleistungsbeziehung zwischen der Kundin und ihrem Friseur bereits achtzehn Jahre: Ein Beispiel für die Funktionalität von Stammkundschaft für die Lösung des Problems der Vertrauensbildung.

Ein Bestandteil des Aufbaus einer relationship (Gutek 1995) ist der subjektivierende Bezug auf die Person des Interaktionspartners, der durch persönliche Nähe charakterisiert ist. Betrachtet man die Arbeit am Menschen im Zusammenhang mit der Arbeit am Gegenstand, wird darüber hinaus sichtbar, dass dies auch für die Beziehung zum Gegenstand gelten kann: „Hast du jetzt eine Kundin, eben wie gesagt, die du nicht kennst, dann muss es ein langsames, da muss ganz langsam erforscht werden, wie kannst du jetzt, was kannst du dem Haar jetzt anbieten. Was kann ich mit dem Haar machen. Aber wenn man jetzt das Haar kennt, dann geht das vielleicht ein bisschen schneller. Dann weiß man Bescheid, jawohl, ich kann hier schnell arbeiten, nicht."

Die körperliche Nähe zum Haar, dessen Formbarkeit, aber auch dessen Widerspenstigkeit sowie aktuelle modische Ansprüche an „Natürlichkeit" tragen zu einer subjektivierenden und damit emotional intensiven wie auch respektvollen Beziehung des Friseurs zu seinem Arbeitsgegenstand bei. Das Haar wird als Partner wahrgenommen – daraus folgt, dass nur über ein partnerschaftliches Zusammenarbeiten das Ziel, eine gelungene Frisur, erreicht werden kann. Dies gilt heute noch stärker als in früheren Zeiten: „Mit dem Haar arbeiten wie mit einem Partner, ja, also, wenn ich jetzt sage, ich bieg' das dahin, na ja. Gerade in der heutigen Zeit, wo man doch auch viel diese lockere Mode hat, wo man den na-

wachsen. Gleichwohl lässt sich ein nicht zufriedenstellendes Ergebnis nicht ohne Kosten aus der Welt schaffen.

türlichen Fall wieder beachten muss, muss man eigentlich wie mit einem Partner arbeiten, weil, man zwingt nichts mehr direkt hin."

Mit der Subjektivierung des Haares geht eine Tendenz zum empathischen Sich-Einfühlen und damit ggf. auch Mit-Leiden einher: „Wenn ich ein Haar vor mir hab, das fünf mal blondiert ist, dann leide ich richtig körperlich mit. Das tut mir schon weh, wenn ich ein kaputtes Haar sehe und wenn ich es dann noch anfassen muss". Wird das Haar durch seine Trägerin falsch behandelt, kann es also dazu kommen, dass der Friseur sich als Fürsprecher des Haares definiert und es sozusagen zu einem Bündnis von Friseur und Haar gegen den Kunden kommt.

5 Interaktionsarbeit in unterschiedlichen kulturellen Kontexten

Anthony Synnott betont in der Passage seines Artikels zur Soziologie des Haares, die im einleitenden Kapitel dieses Beitrages zitiert wurde, dass das Haar dazu genutzt werden kann, Individualität, aber auch Gruppenzugehörigkeit zu symbolisieren. Dies verweist darauf, dass Dienstleistungsinteraktionen wie die zwischen Friseur und Kundin zutiefst kulturell geprägt sind – ein Aspekt, der bislang in die Entwicklung des Konzeptes der Interaktionsarbeit noch nicht systematisch Eingang gefunden hat. Zwar kann dies im Rahmen dieses Artikels auch nicht geleistet werden. In seinem abschließenden Abschnitt soll aber immerhin versucht werden, einige Hinweise zu geben, in welcher Weise die kulturelle Dimension für Interaktionsarbeit relevant ist.

Hierzu greifen wir auf eine Publikation zurück, in der die Bedeutung unterschiedlicher kultureller Kontexte für die Friseurarbeit behandelt wird: „Interaktion im Salon" (Dunkel & Rieder 2004). „Interaktion im Salon" dokumentiert die Auseinandersetzungen einer Reihe von DienstleistungsforscherInnen mit Filmsequenzen aus dem Dokumentarfilm „Waschen und Legen" von Alice Agneskirchner.[5] Die Regisseurin wollte unterschiedliche Berliner Milieus zeigen – und sie tat dies, indem sie die Innenwelten von vier Berliner Friseursalons porträtierte: einem türkischen Herrenfriseur in Moabit, einem Szene-Laden am Prenzlauer Berg, einem „Nachbarschaftssalon" in Berlin Friedrichshain und einem Edel-Coiffeur (Udo Walz) am Ku'damm. Sieht man sich den Film aus soziologischer Perspektive an, zeigt sich, dass kulturelle Unterschiede aufgrund ethnischer Zugehörigkeit (türkischer Herrenfriseur), Zugehörigkeit zu einer spezifischen Jugendkultur (Szene-Laden) und Schichtzugehörigkeit (Nachbar-

[5] Diese neuartige Form interdisziplinärer Forschungsarbeit wird methodisch reflektiert in Dunkel, Porschen, Weihrich (2006).

schaftssalon versus Edel-Coiffeur) für das Zusammenspiel zwischen Dienstleistungsgeber und –nehmer hohe Bedeutung haben:

In dem türkischen Herrensalon und dem Szene-Salon sind die Dienstleistungsinteraktionen zwischen Friseur und Kunde dadurch geprägt, dass beide Seiten Mitglieder einer Gemeinschaft sind: Im türkischen Salon ist dies die ethnische Gemeinschaft, beim Szene-Salon die „Stilgemeinschaft" (Voswinkel 2004). Beide Gemeinschaftsformen prägen die Handlungsweisen, Verständigung wird darüber möglich, dass man über einen gemeinsam geteilten Code verfügt. Der türkische Salon ist ein Stück Türkei in Berlin – Friseure und Kunden teilen das Schicksal einer männlichen Migrantengemeinschaft, in der sowohl die sozialen Umgangsformen der Heimat wie auch handwerkliche Traditionen der Arbeit am Gegenstand (Haare an den Ohren werden durch Abbrennen, feine Gesichtshaare mit dünnen Fäden entfernt, die Behandlung wird durch eine Gesichtsmassage beendet) aufrecht erhalten werden. Die Betrachter der Filmsequenzen zum türkischen Herrensalon[6] waren sich darin einig, dass sie als Kunden dieses Salons möglicherweise Probleme damit hätten, sich angemessen zu verhalten, da hier andere, ihnen nicht geläufige Verhaltenscodes zu gelten scheinen.

Bei der Stilgemeinschaft geht es aus der Perspektive der Friseure, die sich nicht Friseure, sondern „Cutter" nennen wollen, nur um das Haar und nicht um die Person. Hier werden die beiden Aspekte der Arbeit am Menschen und der Arbeit am Gegenstand klar getrennt: Es gehe nur um letzteres, man konzentriere sich auf den Schnitt, man sei Cutter und nicht Friseur und deshalb nicht zuständig für eine Beziehungsarbeit, die gewöhnlich zur Arbeit des Friseurs gehöre und die hier abwertend als „Betütteln" bezeichnet wird. Die Arbeit am Menschen reduziert sich hier darauf, dem Kunden klar zu sagen, welcher Schnitt für ihn passend ist und welcher nicht. Dabei wird vorausgesetzt, dass Kunde wie Friseur, analog zur ethnischen Gemeinschaft im türkischen Salon, eine Stilgemeinschaft vereint, die die Erwartungen beider Seiten kompatibel macht. Zu dieser Stilgemeinschaft gehört dann nicht nur, dass bestimmte modische Trends als gültig gesehen werden, sondern auch die Unterstellung, dass beide Seiten an einem „ehrlichen", unverstellten, direkten Umgang miteinander und einer jugendlichen Distanzierung von bestimmten gesellschaftlichen Konventionen interessiert seien.

Genau dies wäre im „Nachbarschafts-Salon" undenkbar: Im Vordergrund steht hier nicht der Haarschnitt, sondern genau des „Betütteln" der Stammkundinnen, die zusammen mit den Friseurinnen gewissermaßen eine Familie bilden. Erkennbar nicht zu dieser Familie gehört allerdings der Kunde, der in der Film-

6 Dies betrifft sowohl die WissenschaftlerInnen, die in ihren Beiträgen in „Interaktion im Salon" die Filmsequenzen analysieren wie auch Auszubildende des Friseurhandwerks, denen die Filmsequenzen gezeigt worden sind.

sequenz „Trockenhaarschnitt“ auftritt: Er weigert sich, seine von der Friseurin als zu fettig bewerteten Haare waschen zu lassen und besteht auf einen (billigeren) Trockenhaarschnitt. Er bekommt diesen zwar, muss sich aber eine Reihe von Zurechtweisungen und erzieherischen Kommentaren der Friseurin gefallen lassen, die ihn in die Rolle eines Kindes versetzt, das (noch) nicht weiß, was sich gehört (vgl. Sieben 2004). Deutlich wird hier, wie FriseurInnen versuchen können, ihre Kunden dann, wenn sie nicht ein adäquates Verhalten an den Tag legen, zu disziplinieren.

Beim Edel-Coiffeur Udo Walz wiederum wird Gemeinschaft darüber hergestellt, dass man sich in Form einer „Komplimentspirale“ (Holtgrewe 2004) wechselseitig versichert, dass hier der beste Friseur und die beste Kundin aufeinander treffen. Die Kundin, die bis vor kurzem sehr lange blonde Haare trug und, obwohl sie „auf die fünfzig zugeht“, nie beim Friseur gewesen war, geht mit ihrem Schritt, sich die langen Haare abschneiden zu lassen, ein hohes Risiko ein. Auf Vertrauen über Stammkundschaft kann sie nicht bauen. Aber sie findet einen anderen Weg: Sie wird Kundin des bekanntesten Friseurs Deutschlands, lässt sich von ihm persönlich die Haare schneiden und kommt alle 14 Tage in seinen Salon. Ergänzt wird diese Absicherungsstrategie über die Komplimentspirale, durch die die Richtigkeit ihrer Entscheidung untermauert wird. Udo Walz wiederum rekurriert bei seinen Überlegungen dazu, welcher Schnitt für welche Kundin in Frage kommt, nicht in erster Linie auf die Kopfform oder die Haarqualität der Kundin sondern darauf, welche Schuhe und welche Handtasche sie trägt. Offenkundig ist er der Experte, „der Zugang zu dieser Welt von Mode, Luxus, Markensymbolik und allerfeinsten Unterschiede vermittelt“ (Holtgrewe 2004, S. 69). Sozialstrukturelle Kontexte regeln also nicht nur den Zugang zu bestimmten Salons und die Angemessenheit von Verhaltensformen, sondern sind in der Arbeit am Menschen und am Gegenstand sowohl Mittel als auch Gegenstand dieser Arbeit: Der Friseur nutzt die symbolische Ausstattung seiner Kundinnen dafür, besser einschätzen zu können, was passend für sie ist – und er ist über eine spezifische Gestaltung der Frisur dafür verantwortlich, eine in sich stimmige Gesamtlösung für das Erscheinungsbild der Kundin zu finden.

Wenn man sich die Ergebnisse aus „Interaktion im Salon“ (Dunkel & Rieder 2004) ansieht, von denen hier nur ein kleiner Ausschnitt präsentiert werden konnte, kommt man zu dem Schluss, dass es für die Weiterentwicklung des Konzeptes der Interaktionsarbeit entscheidend sein wird, inwieweit es gelingt, institutionelle Formen der Lösung von Abstimmungsproblemen einzubeziehen (Weihrich & Dunkel 2003, S. 776ff., Dunkel & Weihrich 2006). Solche institutionellen Regelungen können auf die Dienstleistungsorganisationen zurückgeführt werden, die etwa über die Standardisierung von Dienstleistungen den beteiligten Akteuren mehr oder weniger eng gefasste Handlungskorridore vorgeben. Sie können aber auch – und dies könnte gerade bei direkt personenbezogenen Dienstleistungen, wie sie etwa im Friseurhandwerk erbracht werden, besonders relevant sein – aus kulturell definierten Verhaltenserwartungen bestehen. Berücksichtigt man solche Aspekte für die Analyse von Interaktionsarbeit, könnte es gelingen, die Komplexität dieser Form von Arbeit noch besser als bislang abzubilden und vor diesem Hintergrund auch Handlungsprobleme der beteiligten Akteure besser zu erklären.

Literatur

Asmus, A., Bauer, H. G., Dunkel, W., Munz, C. & Stiel, M. (2004). Entwicklungsmöglichkeiten durch qualifizierte Arbeit – Beispiele aus dem Friseur- und Kosmetikbereich. Erscheint in: Kreibich, Rolf & Oertel, Britta (Hrsg.): *Erfolg mit Dienstleistungen. Innovationen, Märkte, Kunden, Arbeit.* (271-278). Stuttgart: Schäffer Poeschel Verlag.

Bolt, N. (2001). *Haare. Eine Kulturgeschichte der wichtigsten Hauptsache der Welt.* Bergisch Gladbach: Bastei Lübbe

Cohen, R. C. & Sutton, R. I. (1998). Clients as a source of enjoyment on the job: How hairstylists shape demeanor and personal disclosures, *Advances in Qualitative Organization Research*, 1, 1-32.

Dunkel, W. & Rieder, K. (Hrsg.) (2004). *Interaktion im Salon. Analysen interaktiver Arbeit anhand eines Dokumentarfilms zum Friseurhandwerk.* Buch mit CD, München.

Dunkel, W. & Voß, G. G. (Hrsg.) (2004). *Dienstleistung als Interaktion. Beiträge aus einem Forschungsprojekt.* München, Mering: Hampp Verlag.

Dunkel, W. (2004). Arbeit am Kunden: Herausforderung und Zukunftschance für das personenbezogene Handwerk. Erscheint in: Kreibich, Rolf & Oertel, Britta (Hrsg.): *Erfolg mit Dienstleistungen. Innovationen, Märkte, Kunden, Arbeit.* Stuttgart: Schäffer Poeschel Verlag.

Dunkel, W., Bauer, H. G.; Munz, C. (2005). Gegenstand der Arbeit – der Mensch und sein Haar. Erfahrungsgeleitetes Arbeiten und Lernen im Friseurhandwerk. In: *BWP – Berufsbildung in Wissenschaft und Praxis, 34,* Heft 5, 14-17

Dunkel, W. & Sauer, D. (Hrsg.) (2006). *Von der Allgegenwart der verschwindenden Arbeit. Neue Herausforderungen für die Arbeitsforschung.* Berlin: edition sigma

Dunkel, W. & Weihrich, M. (2006). Interaktive Arbeit – ein Konzept zur Entschlüsselung personenbezogener Dienstleistungsarbeit. In: Dunkel, Wolfgang; Sauer, Dieter (Hrsg.): *Von der Allgegenwart der verschwindenden Arbeit. Neue Herausforderungen für die Arbeitsforschung.* Berlin: edition sigma, i.E.

Dunkel, W., Porschen, S. & Weihrich, M. (2006). Kooperative und gegenstandsbezogene Konzeptentwicklung – Auf der Suche nach kooperativen Formen der Erkenntnisgewinnung in der Arbeitsforschung. In: Dunkel, Wolfgang; Sauer, Dieter (Hrsg.): *Von der Allgegenwart der verschwindenden Arbeit. Neue Herausforderungen für die Arbeitsforschung.* Berlin: edition sigma, i.E.

Gimlin, D. (2002). *Body Work: Beauty and Self Image in American Culture*. Berkeley: University of Berkely Press.
Gutek, B. A. (1995). *The Dynamics of Service. Reflections on the Changing Nature of Customer/Provider Interactions*. San Francisco: Jossey-Bass.
Holtgrewe, U. (2004). Arbeit am Körper, Arbeit an der Sozialstruktur. In: Dunkel, Wolfgang & Rieder, Kerstin (Hrsg.): *Interaktion im Salon. Analysen interaktiver Arbeit anhand eines Dokumentarfilms zum Friseurhandwerk* (S. 65-79). Buch mit CD, München.
Kleinhempel, F. & Soschinka, H.-U. (1996). *Bader – Barbiere – Friseure*. Geschichte und Geschichten aus uraltem Handwerk. Frankfurt: Fischer
Korpiun, M. (1998). *Erfolgsfaktoren personendominanter Dienstleistungen: eine quantitative Analyse am Beispiel der Friseurdienstleistung*. Frankfurt: Lang.
Nestmann, F. (1988). *Die alltäglichen Helfer*. Berlin: Walter de Gruyter.
Parkinson, B. (1991). Emotional Stylists. Strategies of expressive management among trainee hairdressers, *Cognition and Emotion, 5*, 419-434.
Schmid, M. (2003). Konsens und Gewalt: Zur handlungstheoretischen Modellierung sozialer Mechanismen der Normentstehung. *Berliner Journal für Soziologie, 13*, 97-126
Sieben; B. (2004). Der Kunde ist König; da muss man seins zurückstecken? Eine ethnomethodologische Konversationsanalyse. In: Dunkel, Wolfgang & Rieder, Kerstin (Hrsg.): *Interaktion im Salon. Analysen interaktiver Arbeit anhand eines Dokumentarfilms zum Friseurhandwerk* (S. 35-53). Buch mit CD, München.
Stolz, S. (1992). *Die Handwerke des Körpers. Bader, Barbier, Perückenmacher, Friseur. Folge und Ausdruck historischen Körperverständnisses*. Marburg: Jonas Verlag.
Synnott, A. (1987). Shame and glory: a sociology of hair. *British Journal of Sociology, 38*, 381-413.
Vigarello, G. (1988). *Wasser und Seife, Puder und Parfüm. Geschichte der Körperhygiene seit dem Mittelalter*. Frankfurt: Campus.
Voswinkel, S. (2004). Typologische Überlegungen zur Friseur-Dienstleistung. In: Dunkel, Wolfgang & Rieder, Kerstin (Hrsg.): *Interaktion im Salon. Analysen interaktiver Arbeit anhand eines Dokumentarfilms zum Friseurhandwerk* (S. 109-123). Buch mit CD, München.
Weihrich, M. & Dunkel, W. (2003). Abstimmungsprobleme in Dienstleistungsbeziehungen. Ein handlungstheoretischer Zugang. *Kölner Zeitschrift für Soziologie und Sozialpsychologie, 55*, 738-761.

Interaktionsarbeit im Zugabteil – Unsicherheiten bei Dienstleistungsinteraktionen

Angela Poppitz

1 Einleitung – Dienstleistung als Interaktion[1]

Im Folgenden wird am Beispiel des Zugbegleitdienstes der Deutschen Bahn dargestellt, in welcher Weise sich veränderte Rahmenbedingungen der personenbezogenen Dienstleistungserstellung auf die Interaktion zwischen Mitarbeiter und Kunde auswirken können. Dabei interessiert besonders die Frage, wie Umformungen von Handlungsspielräumen und Kompetenzanforderungen organisationsspezifische Unsicherheiten im Interaktionskontakt entstehen lassen. Mit Interaktionsunsicherheiten sollen hierbei uneindeutige, ungewisse Interaktionszustände für die Akteure in Bezug auf Handlungsrahmen, Erwartbarkeiten aber auch Handlungsmöglichkeiten abgebildet werden, welche von der Organisation verursacht und/oder beeinflusst werden können[2].

Personenbezogene Dienstleistungsinteraktionen[3] stellen sich als ein komplexes Geflecht unterschiedlicher Rahmenbedingungen und Interessenskonstellationen dar. Der Erfolg von Dienstleistungsinteraktionen beruht auf dem Gelingen der Interaktion (Kooperation und Koproduktion) zwischen Mitarbeiter und Dienstleistungsempfänger und sind als wechselseitiger Austauschprozess zu verstehen. Dienstleistungssituationen stellen sich oftmals als nicht kalkulierbar oder rational planbar dar, sie gestalten sich charakteristischerweise kontingent.

---

1 Die Ergebnisse resultieren aus dem Forschungsprojekt „Dienstleistung als Interaktion“. Das von der DFG geförderte Projekt wurde von 2000 bis 2003 durchgeführt. Projektleiter waren G. Günter Voß (TU Chemnitz) und Wolfgang Dunkel (ISF München), als Kooperationspartnerin ist Kerstin Rieder (FH Solothurn, Schweiz) zu nennen, die Mitarbeiter waren Philip Anderson, Angela Poppitz, Peggy Szymenderski, Eva Brückner und Michael Heinlein.

2 In diesem Zusammenhang sei hier auf die Forschungen zum subjektivierenden Arbeitshandeln bei personenbezogenen Dienstleistungskontakten zu verweisen, welche vor allem den Umgang der Mitarbeiter mit begrenzt planbaren Anforderungen, Unwägbarkeiten und nicht objektivierbaren Informationen mittels subjektiven Erfahrungswissens, Emotionen und Empfindungen am Beispiel der Altenpflege zum Gegenstand haben. vgl. Böhle 1999, Böhle & Weishaupt 2003.

3 In letzter Zeit wurden zunehmend Untersuchungen zum Thema (personenbezogene) Dienstleistungsarbeit mit unterschiedlichen Schwerpunkten durchgeführt; vgl. z. B. Holtgrewe, Kerst & Shire 2002, Sauer 2002, Büssing & Glaser 2003, Girschner 2003, Heinlein 2003 sowie Dunkel & Voß 2004.

Für die Interaktionspartner hat dieser Umstand ein grundsätzliches Ausbalancieren eigener und fremder Lebenswelten, Interessen und Ziele, welche in die Interaktion einfließen, zur Folge. Um einen erfolgreichen Ablauf der Interaktion gewährleisten zu können, sind sowohl auf organisationaler als auch auf der Beziehungsebene zwischen Mitarbeiter und Dienstleistungsempfänger der Situation angepasste Rahmenbedingungen und Handlungsspielräume grundlegend. Werden diese verändert, besteht die Gefahr, dass u. a. zusätzlich Unsicherheiten in der Interaktion auftreten und die Dienstleistungserstellung in unterschiedlicher Weise beeinflussen können.

Die nachfolgenden Ausführungen beruhen auf qualitativen empirischen Materialien des vorgenannten DFG-Forschungsprojektes „Dienstleistung als Interaktion". Es wurden 9 Interviews mit Zugbegleitern, 26 Interviews mit Bahnreisenden, 4 Experteninterviews sowie 25 Beobachtungsprotokolle von Interaktionssequenzen im Zug und einer Mitarbeiterschulung vor zur Betrachtung herangezogen.

2 Dienstleistungsinteraktionen im Zugbegleitdienst

Nachdem im ersten Abschnitt generelle Aspekte personenbezogener Dienstleistungsinteraktionen angesprochen wurden, soll in diesem Kapitel ausführlicher darauf eingegangen werden, in welchem Kontext Dienstleistungsinteraktionen zwischen Zugbegleitern und Reisenden bei der Bahn stattfinden, um darauf aufbauend potenzielle Unsicherheitsfaktoren anzusprechen.

Der Ausgangspunkt grundlegender Veränderungen des Dienstleistungskontaktes ist im Privatisierungsprozess der Deutschen Bahn zu verorten[4]. Hierfür sind Gesetzesgrundlagen modifiziert und neue Unternehmensrichtlinien erstellt worden[5]. Mit der sogenannten Bahnreform, welche sich entsprechend dem Unternehmenszeitplan mittlerweile in ihrer Endphase befindet, wird das Ziel verfolgt, ein kundenorientiertes, wettbewerbs- und ressourcenstarkes Wirtschaftsunternehmen zu etablieren[6]. Dazu ist unter dem Titel „Offensive Bahn" ein Stra-

---

4 Der Privatisierungsprozess ist in der Literatur aus unterschiedlichen Perspektiven eingehend beschrieben und bewertet worden; vgl. exemplarisch Dürr 1994, Julitz 1998, Hüning & Stodt 1999, Frey, Hüning & Nickel 2001 sowie in Bezug auf den Dienstleistungskontakt Rieder, Poppitz & Dunkel 2002.

5 Ein sehr aktuelles und prominentes Beispiel lässt sich in der Etablierung von festgeschriebenen Kundenrechten im Fernverkehr finden; vgl. dazu die Website Kundenrechte im Fernverkehr, www.bahn.de.

6 Zu den wichtigsten Schritten gehören der Eintrag ins Handelsregister 1994, die Gründung einer Holding und Gliederung in 5 Unternehmensbereiche mit weiteren Geschäftsfeldern seit 1999 sowie die zukünftige Kapitalmarktfähigkeit.

tegisches Arbeitsprogramm mit den Eckpfeilern „Sanieren – Leisten – Wachsen“ erarbeitet worden (Deutsche Bahn AG 2003). Getragen werden soll das Konzept vor allem von den Mitarbeitern des Unternehmens. Sie sind aufgefordert, sich für die Realisierung des veränderten, vom Dienstleistungsgedanken geprägten Leitbildes aktiv einzusetzen. Im Geschäftsbericht 2002 heißt es dazu: „Für die Qualitätsziele, die wir uns in der Offensive Bahn gesetzt haben, ist es absolut entscheidend, dass wir den richtigen Mitarbeiter mit den richtigen Kompetenzen in die richtige Aufgabe bringen.“ (Deutsche Bahn AG 2003, 61) Für die Zugbegleiter bedeuten diese Ansprüche unter anderem, dass es weiterhin ihre Aufgabe sein wird, die Fahrgeldsicherung zu gewährleisten. Darüber hinaus besteht die Forderung, veränderten technischen Anforderungen der Züge gewachsen zu sein und sich vor allem neu als kundenorientierter Dienstleister und Servicekraft dem Bahnkunden gegenüber zu präsentieren.[7] Kundenorientierung meint hier einerseits das Wohl des einzelnen Reisenden im Auge zu haben, aber gleichzeitig auch eine entspannte Atmosphäre für alle Fahrgäste im Zug herzustellen. Allerdings erfüllt aus Perspektive der Unternehmensleitung noch nicht jeder Bahnmitarbeiter mit gleichem Selbstverständnis von Dienstleistungsarbeit seine Aufgaben, wie ein Interviewpartner des Managements darlegt:

> „...die Entwicklung [ist] erschwert dadurch, dass wir in den letzten Jahren versucht haben, einen Wandel zu machen von der Behördenbahn zu einem Dienstleistungsunternehmen, und viele unserer Mitarbeiterinnen und Mitarbeiter, insbesondere ältere, einfach unter einer anderen Ausgangsvoraussetzung bei der Bahn begonnen haben, nämlich eher aus dem Motiv ich werde Beamter, ich hab da einen sicheren Job, also nicht unbedingt Motive, wie wenn jemand sonst sich für Dienstleistung entscheidet, [...] die fühlen sich in dieser neuen Welt nicht so wohl...“ (EXP-DB4).

Verstärkt wird dieses Problem durch das anhaltend ambivalente Image des Unternehmens in der Öffentlichkeit[8]. Skepsis und Vorurteile auf Seiten der Reisenden erschweren entsprechend die Arbeit der Zugmitarbeiter.

Die Dienstleistungsinteraktionen im Zug sind jedoch nicht allein von organisationalen Rahmenbedingungen, sondern auch von räumlichen, zeitlichen, technischen und sozialen Parametern bestimmt, welche in unterschiedlicher In-

---

7 Detaillierte Erläuterungen in Bezug auf die widersprüchlichen Arbeitsanforderungen der Zugbegleiter aufgrund des veränderten organisatorischen Leitbildes finden sich in Rieder, Poppitz & Dunkel 2002 sowie Dunkel 2003.

8 Eine Mitarbeiterbefragung im Unternehmensbereich Personenverkehr ergab bspw., dass 31% der Beschäftigten den Namen ihres Arbeitgebers Dritten gegenüber ungern preisgeben; vgl. Red. BahnZeit 2003.

tensität auf die Interaktion Einfluss nehmen können.[9] Der Dienstleistungskontakt vollzieht sich vorrangig in einem geschlossenen, fahrenden Raum, welcher nicht verlassen werden kann. Im Abteil bzw. Zugwagen begegnen sich beide Akteure häufig in einer semi-anonymen Atmosphäre.[10] Selten besteht die Absicht, den Gegenüber näher kennen zu lernen. Interaktionen im fahrenden Zug finden meist vor Publikum in Gestalt weiterer Fahrgäste statt, deren Anwesenheit für die Interagierenden gewissen (Handlungs-)Druck ausüben („*Die schauen gleich meistens wie Zuschauer beim Boxring, also was passiert", DLN-DB 27*) kann. So wird bspw. auch bei Konflikten versucht, die Mehrheit der Mitreisenden für die jeweilige Position parteiisch zu begeistern. Eine aufgebrachte Menge von Reisenden *„am Boden zu halten," [DLG-DB 6]* oder sich ihr zu entziehen, ist ungleich schwierig.

Ebenso spielt der Aspekt Zeit eine mehrfache Bedeutung. Die Zugbegleiter müssen im Zeitrahmen der Zugfahrt verschiedenste Aufgaben koordinieren. Dazu gehören bspw. Überwachung der Technik, Hilfestellung beim Ein- und Ausstieg, Freigabe des Abfahrtssignals, Bearbeitung von Reservierungen, Kontrolle, Information, Am-Platz-Service in der 1. Klasse, Gesprächsbedarf und Beschwerden der Reisenden. Es stellt sich für die Zugmitarbeiter aber oftmals als Balanceakt dar, gerade Anforderungen bzgl. Kundenorientierung und gleichzeitig Technikübewachung und Fahrscheinkontrolle in knapper Zeit zu realisieren. Die Fahrgäste dagegen können und müssen diese vorgegebene Reisezeit individuell, ihren Bedürfnissen und Alltagserfordernissen, jedoch in Abhängigkeit von der jeweiligen Zugausstattung entsprechend gestalten. Viele nutzen die Zeit z. B. zur Regeneration, zur Kommunikation, aber auch zur Erledigung von Arbeitsaufgaben. Das Bahnpersonal wird hierbei in unterschiedlicher Weise wahr- und in Anspruch genommen. Viele Reisende wollen möglichst ungestört reisen. Andere dagegen suchen gern das Gespräch mit dem Zugbegleiter, benötigen Informationen oder verlangen in der 1. Klasse nach Am-Platz-Service. Zum eklatanten Problem kann sich der Zeitfaktor bei Zugverspätungen entwickeln, wenn die sich ausdehnende Fahrzeit nicht mehr mit dem individuellen Zeitplan von Reisenden harmoniert. Dieses Problem beruht nach Angaben von Reisenden unter anderem auf dem Anspruch der Organisation, die Fahrdauer mit Verweis auf kundenorientierte Gesichtspunkte zu verkürzen, indem u. a. Fahr- und Umsteigezeiten der Züge sehr knapp kalkuliert werden.

---

9 Der Einfluss technischer, zeitlicher, sozialer und räumlicher Rahmenbedingungen im Zug wird in Poppitz (2006) ausführlich diskutiert.

10 Diesbezüglich ist auf Goffman (1982) zu verweisen, der das Verhalten von Individuen im öffentlichen Raum detailliert studierte und darauf verwies, welche Rolle gerade die Instrumentalisierung von Raum für persönliche Befindlichkeiten, Kontrolle sowie der Kontakt zu Fremden in der Öffentlichkeit spielen.

Die Erbringung der Dienstleistung Bahnfahrt und daran anknüpfend die Gestaltung der Dienstleistungsinteraktionen sind letztendlich aber auch von der technischen Funktionsfähigkeit des Zuges (wie z.B. Bordcomputer, Klimaanlage, Kaffeemaschine bis hin zum Ticketterminal) und von natürlichen Umweltbedingungen (Wetter, Landschaft) abhängig. Weder Mitarbeiter noch Reisende haben in der Regel die Möglichkeit, während der Fahrt entstehende Schwierigkeiten dieser Art sofort zu beheben.

3 Unsicherheitsfaktoren in der Dienstleistungsinteraktion

Die genannten Rahmenbedingungen der Dienstleistungsarbeit im Zugbegleitdienst begünstigen oder konterkarieren in unterschiedlicher Weise eine koproduktive und kooperative Interaktion zwischen Zugpersonal und Reisenden. Dabei ist erkennbar, dass vielfach organisationale Veränderungen bei den Akteuren Unsicherheiten unterschiedlicher Art hervorrufen und situationale Rahmenbedingungen zusätzlich Druck auf die Akteure der Dienstleistungsinteraktion im Zug ausüben können. Die im Folgenden dargestellten Unsicherheitsfaktoren werden zwar einzeln betrachtet, treten jedoch häufig im gleichen Zusammenhang auf bzw. sind meist miteinander verkettet.

3.1 Unsicherheiten in der Rollenverteilung

Die organisationalen Anforderungen an die Mitarbeiter, den Leitgedanken von Dienstleistungs- und Kundenorientierung einerseits und Wirtschaftlichkeit andererseits zu verwirklichen, begründet in der Dienstleistungssituation eine Uneindeutigkeit von Rollenzuweisungen sowohl bei Zugbegleitern als auch bei Reisenden. Um dem unternehmerischen Servicegedanken zu entsprechen, müssen die Zugbegleiter einerseits die Rolle des dienenden Servicepersonals ausfüllen. Andererseits sind sie angehalten als Kontrolleur die Fahrgeldeinnahme zu sichern und für Ordnung im Zug zu sorgen. Nicht jeder Mitarbeiter kann sich souverän in beiden Rollen bewegen. Für einige Zugbegleiter ist kundenorientiertes Anbieten von Servicedienstleistungen eher unsicheres Neuland. Auch viele der befragten Reisenden sind sich nicht sicher, in welcher Form sie dem Personal gegenübertreten wollen bzw. sollen: als emanzipierter Kunde oder als genügsamer Reisender. Die Rollenverteilung ist vor allem durch organisatorische Neuorientierungen beiderseitig ungewiss geworden. Diese Unsicherheiten können erst in der Interaktionssituation aneinander angepasst werden, indem die Beteiligten ihre Rolle interaktiv der Situation und dem jeweiligen Gegenüber entsprechend überdenken. Beide Akteure müssen dabei einen doppelten Balanceakt vollbringen, indem sie nicht nur die eigenen Unsicherheiten verarbeiten, sondern sich darüber hinaus mit ihrem Gegenüber arrangieren müssen, soll die Dienstleistungserstellung für beide Seiten zufriedenstellend verlaufen[11].

3.2 Gefühlsunsicherheiten

Das umorganisierte Unternehmensleitbild wirkt sich auch auf die Gefühle der beteiligten Akteure aus. Analog zum veränderten Umgang mit Rollenanforderungen gibt es sowohl bei Zugbegleitern als auch bei Reisenden Gefühlsunsicherheiten. Die Zugbegleiter sind heute gefordert, weiterhin Respekt und eine stabile Persönlichkeit zu demonstrieren, eine positive Einstellung zur Dienstleistungsarbeit dem Kunden gegenüber zu vermitteln, aber vor allem auch die Gefühle der Reisenden aufzunehmen und aktiv zu beeinflussen bzw. zu korrigieren[12], wie in folgendem Interviewausschnitt mit der Zugbegleiterin Frau Scharschmidt beschrieben ist:

> „Und zwar hab ich einen Fahrgast gehabt, der hat seinen ICE nicht gekriegt und wir sind dann mit dem nachfolgenden Zug gekommen. Und er stieg ganz stinksauer ein. Erstens sein Termin war flöten gegangen und einen Sitzplatz hatte er natürlich auch nicht, 1. Klasse – und du hast gar keine Chance. Und dann versuchst Du ihm das klarzumachen. Ja gut, ‚dann gebe ich Ihnen gern mal einen Gutschein für'n Kaffee' und sage ‚Setzen Sie sich rein, trinken Sie einen Kaffee, beruhigen Sie sich wieder'. (...) Man beruhigt den Kunden irgendwo (...), und dass er auch lächeln kann irgendwo, dass man sagt, ‚ok, jetzt ist er zufrieden irgendwo und denkt wirklich anders'. (...) Irgendwann hat er sich dann bedankt und ist (...) ausgestiegen" (DLG-DB 6).

Der Zugbegleiterin ist es gelungen, sich in die Gefühlswelt des Reisenden hineinzuversetzen, um daran ansetzend seinen Unmut in eine positive Stimmung umzuwandeln. Bei der Kontrolle soll bspw. nicht allein distanzierter Respekt ausgestrahlt werden, sondern auch Herzlichkeit und Wärme, um den Reisenden ein Gefühl von Geborgenheit zu vermitteln und eine kooperative Beziehung aufzubauen. Es muss Gefühlsarbeit[13] geleistet werden. Für Mitarbeiter, deren Be-

---

11 Vgl. zum Thema doppelter Balanceakt und Rollenverteilung bei Dienstleistungsinteraktionen im Zugbegleitdienst vor allem Poppitz 2003.

12 Vgl. zum Thema Gefühlsarbeit im Zugbegleitdienst ausführlicher Poppitz & Brückner 2003.

13 Gefühlsarbeit wird hier in der Tradition Hochschilds begriffen als Regulieren, Kontrollieren und Arrangieren von Gefühlen im Abgleich mit Normen und Erwartungen. Sie ist ein zentraler Bestandteil dienstleisterischer Arbeit am Menschen. Es wird sowohl der Einsatz eigener als auch die Manipulation anderer Gefühle gefordert; Hochschild 1990.

ziehung zu den Reisenden früher eher von Distanz und Unpersönlichkeit geprägt war – der Fahrgast als Beförderungsfall –, gleichen diese Anforderung einer Quadratur des Kreises. Darüber hinaus sind die Mitarbeiter gefordert, nicht nur Freundlichkeit zu „lernen", sondern auch das Wechselspiel zwischen Gefälligkeit und Autorität. Neben der Veränderung ihrer Gefühlswelt wird vor allem von ihnen verlangt, im Unterschied zu anderen Dienstleistungsbereichen wie bspw. der Flugbegleitdienst (Hochschild 1990), nahezu gegensätzliche Gefühlsausdrücke in einer Situation zu vereinen. Es besteht jedoch kein eindeutiges Konzept der Organisation, wie die Zugbegleiter diese Anforderungen an die eigene Gefühlsregulation in den Dienstleistungsinteraktionen umsetzen. Ein interviewter Zugmitarbeiter spricht davon, dass es eine persönliche Entscheidung jedes Einzelnen ist, ob er diesen Ansprüchen gerecht werden will. Es bedarf viel Erfahrung, Fingerspitzengefühl, Improvisation und Freude an der Dienstleistungstätigkeit. Etwas misstrauisch dagegen reagiert der eine oder andere Reisende, wenn plötzlich ein Zugbegleiter überraschend liebenswürdig und betont freundlich auftritt, die Fahrscheinkontrolle absolviert und im gleichen Atemzug fragt, wie er dem Reisenden sonst noch weiterhelfen könne. Für Reisende ist dieses Auftreten teilweise eher unglaubwürdig. Aber auch ihre Gefühlswelt bleibt nicht vollkommen unberührt. Im zunehmenden Maße werden ihnen freundliche und herzliche Emotionen entgegengebracht. Die bis dahin oftmals von den Reisenden als distanziert und ruppig erlebte Behandlung als Beförderungsfall verschwimmt bis hin zu einer gekünstelten Beflissenheit. Trotzdem wird von ihnen als Fahrgäste vor allem durch die Zugbegleiter erwartet, weiterhin dem kontrollierenden Schaffner Respekt und Anerkennung entgegen zu bringen bzw. sich ordnungsgemäß an die Beförderungsvorschriften zu halten und den Anweisungen Folge zu leisten.

Bisher sind Unsicherheitsaspekte beschrieben worden, welche sich auf subjektbezogene Aspekte wie Rollen und Gefühlswelten der Akteure beziehen und indirekt durch ein verändertes Unternehmensleitbild vermittelt sind. Im Folgenden werden nun strukturelle Unsicherheiten angesprochen, die sich aus unmittelbaren organisationalen Rahmenbedingungen ergeben können.

3.3 Unsicherheiten bei Informationen

Als ein erster wichtiger struktureller Unsicherheitsaspekt ist die Vermittlung, Wahrnehmung und Glaubwürdigkeit von Informationen zu nennen. Fahrgäste reisen nicht selten mit fehlenden oder auch ungenauen Informationen bezüglich ihre Zugfahrt. Aufgrund zahlreicher Veränderungen der Richtlinien zur Beförderung der Bahnreisenden in den vergangenen Jahren, ist nicht jeder Reisende sofort in der Lage und willens, alle notwendigen Informationen zum Bahnfahren zu kennen. Selbst die Beschaffung der Informationen gestaltet sich nicht immer einfach. Es ist möglich, dass verschiedene Auskunftsquellen mitunter sehr unterschiedliche Informationen weitergeben. Entsprechend häufig ist es der Fall, dass beim Dienstleistungskontakt die Richtlinien von Reisenden und Zugbegleitern in unterschiedlicher Weise interpretiert werden. Auf der anderen Seite besitzen auch Reisende hin und wieder wichtige Informationen, die wiederum den Mitarbeitern noch unbekannt sind. Vor diesem Hintergrund wurde bei der Betrachtung von Dienstleistungsinteraktionen immer wieder wahrgenommen, dass ein Informationsungleichgewicht zwischen Reisenden und Mitarbeitern Grundlage problematischer Auseinandersetzung darstellte, wie folgender Auszug aus einem Beobachtungsprotokoll zeigt:

> Nach Stadt S. kommt ein zweites Zugteam und führt die Fahrscheinkontrolle durch. Bereits zwei Reihen hinter mir höre ich die Zugbegleiterin sagen, dass der Hund (ein Schäferhund), welcher links schräg vor mir an einem Vierertisch liegt, unter den Tisch und einen Maulkorb tragen müsse. Die Hundebesitzerin entgegnet sofort, dass sie davon nichts wusste und man sie über den Maulkorb auch nicht aufgeklärt hatte. Sie besitzt überhaupt keinen und kann entsprechend auch keine Maulkorb anlegen. Die Zugbegleiterin verweist immer wieder auf die Vorschriften. Die Besitzerin meint wiederum, dass sie davon das erste Mal etwas hört. Dies habe ihr weder der Verkäufer am Schalter noch der erste Kontrolleur gesagt. Außerdem könne sie an der Situation jetzt eh nichts ändern. Die Zugbegleiterin verweist noch mal darauf, dass sie darauf aufmerksam machen muss, dass schon unangenehme Dinge passiert sind usw. Die Besitzerin entgegnet wieder, dass sie ja einen Maulkorb gekauft hätte, wenn sie es gewusst hätte, aber sie wusste es nicht und außerdem habe Sie ja schon sehr viel Geld für die Fahrkarte des Hundes ausgegeben.

Im Rahmen der Erhebungen konnten zahlreiche Interaktionen analysiert werden, in welchen die Vermittlung uneindeutiger und unsicherer Informationen Unsicherheiten vor allem bei den Reisenden noch weiter verstärken. So erzählen Zugbegleiter oftmals von Fahrgästen – besonders ältere Menschen – , welche ständig nachfragen, um die erhaltenen Informationen sich mehrmals bestätigen zu lassen. Dies geschieht aus Perspektive der Reisenden mitunter aus gutem Grund, da ihnen Erfahrungen gezeigt haben, dass sie sich nicht jederzeit auf eine Informationsquelle verlassen können, wie im nächsten Abschnitt dargestellt wird.

3.4 *Widersprüchliche Erfahrungen*

In enger Verbindung mit unsicheren Informationen steht das Problem der widersprüchlichen Erfahrungen in Dienstleistungsinteraktionen, wie es oftmals von Reisenden thematisiert wurde. Es ist möglich, dass zu einem Sachverhalt vor allem bei Reisenden unterschiedliche Erfahrungswerte vorliegen. Das betrifft im Bahnbereich vor allem Regelungen zur Nachzahlung von Aufpreisen und Gebühren, aber auch in Bezug auf Verspätungen oder Hilfestellungen bzw. Serviceangebote durch die Zugbegleiter. Reisende können nicht immer ohne weiteres davon ausgehen, dass ihnen in ihrem Anliegen ausreichend, kompetent und stets in gleicher Weise geholfen wird bzw. Probleme ähnlich bearbeitet werden, wie folgende kurze Interaktionsbeobachtung zur Frage des richtigen Umsteigegleises schildert:

> Der Zugbegleiter kontrolliert die Fahrkarte und knipst sie ab. Routinemäßig oder dem Serviceauftrag entsprechend, nennt er dem Reisenden, ohne dass dieser danach fragt, Umsteigeort und die Gleisnummer 19. Der Kunde meinte in leicht beschwerendem, aber doch lockerem Ton, dass es beim letzten Mal auch Gleis 19 hieß. Er sei dort hin und dann war es doch Gleis 13 gewesen. Der Zugbegleiter schaut etwas erstaunt in seinem leicht zerflatterten Fahrplan nach. Dort steht Gleis 19. Er liest noch mal die Richtung vor. Der Kunde bestätigt die Richtung, sagt aber erneut, dass es beim letzten Mal Gleis 13 gewesen ist. Daraufhin meint der Zugbegleiter, wenn dem so sei, dann müssten die das verändert haben. Sie (die Zugbegleiter) würden das auch erst dort erfahren. Er klopft sich gleichzeitig auf die Brust und nimmt die Arme entschuldigend/machtlos auseinander, verweist nochmals auf die Ansage am Gleis des Umsteigeortes und geht. (BDBMaH 1)

Derartige Situationen generieren für beide Interaktionspartner neue Unsicherheiten. Für Reisende wird Unsicherheit erzeugt, wenn sie sich erstens nicht auf die Informationen und die Hilfe des Personals sowie zweitens auf die Erwartbarkeit bisheriger Erfahrungen verlassen können. Als Konsequenz bauen sich sukzessiv widersprüchliche Erfahrungen auf: Welche Information ist nun richtig? Wem soll ich mehr vertrauen? Im Gegenzug dazu kann sich ebenfalls Unsicherheit auf der Seite des Zugbegleiters entwickeln, wenn seine Angaben von den Reisenden wiederum zweifelnd in Frage gestellt werden. Eine verlässliche Quelle erscheint plötzlich als unzuverlässig und es wird unklar, worauf man sich eigentlich verlassen sollte. Bei weiteren Interaktionen zum selben Problem kann es vorkommen, dass die Zugbegleiter nicht mehr mit ausdrücklicher Sicherheit wissen, ob ihre Informationen tatsächlich korrekt und vertrauenswürdig sind.

3.5 Unklare Entscheidungsbefugnisse und Kompetenzen

Aber nicht allein uneindeutige Informationen und widersprüchliche Erfahrungen verunsichern den Dienstleistungskontakt im Zug, sondern auch unklare Entscheidungshierarchien und Kompetenzzuweisungen auf der Seite der Zugmitarbeiter. Das ist bspw. der Fall, wenn Konfliktsituationen nicht abschließend im Zug geklärt, gelöst und dann auf weitere Ansprechpartner außerhalb des Zuges ausgelagert werden. Besonders bei Fahrscheinschwierigkeiten, welche in der Regel zu Beginn der Fahrt auftreten, ist es für Reisende überaus unangenehm, derartige ungelöste Konflikte während der gesamten Bahnfahrt im Gedächtnis zu behalten und sich später nochmals mit dem Problem auseinander zu setzen. Aber auch beim Nachlass von Aufpreisen oder der Ausgabe von Gutscheinen werden die Fahrgäste teilweise im Unklaren gelassen, unter welchen Voraussetzungen sie Ermäßigungen oder Gutscheine bekommen bzw. wie viel Ermessensspielraum welcher Mitarbeiter besitzt. Zudem kann den Erwartungen der Reisenden, welche Verantwortlichkeiten dem Zugbegleitpersonal obliegen, nicht in jedem Fall entsprochen werden, wie folgende kurze Beobachtung unterstreicht:

> Der Zug von Stadt A. nach Stadt B. hat einige Minuten Verspätung. Ein Herr schräg hinter mir sitzend studiert das Reiseblatt „Ihr Reisebegleiter“, welches in den Zügen ausliegt. Als die Zugbegleiterin Frau Engels vorbeikommt, spricht er sie an. Er fragt höflich, ob der Zug, in dem er gerade sitzt, pünktlich ankommt und er noch seinen Anschlusszug erreicht. Die Zugbegleiterin antwortet darauf: „Wenn wir in Stadt C. gut wegkommen, dann ist es möglich“. Daraufhin fragt der Fahrgast Frau Engels, ob sie denn veranlassen könne, dass der Regionalexpress in Stadt D. wartet. Die Zugbegleiterin entgegnet, sie könne dies nur weitergeben und anfragen, aber nicht veranlassen, dass der Zug wartet, „so gern wir sagen würden: ‚Bitte wartet!'“ (BDBAL 2).

Auch wissen Reisende meist nicht darüber bescheid, welche Funktionen sich hinter den Begriffen Zugbegleiter und Zugchef verbergen. Eher wenige der interviewten Reisenden verwenden sie sogar. Sie scheuen sich davor, sich an die eher fremden Begriffe zu gewöhnen bzw. sind sie der Auffassung, dass es sich nicht lohne, ständig neue Begriffe zu lernen. Für viele Reisende sind die Zugmitarbeiter hauptsächlich Schaffner, welche durch den Zug gehen und die Fahrkarten kontrollieren.

4 Bedeutung der Unsicherheiten für Interaktionen im Zug

Veränderte Rahmenbedingungen können, betrachtet man die vorangegangenen Ausführungen, in Dienstleistungsinteraktionen Unsicherheiten für beide Interaktionspartner hervorrufen. Diese Unsicherheiten wiederum versetzen möglicherweise sonst routinierte Interaktionen ins Schwanken, beeinflussen das Rollenverhalten oder gar die Gefühle der Beteiligten, sie erhöhen die Reizbarkeit, sie führen zu unglücklichen Missverständnissen.

Im Rahmen unserer empirischen Erhebungen konnten zahlreiche Konflikte bei Interaktionen beobachtet werden, in denen die genannten Unsicherheitsaspekte (oftmals als Mischformen) dazu beigetragen haben, dass Dienstleistungskontakte eskalierten und/oder die Akteure sehr unzufrieden die Interaktionssituation verließen. Derartige Interaktionssituationen lassen sich an verschiedenen Stellen der Zugfahrt finden: Bei der Nachfrage nach Fahrzeiten, Zügen oder Fahrkarten; beim Umsteigen; bei Zugverspätungen; während der Fahrkartenkontrolle; beim Servicekontakt usw. Treffen mehrere Unsicherheitsaspekte aufeinander, können sich Interaktionen mit hohem Konfliktpotential oder sogar Handgreiflichkeiten aufbauen.

Beide Akteure müssen in diesen Situationen nicht nur zur ko-produktiven Erbringung der Dienstleistung beitragen, sondern dabei auch die durch die Organisationsveränderung geschaffenen subjektbezogenen Unsicherheiten wie beispielsweise Rollen- und Gefühlsverunsicherung in der Interaktion verarbeiten. Kommen dann noch Unsicherheitsfaktoren wie z. B. Informationsdefizite und/oder belastende situative Rahmenbedingungen wie z. B. Zugverspätungen dazu, sind die Anforderungen zum erfolgreichen Bewältigen der Situation sowohl für Zugbegleiter als auch für die Fahrgäste enorm hoch. Die Akteure stehen unter dem Zwang, die entstandene Problemsituation samt ihrer Unsicherheitsfaktoren zu analysieren und zu kontrollieren sowie persönliche Befindlichkeiten, Interessen und Ziele zu regulieren. Die Aufgabe des Zugbegleiters ist es vor allem, die entstandene Komplexität der Situation aufzulösen und Handlungsklarheit zu schaffen. Dabei sind sowohl individuelle als auch kollektive Bedürfnisse und Befindlichkeiten der Fahrgäste zu beachten. Es ist aber ebenso entscheidend, dass der Reisende sich aktiv kooperierend an der Interaktion beteiligt, indem er dem Zugbegleiter in seinen Kompetenzen vertraut, sich über Richtlinien aufklären lässt und diese akzeptiert. Wichtig ist es aber auch, dass er sich seiner Rolle als Reisender der Situation entsprechend bewusst wird.

Wie das vorliegende empirische Material zeigt, gehen sowohl Mitarbeiter als auch Reisende unterschiedlich mit der Problematik um. Einige Mitarbeiter nehmen gerade in brenzligen Situationen eine eher autoritäre Haltung an bzw. verstecken sich hinter Vorschriften und systembedingten Problemen oder brechen abrupt die Interaktion ab. Die Reisenden fühlen sich dann weiterhin eher verunsichert und zurückgelassen. Andere Mitarbeiter wiederum versuchen mit Sachlichkeit, Kooperation und Verständnis Unsicherheiten und evtl. daraus resultierende Unzufriedenheiten offensiv anzugehen. Wird ihr Bestreben nach kooperativer Einigung von den Reisenden jedoch nicht erwidert, ziehen auch sie sich häufig zurück. Ebenso ist das Verhalten der Reisenden in unsicherheitsbehafteten Situationen unterschiedlich und meist vom Ernst der Situation abhängig. Besonders wenn es sich um die Richtigkeit von Informationen und eigenen persönlichen Erfahrungen handelt, reagieren die meisten eher stur und beharren auf ihrem Standpunkt. Andere Fahrgäste wiederum versuchen, entstandene Verunsicherungen hilfesuchend kooperativ zu beseitigen. Wieder andere lassen sich mögliche Unsicherheiten nicht anmerken bzw. versuchen nicht, ihre Unsicherheiten mit dem Zugbegleitpersonal zusammen zu bearbeiten. Aus dem Gespräch mit einem Reisenden ging bspw. hervor, dass er gar nicht genau durchblickte, in welchen Angelegenheiten er den Zugbegleiter um Unterstützung bitten könne.

Entsprechend stellt sich die Frage an die Organisation, wie neben veränderten Rahmenbedingungen und erweiterten Handlungsspielräumen vor allem auch Handlungsklarheit bereit zu stellen sind. Bezieht man sich auf die vorliegenden Ergebnisse könnten Interaktionen z.B. unproblematischer und positiver funktionieren, wären Verantwortlichkeiten der Mitarbeiter vollständig geklärt, wären Informationen unkompliziert, schnell und einheitlich zugänglich. Für Reisende ist es notwendig, dass sowohl die Beförderungsregeln der Organisation als auch die Handlungen der Zugbegleiter nachvollziehbar und eindeutig sind. Damit wird auch ihnen mehr Handlungssicherheit in der Dienstleistungsinteraktion vermittelt. Ebenso erscheint es im Hinblick auf die professionelle Gestaltung der Dienstleistungsbeziehung wichtig, ein Unternehmensleitbild zusammen mit den Mitarbeitern und Kunden zu erarbeiten bzw. so zu verändern, dass es sich für alle Beteiligten nachvollziehbar und realisierbar darstellt. Dabei sollte bedacht werden, dass es ein langer Prozess ist, bis das angestrebte Verständnis von Dienstleistungskontakten im Zugbegleitdienst vorherrscht. Zwar lassen sich die Mitarbeiter hierfür schulen, die Reisenden hingegen durchlaufen einen individuellen Prozess der Anpassung an veränderte Unternehmensleitbilder und seinen Auswirkungen auf den Dienstleistungsalltag im Zug.

Literatur

Böhle, F. (1999). Nicht nur mehr Qualität, sondern auch höhere Effizienz – Subjektivierendes Arbeitshandeln in der Altenpflege. *Zeitschrift für Arbeitswissenschaft*, 3, 174 - 181

Böhle, F. & Weishaupt, S. (2003). Unwägbarkeiten als Normalität – Die Bewältigung nichtstandardisierbarer Anforderungen in der Pflege durch subjektivierendes Arbeitshandeln. In A. Büssing, J. Glaser (Hrsg.), *Dienstleistungsqualität und Qualität des Arbeitslebens im Krankenhaus.* Schriftenreihe Organisation und Medizin, (S. 149-162). Göttingen, Bern, Toronto, Seattle: Hogrefe 2003.

Büssing, A. & Glaser, J. (Hrsg.) (2003). *Dienstleistungsqualität und Qualität des Arbeitslebens im Krankenhaus.* Schriftenreihe Organisation und Medizin, Göttingen, Bern, Toronto, Seattle: Hogrefe 2003.

Deutsche Bahn AG (2003). Geschäftsbericht 2002. Berlin.

Deutsche Bahn AG (2006). Kundencharta Fernverkehr. http://www.bahn.de/p /view/hilfe/kundenrechte/kundencharta_uebersicht.shtml

Dürr, H. (1994) *Bahnreform: Chancen für mehr Schienenverkehr und Beispiel für die Modernisierung des Staates.* Schriftenreihe Juristische Studiengesellschaft Karlsruhe, 209, Heidelberg: C.F. Müller JuristischerVerlag.

Dunkel, Wolfgang (2003). Vom Schaffner zum Zugbegleiter – Die Privatisierung der Deutschen Bahn und ihre Konsequenzen für das Personal. In J. Allmendinger (Hrsg.), *Entstaatlichung und soziale Sicherheit – Verhandlungen des 31. Kongresses der Deutschen Gesellschaft für Soziologie in Leipzig 2002*, CD-ROM zum Tagungsband, Opladen: Leske+Budrich.

Dunkel, W. & Voß, G. G. (Hrsg.) (2004). *Dienstleistung als Interaktion. Beiträge aus einem Forschungsprojekt.* München-Mering: Hampp.

Frey, M., Hüning, H. & Nickel, H. M. (2001). Unternehmen Zukunft – Börsenbahn? Beschleunigte Vermarktlichung , regulierte Desintegration und betriebliche Geschlechterpolitik. In T. Edeling, W. Jann, D. Wagner, Ch. Reichard (Hrsg.), *Öffentliche Unternehmen. Entstaatlichung und Privatisierung?* Schriftenreihe Interdisziplinäre Organisations- und Verwaltungsforschung, 6, (S. 125-155). Opladen: Leske+Budrich.

Girschner, C. (2003). *Die Dienstleistungsgesellschaft. Zur Kritik einer fixen Idee.* Hochschulschriften, 46, Köln: PapyRossa

Goffman, E. (1982). *Das Individuum im öffentlichen Austausch. Mikrostudien zur öffentlichen Ordnung.* Wisenschaft, 396, Frankfurt: Suhrkamp

Heinlein, Michael (2003). *Pflege in Aktion. Zur Materialität alltäglicher Pflegepraxis.* Schriftenreihe zur subjektorientierten Soziologie der Arbeit und der Arbeitsgesellschaft, 4, München-Mering: Hampp.

Hochschild, A. R. (1990). *Das gekaufte Herz. Zur Kommerzialisierung der Gefühle.* Theorie und Gesellschaft, 13, Frankfurt-New York: Campus.

Holtgrewe, U., Kerst, C. & Shire, K. (Hrsg.) (2002). *Re-Organising Service Work. Call Centres in Germany and Britain.* Aldershot: Ashgate Publishing Limied.

Hüning, H. & Stodt, U. (1999). Regulierte Desintegration. Aspekte des internen Arbeitsmarktes in der Deutschen Bahn AG. In H. M. Nickel, S. Völker, H. Hüning (Hrsg.), *Transformation – Unternehmensreorganisation – Geschlechterforschung*, Reihe Geschlecht und Gesellschaft, 22 (S. 175-204). Opladen: Leske+Budrich.

Julitz, L. (1998). *Bestandsaufnahme Deutsche Bahn: das Abenteuer einer Privatisierung.* Frankfurt: Eichhorn.

Poppitz, A. (2003). Dienstleistungsarbeit im Zugbegleitdienst – ein doppelter Balanceakt. *Arbeit, 2*, 99-111.

Poppitz, A. & Brückner, E. (2004). „Aber die stehen halt vorne dran“. Über Gefühlsarbeit im Zugbegleitdienst der Bahn. In W. Dunkel & G. G. Voß (Hrsg.), *Dienstleistung als Interaktion*. München-Mering: Hampp.

Poppitz, A. (2006). Work and Ride - Mobiles Arbeiten im Zwischen(Zeit)raum Bahnfahrt. In M. Dick (Hrsg)., Mobilität als Tätigkeit. Annäherung an die Perspektive der Akteure. Reihe "Arbeitsforschung Multidisziplinär" (in Druck). Lengerich: Pabst Science Publishers.

Red. BahnZeit (2003). Mitarbeiter vermissen Lob und Anerkennung. Stichprobenbefragung im Personenverkehr – Bahner zeigen Handlungsbedarf auf. *BahnZeit*, 2, 10.

Rieder, K., Poppitz, A. & Dunkel, W. (2002). Kundenorientierung und Kundenkontrolle im Zugbegleitdienst. *WSI-Mitteilungen*, *9*, 505-509.

Sauer, D. (Hrsg.) (2002). *Dienst – Leistung(s) – Arbeit. Kundenorientierung und Leistung in tertiären Organisationen*. Forschungsberichte aus dem Institut für Sozialwissenschaftliche Forschung e.V. ISF München, München.

Interaktionsarbeit im Call Center – Interaktive Kontrolle

Kerstin Rieder & G. Günter Voß

1 Einleitung[1]

Eine inzwischen gängige Aussage der Forschung zur Dienstleistungsarbeit ist, dass die Dienstleistungsnehmer als „externe Faktoren“ an dieser Arbeit beteiligt sind. Sie sind nicht allein Konsumenten, sondern anteilig auch Produzenten. Dies wird mit Begriffen wie Ko-Produzent (Badura, 2001; Büssing & Glaser, 2003) oder Prosumer (Michel, 1997; Toffler, 1980) zum Ausdruck gebracht. Allerdings gibt es kaum konzeptionelle und empirische Arbeiten zu der Frage, *wie* das Handeln des Kunden in den Prozess der Leistungserbringung eingebunden wird (Dunkel & Rieder, 2003).

Im Folgenden wird zunächst eine Untersuchung in einem Call Center beschrieben, die im Rahmen eines Forschungsprojektes zur interaktiven Arbeit in Dienstleistungsbetrieben durchgeführt wurde (Abschnitt 2). Es wird außerdem ein exemplarischer Ausschnitt aus einer Dienstleistungsinteraktion vorgestellt (Abschnitt 3). Zentrale Überlegungen der industriesoziologischen Kontrolltheorie werden dargestellt (Abschnitt 4) und auf die Kontrolle von Kunden im Call Center übertragen (Abschnitt 5). Abschließend wird darauf eingegangen, wie die Dienstleistungsnehmer auf Versuche der Kontrolle reagieren, inwieweit sie sich auf das Unternehmen einstellen oder ihrerseits versuchen, Kontrolle auszuüben (Abschnitt 6).

2 Empirische Untersuchung

Ziel des DFG-Forschungsprojektes *Dienstleistung als Interaktion* war die qualitative Untersuchung des Prozesses der ko-produktiven Leistungserbringung (eine ausführliche Darstellung der Arbeiten des Projektes findet sich in Dunkel & Voß, 2004, vgl. speziell zum Thema Kundenkontrolle Rieder, Poppitz & Dunkel, 2002

---

[1] Der vorliegende Text geht teilweise auf einen Vortrag zurück, der in einem Bericht der *Deutschen Vereinigung für sozialwissenschaftliche Arbeitsmarktforschung e.V.* (SAMF) veröffentlicht wurde (vgl. Rieder & Voß, 2004).

sowie Dunkel, Rieder, Heinlein, Poppitz, Brückner, Szymenderski, Anderson & Voß, 2004). Empirische Untersuchungsfelder waren ein Call Center einer Direktbank, der Zugbegleitdienst der Bahn AG und die Tätigkeit von Pflegekräften in der stationären Altenpflege. Die Untersuchung beruhte auf einer Kombination von teilstrukturierten Interviews mit Dienstleistungsgebern und Dienstleistungsnehmern (N = 82), Interaktionsbeobachtungen (N = 51) und Interviews mit Personen aus dem Management sowie dem Betriebsrat (N = 12). Die Auswertungen erfolgten computergestützt mit Hilfe des Programms MAXQDA. Die Daten wurden kodiert und Interaktionssequenzen wurden detailliert analysiert mit einer spezifischen Form der Interaktionsanalyse. Grundlage für die im Folgenden vorgestellten Überlegungen ist die Erhebung im Call Center. Die Arbeit umfasst Tätigkeiten im Inbound (Annahme eingehender Anrufe) und im Outbound (Anrufe nach außen). Typische Inhalte von Inbound-Gesprächen sind Überweisungen, Kreditanfragen oder Kontostandsabfragen. Im Bereich Outbound steht die Gewinnung neuer Kunden sowie bisheriger Kunden für neue Produkte im Vordergrund. Neben Interviews und Beobachtungen konnten wir hier zusätzlich 89 Aufzeichnungen von Interaktionssequenzen als Datenbasis nutzen. Diese wurden uns von dem Kooperationsprojekt *Neue Arbeits- und Alltagspraktiken in medienvermittelten autonomisierten Arbeitsformen* (Kleemann, Matuschek, Voß – TU Chemnitz) zur Verfügung gestellt, das im gleichen Call Center Untersuchungen durchgeführt hat (vgl. z.B. Matuschek, Voß & Kleemann 2001, Matuschek & Kleemann 2003).

3 Ko-Produktion - ein Beispiel

Der im Folgenden vorgestellte Gesprächsausschnitt aus dem untersuchten Call Center dient dazu, ein zentrales Problem der Ko-Produktion exemplarisch aufzuzeigen. Es handelt sich um ein Telefonat mit einem Kunden, der u.a. den Kontostand erfragen möchte, die dazu benötigte Geheimnummer jedoch nicht präsent hat. In dem Gesprächsausschnitt steht K. für Kunde und M. für die Mitarbeiterin.

> K: Ach du Schande, Jesses Maria, die Geheimzahl wollen Sie jetzt, da muss ich selbst mal mein Ding da raussuchen, wo ich das notiert habe.
> M: Ja.
> K: Deswegen, das wollt er eben schon haben, da hab ich dann gleich wieder aufgelegt, ach du Schande, jetzt hat meine Frau das, die hab ich mir jetzt hier, und die hat 'nen neuen Ordner angelegt glaube ich. Ahm, ahm, wo hat sie mir denn dies jetzt wieder hingeräumt. Meine Geheimnummer? Scheibenkleister! [....]
> M: Ist schon ok. Ich kann gerne warten. Suchen Sie einfach in Ruhe.

K: Da oben vielleicht. (10 Sekunden) Ich hab mir die nämlich für die Buchhaltung notiert gehabt, und das hat sie mir rausgenommen. Könnte sein, dass sie das ist.

Auf die hier wiedergegebene Passage folgt eine längere Gesprächsphase, die der Suche nach der Geheimnummer gewidmet ist. Der Kunde äußert dabei unter Rückgriff auf einige Kraftausdrücke seinen Unmut über die schwierige Handhabbarkeit der zahlreichen Geheimnummern, die er für Transaktionen bei der Bank benötigt (außer der sechsstelligen persönlichen Geheimnummer sind das etwa die achtstellige Personennummer sowie die so genannten TAN-Nummern, die für Überweisungen über das Internet verwendet werden). Er berichtet in diesem Zusammenhang auch, dass seine Geheimzahlen kürzlich erneuert wurden, nachdem er diese (unzulässigerweise) an seine Frau weiter gegeben hatte. Es werden von ihm verschiedene Zahlen vorgeschlagen, die sich jedoch als falsch erweisen. Die Mitarbeiterin gibt unterdessen Hinweise dazu, wie die richtige Nummer aussehen muss. Nach etwa fünf Minuten wird die korrekte Nummer vom Kunden ausfindig gemacht und die Bearbeitung des eigentlichen Anliegens kann beginnen.

Es handelt sich hier um ein eher untypisches Beispiel. Der Anrufer ist ausgesprochen schlecht auf das Gespräch vorbereitet. So ist er nicht in der Lage, die Geheimnummer, die für Gespräche mit der Bank benötigt wird, zu Gesprächsbeginn zu nennen. Und er verbringt im Folgenden einen recht langen Teil des Gesprächs damit, nach der Nummer zu suchen. Dabei ist zu bedenken, dass die Mitarbeiter im Call Center üblicherweise und speziell auch bei der von uns untersuchten Direktbank Vorgaben zu den Gesprächszeiten einhalten müssen. Es handelt sich also um einen Kunden, der mehr oder weniger explizite Erwartungen der Organisation (z.B. kompetente Verwaltung der Geheimzahlen und effiziente Gesprächsgestaltung) nicht einhält.

Zentrale Forschungsfrage in diesem Zusammenhang war, wie es der Bank gelingt, dafür zu sorgen, dass das Verhalten des vorgestellten Kunden eher eine Seltenheit ist. Mit anderen Worten: welche Strategien werden eingesetzt, um das Handeln von Kunden zu steuern bzw. zu kontrollieren?

Dabei geht es uns weniger darum, die Kontrollverhältnisse zwischen den drei beteiligten Parteien, also Kunde, Organisation und Mitarbeiter zu beschreiben (vgl. hierzu etwa Frenkel u.a., 1999). Anliegen war es vielmehr, zu untersuchen *wie* soziale Kontrolle im Call Center ausgeübt wird. Hierzu wird an Überlegungen zur Kontrolle von Arbeitnehmern angeknüpft, wie sie im Rahmen der industriesoziologischen Kontrolltheorie entwickelt wurden.

4 Kontrolltheorie

Wenn im Folgenden von „Kontrolle" der Arbeits- und damit der Interaktionsprozesse in Dienstleistungsbeziehungen gesprochen wird, bezieht sich dies auf eine spezifische theoretische Perspektive, die hier bewusst auf das Feld der Dienstleistungsinteraktion übertragen und dabei anders als bisher verwendet wird: die industriesoziologische Transformations- bzw. Kontrolltheorie (vgl. zur industriesoziologischen Transformations- bzw. Kontrolltheorie und die daran anschliessende sog. labour process debate aus der großen Zahl von Arbeiten als Einstieg bzw. Überblick Hildebrandt & Seltz, 1987; Knights & Willmott 1986; 1990; Lappe 1986 und Maier 1991; eine Diskussion mit Bezug auf Tätigkeiten im Call Center findet sich bei Holtgrewe, 2003).

Hintergrund der für die soziologische Arbeits- und Betriebsforschung wichtigen Kontroll-Perspektive ist das in den siebziger Jahren erschienene Buch „Labour and Monopoly Capital" von Harry Braverman (deutsch 1980). Braverman bezog sich dort für eine Analyse der modernen Arbeits- und Gesellschaftsverhältnisse an zentraler Stelle auf einen wichtigen Gedanken von Karl Marx, mit dem jener die spezifische Funktion und Erscheinung betrieblicher Herrschaft im Kapitalismus zu erklären versuchte. Annahme war, dass Betriebe bei der Anstellung von Mitarbeitern mittels lohnbasiertem Arbeitsvertrag, von diesen nicht die eigentlich gewünschte Arbeitsleistung erwerben, sondern nur das Recht auf zeitweise Nutzung ihres Vermögens überhaupt arbeiten zu können, kurz, ihrer Arbeits-Kraft. Damit stehe jeder Betreib notorisch von dem Problem, wie er das sozusagen latente Arbeitspotential in die erforderliche manifeste Arbeitsleistung, kurz, in konkrete Arbeit überführt („Transformationsproblem"). Lösung, so die Theorie, sei die Installation und Anwendung betrieblicher Vorkehrungen zur Initialisierung, Steuerung und Überwachung der betrieblichen Tätigkeit der Arbeitskräfte. Dieses Problem ist übrigens nicht nur Marx und später dann, vermittelt über Braverman, der Arbeits- und Industriesoziologie aufgefallen. Die neuere institutionenbezogene Ökonomie thematisiert bekanntlich ähnliche Fragen (wenn auch mit anderer Perspektive und anderen Folgerungen), etwa unter den Stichworten „Transaktionskosten", „Unvollständiger Arbeitsvertrag" oder „principal agent"-Problem (vgl. als Überblick etwa Furuboton/ Richter 1995).

Für Braverman war dieses „Kontrollproblem" der funktionale Ausgangspunkt jeglicher betrieblicher Herrschaft und damit der (nicht marktlichen) hierarchischen Form Arbeitsorganisation, oder mit anderen Worten von „Management". Dies führte Braverman zu der, wie er meinte, bei Marx angelegten These, dass betriebliche Kontrolle notwendig eine für alle Gruppen zunehmend rigidere und detaillierte Durchstrukturierung jeglicher Arbeit anstreben müsse (und werde); der Taylorismus sei damit der Fluchtpunkt von Arbeitsorganisation im Kapitalismus.

Insbesondere diese enge Ausdeutung (und die daraus folgenden theoretischen und politischen Annahmen) löste eine heftige Debatte in der (vor allem englischsprachigen) Soziologie der Arbeit aus („labour process debate"), die bis heute anhält und wichtige Differenzierungen des Grundansatzes hervorbrachte:

- Im Wesentlichen ging es dabei zum einen darum, dass es nicht nur eine Form von Kontrolle des Arbeitsprozesses gebe, sondern (je nach Funktion einer Gruppe von Beschäftigten im Betrieb) höchst unterschiedliche Varianten, einschließlich von Formen, die Beschäftigten mit wichtigen betrieblichen Aufgaben relativ weitreichende Autonomien einräumt („responsible autonomy", Friedman, 1977). Auch werden in der neueren Diskussion zunehmend auch Formen der Kontrolle diskutiert, die über die Einbindung der Subjektivität der Beschäftigten funktionieren bzw. diese mit konstituieren (vgl. Moldaschl & Voß, 2001; O'Doherty & Willmott, 2001).
- Zum Zweiten zeigte sich, dass die Formen betrieblicher Kontrolle einem tiefgreifenden historischen Wandel unterliegen, und die immer wieder neue Formierung von Lösungen des Transformationsproblems in mancher Hinsicht den Strukturwandel des Kapitalismus überhaupt kennzeichnet. Deutlich wurde etwa, dass manifest repressive Arbeitskrontrolle zunehmend von „strukturellen" Formen abgelöst wurde (Edwards, 1981), die die betriebliche Steuerung und Überwachung von Beschäftigten zunehmend entpersonalisiert und in bürokratische und technische Formen überführt (idealtypisch etwa im Fließband oder bei informationstechnischer Arbeitssteuerung).
- Zum Dritten wurde kritisch angemerkt, dass Arbeitskräfte nicht willen- und widerstandslos betrieblichen Kontrollzugriffen ausgesetzt seien. Die Praxis der „Transformation" auf dem „shop floor" sei immer von vielfältigen und dynamischen Konflikten, Koalitionen, Arrangements, betriebspolitischen „Spielen" usw. zwischen verschiedenen Akteuren geprägt. Kontrolle sei nicht hermetisch und uni-linear, sondern sie beruhe vielmehr unvermeidlich immer auch auf der Beteiligung und damit der Gegenmacht und den Spielräumen der Betroffenen.

Wenn hier nun dieser sehr spezifische und voraussetzungsvolle Blick auf Arbeit und Organisation im Betrieb auf den Gegenstand Dienstleistung und dabei sogar auf Dienstleistungsinteraktionen, d.h. auf Prozesse zwischen Beschäftigten und Kunden, angewandt wird, ist dies begründungsbedürftig: die folgenden Überlegungen gehen davon aus, dass auch im Verhältnis von Dienstleistungsgebern und –nehmern ein Transformationsproblem existiert, auf das mit Versuchen der

„Kontrolle" reagiert wird (Überlegungen zur Kontrolle von Kunden finden sich übrigens bereits im Kontext der Forschung zur Rationalisierung und Standardisierung von Dienstleistungsarbeit, vgl. Leidner, 1993; Ritzer, 2000; Voswinkel, 2000 sowie in bestimmten Entwicklungen der betriebswirtschaftlichen Forschung, die Konzepte der Führung und Personalentwicklung auf Kunden beziehen, vgl. zum Überblick Voß & Rieder, 2005). Gemeint ist nicht, dass Betriebe die Dienstleistungsarbeit ihrer Beschäftigten „kontrollieren" (das ist das oben beschriebene bekannte Thema), sondern dass im Prozess der kooperativen und damit ko-produktiven Erbringung von personenbezogenen Dienstleistungen komplementär dazu sichergestellt werden muss, dass beide Seiten (insbesondere auch der Kunde) in betrieblich funktionaler Weise ihre Potenziale in wechselseitiger Verschränkung zur Bearbeitung der jeweiligen „Sache" einsetzen. Dienstleistungsbetriebe „kontrollieren" also nicht nur ihre Mitarbeiter, sondern (zusammen mit den Beschäftigten, aber in verschiedener Weise und mit unterschiedlichen Zielen und Interessen) auch die Tätigkeit der Kunden. Diese sind (analog den Ergebnissen der labour process debate) nun keineswegs passiv und wehrlos diesen Kontrollen unterworfen, sondern beteiligen sich unvermeidlich an wechselseitigen kooperativen „Spielen", in denen gemeinsam (aber mit meist konkurrierenden Interessen) das jeweilige Problem bearbeitet wird; und dabei versuchen sie ihrerseits (ob bewusst oder nicht, und mit je nach Situation sehr unterschiedlichen Erfolgschancen) den Dienstleistungsprozess zu „kontrollieren", d.h. zumindest mit-zusteuern.

„Kontrolle" im Dienstleistungsprozess meint damit sehr unterschiedliche Erscheinungen:

- Dies sind zum einen die gängigen Versuche von Betrieben (und ihren Mitarbeitern) Kunden mittels systematischer Kunden-Kontrollstrategien (z.B. des Cross-Selling) dazu zu bewegen, möglichst viele *Dienstleistungsprodukte zu kaufen* und dafür angemessene *Preise zu bezahlen* (zum Überblick vgl. Nerdinger, 2001, S. 170ff.).
- Dies sind zum zweiten die ebenfalls bekannten Versuche, Kunden mittels gezielter Verfahren *an den Betrieb zu binden*, so dass sie immer wieder erneut Dienstleistungen bei einem bestimmten Anbieter nachfragen und kaufen (z.B. Bruhn, 1999, S. 109ff.).
- Damit verbunden sind die insbesondere in neueren *Customer Relationsship Management (CRM)* propagierten Versuche, Kunden nicht nur als Käufer zu binden, sondern von ihnen maximal *Informationen* zu erhalten, die dann in ein möglichst *individualisiertes offensives Marketing* und damit darüber in eine gezielte *Nachfragesteuerung* eingehen können (z.B. Rapp, 2000).

- Hier soll über diese Bereiche hinaus nun auf eine vierte Form der „Kontrolle“ von Kunden in Dienstleistungsbeziehungen aufmerksam gemacht werden, die bisher kaum wahrgenommen wurde: die „Kontrolle“ des Kunden im engeren Sinne des industriesoziologischen Kontroll-Ansatzes, nämlich in seiner Eigenschaft als *aktiver Ko-Produzent*, d.h. genau genommen in seiner Funktion als Beteiligter an der Erbringung der Dienstleistung. Genau für diese (wie wir meinen zunehmend wichtigere) Funktion stellt sich damit ein in allen Aspekten dem industriesoziologischen „Transformationsproblem“ analoges Thema – nämlich wie die latenten produktiven Potentialen der Kunden in funktionaler Weise in die betrieblich erforderlichen manifesten Leistungen überführt werden.

Am Beispiel von Dienstleistungsarbeit im Call Center soll nun aufgezeigt werden, wie von Seiten der Organisation und der Beschäftigten versucht wird, eine Kontrolle der Mitwirkung von Kunden an der Leistungserbringung zu realisieren.

5 Interaktive Kontrolle der Kunden im Call Center

In dem untersuchten Unternehmen fanden sich verschiedene Vorkehrungen, die dazu beitragen sollten, das Handeln der Kunden den Zielsetzungen und Erfordernissen des Unternehmens anzupassen. Hierzu gehören etwa die technischen Vorkehrungen, mit denen die ankommenden Anrufer identifiziert, in der Warteschleife gehalten und auf die Mitarbeiter verteilt werden. Bürokratisch-sachliche Regelungen (z.B. hinsichtlich der Gewährung bzw. Ablehnung von Krediten oder der Einrichtung eines neuen Kontos) spielen ebenfalls eine wichtige Rolle bei der Strukturierung des Vorgehens im Rahmen der Leistungserbringung.

Solche *strukturellen Formen der Kontrolle* von Aktivitäten mit ihren vergleichsweise strikten Vorgaben, wie sie auch bezogen auf Mitarbeiter eingesetzt werden, sind allerdings nicht unproblematisch, zumal Kunden nicht in die betriebliche Hierarchie der Dienstleistungsorganisation eingebunden sind (vgl. Krell, 2001).

Von zentraler Bedeutung sind daher andere, indirektere Formen der Kontrolle. Basis hierfür ist in dem untersuchten Call Center insbesondere die Kanalisierung der Interaktion durch eine *vorgegebene Sequenz von Gesprächsphasen* (vgl. ausführlicher hierzu Rieder, Matuschek & Anderson, 2002). Diese soll es ermöglichen, das Gespräch effizient zu gestalten. Dies erläutert eine Mitarbeiterin wie folgt:

> Da muss man einfach schauen, dass man auch in kürzester Zeit so gut wie möglich beraten kann und die Kunden aber auch alle Informationen kriegen, die sie eigentlich haben wollen. Das ist halt das, worauf wir schauen müssen. Das funktioniert eigentlich auch.

Hierzu erfolgt in der ersten Phase die Kontaktaufnahme und Begrüßung inklusive der Identifikation über die Personennummer bzw. die Geheimzahl. Die nächste Phase ist durch offene Fragen gekennzeichnet, mit der die Beschäftigten versuchen, möglichst rasch und zugleich umfassend das Anliegen der Kunden zu ermitteln. Anschließend wird ein Vorgehen zur Bearbeitung dieses Anliegens vorgeschlagen und durchgeführt und schließlich das Gespräch abgeschlossen. Die konkrete Ausgestaltung dieser Gesprächsstruktur hängt u.a. ab von der jeweils erbrachten Leistung, etwa einer Überweisung oder einer Vermögensberatung. Dabei bietet die Strukturierung der Gespräche in mehrerer Hinsicht die Grundlage für eine Kontrolle der Kunden:

- Es werden *Erwartungen* der Dienstleistungsorganisation bzw. der Mitarbeiter an die Dienstleistungsnehmer *vermittelt* (z.B. die erforderlichen Unterlagen sowie Geheimzahlen zur Hand zu haben, wenn sie bei der Bank anrufen).
- Das Gespräch wird *aktiv strukturiert*, etwa indem dafür gesorgt wird, dass es auf Bankthemen bezogen bleibt (oder es wird gezielt davon abgewichen, um Kontextinformationen zu erhalten, die für die Bank von Interesse sind).
- Das Telefonat wird *abgekürzt*, wenn allzu gesprächsbereite Kunden drohen, die Richtlinien der Bank zu den Gesprächszeiten zu sprengen.

Neben der Gesprächsstruktur werden zur Realisierung der genannten Ziele eine Reihe weiterer rhetorischer Mittel eingesetzt. Ein Beispiel aus dem Interview mit einem Mitarbeiter:

> Also wir haben eben im Telefontraining halt gelernt, dass wir irgendwann mal etwas lauter den Namen des Kunden dann [sagen], und das ist dann für den so ein Moment, wo der irgendwie erschrickt und dann „Ha", und merkt, dass er zuviel redet oder so, und dann hören die eigentlich immer ganz gut von selber auf.

Die beschriebenen Versuche, das Handeln des Kunden in der Interaktion zu beeinflussen, können als *interaktive Kontrolle* bezeichnet werden. Sie unterscheidet sich markant von Formen der strukturellen und direkten, offen steuernden Kontrolle (allerdings sind beide Formen der Kontrolle empirisch oft verknüpft, etwa wenn in der Interaktion die Auslegung bürokratischer Regeln der Organisation ausgehandelt wird – vgl. hierzu auch Voß, 1988). So ist sie nicht immer als Kontrolle erkennbar und weist fließende Übergänge zur Manipulation auf (vgl. hierzu Nerdinger, 2001, S. 171ff.). Zudem ist sie gekennzeichnet durch soziale Aushandlungsprozesse mit prinzipiell offenem Ausgang. Das Vorgehen ist nicht von vornherein eindeutig geregelt sondern wird in der Interaktion unter Beteiligung von mindestens zwei Akteuren gemeinsam entwickelt. Dazu werden nicht nur Standards der Organisation genutzt, sondern es kommt auch die Subjektivität der Akteure ins Spiel (zu Bezügen zwischen Kundenkontrolle und Subjektivierung vgl. auch Dunkel et al., 2004). Das Bemühen um interaktive Kontrolle prägt in hohem Maße den Ablauf der Gespräche in dem untersuchten Call Center.

6 Umgang der Kundinnen und Kunden mit Kontrolle

Wie gehen Kundinnen und Kunden mit Kontrolle um? Der reibungslose Ablauf vieler Interaktionen in dem untersuchten Call Center zeigt, dass die Kunden sich durchaus auf die Abläufe in der Organisation einstellen. Sie bemühen sich, mit dem Spracherkennungssystem zurechtzukommen, akzeptieren Wartezeiten und folgen der Gesprächsstruktur der Mitarbeiter.

Das Einstellen der Kundinnen und Kunden auf die Organisation wird sicher erleichtert durch die Bemühungen des Unternehmens, Kundenwünsche zu berücksichtigen, also *kundenorientiert* vorzugehen. Allerdings hat dies Grenzen und in Gesprächen werden immer wieder auch divergierende Zielsetzungen von Kunden und Dienstleistern deutlich.

So entwickeln Kunden eine Reihe von Gegenstrategien, die sich sowohl auf technische und bürokratische als auch auf interaktive Kontrolle beziehen. Sie finden Möglichkeiten, das Anrufverteilungssystem (und damit eine Form von *technischer Kontrolle*) zu überlisten, indem sie unabhängig von dem Anliegen das sie haben, in der Beschwerdenabteilung anrufen und so die mitunter langen Wartezeiten in den anderen Abteilungen zu umgehen. Auch *bürokratische* Regeln sind bei der untersuchten Bank nicht immer unumgehbar und sind, wie erwähnt, Gegenstand von Aushandlungsprozessen zwischen Kunden und Mitarbeitern. Beispielsweise handeln manche Kunden einen Rückruf durch Mitarbeiter aus der Inbound-Abteilung aus, obwohl diese eigentlich nur Anrufe entgegen nehmen sollten. Dabei spielt auch *interaktive Kontrolle* von Seiten der Kunden eine Rolle. Manche Kunden versuchen beispielsweise, die Bank gewissermaßen mit ihren eigenen Waffen zu schlagen und über freundliche und geschickte Gesprächsgestaltung, Einfluss auf die Mitarbeiter zu nehmen. Solche Kunden verhalten sich sozusagen „dienstleisterorientiert" – analog zum kundenorientierten Verhalten der Call Center Agents. Sie tun dies möglicherweise in einer ähnlichen Kombination von Entgegenkommen und strategischem Nutzendenken, das das

Handeln vieler Dienstleister bestimmt. Denn: Nicht nur die Kunden haben Vorstellungen davon, wie ihre Dienstleister sich verhalten sollten, auch die Mitarbeiter haben ein Bild vom „idealen Kunden" und sind eher bereit, einem „guten Kunden" entgegenzukommen.

Wie sieht der ideale Kunde aus Mitarbeitersicht aus? Ein Agent schildert ihn als gesprächsbereit, konzentriert und (telefon-) kompetent:

> Ahm, ja, ja, also sicherlich ist der Typus für den Berater angenehm, der erstmal keine Hemmungen am Telefon hat, der gesprächsbereit ist, der vielleicht auch eine Prise Humor mitbringt, wo man den einen oder anderen Scherz machen kann – das sind natürlich die Leute, die aber gleichzeitig auch, sage ich jetzt mal, konzentriert bei der Sache sind, wo man auch was erzählen kann, das sind die Leute, die natürlich, das sind die angenehmen Gespräche, also Leute, die telefonieren können einfach auch, ja, wo man den Eindruck hat, es ist überhaupt kein Problem, ob die jetzt am Telefon sind, ob die in der Filiale sind, das ist für die egal, vielleicht sogar lieber mit einem telefonieren statt irgendwie in die Filiale zu gehen, das ist natürlich der Idealfall, weil da kann man seine Gespräche aufziehen, so wie man sie aufziehen soll. Das ist einfach für jeden, und das ist auch am angenehmsten, ganz klar.

Solche Kunden machen es den Beschäftigten vergleichsweise leicht, die organisationalen Vorgaben zur Gestaltung der Gespräche umzusetzen.

Besonders deutlich werden Formen der interaktiven Kontrolle von Kunden, in Gesprächen, in denen die Mitarbeiter über das Anliegen der Kunden entscheiden können, oder die Kunden dies zumindest vermuten – z.B. wenn es um einen Kreditantrag geht.

Kontrolle verläuft somit auch im Verhältnis von Dienstleistern und Kunden in beide Richtungen. Dienstleistungsnehmer sind nicht nur Gegenstand der Beeinflussung der Dienstleistungsgeber, sondern finden Wege, ihrerseits über diese Kontrolle auszuüben. Das im dritten Abschnitt dargestellte Beispiel des Kunden, der nicht bereit ist, die Erwartungen des Call Centers bezogen auf die Verwaltung seiner Geheimzahlen zu erfüllen, kann somit auch als Hinweis auf die Widerständigkeit von Kundinnen und Kunden gegenüber interaktiver Kontrolle der Dienstleistungsorganisation interpretiert werden.

Literatur

Badura, B. (2001). Thesen zur Bürgerorientierung im Gesundheitswesen. In C. von Reibnitz, P.-E. Schnabel and K. Hurrelmann (Hrsg.), *Der mündige Patient. Konzepte zur Patientenberatung und Konsumentensouveränität im Gesundheitswesen* (S. 61-69).Weinheim: Juventa.

Braverman, H. (1980, zuerst 1974). *Die Arbeit im modernen Produktionsprozeß*. Frankfurt a.M.: Campus.

Büssing, A. & Glaser, J. (2003). Interaktionsarbeit in der personenbezogenen Dienstleistung. In dies. (Hrsg.), *Qualität des Arbeitslebens und Dienstleistungsqualität im Krankenhaus* (S. 131-148). Göttingen: Hogrefe.

Bruhn, M. (1999). *Kundenorientierung. Bausteine eines exzellenten Unternehmens*. München: C.H. Beck.

Dunkel, W. & Rieder, K. (2003): Interaktionsarbeit zwischen Konflikt und Kooperation. In Büssing, A. & Glaser, J. (Hrsg.), *Qualität des Arbeitslebens und Dienstleistungsqualität im Krankenhaus* (S. 163-180). Göttingen: Hogrefe.

Dunkel, W., Rieder, K., Heinlein, M., Poppitz, A, Brückner, E., Szymenderski, P., Anderson, P. & Voß, G. G. (2004), Kundenorientierung und Kundenkontrolle. Dienstleistungsarbeit im Altenheim, bei der Bahn und im Call Center. In W. Dunkel & G. G. Voß (Hrsg.), *Dienstleistung als Interaktion. Beiträge aus einem Forschungsprojekt*. München: Rainer Hampp (in Vorb.).

Dunkel W. & Voß, G. G. (Hrsg.). (2004). *Dienstleistung als Interaktion. Beiträge aus einem Forschungsprojekt*. München: Rainer Hampp (S. 227-249).

Edwards, R. (1981). *Herrschaft im modernen Produktionsprozeß*. Frankfurt a.M.: Campus.

Frenkel, S., Korczynski, M., Shire, K. A., Tam, M. (1999). *On the front line. Organisation of work in the information economy*. New York: Cornell University Press.

Friedman, A. L. (1977). *Industry and Labour – Class Struggle at Work and Monopoly Capitalism*. London: Macmillan.

Furuboton, E. G. & Richter, R. (1995). *Neue Institutionenökonomik. Einführung und kritische Bewertung*. Tübingen: C.H. Mohr.

Hildebrandt, E. & Seltz, R. (Hrsg.). (1987). *Managementstrategien und Kontrolle. Eine Einführung in die Labour Process Debate*. Berlin: edition Sigma.

Holtgrewe, U. (2003). Call Center Forschung: Ergebnisse und Theorien. In F. Kleemann & I. Matuschek (Hrsg), *„Immer Anschluss unter dieser Nummer" – rationalisierte Dienstleistung und subjektivierte Arbeit in Call Centern* (S. 49-61). Berlin: edition sigma.

Knights, D. & Willmott, H. (Hrsg.). (1986). *Management and the Labour Process*. London: Gower.

Knights, D. & Willmott, H. (Hrsg.). (1990). *Labour Process Theory*. Houndsmills: Macmillan.

Krell, G. (1994). *Vergemeinschaftende Personalpolitik*. München: Rainer Hampp.

Krell, G. (2001). Zur Analyse und Bewertung von Dienstleistungsarbeit. *Industrielle Beziehungen, 8*, 9-36.

Lappe, Lothar (1986). Technologie, Qualifikation und Kontrolle. Die Labour-Process Debatte aus Sicht der deutschen Industriesoziologie. *Soziale Welt, 37*, 310-330.

Leidner, R. (1993). *Fast Food, Fast Talk: Service Work and the Routinization of Everyday Life*. Berkeley: UCP.

Maier, W. (1991). *Kontrolle und Subjektivität im Unternehmen. Eine organisationspsychologische Untersuchung*. Opladen: Westdeutscher Verlag.

Matuschek, I., Voß, G.G. & Kleemann, F. (2001). Personale Stile medienvermittelter Arbeit. In K. Boehnke, N. Döring (Hg.), *Neue Medien im Alltag: Die Vielfalt individueller Nutzungsweisen* (S. 134 – 160). Lengerich: Pabst Science Publishers.

Matuschek, I. & Klemann, F. (2003). Jobben als Berufung? Zur partikular-intrinsischen Arbeitsmotivation von Beschäftigten in High-Quality-Call-Centern. In F. Kleemann & I. Matuschek (Hrsg), *„Immer Anschluss unter dieser Nummer" – rationalisierte Dienstleistung und subjektivierte Arbeit in Call Centern* (S. 183-204). Berlin: edition sigma.

Michel, Stefan (1997). *Prosuming-Marketing. Konzeption und Anwendung.* Bern; Stuttgart; Wien: Haupt.

Moldaschl, M. & Voß, G. G. (Hrsg.). (2001). *Subjektivierung von Arbeit.* München: Rainer Hampp.

Nerdinger, F. W. (2001). *Psychologie des persönlichen Verkaufs.* München: Oldenbourg.

O'Doherty, D. & Willmott, H. (2001). Debating labour process theory: the issue of subjectivity and the relevance of poststructuralism. *Sociology, 35*, 457-476.

Rapp, R. (2000). *Customer Relationship Management. Das neue Konzept zur Revolutionierung der Kundenbeziehungen.* Frankfurt a.M., New York: Campus.

Rieder, K., Matuschek, I. & Anderson, P. (2002). Co-Production in Call Centres: The Workers' and Customers' Contribution. In U. Holtgrewe, C. Kerst & K. Shire (Hrsg.), *Re-organising Service Work: Call Centres in Germany and Britain* (S. 204-227). Aldershot, Hampshire: Ashgate.

Rieder, K., Poppitz, A. & Dunkel, W. (2002). Kundenorientierung und Kundenkontrolle im Zugbegleitdienst. *WSI-Mitteilungen, 55*, 505-509.

Rieder, K. & Voß, G. G. (2003). Interaktive Kontrolle und Interaktionskultur im Call-Center: Zur sozialen Einbindung von Kunden in ein Dienstleistungsunternehmen. In H. Jacobsen & S. Voswinkel (Hrsg.), *Dienstleistungsarbeit – Dienstleistungskultur.* Cottbus: Deutsche Vereinigung für sozialwissenschaftliche Arbeitsmarktforschung e.V. (SAMF).

Ritzer, G. (2000). *The McDonaldization of Society* (New Century Edition). Thousand Oaks, CA: Pine Forge Press.

Toffler, A. (1980). *Die Dritte Welle. Zukunftschancen. Perspektiven für die Gesellschaft des 21. Jahrhunderts.* München: Goldmann.

Voß, G. G. (1988). "Schalten und Walten", nichts für sture Bürokraten? – Eine Untersuchung der Bedeutung autonomen und innovativen Handelns von Schalterbeschäftigten in öffentlichen Verwaltungen. In K. M. Bolte (Hrsg.), *Mensch, Arbeit und Betrieb. Beiträge zur Berufs- und Arbeitskräfteforschung* (S. 57 - 93). Weinheim: VCH Acta humaniora.

Voß, G.G. & Rieder, K. (2005). *Der arbeitende Kunde. Wenn Konsumenten zu unbezahlten Mitarbeitern werden. Frankfurt a.M.: Campus.*

Voswinkel, S. (2000). Das mcdonaldistische Produktionsmodell – Schnittstellenmanagement interaktiver Dienstleistungsarbeit. In H. Minssen (Hrsg.), *Begrenzte Entgrenzungen. Wandlungen von Organisation und Arbeit* (S. 177-201). Berlin: edition sigma.

Qualifizierung für Interaktionsarbeit – ein Literaturbericht

Michael Brater & Peter Rudolf

1 Vorbemerkung

Im Rahmen des Verbundvorhabens Int*Akt* wurde auch der Aspekt der Qualifizierung für Interaktionsarbeit bearbeitet. In einer Literaturstudie sollten berufspädagogische Ansätze und Methoden gesichtet werden, die geeignet erscheinen, Kompetenzen für Interaktionsarbeit zu schulen. Diese Unteraufgabe wurde von der Gesellschaft für Ausbildungsforschung und Berufsentwicklung München übernommen. Es geht dabei also nicht um die Frage, wie Interaktionsarbeiter überhaupt die Kompetenzen für Interaktionsarbeit lernen, sondern lediglich um die Frage, welche berufspädagogischen Methoden im Rahmen von Berufsausbildungen zur Qualifizierung für Interaktionsarbeit beitragen bzw. genutzt werden können, und welche grundlegenden Erkenntnisse über die Ausbildung dieser Kompetenzen sich dabei abzeichnen. Die Ergebnisse dieser Literaturstudie werden im Folgenden dargestellt.

Bei einem neugierigen Blick in den Alltag können auch Laien viele Situationen identifizieren, die im Sinne des in diesem Band vertretenen Ansatzes Interaktionsarbeits-Situationen sind. Eine ebenso alltägliche Beobachtung ist jedoch auch, dass die für Interaktionsarbeit geltenden Anforderungen keineswegs in all diesen Situationen erfüllt werden. Das weiß jeder Bewohner eines Altenheims, der einmal entgegen seinem Befinden und auch gegen seinen erklärten Willen unter die Dusche musste („weil Sie heute an der Reihe sind"), und auch nicht jeder Lehrer geht jederzeit einfühlsam mit seinen Schülern um oder reagiert genau so, wie das der Gefühlslage des Schülers angemessen wäre, sei es, weil er diese Gefühlslage gar nicht mitbekommt, sei es, weil er sie zwar mitbekommen hat, aber die eigenen Nerven mit ihm durchgehen.

Diese alltägliche Beobachtung zeigt: Das Handlungsmuster, das in diesem Band als „Interaktionsarbeit" beschrieben wird und sich als objektive Struktur von Arbeitsabläufen auch empirisch nachweisen lässt, kann im konkreten Einzelfall jederzeit verletzt werden; niemand *muss* also im Sinne der Merkmale und Forderungen des (idealtypischen) Konzepts „Interaktionsarbeit" handeln– sei es, weil sie das in der konkreten Situation nicht schaffen, sei es, dass sie es *persönlich nicht können.*

Interaktionsarbeit zu leisten, ist den Arbeitenden manchmal unmöglich, weil sie durch widersprechende Anforderungen etwa der Institution (z.B. Zeitdruck) daran gehindert werden; das ist ein Problem der Arbeitsorganisation bzw. der Organisationsentwicklung solcher Institutionen. Eines der wichtigen praktischen Ergebnisse des Forschungsprojekts besteht dementsprechend darin, dass in Zukunft diejenigen, die Arbeitsabläufe in Organisationen gestalten, in denen Interaktionsarbeit geleistet werden soll, mehr als bisher auf die Verträglichkeit der Organisation mit den Entfaltungsbedingungen für Interaktionsarbeit achten müssen.

Im vorliegenden Beitrag werden wir uns jedoch der Tatsache zuwenden, dass Interaktionsarbeit auch *gekonnt* werden muss. Dies ist offenbar keineswegs selbstverständlich bei jedem Menschen der Fall, sondern man muss dieses Können offenbar *lernen.* In Anbetracht der theoretischen und praktischen Bedeutung der Interaktionsarbeit in vielen Berufen – von den Pflegeberufen über die pädagogischen und therapeutischen Berufe bis zu all jenen Berufen, die mit Kunden umgehen oder die mit Arbeitsgegenständen zu tun haben, mit denen sie eine dialogisch-interaktive Beziehung aufnehmen müssen[1]- ist dies eine zentrale Aufgabe der *Ausbildungen* zu diesen Berufen: Wenn für Interaktionsarbeit bestimmte Kompetenzen notwendig sind, und wenn diese Kompetenzen nicht selbstverständlich von jedem, der Interaktionsarbeit leisten soll, mitgebracht und vorausgesetzt werden können, dann müssen diese Kompetenzen im Rahmen von Ausbildungsprozessen vermittelt bzw. gebildet werden.

Wie leisten diese Ausbildungen das, und welche generalisierbaren und übertragbaren Ansätze und Methoden für die *Qualifizierung zur Interaktionsarbeit* finden sich?

2 Vorüberlegungen

2.1 Zum Stand der berufspädagogischen Diskussion zum Thema

Selbstverständlich konnten wir nicht erwarten, in der Literatur Qualifizierungsansätze zu finden, die das Konzept „Interaktionsarbeit" direkt, vollständig und durchgängig in der Berufsausbildung umsetzen. Dazu ist es zweifellos noch zu neu. Aber sowohl in der berufskundlichen wie berufspädagogischen Literatur zu solchen Berufen, in denen im Sinne des Projekts eindeutig ein hoher Anteil von

---

1 Wie das etwa bei Anlagenfahrern in der Chemischen Industrie der Fall ist; vgl. Bauer, Böhle, Munz, Pfeiffer & Woicke, 2002.

Interaktionsarbeit zu bewältigen ist, sollte sich, so unsere Ausgangsüberlegung, das *Phänomen* Interaktionsarbeit in irgendeiner Weise niedergeschlagen haben, und es sollte die Frage thematisiert worden sein, wie für die entsprechenden Anforderungen ausgebildet werden kann. Deshalb müsste es möglich sein, aus dieser Literatur zum einen zu entnehmen, wie die Phänomene der Interaktionsarbeit wahrgenommen und vor allem begrifflich behandelt werden, und zum anderen sollte es Hinweise auf mögliche bzw. erprobte Qualifizierungsansätze geben. Wenn wir auf diesem Weg auf einschlägige Schlüsselbegriffe für solche Qualifizierungsziele stoßen, die zu Interaktionsarbeit befähigen, dann könnten wir mit ihrer Hilfe auch in der allgemeinen berufspädagogischen bzw. Qualifizierungs-Literatur nach einschlägigen Ausbildungsansätzen und –methoden suchen, die geeignet erscheinen, für Interaktionsarbeit zu qualifizieren, sich aber nicht explizit auf das Konzept Interaktionsarbeit beziehen bzw. seine Begriffe benutzen.

So nahmen wir uns zunächst vor allem Lehrbücher und schriftlich ausgearbeitete Ausbildungskonzepte zu den Pflegeberufen, zu ärztlichen und medizinischen Berufen, zu Psychotherapeuten, Sozialarbeitern bzw. Sozialpädagogen, Erziehern und Lehrern vor. Berufe, die nach unserer theoretischen Vororientierung eindeutig so zentral mit Interaktionsarbeit zu tun haben, dass dies auch in den Ausbildungskonzepten eine Rolle spielen sollte – in welchen Begriffen auch immer. Diese Hoffnung wurde allerdings recht unterschiedlich erfüllt:

- Am meisten fündig wurden wir in der Literatur zur Ausbildung der **Pflegeberufe**. Das hat wohl damit zu tun, dass hier seit einiger Zeit verschiedene pflegetheoretische Ansätze vorliegen, die vom zweckrationalen Arbeitsschema abgehen und, ausgehend von den Erfahrungen sozialer Konflikte und Belastungen, deutlich den Beziehungsaspekt zwischen Pflegenden und Gepflegten in den Mittelpunkt ihrer Analyse des pflegerischen Handelns rücken (P. Benner, R. Bauer, N. Feil, C. Olbrich u.a.)[2]. Dabei spielen dann naheliegenderweise sowohl die Gefühle der Gepflegten als auch der Umgang des Pflegenden mit seinen eigenen Gefühlen eine zentrale Rolle; ebenso wird auch deutlich gesehen, dass pflegerisches Handeln weniger mit Regelanwendung als mit dem intuitiven Erfassen von Situationen zu tun hat. Diese Focusierung auf den interaktiven Kern der Pflege ist in der pflegewissenschaftlichen Literatur bereits so deutlich verankert, dass sie auch Eingang in zahlreiche Ausbildungsansätze gefunden hat: Die Pflegeschüler sollen z.B. lernen, „eine Gesamtsituation zu erfassen“, die Individualität des Patienten und die Einzigartigkeit seiner Situation zu begreifen, und zum „si-

2 „Da pflegerische Kompetenz immer im Bezug zu einem kranken Menschen steht“ komme ihr die Dimension „der Intersubjektivität, der Transaktionalität oder auch der Interaktionalität“ wesentlich zu (Olbrich, 1999, S.91).

tuativ-beurteilenden Handeln“ befähigt werden (Olbrich, 1999). Zugleich wird die Aufmerksamkeit auf die eigene Person, ihre Gefühle und deren Beeinflussung durch den Patienten gelenkt. Erst wenn auch die eigenen Gefühle reflektiert werden, kann der Schüler lernen, mit starken emotionalen Äußerungen der Pflegebedürftigen umzugehen. Dementsprechend ist die Wertebasis des pflegerischen Handelns auch ein wichtiges Thema vieler Ausbildungskonzepte, ebenso Reflexion und (Selbst-) Evaluation.

- Auch in der Fachliteratur zum Beruf des **Sozialpädagogen** spielt die Frage naturgemäß eine zentrale Rolle, wie die Beziehung zu den Klienten bewusst gestaltet werden kann und wie die angehenden Sozialpädagogen dies gezielt lernen können. Hier gibt es ebenfalls eine Reihe von Ansätzen, wie zukünftige Sozialpädagogen für Beziehungsfragen sensibel und wahrnehmungsfähig werden und wie sie lernen können, auf die eigenen Gefühle dem Klienten gegenüber zu achten und Eigenanteile bei Bewertungen und Interventionen zu erkennen und zu steuern. Ferner wird hier auch durchgehend die Frage behandelt, wie die Studierenden soziale und kommunikative Kompetenz erwerben können (z.B. beim Überbringen unangenehmer Nachrichten) oder Kompetenzen für den Umgang mit sozialen Konflikten. Bezeichnenderweise werden diese Themen vor allem im Zusammenhang mit *Praktika* behandelt, d.h. dann, wenn die angehenden Sozialpädagogen auch vital vor diesen Fragen stehen und sie praktisch beantworten müssen.
- In der Literatur zum **Erzieherberuf** wird vielfach die Notwendigkeit hervorgehoben, das Kind zu verstehen, sich in das Kind und seine Situation einzufühlen und dazu dessen Perspektive zu übernehmen. Zugleich wird vom Erzieher verlangt, die eigenen Vorurteile und emotionalen Reaktionen zu kontrollieren und unbefangen wahrzunehmen. Gesehen wird auch, dass Erzieher in offenen, nicht berechenbaren, oft überraschenden Situationen arbeiten, die sie spontan und situativ erfassen und deuten können müssen, um schnell angemessen zu handeln. Diese Anforderungen sind im allgemeinen gut erkannt und beschrieben, und dementsprechend existiert hier auch eine relativ breite Literatur zur Frage, wie der angehende Erzieher das alles lernen kann. Außerdem ist deutlich, dass die Ausbildung zum Erzieher in diesen Bereichen ganz wesentlich eine Aufgabe der Selbsterziehung sein muss, zu der Hilfen angeboten werden. Auch in diesem Berufsfeld gilt, dass das Thema hauptsächlich im Zusammenhang mit den Praktika behandelt wird.
- In der Literatur zur **Lehrerausbildung** spielen die Phänomene der Interaktionsarbeit eine eher marginale Rolle, jedenfalls im Vergleich zu Fragen der Fachdidaktik und Unterrichtsgestaltung. Eine Ausnahme bildet der Ansatz der „Erziehungskunst“ der Waldorfpädagogik, der versucht, den pädagogi-

schen Prozess „vom Kind her“ zu entwickeln und die Wahrnehmung des Kindes und seiner individuellen Entwicklung in den Mittelpunkt stellt (Kinderbeobachtung und Kinderbesprechung). Dass damit der pädagogische Prozess seine zielgerichtete Planbarkeit verliert und stärker situativ gestaltet werden muss, wird explizit gesehen. Zur Ausbildung der dazu benötigten Kompetenzen wird stark auf künstlerische Übungsmethoden zurückgegriffen (Lindenberg, 1975; Kiersch, 1978). In der Weiterbildung wird auch bei anderen Lehrern eher auf den Aspekt der Beziehung zu den Schülern eingegangen, wobei hier vor allem auf Ansätze anderer Berufsgruppen zurückgegriffen wird (z.B. Supervision).

- Wesentliche Beiträge zur Qualifizierung für Teilkomponenten von Interaktionsarbeit fanden wir in der Ausbildung von **(Psycho-)Therapeuten**. Da das „Arbeitsmittel“ des Psychotherapeuten der Dialog mit dem Klienten, also die Interaktionsbeziehung ist, gilt der Gestaltung und Handhabung dieser Beziehung auch immer schon breite Aufmerksamkeit. Vor allem ist man sich hier bewusst, dass die persönliche Haltung und die Beziehung des Therapeuten zum Klienten Risiken und Verzerrungsmöglichkeiten bietet, die vom Therapeuten kontrolliert werden müssen (Übertragung und Gegenübertragung). Damit wird hier die Komponente der „Emotionsarbeit“ als Teilkonzept der Interaktionsarbeit breit thematisiert (vgl. Balintmethode z.B. Loch, 1995; Stucke, 1990). Insbesondere die nicht-analytischen (gesprächs-)psychotherapeutischen Methoden rücken darüber hinaus die Wahrnehmung des Klienten, insbesondere seiner körpersprachlichen Mitteilungen bzw. seiner nonverbalen Kommunikation in den Mittelpunkt, die vom Therapeuten ein waches Wahrnehmungsbewusstsein und aktives Zuhören verlangt. Außerdem muss er lernen, dass sich ihm viele Reaktionen des Patienten erst über den „Umweg“ der Selbstwahrnehmung erschließen. Bedeutsam ist auch, dass in diesen Ansätzen „Wahrnehmung“ nicht mit einer Art fotografischem Registrieren gleichgesetzt wird, sondern ganzheitlich gemeint ist: Es geht darum, vor allem Nicht-Sichtbares Wahrzunehmen, wie z.B. Gefühle des Patienten, und zwar über den Umweg des interpretierenden Erfassens des Sichtbaren, bei dem eher der „Gesamteindruck“ des Patienten eine Rolle spielt, der sich gerade dem schweifenden, nicht focusierten Blick des Therapeuten bzw. seinen eigenen Empfindungen in der dialogisch-explorativen Auseinandersetzung erschließt (Hauskeller, 2003). Dementsprechend spielen die Fragen, wie gerade diese Kompetenzen gelernt und ausgebildet werden können, in diesem Berufsfeld eine zentrale Rolle.
- Weitgehend ohne Erträge blieben dagegen unsere Recherchen im Berufsfeld der **Ärzte** und anderer medizinischer Berufe. Fragestellungen, die sich im Kontext von Interaktionsarbeit interpretieren lassen, werden hier kaum be-

handelt. Im Vordergrund stehen Fragen der Vermittlung von Fachkompetenzen, und es überwiegt das „zweckrationale“ Arbeitsverständnis. Wenn überhaupt, dann gibt es hier eine beginnende Diskussion um das Arbeitshandeln von Ärzten, die jedoch noch nicht bis zur Frage ihrer Ausbildung vorgedrungen ist. Eine wichtige Ausnahme von diesem Befund bilden nach unseren Eindrücken lediglich Weiterbildungsansätze, die aus einem psychotherapeutischen Hintergrund kommen (z.B. Schauder & Lefebure, 1987).

- In den letzten Jahren bemühen sich, angestoßen durch Veränderungen am Markt, viele gewerbliche und Dienstleistungsbranchen um verstärkte **Kundenorientierung** ihrer Prozesse und ihrer Mitarbeiter (z.B. bei Finanzdienstleistungen, handwerklichen Dienstleistungen, im Verkauf bzw. Handel). Bei den Mitarbeitern geht es dabei vor allem um einen Wechsel der Blickrichtung (statt Verkauf um jeden Preis: hinhören, was der Kunde will, um ihm eine möglichst maßgeschneiderte Lösung anbieten zu können). Dieser Wandel gibt der Beziehung zum Kunden bzw. der Interaktion mit ihm ein neues Gewicht und betont den Anteil der Interaktionsarbeit in den betroffenen Berufen bzw. macht ihn neu bewusst. Da sich viele Mitarbeiter mit dieser Umorientierung schwer tun, hat sich die berufspädagogische Literatur in den letzten Jahren verstärkt mit der Frage beschäftigt, wie man Kundenorientierung lernen kann, und dazu einige Ansätze hervorgebracht. Dabei werden fast immer einzelne Teil-Fähigkeiten geübt, die zusammen kundenorientiertes Verhalten ergeben sollen, wie etwa: die Perspektive des anderen einnehmen können, sich in den anderen hineinversetzen können, sich selbst zurücknehmen, zuhören, den eigenen Auftritt kontrollieren, den Kunden auch emotional erreichen, die Gefühle des Kunden beeinflussen, usw.
- Auch im Bereich der **industriellen Arbeit**, früher paradigmatisch für zweckrationale Arbeit, werden im Zuge des fortschreitenden Wandels immer mehr neue Anforderungen und Aufgaben deutlich, die wichtige Züge von Interaktionsarbeit tragen. Exemplarisch ist dies etwa bei der Überwachung automatischer Anlagen zu beobachten, aber natürlich auch, naheliegender, im Zusammenhang mit der zunehmenden Teamarbeit und der Verlagerung von Managementfunktionen in selbstgesteuerte Arbeitsgruppen. Auch wenn sich hier in der Literatur die Diskussion noch hauptsächlich um die Fragen dreht, wie weit dieser Wandel reicht, was genau er bedeutet und welche Anforderungsveränderungen damit verbunden sind, ist doch deutlich, dass Anteil und Gewicht der Interaktionsarbeit im Rahmen industrieller Führungs-, Verwaltungs- und Produktionstätigkeit deutlich zugenommen hat. Von den Mitarbeitern und Führungskräften wird z.B. mehr wahrnehmungsgeleitetes Handeln und mehr soziale Kompetenz verlangt. In der be-

rufspädagogischen Literatur schlägt sich dies in Fragen nach der Verbesserung der Team- und Kommunikationsfähigkeit nieder, aber auch nach der besseren Bewältigung unvorhergesehener bzw. technisch nicht plan- oder steuerbarer Situationen (vgl. Dehnbostel u.a., 1992a; Dehnbostel u.a., 1992b; Dybowski, Pütz & Rauner, 1995; Schachtner, 1997; Lutz, 2001), wobei Konzepte wie das des Subjektivierenden Arbeitshandelns ersten Eingang in die industrielle Ausbildung finden (Bauer u.a. 2002).

Unsere Beschäftigung mit der Literatur zu solchen Berufsfeldern, in denen ein hoher Anteil von Interaktionsarbeit zu bewältigen ist bzw. erwartet werden kann, hat also ergeben, dass das Phänomen der Interaktionsarbeit mit wenigen Ausnahmen in den Fachdiskussionen dieser Berufe eine (zunehmende) Rolle spielt und mit recht unterschiedlichen Konzepten und Begrifflichkeiten diskutiert wird. Dort, wo das schon länger der Fall ist und zu einem gewissen Grundkonsens geführt hat (Pflege, Erzieher, Sozialpädagogen, Therapeuten vor allem), hat sich auch die berufliche Bildung in diesen Berufsfeldern des Themas angenommen und die Frage behandelt, wie man auf diese Anforderungen angemessen vorbereiten, wie man für sie qualifizieren kann. So, wie das Phänomen Interaktionsarbeit unterschiedlich thematisiert und konzeptionell gefasst wird, so beziehen sich auch die in diesem Rahmen entstandenen berufspädagogischen Ansätze auf unterschiedliche Ausschnitte und Schwerpunkte dessen, was wir Interaktionsarbeit nennen, und verwenden dafür außerdem sehr unterschiedliche Begriffe.

Unsere Hoffnung, auf diesem Weg auch Schlüsselbegriffe für Kompetenzen zu finden, denen wir in der allgemeinen berufspädagogischen Literatur weiter nachgehen könnten, hat sich weniger systematisch erfüllt, als erwartet. Die untersuchten berufspädagogischen Konzepte kreisen um Begriffe wie „kommunikative Kompetenz", „Empathie", „Selbststeuerung", „situatives Handeln", „Übertragung", „Teamfähigkeit", „Dialogfähigkeit", „Wahrnehmungsgeleitetes Handeln" oder ganz einfach „soziale Kompetenz" u.ä. und damit um sehr allgemeine Begriffe, die man alle auch in der berufspädagogischen Diskussion um die „Schlüsselqualifikationen" wiederfinden kann (vgl. Lang, 2000; Eilles-Matthiessen u.a., 2002). Diese Begriffe sind aber alle sehr unspezifisch, schwanken in ihrem Verständnis sehr und bedürften eigentlich jeweils einer eigenen theoretischen Aufhellung. Sie drohen das Konzept Interaktionsarbeit eher zu banalisieren, wenn man die jeweiligen Lern- und Ausbildungskonzepte, die es auf dieser Ebene reichlich gibt, alle ohne weiteren Filter in den Kranz der Möglichkeiten, für Interaktionsarbeit zu qualifizieren, aufnehmen wollte.

Fassen wir den Stand unserer Literaturrecherche zum Thema „Qualifizierung für Interaktionsarbeit" zusammen, kommen wir zu folgendem Ergebnis: Es kann durchaus als Binsenweisheit gelten, dass man, um einen Interaktionsberuf ausüben zu können, Gefühle anderer Menschen wahrnehmen und verstehen und sie im eigenen Handeln berücksichtigen können muss (Teilkonzept „Gefühlsarbeit“). Dieser Sachverhalt wird meist mit Hilfe von Empathiekonzepten zu beschreiben versucht und führt unter Qualifizierungsgesichtspunkten zu allerlei methodischen Vorschlägen, wie man lernen kann, Gefühle anderer Menschen überhaupt (z.B. im körpersprachlichen Ausdruck) wahrzunehmen und sich selbst dem anderen gegenüber empathisch zu verhalten.

Konzepte, die sich mit diesem Aspekt der „Gefühlsarbeit“ beschäftigen, weisen auch in aller Regel darauf hin, dass nicht nur die Klienten Gefühle haben, die beachtet werden müssen, sondern auch die Arbeitenden selbst, dass sich ferner diese Gefühle auf den Klienten richten und dessen Wahrnehmung und Wertschätzung beeinflussen können und, fast noch wichtiger, dass diese Gefühle der Arbeitenden ziemlich oft vom Klienten, seinem Verhalten und seinen Eigenarten ausgelöst werden und zu Befangenheiten und eingeschränkten Handlungsmöglichkeiten dem Klienten gegenüber führen können. Professionell Handelnde sollten sich daher bemühen, die eigenen Gefühlsreaktionen zu kontrollieren. Diese Aufforderung zur „Emotionsarbeit“ wird z.B. im Konzept der „Übertragung und Gegenübertragung“ gefasst und insbesondere in solchen Ansätzen thematisiert, die sich psychotherapeutisch orientieren oder psychotherapeutisch beeinflusst sind. Es gilt als ausgemacht, dass man nur dann gute professionelle Interaktionsarbeit leisten kann, wenn man sich die eigenen Gefühle bewusst gemacht, sie durchschaut und sein eigenes Handeln dadurch weitgehend von ihnen unabhängig gemacht hat. Wieder finden sich in der Ausbildungsliteratur eine Reihe von Ansätzen und Vorschlägen, wie man diesen Umgang mit den eigenen Emotionen erlernen kann.

Auch zum dritten Teilkonzept der Interaktionsarbeit, nämlich zum „Subjektivierenden Arbeitshandeln“, finden sich durchaus Ansatzpunkte in der berufspädagogischen Literatur, wenn man hier auch noch mehr als bei den beiden anderen Teilkonzepten durch die z.T. sehr unterschiedlichen begrifflichen Oberflächen hindurch auf die Gegenstands- bzw. Phänomenebene vordringen muss, die mit diesen unterschiedlichen Begrifflichkeiten zu fassen versucht wird (und dabei selbstverständlich nicht immer ohne Interpretationen auskommt, die theoretisch wichtige konzeptionelle Differenzen übergehen). Weit verbreitet ist hier die Ausgangserfahrung, dass man in den Interaktionsberufen nur sehr eingeschränkt „rational“, analytisch und planvoll-zielgerichtet vorgehen kann, und dass es darauf ankommt, geistesgegenwärtig, spontan sicher und intuitiv richtig zu handeln, ohne dass man lange Zeit hat, die Situation zu analysieren und viele verschiedene Handlungsmöglichkeiten gedanklich zu vergleichen und systematisch zu entscheiden. Man stößt hier immer wieder z.B. auf Wahrnehmungskonzepte, bei denen Wahrnehmung erheblich mehr ist als ein genaues, gewissermaßen „fotografisches“ Registrieren, nämlich ein ganzheitliches Erfassen einer komplexen Situation, bei dem das Sinnlich-Sichtbare lediglich eine Art Anhaltspunkt, eine Brücke zur Wahrnehmung von dahinterliegend Unsichtbarem, aber durchaus „Spürbarem“ – z.B. „Atmosphärischem“ (vgl. Böhme, 1998) – darstellt, das in einem nicht analytischen, sondern gerade intuitiv-ganzheitlichen Akt erfasst – „erspürt“ – wird. Eigene Gefühle werden hier durchaus als Wahrnehmungsorgane erkannt und als solche für praktisch wichtig, ja unverzichtbar geschätzt. Damit stellt sich auch die Frage, wie man ein solches erweitertes Wahrnehmungs- und Erkenntnisvermögen, das sich auf das „Sehen mit dem Herzen“ (vgl. Saint-Exupéry, 1971) gründet, *lernen und lehren* kann, und es finden sich dazu durchaus Überlegungen.

Die Berufspädagogik der Interaktionsberufe hat sich also auch in der Vergangenheit immer wieder mit Anforderungen an das berufliche Können der Berufstätigen auseinandergesetzt, die im Konzept Interaktionsarbeit thematisiert werden, und hat eine beachtliche Zahl von praktischen Vorschlägen entwickelt, wie diesen Anforderungen in der praktischen Ausbildung entsprochen werden kann, ohne dass bisher allerdings ein theoretisch begründetes umfassendes Konzept der „Qualifizierung für Interaktionsarbeit“ vorliegen würde. Wir verstehen unsere Literatursichtung als eine Vorarbeit dazu.

Unter berufspädagogischem Gesichtspunkt liegt die Bedeutung des Konzepts Interaktionsarbeit somit weniger darin, dass hier völlig neue Anforderungen an die Arbeitenden in Interaktionsberufen entdeckt worden wären, sondern darin, dass hier ein systematischer begrifflicher Rahmen entwickelt worden ist, der es möglich machen kann, diese in der Praxis durchaus bekannten, aber bisher sehr diffus beschriebenen Anforderungen einheitlich zu benennen, präzise zu beschreiben und empirisch nachzuweisen und ihnen damit auch zur längst fälligen arbeitswissenschaftlichen Anerkennung zu verhelfen

2.2 Wann ist man „kompetent für Interaktionsarbeit“?

Das Konzept Interaktionsarbeit mit seinen Teilkonzepten beschreibt, wie Menschen vorgehen, die andere Menschen pflegen, erziehen, betreuen, beraten usw. Es formuliert eine Form des Arbeitens, die in bestimmten Situationen praktiziert wird und offenbar geeignet ist, die Aufgaben dieser Handlungssituationen angemessen zu bewältigen. Die Aufgabe der Ausbildung besteht in diesem Zusammenhang darin, diese – bewährte – Form des Arbeitens zu tradieren, d.h. an den beruflichen Nachwuchs weiterzugeben.

Diese Aufgabe löst berufliche Bildung üblicherweise so, dass sie bestimmte bewährte – „richtige“ – Vorgehensweisen eintrainiert, indem sie den Lernenden das richtige Verhalten mehr oder weniger systematisch aufbauen und dann wiederholen (üben) lässt. Die dafür überkommene Methode ist die sogenannte 4-Stufen-Methode: Wie man richtig feilt, z.B., wird erst einmal erklärt, dann vom Ausbilder vorgemacht, dann vom Lernenden schrittweise nachgemacht und dabei korrigiert, und dann so lange geübt, bis es „sitzt", d.h. Teil des gewohnheitsmäßigen Handlungsablaufs geworden ist.

So wird ein Handlungsablauf in Form einer „Qualifikation" direkt übertragen und reproduziert. Der Lernende kann am Ende die Handlung so ausführen, wie es auch der Ausbilder gemacht hat und wie es als fachlich richtig gilt.

Im Falle der Interaktionsarbeit ergibt sich bei einer solchen Vorgehensweise jedoch eine Komplikation. Interaktionsarbeit lässt sich nämlich nicht eintrainieren, weil es hier gar nicht um das Beherrschen eines bestimmten Handlungsablaufs geht (etwa: immer freundlich lächeln...), sondern darum, in bestimmten (Interaktionsarbeits-)Situationen bestimmte, dieser Situation inhärente Probleme zu lösen. Zugleich ist offen, wie genau diese Problemlösung aussieht. Wie etwa die Gefühlsarbeit in einer bestimmten konkreten Situation geschehen soll, kann nicht gelernt werden. Es kann nur gelernt werden, in solchen Situationen die eigene Handlungsstrategie im Sinne des Konzepts Gefühlsarbeit zu entwerfen und umzusetzen, also die Gefühle des anderen wahrzunehmen, zu beachten, zu pflegen, auf sie einzugehen und auf sie Rücksicht zu nehmen. Wie das genau aussieht, liegt nicht fest, sondern muss vom Arbeiten in jeder konkreten Situation selbst und neu herausgefunden werden.

Was hier gelernt werden muss, ist also nicht, wie man „richtig interaktionsarbeitet" (so wie man richtig feilt), sondern, wie man in Interaktionsarbeitssituationen die für die jeweilige konkrete Situationen jeweils richtigen Handlungen herausfindet und durchführt. Kein Ausbilder kann der Pflegerin Frau X sagen, wie sie der Bewohnerin Frau Y begegnen soll, wie sie mit ihren Gefühlen umgehen und die eigenen Gefühle bearbeiten soll; er muss sie aber dazu in die Lage versetzen, beides herausfinden und auch tatsächlich tun zu können.

Interaktionsarbeit zu „können", heißt also nicht einfach, einen bestimmten Handlungsablauf richtig reproduzieren zu können (wie beim Feilen), sondern weit darüber hinaus: bestimmte konkrete, für sich unbestimmte Handlungsabläufe sachgemäß *hervorbringen* zu können. Auszubilden ist somit gar nicht das Beherrschen einer Handlung bzw. eines bestimmten Handlungsablaufs, sondern auszubilden ist ein *persönliches Können*, Handlungsabläufe zu *generieren.* Es kann nicht eine Vorgehensweise weitergegeben werden, sondern es muss in der Person des Lernenden eine schöpferische Kraft gebildet werden, die es dieser Person ermöglicht, Vorgehensweisen nach bestimmten Merkmalen und Bedingungen zu *erzeugen*.

Genau diese „schöpferische Kraft“ bezeichnet der *Kompetenzbegriff* (Erpenbeck & Heyse, 1999). „Kompetent“ ist nicht jemand, der bestimmte Handlungsmuster reproduzieren kann, sondern jemand, der in Situationen angemessene Handlungsmuster hervorbringen, erfinden, entwickeln und realisieren kann. Kompetenzen versetzen ihren Inhaber dazu in die Lage, „angemessene“ Handlungen zu erschaffen, legen ihn aber nicht auf bestimmte Handlungen fest. Bei Kompetenzen geht es immer um die Fähigkeit einer Person, konkrete Handlungen situationsangemessen *erzeugen* zu können. Kompetenz ist daher mehr als „Handlungsfähigkeit“, nämlich die Fähigkeit, intelligente, bedachte, kreative Handlungen zu *generieren,* zu erfinden, und damit prinzipiell offene Interaktionssituationen überhaupt bewältigen zu können. Für Interaktionsarbeit kompetent zu sein, meint demnach, Interaktionen nicht nur ausführen zu können, sondern sie souverän gestalten, hervorbringen zu können unter Beachtung der situativen Rahmenbedingungen. Wie eine Interaktionssituation genau bewältigt werden muss, kann dagegen nicht gelernt werden.

Ausbildung für Interaktionsarbeit kann daher nicht einfach ein bestimmtes Handlungsmuster weitergeben bzw. eintrainieren, sondern muss ein inneres Potential, eine Fähigkeit im Handelnden wecken oder veranlagen, eben die *Kompetenz,* in Situationen, die Interaktionsarbeit verlangen, Wege zu finden, wie Interaktionsarbeit praktiziert werden kann[3].

2.3 Wie kann man Kompetenzen lernen und lehren?

Nachdem wir im letzten Abschnitt festgestellt haben, dass es sich bei den persönlichen Voraussetzungen dafür, Interaktionsarbeit leisten zu können, um Kompetenzen handelt, können wir nun einige grundsätzliche Klärungen über die Bildung von Kompetenzen anschließen, die demnach auch für die Ausbildung der Kompetenzen für Interaktionsarbeit gelten müssen.

---

[3] Interaktionsarbeit als handlungstheoretisches Konzept kann deshalb nicht einfach in ein Qualifikationskonzept umformuliert werden, sondern man benötigt ein – theoretisch fundiertes - eigenständiges Kompetenzkonzept, das beschreibt, welche persönlichen Voraussetzungen ein Mensch benötigt, um in Interaktionsarbeitssituationen entsprechende Handlungsstrategien zu entwickeln. Ein solches Kompetenzkonzept für Interaktionsarbeit liegt bislang nicht vor. Deshalb ist aber auch die Frage so schwer zu beantworten, was genau denn jemand können muss, wenn er Interaktionsarbeit leisten soll, und ob z.B. Empathie dazugehört. Klar ist nur, dass er dazu nicht bestimmte Qualifikationen braucht (wie etwa: immer lächeln...). Was aber setzt ihn dazu in die Lage? Wann ist er „kompetent für Interaktionsarbeit“? Erst wenn ein solches Kompetenzkonzept vorliegt, kann auch bestimmt werden, was genau Ausbildungen leisten müssen, die diese Kompetenzen entwickeln sollen. Und dann erst könnte man auch genau beurteilen, welche Ausbildungsansätze für das Thema „Qualifizierung zu Interaktionsarbeit“ relevant sind und welche vielleicht weniger.

Im Rahmen akademischer Ausbildungen neigt man dazu, an die Wirksamkeit und praktische Bedeutung der *Lehre* im Sinne einer Vermittlung von systematischem Wissen zu glauben. Im Falle der Interaktionsarbeit könnte man auch tatsächlich so vorgehen, nachdem nun – nicht zuletzt dank unserem Forschungsprojekt – Interaktionsarbeit als weitgehend geklärtes und empirisch bestätigtes theoretisches Konzept vorliegt. Man könnte also auf die Idee kommen, Interaktionsarbeiter dadurch auszubilden, dass man ihnen alles verfügbare Wissen über Interaktionsarbeit systematisch vermittelt.

Das Problem ist nur, dass jemand, der alles *über* Interaktionsarbeit weiß, deshalb noch lange nicht Interaktionsarbeit *kann*: Kompetenzen bilden sich offenbar nicht durch Unterrichten im Sinne von Wissensweitergabe bzw. Belehrung. Alles „Wissen über" z.B. Interaktionsarbeit (allein) macht noch niemanden „kompetent für" Interaktionsarbeit. Interaktionsarbeit kann man also zwar unterrichten, aber man kann nicht erwarten, dass die Unterrichteten damit bereits Interaktionsarbeit „können".[4]

Im Gegenteil, die Rolle des Wissens, also des expliziten Bewusstseins von der Sache und ihren Zusammenhängen ist im Falle von Handlungskompetenzen offenbar eine höchst untergeordnete: Demjenigen, der Kompetenzen hat, müssen diese selbst gar nicht bewusst sein, um wirksam zu sein, sein Wissen kann vollkommen „implizit" bleiben. Gerade Interaktionsarbeit ist in vielen Fällen ein gutes Beispiel für eine intelligente nicht-wissensgesteuerte Praxis, wie nicht zuletzt aus den Schwierigkeiten deutlich wird, die auftreten, wenn man Könner der Interaktionsarbeit danach befragen möchte, wie sie das machen. Die Kompetenzen für Interaktionsarbeit gehören zu dem, was man „implizites" oder „stillschweigendes („tacit")" Wissen nennt (M. Polanyi, 1985) also ein „inkorporiertes Erfahrungswissen", das in Fleisch und Blut übergegangen ist und das Handeln faktisch lenkt, aber allenfalls bewusst wird, wenn es gestört wird.[5] Die Wichtigkeit expliziten Wissens ist für kompetentes Handeln somit beschränkt.

Zugleich können wir davon ausgehen, dass dies nicht nur für die Anwendung von Kompetenzen, sondern eben auch für deren *Erwerb* gilt. In der Ver-

---

4 „Intellektuelles Verstehen ist ein für das Lernen notwendiger Schwellenprozess, der jedoch nicht ausreicht, um dauerhafte Verbesserungen zu erreichen. Ein tiefgreifender Wandel erfordert die Umgestaltung eingewurzelter Denk-, Empfindungs- und Verhaltensgewohnheiten" (Goleman, 1996, S. 294).

5 In der Praxis gehört Interaktionsarbeit offenbar zu den „intelligenten Handlungen, die nicht durch das Erinnern von Regelwissen geleitet werden, sei es, weil wir (ihre) Praxis erlernt haben, ohne je über Regeln instruiert worden zu sein, sei es, weil uns die Regeln zur zweiten Natur geworden und nicht länger äußerliche Anweisungen sind, mit denen wir unser Handeln in Einklang bringen müssten, oder sei es, weil niemand die Regeln kennt, denen diese intelligente Praxis...folgt" (H.G. Neuweg, 2000, S. 71). Vgl. zu diesem ganzen Abschnitt auch H.G. Neuweg, 1999.

gangenheit, als noch niemand nach der Ausbildung von Kompetenzen für Interaktionsarbeit gefragt hat und auch der gesamte Sachverhalt noch nicht erforscht war, gab es natürlich auch viele Alten- und Krankenpfleger, Erzieher, Lehrer, Therapeuten usw., die ihre Arbeit hervorragend und zur großen Zufriedenheit ihrer Klienten verrichtet haben. Auch haben sie Rücksicht auf deren Gefühle genommen, sind erfolgreich mit den eigenen Gefühlen umgegangen und haben erhebliche Sensibilität („Gespür") für Situationen entwickelt. Alles das befähigte sie zu äußerst einfühlsamem und situationsgerechtem Handeln. Selbstverständlich gab es längst Interaktionsarbeiter, bevor das wissenschaftliche Konzept der Interaktionsarbeit existierte, und auch, bevor sich die Berufspädagogik seiner annahm. Auch heute dürften die meisten „Könner und Meister der Interaktionsarbeit" dazu geworden sein, ohne die Konzepte der Interaktionsarbeit auch nur zu kennen, geschweige denn, darüber systematisch „belehrt" worden zu sein.

Die spärlichen Untersuchungen darüber, wie sich die Kompetenzen derer tatsächlich gebildet haben, die in der Vergangenheit Interaktionsarbeit erfolgreich meisterten, weisen auch in eine völlig andere Richtung. Folgt man etwa *P. Benners* (2000) Beschreibungen des Weges „vom Novizen zum Experten", dann zeigt sich deutlich: Jemand wird nicht dadurch zum „Interaktionsarbeiter", dass man ihn darüber belehrt oder dass er etwas drüber liest, sondern dadurch, *dass er über längere Zeit Interaktionsarbeit verrichtet!* Natürlich „kann" er es am Anfang noch nicht richtig und macht viele Fehler, aber im Lauf der Zeit „kann" er es dann doch immer besser, bis zur Meisterschaft – wenn er vorher nicht scheitert. Ohne explizite Vorbereitung auf die Besonderheiten der Interaktionsarbeit, ja oft sogar mit einem ganz anderen Bild von „richtiger" Pflege usw. im Hinterkopf, wurden Generationen lang Absolventen der Berufsbildungsstätten ins Berufsleben entlassen und fingen dort einfach an zu arbeiten, bis sie nach einiger Zeit aus ihren Erfahrungen gelernt haben, sich von den engen Regeln zu lösen und intuitiver und freier mit ihnen umzugehen (vgl. Stufenmodell von Benner, 2000).

Das legt die Vermutung nahe: Die Kompetenzen für Interaktionsarbeit hat man bisher vor allem dadurch erworben, dass man lange genug im Milieu der Interaktionsarbeit gehandelt hat (ohne sie zunächst zu können) und nach mehr oder weniger langer Zeit und verschiedenen Krisen schließlich in der Lage war, im Sinne des Konzepts Interaktionsarbeit zu handeln, wobei es nützlich war, wenn erfahrene Interaktionsarbeiter in der Nähe waren und vorbildlich handelten bzw. entsprechend intervenierten.[6] Nach dem bisherigen Kenntnisstand ist dies der *methodische Grundsatz für den Erwerb von Kompetenzen für Interaktionsar-*

6 "Der wichtigste institutionelle Rahmen für effektives Lernen und den Erwerb von Expertise ist die Sozialisation in einer Expertenkultur, die Konfrontation mit praktischen Anforderungen und Könnern" (G.H. Neuweg 2000).

beit. Wie wir sehen werden, beherzigen alle Lernformen, die beanspruchen, Kompetenzen zu fördern, die für Interaktionsarbeit relevant sind, mehr oder weniger explizit und bewusst diesen Grundsatz. Bei genauem Hinsehen ist dies der übliche, normale *Lernweg für Handlungskompetenzen*: Man erwirbt sie, indem man das tut, wozu man sie braucht. Die Handlung formt sich ihre Kompetenzen, wie die Sinne sich durch ihren Gebrauch schulen. Wir stoßen hier auf die *dialektische Beziehung von Arbeiten und Lernen:* Lernen ist nicht nur eine *Voraussetzung* für die sachgemäße Ausführung der Arbeit, sondern ebenso ein *Resultat* der Arbeit, eine Wirkung des Tätigseins und „Erfahrungen-Machens".[7]

Der spontane, ursprüngliche Lernweg zu den Kompetenzen für Interaktionsarbeit besteht also offenbar darin, die Lernenden ohne – bzw. mitunter sogar mit einer in dieser Hinsicht fragwürdigen – Vorbereitung einfach den Anforderungen der realen (Interaktions-)Arbeit auszusetzen, sie „ins kalte Wasser zu werfen" und abzuwarten, was geschieht. Einige werden sich durchbeißen, die Unangemessenheit des regelgeleiteten, planmäßig-rationalen Handelns früher oder später erfahren und es aus sich heraus überwinden. Andere werden das nicht schaffen, sondern weiterhin versuchen, die realen Arbeitssituationen mit unangemessenen Mitteln zu bewältigen – möglicherweise eine wichtige Quelle für Stress, burn-out, Unzufriedenheit im und vorzeitiges Ausscheiden aus dem Beruf.

Dieser naturwüchsige Lernweg kann selbstverständlich von sich gar nicht beanspruchen, eine „Ausbildung" zu sein. In den Jahren vor der systematischen Erforschung dieser Form des Handelns war er aber wohl der einzige, über den man diese Kompetenzen gelernt hat. Wir können vielleicht sagen: Dieser Lernweg beruht im wesentlichen auf einer „Selbstbelehrung im Dialog mit der Realität".

Dies weckt die Frage, ob man es dabei nicht belassen kann, ob dieser naturwüchsige Kompetenzerwerb nicht ausreicht, und weshalb man sich den Kopf darüber zerbrechen muss, wie man die Ausbildungen zu den Interaktionsberufen so umgestalten kann, dass sie diese Kompetenzen für Interaktionsarbeit stärker ausbilden, wenn man die hier mühsam ausgebildeten Kompetenzen etwas später in der Berufspraxis ohnedies und „nebenbei", „tacit" lernen wird?

Jedoch: Der Lernweg über die Echtarbeit zu den Kompetenzen für Interaktionsarbeit hat auch seinen Preis: Es ist nämlich ein recht mühevoller Weg, der lange dauern kann, durch Krisen und Belastungen führt, und dessen Erfolg keineswegs sicher ist. Ob der Weg gelingt, hängt von vielen Zufällen und glücklichen Konstellationen ab. Viele kommen gar nicht auf die Idee, an ihrem regelge-

---

7 Wir verdanken *Donald Schön* (1983) einen theoretischen Ansatz, der helfen kann, diesen paradoxen Zusammenhang zu verstehen, nach dem man das, was man für eine Arbeit können muss, dadurch lernt, dass man diese Arbeit ausführt.

leiteten, objektivierenden Handeln etwas zu ändern, weil es für sie einfach das richtige Vorgehen ist, und sie können sich damit auch durchsetzen. Andere erleben damit zwar Konflikte und Widerstände, die sie aber mangels Alternative in Kauf nehmen zu müssen glauben, und wieder andere möchten vielleicht durchaus anders vorgehen, schaffen es aber einfach nicht. Sie alle gehören dann zu den vielen Pflegenden, Erziehenden, Unterrichtenden usw., die in der Praxis zu wenig Gefühls- und Emotionsarbeit leisten und ihre Arbeit zu einseitig objektivierend ausführen.

So kommen wir zu einem widersprüchlichen ersten Zwischenergebnis: Reale Interaktionsarbeitssituationen konfrontieren zwar offenbar tatsächlich mit den nötigen Anforderungen und schaffen somit grundsätzlich eine günstige Ausgangssituation für das Lernen von Kompetenzen für Interaktionsarbeit. In der Vergangenheit müssen die Könner auf diesem Gebiet, die Interaktionsarbeit ausgeprägt leisten, die Kompetenzen dazu auch tatsächlich auf diesem Weg gelernt haben. Aber: Der Sozialisationsprozess, der in der Echtarbeit zweifellos spontan zustande kommt, lässt offenbar zu viele Schlupflöcher, und bietet auch keine Gewähr für sein Gelingen. Vielmehr erweist sich die Echtarbeit als Lernort für diese Kompetenzen in vielen Fällen als Überforderung und wirkungslos, also als durchaus problematischer und riskanter Ausbildungsweg.

3 Systematische Lernwege zur Interaktionsarbeit

Es ist also ein Glücksspiel, ob auf dem naturwüchsigen Lernweg durch Echtarbeitssituationen Interaktionsarbeit gelernt wird oder nicht. Da dieser Lernweg jedoch vor aller Berufspädagogik, bzw. bewussten Ausbildungspraxis liegt, ist gerade hier die systematische Berufsausbildung gefordert, den Lernprozess nicht ganz sich selbst zu überlassen, sondern Interaktionsarbeit zum Gegenstand von geplantem und intentionalem berufspädagogischem Handeln zu machen. Die Berufspädagogik hat diese Herausforderung auch angenommen. Wir wollen im Folgenden einen Überblick über Ausbildungs-Ansätze und –methoden geben, die nach unserer Auffassung systematisch zu Förderung der Kompetenzen für Interaktionsarbeit beitragen.

Die meisten formalen Ausbildungen zu Berufen mit hohem Anteil an Interaktionsarbeit finden in Fachschulen oder Fachhochschulen und Hochschulen statt, also in Lernsituationen, die gerade sehr weit weg liegen von der praktischen Arbeit, die wir oben theoretisch als das eigentliche und unverzichtbare Lernmilieu für die Kompetenzen für Interaktionsarbeit beschrieben haben. Das wirkt auf den ersten Blick widersprüchlich, und tatsächlich dürfte in dieser Grundstruktur der Ausbildungen zu vielen Interaktionsberufen ein Grund dafür zu finden sein, dass viele Absolventen sich am Beginn ihrer Berufstätigkeit mit den Anforderungen der Interaktionsarbeit schwer tun und die entsprechenden Kompetenzen erst während der Berufsausübung lernen müssen. Dieser grundsätzliche, strukturelle Mangel wird seit einigen Jahren auch von der Berufspädagogik der entsprechenden Fachrichtungen diskutiert und hat zu der Forderung geführt, auch im Rahmen der schulischen Berufsausbildungen mehr für die Förderung von Handlungskompetenzen zu tun.

Entsprechend der für unser Berufsbildungssystem bis vor wenigen Jahren geltenden Vorstellung, dass die Ausbildung zeitlich vor der Echtarbeit liegt, weil man zuerst etwas lernen muss bevor man das Gelernte in der Arbeit anwendet, wurde diese Forderung zunächst einmal nur auf die Schule bezogen, und es wurden berufspädagogische Ansätze zur Bildung von Handlungskompetenzen ausschließlich für den schulischen Lernraum entwickelt. Darunter finden sich einige Ansätze, die geeignet erscheinen, auch Kompetenzen für Interaktionsarbeit fern von der Arbeit zu schulen.

3.1 Kompetenzbildung für Interaktionsarbeit durch fachpraktische Übungen

Den nächstliegenden Anknüpfungspunkt für die Bildung von Handlungskompetenzen in der Schulischen Ausbildung bietet ohne Zweifel der in den Lehrplänen durchgehend vorgesehene „Fachpraktische Unterricht“. In diesem Unterricht werden durch fachpraktische Übungen berufliche Handlungen simuliert und dadurch eingeübt. Dabei geht es um *Praxis*, also um konkrete berufliche Handlungen, wenn auch nicht unter Echtbedingungen, und damit um die Ausbildung von handfestem *Können*. Nicht zu Unrecht kann man in diesem fachpraktischen Unterricht eine wichtige Quelle des Bildes vermuten, das die Schüler von ihrem zukünftigen beruflichen Handeln haben, und wenn in der Schule dieses berufliche Handeln stark theorie- und regelgeleitet vermittelt wird, dann halten die Schüler ein „objektivierendes“ Vorgehen zunächst auch einmal für das eigentlich professionell richtige. Die Schule hat es also in der Hand, in ihrer Darstellung und Anleitung im Fachpraktischen Unterricht die Besonderheiten und Anforderungen der Interaktionsarbeit im jeweiligen Beruf bewusst zu machen und den Blick der Schüler auf die dafür nötigen Kompetenzen zu lenken und entsprechende Haltungen und Vorgehensweisen einzuüben.

Üblicherweise werden im fachpraktischen Unterricht wichtige berufliche Handlungsabläufe *eingeübt.* Zur Bildung von Kompetenzen für Interaktionsarbeit tragen diese Übungen dann bei, wenn sie so konzipiert und modelliert werden, dass der Aspekt der Interaktionsarbeit bewusst angelegt und herausgearbeitet wird.

Einige Beispiele, wie man dies machen kann, finden sich in der Ausbildung des Fachseminars für Altenpflege, Frankfurt (Brater & v.d.Star, 2003). Hier üben die Schüler z.B. in sorgfältig aufgebauten Lernschritten, sich gegenseitig *einzureiben*, wobei das Einreiben zum Paradigma pflegerischer Interaktionsarbeit, d.h. der mit *körperlicher Kontaktaufnahme verbundenen Interaktion* angesehen wird, an dem alle Implikationen der Interaktionsarbeit kennengelernt und erlebt werden können. Ähnlich wird geübt, sich *gegenseitig zu waschen* (Ganzkörperwäsche), oder zu zweit mit dem Rollstuhl in die Stadt zu fahren und dort einige Besorgungen zu erledigen, wobei immer einer im Rollstuhl sitzt und der andere ihn schieben muss. *Brater und Weishaupt (2003)* berichten von ähnlichen Aufgaben, bei denen geübt wurde, sich zur Begrüßung die Hand zu geben, sich gegenseitig Essen zu reichen oder an die Tür zu klopfen.

Bei solchen fachpraktischen Übungen werden erkennbar zentrale Kompetenzen für Interaktionsarbeit gefordert, wie etwa der Tast- oder Hörsinn, die empfindende Wahrnehmung, der Umgang mit den Gefühlen anderer (z.B. Scham), die bewusste Gefühlskommunikation in der eigenen Berührung des anderen (Beziehungsaspekt), das dialogisch-explorative Vorgehen usw.. Sofern sie auch bewusst gemacht, reflektiert und korrigiert werden, können diese Kompetenzen dabei auch *gebildet* werden.

Alle diese fachpraktischen Übungen können also bei entsprechendem Arrangement, immer auch genutzt werden, um gezielt Kompetenzen für Interaktionsarbeit zu fördern, und zwar nicht nur durch theoretische Erläuterung, sondern durch Erfahrungen am eigenen Leib. Man kann also die schulische Ausbildung gezielt so gestalten, dass dort in einem beherrschten Lernprozess (im Unterschied zu zufälligen, ungeplanten und disparaten Erfahrungen) gezielt Kompetenzen für Interaktionsarbeit gefordert und gefördert werden.

Die fachpraktischen Übungen wahren einen direkten Bezug zum beruflichen Handeln. Kompetenzen für Interaktionsarbeit werden bei diesen Übungen somit in direkter Verbindung mit berufsbezogenem Handeln gebildet. Simuliert sind sie insofern, als es sich nicht um reale Arbeitsumgebungen und –situationen und auch nicht um reale Patienten und damit auch nicht um tatsächliche Patientenreaktionen handelt. Das macht unter dem Gesichtspunkt der Qualifizierung für Interaktionsarbeit nur Sinn, wenn die Partner zumindest *ähnlich* reagieren, wie echte Klienten, und wenn sich die Echtsituation im Laborraum der Schule wenigstens prinzipiell nachstellen lässt. Das lässt sich zweifellos nicht auf alle Interaktionsberufe ohne weiteres übertragen, aber es dürfte für alle Ausbildungsstätten, die Interaktionsarbeitskompetenzen arbeitsfern ausbilden wollen, lohnend sein, zu überlegen, wie sie mit ihren Mitteln die zentrale Interaktionssituation des jeweiligen Berufs nachbilden können.

3.2 Kompetenzbildung für Interaktionsarbeit durch handlungsorientierten Unterricht

Wenig Neuigkeitswert hat heute die Mitteilung, dass die Förderung von Handlungskompetenzen in der Schule weniger eine Frage der Lehrinhalte als der Lehr*methoden* ist, und dass seit Jahren Unterrichtsmethoden vorliegen und praktiziert werden, die geeignet sind, Handlungskompetenzen – insbesondere auch soziale – der Schüler zu fördern. Es handelt sich um den Kanon der *handlungsorientierten Unterrichtsmethoden,* die zwar allgemein bekannt und breit publiziert sind, aber von vielen Schulen und insbesondere Hochschulen immer noch weitgehend ignoriert werden (Klippert, 1994; Brater & Landig, 1996; Greif & Kurtz, 1998). Inwieweit kann handlungsorientierter Unterricht zur Bildung von Kompetenzen für Interaktionsarbeit beitragen?

In der berufspädagogischen Literatur zu Ausbildung insbesondere von Pflegekräften, Erziehern und Sozialpädagogen liegen bemerkenswert viele z.T. komplexe und mehrstufige handlungsorientierte Unterrichtskonzeptionen vor, die nicht nur den Einsatz der bekannten Methoden wie Gruppenarbeit, Projekt, Fallstudie u.ä, propagieren, sondern ganze handlungsorientierte Unterrichtssequenzen beschreiben, die gezielt auch (Teil-)Kompetenzen für Interaktionsarbeit bilden können. So sind etwa in der pflegedidaktischen Literatur mehrere Veröffentlichungen zu finden, die sich speziell der *Förderung der kommunikativen Kompetenz von* Pflegekräften widmen (vgl. Bezner & Kley-Körner, 1994). Besonders hingewiesen sei auf die Unterrichtseinheit „Kommunikation mit Patienten" von *Bischoff-Wanner (1997).*

Methodisch wird dort so vorgegangen, dass kommunikationstheoretische Begriffe und Zusammenhänge, wie die vier Seiten der Kommunikation, zunächst im Frontalunterricht veranschaulicht und anschließend z.B. durch Analyse von vorgegebenen pflegerischen Gesprächssequenzen angewandt werden. Dann werden diese Kompetenzen mittels verschiedener Übungen trainiert. So sollen die Auszubildenden z.B. vorbereitete Äußerungen danach einschätzen, ob sie unangemessen, überzogen oder angemessen sind, wobei sich angemessene Äußerungen durch Achtung, Offenheit, Wärme, Rücksichtnahme und Klarheit auszeichnen (vgl. Bischoff-Wanner, 1997). In einer anderen Übung sollen „Du-" und „Ich-Botschaften" formuliert werden, in einer weiteren sollen die Auszubildenden in vorgegebenen Patientenäußerungen Gefühle aufspüren, benennen und schließlich verbalisieren (vgl. Bischoff-Wanner, 1997).

Umfassender auf die Anforderungen von Interaktionsarbeit geht *Marianne Mulke-Geisler (1994)* ein. Sie möchte mit ihrem Konzept eines stark handlungsorientierten Unterrichts in der Pflegeausbildung wesentlich mehr als kommunikative Kompetenzen trainieren. Ihr geht es darum, intensive Selbst- und soziale

Erfahrungen zu ermöglichen und den Schülern Wege zu zeigen, wie sie an sich selbst arbeiten können und ihre Fähigkeiten des Wahrnehmens, Zuhörens, des Selbstausdrucks und der Selbstführung zu steigern. Dazu werden Meditative Übungen, Gestalten mit Ton, Szenisches Spiel und pädagogische Theaterarbeit, Körperübungen, Interaktionsspiele und biografische Übungen in den Unterricht eingebaut (vgl. auch Gudjons, Pieper & Wagener, 1986).

Mulke-Geisler lehrt nicht einfach Kommunikationsphänomene und übt, wie man diese Erkenntnisse praktisch anwenden kann, sondern ihr Anspruch zielt auf eine *innere Veränderung der Person.* Kompetenz ist hier nichts, was man „antrainieren" könnte, sondern Kompetenz ist ein *personaler Zustand.* Man muss deshalb die Persönlichkeit entwickeln, damit *sie* kompetent *wird*[8].

3.3 Formale Pädagogik: Der theoretische Schulunterricht als Bildungsmittel für Kompetenzen für Interaktionsarbeit

Wenn man im Unterricht Handlungsabläufe schafft, dann kann man dort auch Handlungskompetenzen bilden. Der handlungsorientierte Unterricht nimmt das wörtlich: Die Schüler arbeiten und interagieren. Der aus der Reformpädagogik stammende Ansatz der *formalen Pädagogik* hat aber immer darauf hingewiesen, dass auch bei der *Aufnahme von Wissensstoff* nicht nur Inhalte gelernt werden, sondern dass dieses Lernen selbst eine *Handlung* ist, in deren Vollzug sich Fähigkeiten bilden. Am Satz des Pythagoras etwa lernt man nicht nur, dass in einem rechtwinkligen Dreieck die Summe der Quadrate über den Katheten flächengleich ist dem Quadrat über der Hypothenuse, sondern man lernt auch den Gang einer geometrischen Beweisführung und schult daran sein Denken. Dies gelingt aber selbstverständlich nur, wenn der Lehrer nicht einfach das Ergebnis mitteilt, sondern wenn er die Schüler in den Prozess der Beweisführung einbezieht, also in Abhängigkeit von der Unterrichtsmethode, die somit so gewählt sein muss, dass der Schüler eben tatsächlich *handelt.* So kann man bei jedem Lerninhalt fragen, welche *Fähigkeiten man an seinem tätigen Vollzug und an der Form seiner Aneignung ausbilden kann.*

Diese pädagogische Grunderkenntnis können schulische Ausbildungsstätten nutzen, um trotz ihrer Praxisferne wenn vielleicht auch nicht Interaktionsarbeit in ihrem Gesamtzusammenhang, so doch eine Reihe von wichtigen Teilkompetenzen und Fähigkeitsvoraussetzungen gezielt zu schulen, die dann in realen Inter-

8 An diesem Ansatz wird auch nachvollziehbar, weshalb es sinnvoll sein kann, „Kompetenz" und „Fähigkeit" nicht synonym zu verwenden, sondern den Begriff „Kompetenz" für den Ausdruck einer inneren Souveränität und Meisterschaft der Person zu reservieren (vgl. zu dieser Begriffsstrategie Erpenbeck, 1999).

aktionsarbeitssituationen zur Verfügung stehen. Wir wollen dies am Beispiel des Anatomieunterrichts in der Altenpflegeausbildung darstellen, also einem fachtheoretischen Kernfach, das nach landläufiger Auffassung viel mit Wissensaufnahme, aber wenig mit der Bildung von Handlungskompetenzen zu tun hat (Brater & v.d.Star, 2003). Das ist aber eine Frage der Lehrmethode: Wird das Fach nämlich bewusst nicht analytisch-theoretisch, sondern *phänomenologisch* unterrichtet, kann es durchaus *kompetenzbildend* für Interaktionsarbeit wirken. Dieser phänomenologische Unterricht beginnt dann immer mit exakten und gründlichen *Beschreibungen von Phänomenen,* geht also nicht von fertigen Theorien, Erklärungen und Deutungen aus, sondern von genauen Tatsachen und *Wahrnehmungen.* Auf diese Wahrnehmungstatsachen wird immer wieder zurückgegriffen, an ihnen müssen sich alle Schlussfolgerungen und späteren Urteile überprüfen lassen. Es wird also weder spekuliert noch Fertigwissen übernommen, sondern es wird erst einmal in oft mühevoller Kleinarbeit ein Wahrnehmungs- und Faktengerüst erstellt.

Da es in der Anatomie naturgemäß nicht immer möglich ist, die Wahrnehmungen an originalen Objekten zu sammeln, wird viel mit von den Lehrkräften selbst gezeichneten farbigen Tafelbildern gearbeitet. Damit wird nicht nur gezielt die Bildung *bildhafter Vorstellungen* gefördert (was wiederum für die spätere Praxis des pflegerischen Handelns wichtig ist), sondern die Schüler können auf diese Weise das Organ und seine Funktionsweise auch besser verstehen. Die Tafelbilder werden von den Schülern in ihre Hefte abgezeichnet und –gemalt und mit dem Wesentlichen beschriftet. Ein anderes wichtiges Unterrichtselement sind *Übungen und Spiele*, bei denen die Schüler in tätige Bewegung geraten. Das unterstreicht den ausgesprochenen *sinnenbetonten* Ansatz im fachtheoretischen Unterricht. Als Beispiel erwähnen wir hierfür den Unterricht zum Thema Herz und Blutkreislauf:

> „Zu Beginn der Stunde werden zahlreiche Kärtchen vorbereitet. Auf jedem dieser Kärtchen steht ein Bestandteil des Blutkreislaufes geschrieben, so z.B. Beinarterie, Pfortader, Aorta, Halsschlagader, rechter Vorhof, rechte Herzkammer etc.. Nun nimmt sich jeder Schüler ein Kärtchen und sucht seine „Nachbarn" im Herz- und Blutkreislauf. Wenn sich die jeweiligen Nachbarn gefunden haben, stellen sich alle in der entsprechenden Reihenfolge auf und bilden durch diese Aufstellung den Blutkreislauf in Raumgröße ab. Nun verlässt ein Schüler seinen Platz und beginnt, als „Blutkörperchen" diesen Kreislauf abzulaufen. Dann werden es mehrere (die dann ja nicht mehr an ihren Plätzen stehen), bis alle gleichzeitig laufen. Die Aufgabe besteht dann darin, beim Laufen entlang den Stationen trotzdem noch etwas von diesen Stationen zu erleben – an denen ja jetzt niemand mehr steht- und sie sich dabei möglichst konkret vorzustellen. Die Übung zielt also darauf, den in den Raum projiziert Herz- und Blutkreislauf in seiner Funktion vorstellbar zu machen. Außerdem führt

die Übung dazu, dass die Schüler durchaus auch eine ganz handfeste Erfahrung mit ihrem eigenen Blutkreislauf machen" (Brater, van der Star. 2003, S. 29).

In einem ersten Schritt wird somit die eigene Aktivität der Schüler angesprochen, danach kann man sich auch betrachtend Modellen und Schaubildern zuwenden. Dieses Vorgehen ist nicht nur ein Weg zu effektiverem Lernen, sondern es schult wiederum zugleich die allgemeinen Sinnes- bzw. Wahrnehmungsleistungen. Die Wissensinhalte bleiben keine Abstraktionen, sondern Gefühl und Erleben werden mit angesprochen. Tafelzeichnungen, Übungen und qualitative Charakterisierung der Organe dienen dieser Zielsetzung. Anatomisches Wissen dient dazu, dass die Schüler ein *„Gespür"* dafür bekommen und es wahrnehmen lernen, ob ein Bewohner Probleme mit einem bestimmten Organ hat.

Die implizite Botschaft lautet hier: Es sind nicht Meinungen, Vorwissen oder mitgebrachte Theorien gefragt, sondern die Anstrengung der primären Sinneswahrnehmung. Diese soll aber nicht einfach „registrieren, was ist" – gleich einem Messgerät -, sondern sie soll einfühlsam und intuitiv Ahnungen wecken, zu einem Verstehen kommen, Zusammenhänge und Hintergründe mit erfassen. Diese Art des Unterrichts erzieht zu einem Handlungsmuster, das konstitutiv ist für pflegerisches Handeln: mit allen Sinnen wahrnehmen, und *daraus* das Handeln *intuitiv* entwickeln. Pikanterweise enthält so (ausgerechnet) der fachtheoretische Unterricht den Anfang einer gründlichen Sinnesschulung.

Deutlich wird aber auch, dass man beim bloßen Wahrnehmen nicht stehen bleiben kann, sondern man muss sie in Zusammenhänge einordnen können, damit sie ihre *Bedeutungen für das Handeln* preisgeben. Bedeutung ergibt sich erst, wenn man die Wahrnehmungen nebeneinander hält, immer wieder neu gruppiert, vergleicht und miteinander in Beziehung setzt. Das fordert (und fördert) innere Haltungen wie Geduld, Achtsamkeit, Zurückhaltung, Abwarten können, bis ein Zusammenhang sich intuitiv und meist schlagartig erschließt. Damit werden hier grundlegende Kompetenzen für *subjektivierendes Arbeitshandeln* geschult.

3.4 Qualifizierung zu Interaktionsarbeit durch den heimlichen Lehrplan der Schule

Kompetenzen für Interaktionsarbeit können sich überall dort bilden, wo Interaktionsarbeit geleistet werden muss. Das ist nicht nur der Fall in entsprechend arrangierten fachpraktischen Übungen, handlungsorientierten Unterrichtssequenzen oder Aneignungsprozessen von Fachwissen, sondern über den Unterricht hinaus im *Gesamthandlungsraum der Schule,* der für das Handlungslernen faktisch zur Verfügung steht.

Dem liegt der dem Denkansatz der formalen Pädagogik verwandte Gedanke zugrunde, den „heimlichen Lehrplan“ (vgl. Snyder, 1971) der Schule bzw. Ausbildungsstätte bewusst zur Kompetenzbildung zu nutzen. Schule als solche, als „Betrieb“, stellt ja auch eine soziale Realsituation dar, ein reales Handlungs- bzw. Arbeitsfeld, das als solches nachhaltig sozialisierend und handlungsprägend wirkt und deshalb *bewusst unter den Gesichtspunkten handlungsbezogener Lernziele gestaltet werden sollte.*

In diesem Handlungsfeld Schule muss auch auf vielen Ebenen Interaktionsarbeit geleistet werden, so dass faktisch der schulische Alltag selbst mit allen seinen Erscheinungen ein *Feld der Interaktionsarbeit* bietet. Dieses unterscheidet sich zwar ohne Zweifel von den jeweiligen beruflichen Handlungsfeldern, aber grundsätzlich kann es doch auch als *Übungsfeld zum Erwerb von Kompetenzen für Interaktionsarbeit genutzt* werden. I. *Darmann* (2000) weist darauf hin, dass jede Ausbildungsstätte selbst einen *sozialen Handlungsraum* darstellt, in dem sich, je nach seiner Gestaltung, Ich-Identität, aber eben auch Interaktionsarbeit manifestieren und herausbilden kann. Für Darmann ist dies eine Frage der *sozialen Form der Ausbildung,* die z.B. Auszubildende mehr oder weniger an Entscheidungen bezüglich der Planung, Durchführung und Bewertung von Unterricht, bzw. Ausbildung partizipieren lässt. Wenn in der Schule Kompetenzen für Interaktionsarbeit gebildet werden sollen, dann muss zuallererst im Schulbetrieb selbst Interaktionsarbeit bewusst praktiziert, verlangt und reflektiert werden, und es müssen die in der Schule handelnden Personen so miteinander umgehen, dass sie sich gegenseitig als autonome Individuen respektieren und anerkennen.

Die Realsituation des „Betriebs Schule“ kann aber auch noch in vielen anderen Formen für die Qualifizierung zur Interaktionsarbeit genutzt werden, etwa im Bewerbungsgespräch, bei Schulfeiern, bei der Arbeit mit Lerngruppen, beim Umgang mit sozialen Konflikten unter den Schülern bzw. zwischen Schülern und Lehrkräften, u.v.a.m. Dabei treten hier sämtliche Phänomene der Gruppenbildung, der Interaktion und Kommunikation auf, die eben typisch sind, wenn Menschen in Teams zusammenarbeiten, und zu deren Bewältigung Interaktionsarbeit praktiziert werden muss (und eben dadurch im Schonraum der Schule gelernt werden kann) (Brater & v.d.Star, 2003).

3.5 Qualifizierung für Interaktionsarbeit durch gruppendynamische und gesprächstherapeutische Methoden

Seit den 60er Jahren verfolgten immer mehr Ausbildungsstätten für Interaktionsberufe – insbesondere Sozialpädagogen und Erzieher - das explizite Ziel, über *soziale Kompetenzen* der zukünftigen Professionals nicht nur im Unterricht zu reden, sondern sie auch konkret zu bilden. Soziale Fähigkeiten aber entstehen – entsprechend den damals aktuellen Theorien zum Sozialen Lernen (z.B. Brocher, 1967; Ammon, 1972; Bachmann, 1981) – durch soziale Selbsterfahrung (als Emotionsarbeit) und bewusstes Wahrnehmen und Verstehen der emotionalen und sozialen Reaktionen anderen (Gefühlsarbeit) in der praktischen sozialen Auseinandersetzung. Für diese Auseinandersetzung muss ein geschützter Handlungs-, Erfahrungs- und Übraum geschaffen werden, eine Art „Lernlabor“, in dem in hochverdichteter und begleiteter Form entsprechende Lernprozesse in Gang kommen können. Der Schutzraum ist umso notwendiger, als es ja gilt, den verhärteten Alltagspanzer aufzubrechen, der den einzelnen üblicherweise gegen soziale Erfahrungen immunisiert. Eine offenbar wirksame, in den 1960er und 70er Jahren weit verbreitete Form dieses geschützten Lern-raums ist die *Selbsterfahrungs- und Encountergruppe.* In ihr können aufgrund ihrer spezifischen Inszenierung (Sensitivity Training, Spiele, Übungen) intensiver als im Alltag elementare soziale Erfahrungen gemacht und so bearbeitet werden, dass sie zu sozialer Sensibilisierung, Selbsterkenntnissen und einem besseren Umgang mit sich selbst und anderen führen (Foulkes, 1975). Ziel dieser Trainings ist die Selbst- und Beziehungsklärung durch Selbsterleben und –erfahrung im Kontext der Gruppe (Miller, 1998). Dadurch werden die Möglichkeiten verbessert, die eigenen Emotionen wie auch die Gefühle andere Menschen wahrzunehmen und zu verstehen und die Beziehungen zueinander zu klären.

Die Methode der Selbsterfahrungs- und Encountergruppen wurde und wird seltener für reale Gruppen eingesetzt, sondern es bilden sich eigens Gruppen zum Zweck der Selbsterfahrung. Feedback ist das wichtigste Arbeitsmittel in einer Encountergruppe. Es spiegelt eigene unbewusste Wirkungen auf andere und macht die „unsichtbaren“ Gefühle und Reaktionen des anderen bekannt, so dass man sich eigene Gefühle bewusst zu machen und Gefühle des anderen wahrzunehmen lernt, auch wenn letztere nicht artikuliert werden (Körpersprache usw.). *Miller* empfiehlt diese Methode besonders für die Lehrerausbildung, damit Lehrer sich selbst besser kennenlernen und dadurch mit ihren Schülern unbefangener umgehen können.

Ebenfalls in dieser Zeit entstand eine Reihe von sozial- und gesprächstherapeutischen Ansätzen, Methoden und Arbeitstechniken – wie etwa Transaktionsanalyse (Berne, 2001), Themenzentrierte Interaktion (Cohn, 1975) oder Gestalttherapie (Perls, 1973 & 1974) -, die das Repertoire vieler Interaktionsberufe zu erweitern versprachen und deshalb als Bestandteil oder Ergänzung der Ausbildung begrüßt wurde, aber bei denen, die diese Methoden handhaben wollten, selbst erhebliche soziale Kompetenzen voraussetzten, die also bewusst gelernt und entsprechend gelehrt werden mussten. Die Lernform, die dafür entwickelt wurde, ist charakteristisch für das ganze Feld der (gesprächs-) psychotherapeutischen Ausbildungen: In einer Lerngruppe werden eigene (soziale, biografische) Erfahrungen, Erlebnisse und Probleme der Teilnehmer (individuell oder miteinander) bearbeitet, und dabei tun die Lernenden einmal so, als wären sie Klienten, ein andermal so, als wären sie schon Therapeuten bzw. Fachleute, die mit dem jeweiligen Ansatz schon umgehen und ihn anwenden können. Gelernt wird also tätig in der geschützten und begleiteten Situation der Ausbildung, bei der eine Ernstsituation *simuliert* wird. Man lernt den Ansatz und die jeweiligen therapeutischen Techniken *in eins* mit ihrer Anwendung im geschützten Lernraum kennen, und *dadurch* können die in hohem Maße benötigten Handlungskompetenzen – darunter zentral auch Kompetenzen für Interaktionsarbeit –erübt werden.

Als Beispiel sei die *gestalttherapeutische Ausbildung* erwähnt, in der u.a. die „Kunst der Wahrnehmung" (*Stevens, 1975; Hauskeller, 2003*) gelernt werden muss. Das geschieht

- durch das sich selbst explizierende Vorbild des Ausbilder-Therapeuten
- durch den direkten Hinweis des Ausbilders auf z.B. körpersprachliche Signale
- durch Nachfragen des Ausbilders nach der Wahrnehmung von Signalen (z.B. Veränderungen der Stimme)
- durch Nachfragen des Ausbilders nach inneren, z.B. körperlichen Reaktionen des Lernenden während der Darstellungen des Lehr-Klienten, und dadurch intensive Aufmerksamkeitslenkung auf die eigenen Emotionen
- durch gemeinsame bewusste Be- und Verarbeitung solcher Wahrnehmungen und der mit ihnen jeweils verknüpften Empfindungen und Gefühle in der Lerngruppe.

Dieses Prinzip der Qualifizierung zu Interaktionsarbeit durch und in simulierten Ernstsituationen in Verbindung mit angeleiteten Erfahrungs- und demonstrierenden Bewusstwerdungsprozessen findet sich bei allen Ausbildungen für soziale Arbeits- und Teambildungsmethoden und nicht-psychoanalytische Therapien. Ausbildungsstätten, die für Interaktionsberufe qualifizieren wollen, können daher Kompetenzen für Interaktionsarbeit bilden entweder durch Integration entsprechender TA- oder TZI- usw. Ausbildungsblöcke oder durch die Adaption der bei TA bzw. TZI (und vielen anderen Therapien) bewährten „simulierenden" Ausbildungsmethode in den eigenen Unterricht.

3.6 Gruppendynamische Übungen als Mittel der Qualifizierung für Interaktionsarbeit

Noch ein ganzes Stück berufs- und praxisferner, aber in schulischen Ausbildungszusammenhängen sehr gut einzusetzen sind die ebenfalls aus dem Repertoire des Sozialen Lernens stammenden *gruppendynamischen Übungen.* ist ein anderer methodischer Ansatz, soziale Grundsituationen. Dabei werden typische soziale Grundsituationen – z.B. des Zuhörens, Entscheidungen, Konfliktsituationen usw. – in einer verdichteten Experimentieranordnung *symbolisch* nachgestellt, bei der es in der Regel nicht um einen relevanten Inhalt geht, sondern ausschließlich um die „künstliche" soziale Erfahrung, die wie unter einem Vergrößerungsglas hervorgehoben wird. Die Aufmerksamkeit wird dadurch von jedem Inhalt weg auf die sozialen Erfahrungen hin gelenkt, die zudem in experimentell möglichst reiner, isolierter Form auf jeweils hervorgehobene Einzelaspekte fokussiert werden. Nach *Uta Oelke (1991)* etwa zielt das Soziale Lernen u.a. darauf, eigene Gefühle und Interessen wahrzunehmen, auszudrücken und sie unter Berücksichtigung der Gefühle anderer Menschen zu befriedigen; Gefühle, Interessen und Bedürfnisse anderer Menschen wahrzunehmen; Situationen auszuhalten, in denen man seine Bedürfnisse nicht sofort befriedigen kann; Kritik konstruktiv auszuüben und anzunehmen; Konflikte auszutragen, ohne dabei sich selbst oder andere zu erniedrigen, also zahlreiche Kompetenzen für Gefühls- und Emotionsarbeit zu bilden.

Methodisch geht auch dieser berufspädagogische Ansatz – ebenso wie die gruppendynamischen Trainings –nicht von der gedanklichen Klärung und Argumentation aus, sondern von unmittelbaren, hautnahen soziale Selbst- und Fremderfahrungen, also vom *eigenen Erleben und Erfühlen.* Die Lernwirkung beruht auf dem kathartischen Prinzip des klassischen Dramas: Das unmittelbare Erleben der sozialen Zusammenhänge und (im Feedback gespiegelten) Wirkungen erschüttert die mitgebrachten unbewussten Handlungsmuster, bringt sie ins Bewusstsein und lässt den Wunsch nach anderen, besseren Wahrnehmungs- und Handlungsmöglichkeiten entstehen, die dabei zugleich praktisch eingeübt werden können.

Welche der in großer Zahl entwickelten und gut dokumentierten Übungen und Spiele zum sozialen Lernen (vgl. z.B. *Antons, 1972; Kirsten/Müller-Schwarz, 1973; Langmaack & Braue-Krickau, 1989; Maas & Ritschl, 1997; Brinkmann, 1999 u.v.a.m.*) speziell im Rahmen einer Qualifizierung für Interaktionsarbeit in Frage kommen, muss im einzelnen geprüft werden. Der Klassiker „Kontrollierter Dialog" kann ebenso dazugehören wie Übungen zur sozialen Wahrnehmung oder psychologische Rollenspiele. Damit man sich in der Fülle der Möglichkeiten nicht verliert, wird man jedenfalls eine strenge Auswahl unter dem Gesichtspunkt der Interaktionsarbeit treffen müssen und bevorzugt solche Übungen und Spiele in einen entsprechenden Qualifizierungsweg aufnehmen (oder selbst erfinden), bei denen es um ein Erkunden der Gefühle des anderen oder um das Bewusstwerden eigener sozialer Haltungen und Reaktionen geht. Beispielhaft hingewiesen sei auf die Übungsprogramme von *Schiffer und v.d.Linde (2002), Herrmann (2001)* sowie *Belz und Siegrist (1997)*. Viele dieser Ansätze berufen sich auf die Arbeiten von *Schulz v. Thun (1988),* so z.B. *Bischoff-Wanner (1997).*

3.7 Künstlerische Übungen schulen Kompetenzen für subjektivierendes Arbeitshandeln

Während die gruppendynamischen Übungen sich im allgemeinen wohl eher zur Qualifizierung für die Aspekte Gefühls- und Emotionsarbeit eignen, findet sich eines der wenigen berufspädagogischen Mittel, die *direkt* die subjektiven Voraussetzungen und Fähigkeiten für den Aspekt subjektivierendes Arbeitshandeln betreffen und fördern, in den *künstlerischen Übungen*. Dabei geht es um praktische Übungen mit Farbe, Ton, Zeichenstift, auch Holzschnitzen oder Steinbildhauern oder auch um Theaterspielen, Tanzen, Musik, also die gesamte Palette der künstlerischen Ausdrucksmöglichkeiten. Künstlerische Übungen lösen sich noch weiter als die gruppendynamischen von den Bindungen an berufliche bzw. fachpraktische Bezüge und können überhaupt nur verstanden werden, wenn man davon ausgeht, dass die Ebene der (subjektgebundenen, in der Person liegenden) Kompetenzen sich unterscheidet von der (externen bzw. externalisierten) Ebene des beobachtbaren Arbeitshandelns (s.o.), denn hier besteht der Anspruch, Kompetenzen für Arbeit ganz unabhängig von Arbeit, also auch mit vollkommen arbeitsfernen Mitteln bilden zu können.

Bei genauerer Betrachtung trifft dies aber nur dann auf diese Künstlerischen Übungen zu, wenn man ihre äußere Erscheinung betrachtet, denn tatsächlich ist Wasserfarbenmalen z.B. kein Element etwa der Pflege alter Menschen, wie etwa Waschen oder Rollstuhlfahren. Das ist aber ein sehr äußerlicher Aspekt. Bei genauerem Hinsehen bemerkt man, dass der direkte Bezug zwischen künstlerischen Übungen und Interaktionsarbeit, speziell subjektivierendem Arbeitshandeln, auf der Ebene der Handlungsstruktur, des Handlungsmusters liegt, denn künstlerische Übungen sind ein *Paradigma* des subjektivierenden Arbeitshandelns: Der künstlerische Prozess verläuft nicht vorstellungs- oder plangeleitet, sondern er verlangt, dass der Handelnde sich unbefangen auf eine völlig offene Situation einlässt. Dazu muss er „absichtslos“ beginnen, d.h. einen Beginn setzen und sehr genau, mit allen Sinnen und „empfindend“ wahrnehmen, was damit verbunden ist, welche neue (Erlebnis-, Empfindungs-)Realität durch diese Handlung geschaffen wurde. Dabei ist keine „fotografische“ Wahrnehmung, sondern eben jene einfühlsame, sensible, „fühlende“ Wahrnehmung gefordert, die wesentlich mehr von einer Situation erfasst, als nur das, was physisch vorhanden ist. Auf der Grundlage dieser Wahrnehmung entfaltet sich ein dialogisch-explorativer Prozess mit dem künstlerischen „Gegenstand“, dem allmählich Gestalt annehmenden Werk. Dabei tastet man sich sachte und aufmerksam, fragend und wahrnehmend an diesen Gegenstand heran, offen für das, was sich entwickelt und so, dass man sich allmählich immer mehr von dem leiten lässt, was entsteht. Bei diesem Prozess spielen keine Regeln und Vorschriften eine Rolle, sondern idealerweise das und nur das, was intuitiv und sensibel mit „anschauender Urteilskraft“ (Goethe) von der Situation erfasst, „erspürt“ wird. Insofern übt man faktisch, wenn man künstlerisch übt, subjektivierendes Arbeitshandeln und betätigt die dazu nötigen Kräfte und Fähigkeiten, die dadurch, dass sie so gefordert werden, wachsen. Der Zusammenhang zum subjektivierenden Handeln im Beruf ergibt sich dann, wenn man davon ausgeht, dass die so geförderten Kräfte und Fähigkeiten von ihrem ursprünglichen Übungsfeld – den künstlerischen Übungen – ablösbar sind, generell zur Verfügung stehen und auf ganz andere Handlungsfelder übertragen werden können (vgl. *Brater, Büchele, Fucke & Herz, 1988).*

Varianten des berufspädagogischen Einsatzes von künstlerischen Übungen finden sich zum einen dort, wo diese Übungen speziell zur *Sinnesschulung* herangezogen werden (vgl. z.B. *Friedrich,1999)*, oder wenn man in einer mehr sozialpädagogischen Orientierung in diesen Übungen Situationen des sozialen Handelns simuliert (z.B. zu zweit ein Bild malen). Dann bieten diese Übungen, zusätzlich zu ihrem Beitrag zum subjektivierenden Handeln, ähnliche Lerneffekte wie die gruppendynamischen Übungen des Sozialen Lernens.

Solche künstlerischen Übungen in ihrem berufspädagogischen Einsatz sind beschrieben u.a. bei Brater, Büchele, Englert (1987), Engel-Kemmler (1989), Brater, Büchele, Reuter-Herzer, & Selka (1990), Friedrich (1999), Brater & Weishaupt (2003).

4 Die Echtarbeit als berufspädagogisch gestaltetes Lernfeld für Interaktionsarbeit

Obwohl man also, wie unsere Literaturdurchsicht zeigt, auch im Rahmen von arbeitsfernen, rein schulischen Lernsituationen, die zunächst lediglich der Vermittlung von „Wissen über“ Interaktionsarbeit zu dienen scheinen, bemerkenswert viele Möglichkeiten hat, *Interaktionsarbeit zu praktizieren bzw. zu* simulieren und damit etwas für die Förderung von Kompetenzen für Interaktionsarbeit zu tun, bleibt ein grundsätzlicher Mangel: Alle diese Ansätze, Übungen und Methoden bleiben an den *Schonraum der Schule oder Hochschule* gebunden, simulieren Realität und bilden damit Fähigkeiten, deren *Transfer in die Echtsituation* grundsätzlich offen und problematisch ist. Die Realität ist komplexer und vor allem unberechenbarer. Tatsächlich gibt es ja auch immer wieder Beispiele, wie das, was im Rollenspiel wunderbar geklappt hat, in der Echtsituation kaum noch erinnert wird und keineswegs sicheres Handeln garantiert.

Immer mehr Berufspädagogen und Ausbildungsstätten ziehen seit einigen Jahren daraus den Schluss, dass man in schulischen Lernformen zwar sehr gut Wissen vermitteln und Kompetenzbildung *vorbereiten und veranlagen* kann, dass aber für die Bildung von Handlungskompetenzen die *reale Arbeitssituation* als Lernort letztlich unersetzbar und unverzichtbar ist (*vgl. Brater & Büchele, 1991*). In den Interaktionsberufen ist es erfreulicherweise üblich geworden, in die Ausbildung oft mehrere *Praktika, Betriebsphasen, Anerkennungspraktika oder Referendariate* zu integrieren, also Phasen der Echtarbeit, in denen die Arbeitenden jedoch den Status eines Lernenden behalten. Dies bietet die Möglichkeit, nun die *Echtarbeit gezielt als Lernfeld zu nutzen und berufspädagogisch zu erschließen.*

In gewisser Weise knüpft man damit an Zeiten an, in denen sich die Kompetenzen für Interaktionsarbeit naturwüchsig in der realen Arbeitserfahrung bildeten - oder eben nicht. Aber nun geht es nicht mehr darum, darauf zu hoffen, dass sich die benötigten Handlungskompetenzen in der Praxis schon „von selbst" bilden werden, sondern nun geht es darum, die Echtsituation als zentralen Lernort für die Kompetenzen für Interaktionsarbeit durch pädagogische Arrangements und begleitende Maßnahmen effektiver und beherrschbarer zu machen. Es geht also um Möglichkeiten der *Optimierung* des natürlichen Lernens im Arbeitsprozess, und zwar insbesondere durch unterschiedliche Formen der Vorbereitung, der Begleitung und der Nachbereitung bzw. Auswertung. Ziel ist es, *Hilfen zur lernenden Nutzung und Bewältigung* der in der Echtarbeit ja tatsächlich enthaltenen Lernchancen für Interaktionsarbeit zu entwickeln und dadurch den Lernprozess nicht nur abzukürzen, sondern auch seinen Erfolg zu steigern.

4.1 Persönlichkeitsorientierte Ausbildung am Arbeitsplatz: Der Ansatz der GAB München

Dieser Ansatz erschließt das kompetenzbildende Lernen in der Arbeit in einem umfassenden Konzept, das insbesondere die Rolle des Lernbegleiters (Ausbilders) beim Erschließen der in der Arbeit enthaltenen Lernchancen betont[9].

Grundgedanken des Konzepts sind:

- Die Echtarbeit entfaltet ihre Fruchtbarkeit als Lernort nur, wenn die Lernenden auch tatsächlich „echt" arbeiten dürfen, d.h. wenn sie mit realen Aufgabenstellungen konfrontiert werden, die sie selbst bewältigen müssen (und nicht, wenn sie nur zusehen dürfen oder nur etwas gezeigt bekommen, das sie dann nachmachen dürfen);
- Handlungskompetenzen (wie diejenigen, die zur Interaktionsarbeit befähigen) können nicht isoliert „gelehrt" werden, sondern sie bilden sich im Zusammenhang mit der Bewältigung realer Aufgabenstellungen, die völlig sachgemäß neben fachlichen Herausforderungen auch solche an methodische, soziale und Selbstkompetenzen enthalten;
- Dieser Prozess kann unterstützt werden durch die Wahl der Ausbildungsmethodik; dabei ist diejenige Methode am wirksamsten, die Lernende in Situationen bringt, in denen genau das gefordert wird, was sie lernen sollen, und die den eigenen Lernwille der Lernenden so aktiviert, dass sie sich das, was sie können müssen, weitgehend selbst erarbeiten;
- Die Methode, die das am besten verwirklicht, ist die des „entdeckenden" bzw. „selbstgesteuerten Lernens"; entdeckendes Lernen schließt die Anerkennung von Fehlern als Lernchance und das Vermitteln von Theorie *nach* der Praxis – zum Reflektieren und Verstehen des Erlebten - ein;
- Weil niemand gelernt werden, sondern nur selber lernen kann, wird der Ausbilder vom Unterweiser zum Lernbegleiter; er „unterrichtet" nur ausnahmsweise, hauptsächlich schafft er geeignete Lerngelegenheiten, übergibt wohlbedachte Aufgabenstellungen zum selbständigen Lösen und begleitet den Lernprozess durch regelmäßige Zwischengespräche an vereinbarten

---

9 Dieses Konzept wurde ursprünglich für die kaufmännische Ausbildung in der Industrie entwickelt (Brater & Büchele, 1991), dann für die gewerblich-technische Ausbildung weiterentwickelt (Bauer, Herz, Herzer & Vossen, 1993) und jüngst auf die Ausbildung im Einzelhandel (Brater & Rainer, 2000) und auf die Praxisanleitung in der Pflegeausbildung (Brater, 2001) übertragen. Bauer und Munz haben das Konzept explizit für die Ausbildung der Kompetenzen für subjektivierendes Ar-beitshandeln in der Ausbildung von Chemikanten genutzt (Bauer et al., 2002).

Kontrollpunkten und vor allem durch ein gründliches Auswertungsgespräch nach Abschluss des Prozesses;
- Thema des Auswertungsgesprächs ist neben dem fachlichen Teil, der Reflexion des gewählten Vorgehens und der vertiefenden Fachtheorie vor allem auch das Feedback an den Lernenden über sein persönliches und soziales Verhalten.

Um Kompetenzen für Interaktionsarbeit auszubilden, muss demnach auf Echtarbeitssituationen zurückgegriffen werden, in denen genau diese Kompetenzen gefordert werden. Bei ihrer lernenden Bewältigung bleiben die Lernenden dabei aber nicht einfach sich selbst überlassen, sondern ihnen steht ein Ausbilder als Lernbegleiter zur Seite. Der hat 3 zentrale Aufgaben:

- Er steuert die Anforderungen, indem er für das Lernen relevante Aufgaben auswählt, ggf. für das Lernen aufbereitet und zum Selbstlernen übergibt;
- Er strukturiert und begleitet den Lernprozess, indem er für Zwischengespräche zur Verfügung steht und über Lernhindernisse weghilft, sich aber aus der eigentlichen Lösung der Aufgabe heraushält;
- Er wertet den Arbeitsprozess zusammen mit dem Lernenden aus, analysiert die Wege und Umwege, gibt persönliches Feedback und liefert fachtheoretische Vertiefungen und Hintergründe.

Kompetenzen wie diejenigen, die zur Interaktionsarbeit befähigen, können im Sinne dieses GAB-Ansatzes nicht „gelehrt" bzw. „unterrichtet" werden, sondern man kann sie sich nur selbst erarbeiten. Dabei aber wird der Lernende unterstützt, indem er gezielt mit entsprechenden Aufgaben und Anforderungen konfrontiert wird, viel Spielraum erhält, selbst die Lösung zu finden, dabei aufmerksam begleitet wird und die Hilfen bekommt, die er individuell braucht, um die gestellten Anforderungen zu bewältigen.

Auf der Grundlage dieses Ansatzes haben *Bauer et. al.(2002)* das bisher wohl umfassendste Modell für eine Qualifizierung für subjektivierendes Handeln in der Ausbildung von Chemikanten vorgelegt. Dieses Modell stützt sich in der Hauptsache auf das Lernen in der Arbeit, das durch Elemente wie Erkundungsaufgaben, Wahrnehmungsleitfäden und spezielle Auswertungen angereichert wird, und verbindet es mit arbeitsferneren Lernelementen in der Lehrwerkstatt, bei denen es um Wahrnehmungs- und Sensibilisierungsübungen in Verbindung mit mehr theoretischen Reflexionen zum subjektivierenden Arbeitshandeln geht.

4.2 Interaktionsarbeit im Vorpraktikum

Viele Ausbildungen zu Berufen mit hohem Anteil an Interaktionsarbeit empfehlen oder verlangen vor dem „eigentlichen“ Ausbildungsbeginn ein Vorpraktikum oder zumindest eine einschlägige praktische Vorerfahrung. An diese Vorerfahrungen werden in der Regel keine systematischen Ansprüche gestellt, denn sie dienen lediglich dem einfachen Kennenlernen des Berufsfelds, aber auch, und das ist für das Thema Interaktionsarbeit wichtig, der *Selbsterfahrung* des Schülers in diesem Berufsfeld. Auch wenn hier in aller Regel gezielte Ausbildungsbemühungen noch nicht vorgesehen sind, muss man sich doch klar machen, dass gerade diese Ersterfahrungen in dem neuen Arbeitsgebiet tiefe Eindrücke hinterlassen und auch - oft ohne, dass dies bewusst würde - nachhaltig sozialisierend wirken.

Im Prinzip eignet sich das Vorpraktikum bereits sehr gut zur *Blicklenkung* auf das Thema Interaktionsarbeit, denn die Vorpraktikanten erleben gerade dann, wenn sie selbst noch keinen professionellen Selbstschutz aufgebaut haben, sehr heftige eigene Gefühle und finden sich schnell emotional verstrickt. Außerdem bekommen sie oft die Gefühle der Klienten besser mit als die regulären Mitarbeiter, weil sie – ähnlich wie die Reinigungskräfte – mehr Zeit für Gespräche haben. Außerdem sind die Vorpraktikanten in der günstigen Situation, ohne Belastung durch Fachbegriffe und theoretisches Wissen einigermaßen unbefangen und unverstellt wahrnehmen zu können, ja sogar wahrnehmungsgeleitet handeln zu müssen, weil ihnen andere Orientierungsmöglichkeiten noch nicht zur Verfügung stehen. Sie werden also spontan subjektivierend handeln.

Dies wird allerdings nur dann zu einem nachhaltigen Lern- und Bewusstseinsschritt führen – und darin sind sich alle Autoren einig -, wenn auch bereits im Vorpraktikum ein erfahrener Begleiter da ist, der dazu in der Lage ist, mit dem Vorpraktikanten dessen Erfahrungen zu besprechen, sich dessen Gefühle anzuhören, seine Wahrnehmungen herauszufordern oder zu bestätigen und ihn seinerseits auch auf wichtige Wahrnehmungen aufmerksam zu machen und z.B. stark durch spontane Eigenemotionen bestimmte Reaktionen zu besprechen oder auch zu bremsen. Der Vorpraktikant *braucht* also diesen Begleiter, der zumindest zu einem täglichen kurzen Nachgespräch zur Verfügung stehen und seinerseits mit der Thematik Interaktionsarbeit vertraut sein sollte (wie dies bei erfahrenen Mitarbeitern in der Regel der Fall ist, auch wenn sie dafür vielleicht ganz andere Wörter gebrauchen). *Strätz et al (2000)* empfehlen z.B., dass die Praxisanleiter zum einen mit den Praktikanten deren Motive für die Wahl ihres (Erzieher-)Berufs reflektieren und zum anderen immer wieder nach Situationen fragen, die den Praktikanten leicht oder schwergefallen sind. Beides sind gute Ausgangspunkte für Gespräche, die weit in die persönlichen Untergründe des Handelns führen können und viele Aspekte der Interaktionsarbeit ganz selbstverständlich berühren.

Dies führt zum Hauptpunkt: Der *Vorbildrolle* der regulären Mitarbeiter bzw. desjenigen, der den Vorpraktikanten hauptsächlich begleitet. Was der Vorpraktikant an ihnen erlebt– wird der Plan durchgezogen, oder bleibt Raum für situative Arbeitsgestaltung und ein Eingehen auf die anderen Menschen? –, kann sein weiteres Berufsleben prägen – positiv wie negativ. Vorpraktikanten sollten deshalb nur im Umfeld von wirklichen Könnern auf dem Gebiet der Interaktionsarbeit eingesetzt werden oder zumindest in ihrem Betreuer einen solchen Könner finden.

4.3 Vorbereitung der Lernenden auf Anforderungen der Interaktionsarbeit

Manche Autoren versuchen, die Kompetenzbildung für Interaktionsarbeit in der Echtarbeit dadurch zu intensivieren, dass sie die Praktikanten auf diese Aspekte ihrer praktischen Arbeit *gedanklich vorbereiten* (was nicht unbedingt in der Arbeit stattfinden muss, sondern auch zur schulischen Vorbereitung auf das Praktikum gehören kann). *Grüner (1996)* z.B. führt mit den Praktikanten noch vor Beginn des (Kindergarten-)Praktikums eine Art (rein kognitive) Empathieübung durch, die den Praktikanten helfen soll, sich emotional mit der neuen Situation auseinanderzusetzen und Gefühle der Kinder wahrzunehmen und besser zu verstehen. Dazu sollen die Praktikanten sich in die Situation eines Kindes hineinversetzen, dass neu in einen Kindergarten kommt, und dessen Hoffnung und Wünsche, Ängste und Bedenken erarbeiten und notieren. Danach soll der Praktikant seine eigene Situation (Praktikums in einem neuen Kindergarten) anhand der gleichen Dimensionen beschreiben. Schließlich soll er die beiden Situationen vergleichen. Anschließend werden die angehenden Praktikanten aufgefordert, aus dem, was sie sich überlegt haben, Schlussfolgerungen für ihre Arbeit mit den Kindern zu ziehen.

Auch *Jansen (2001)* beschreibt einen Weg der mentalen Vorbereitung auf das Praktikum, der bereits für wichtige Aspekte der Interaktionsarbeit sensibilisieren kann. So fordert er die Praktikanten zu wachen Selbstbeobachtungen insbesondere auch der eigenen Gefühle, Phantasien, Träume, Empfindungen und Wünsche vor und während des Praktikums auf. Indem die eigenen Gefühle bewusst werden, werden sie auch ernst genommen. Es werden nicht Ziele, Absichten und Überlegungen erfragt, sondern überwiegend nicht-rationale Reaktionen auf das Praktikum. So lernt der angehende Praktikant sich selbst und sein inneres Verhältnis zum Praktikum kennen. Durch weitere gezielte Fragen fordert Jansen die Praktikanten dann auf, sich eine Art emotionale Handlungsstrategie zurechtzulegen.

Relativ verbreitet sind in der berufspädagogischen Literatur zur Praktikumsvorbereitung *leitfadengestützte Beobachtungsaufgaben,* die die Aufmerksamkeit insbesondere auf die eigenen Gefühle und die der Klienten richten und dafür die Wahrnehmungsfähigkeit schulen. Solche Beobachtungsaufgaben finden sich z.B. bei *R. Bauer (1997), Jansen (2001).* So fordert Jansen z.B. die (Kindergarten-)Praktikanten auf, sich in die Hocke zu begeben und die Räume aus dieser Perspektive wahrzunehmen (Jansen, 2001, S. 59). *Friedrich (1999)* (und ähnlich *Schütt, 1996)* möchte mit ihren Leitfragen die *Selbstbeobachtung* stärken und damit die Aufmerksamkeit auf den Bereich der eigenen Emotionen (Emotionsarbeit) lenken. Als Gegenstand der Selbstbeobachtung wählt sie die Situation der Erstbegegnung mit einem anderen Menschen und den „ersten Eindruck“, den der andere hinterlässt (vgl. auch *Budde, 1985; Bauer & Munz, 2003; Strätz et.al., 2000).*

Kompetenzen für Interaktionsarbeit, bilden sich bei all diesen Ansätzen dadurch, dass man sein eigenes Verhalten in Interaktionssituationen immer wieder selbstkritisch und gezielt anhand von Fragestellungen überprüft, die sich auf Aspekte von Interaktionsarbeit beziehen. Didaktische Hilfen sind dabei *Wahrnehmungsaufgaben in Verbindung mit blicklenkenden Prüffragen,* die sich auf die Gefühle anderer und auf die eigenen Gefühle richten.

Einen solchen Ansatz verfolgt u.a. *Rüdiger Bauer* in der Weiterbildung von Pflegekräften mit seinem Modell der „Kongruenten Beziehungspflege“ (vgl. *R. Bauer, 1997* sowie *R. Bauer & Jehl, 2000).* Bauer gibt den Pflegekräften für ihre Praxis eine Reihe von *Verhaltensempfehlungen* mit, durch deren Beachtung sie nach seiner Meinung allmählich für Interaktionsarbeit kompetent werden. Dazu gehören z.B. die Wahrnehmung der verbalen und nonverbalen Botschaften der anderen Person, die Erfahrung der eigenen körperlichen Antworten auf die Botschaften der anderen Person, oder die genaue Mitteilung von reaktiven Gefühlen an die andere Person in harmonisch verstehbaren verbalen und nonverbalen Botschaften.

4.4 Den Praktikanten Handlungsaufgaben zur Interaktionsarbeit stellen

Man kann den Praktikanten auch *Praxisaufgaben*, d.h. bestimmte während des Praktikums zu lösende praktische Problemstellungen mitgeben bzw. stellen, die ganz gezielt Kompetenzen für Interaktionsarbeit fordern und damit fördern. Das ist eine relativ weit verbreitete Methode der Verzahnung von schulischer und praktischer Ausbildung[10]. Solche Aufgaben können auch vom Praxisanleiter bzw. vom Ausbilder am Arbeitsplatz gestellt werden.

Beispielhaft erwähnt werden soll die von *Jansen (2001)* gestellte Aufgabe, das „gelebte Konzept der Einrichtung" ausschließlich durch Wahrnehmungen und Beobachtungen herauszufinden, oder die Aufgabe, im Lauf des Praktikums eine *Beschreibung eines verhaltensauffälligen Kindes* anzufertigen, also eines Kindes, *das vermutlich die Emotionen der Erzieher (und des Praktikanten) nicht kalt lässt (Grüner 1996)*. Bei *Schütt (1994)* findet sich die Aufgabenstellung, das Ende des Praktikums bzw. den Abschied des Praktikanten bewusst zu gestalten, und zwar ganz bewusst unter Berücksichtigung der damit verbundenen Gefühls- und Emotionsaspekte. Im Feld handwerklicher Dienstleistungen geben *Bauer und Munz (2003)* den Lehrlingen die Aufgabe, relativ früh ans Telefon zu gehen und dort Kundengespräche anzunehmen, wobei sie sich möglichst „kundenorientiert" verhalten sollen; was das sein kann, wird vorher besprochen. *Munz und Büchele (1999)* binden Lehrlinge in die kundenorientierte Auftragsbearbeitung ein, bei der sie direkt mit Kunden verhandeln müssen.

Kompetenzen für Interaktionsarbeit sollen hier dadurch gebildet werden, dass den Lernenden *gezielt solche* reale Aufgaben gestellt werden, die in hohem Maße Kompetenzen für Interaktionsarbeit fordern und *an denen* sich die gewünschten Kompetenzen gerade deshalb bilden können. Die Aufgaben haben Berufspädagogen aus einem theoretischen Vorverständnis der professionellen Arbeit als Interaktionsarbeit gewonnen, das der lernbegleitende Ausbilder ebenfalls haben muss, wenn er sie sachgemäß und verständnisvoll einsetzen will.

4.5 Einbindung der Praxisbegleiter in die Qualifizierung für Interaktionsarbeit

Einer der wesentlichen Unterschiede zwischen dem „naturwüchsigen" Lernen in der Arbeit und seiner bewussten berufspädagogischen Gestaltung liegt darin, dass in letzterem Fall der in der Arbeit Lernende nicht sich selbst überlassen ist, sondern in der Person eines Ausbilders, Praktikumsanleiters oder Praxisbegleiters einen „Lernbegleiter" zur Seite hat. Dieser Ausbilder bzw. Anleiter unterstützt die Bildung von Kompetenzen für Interaktionsarbeit nicht nur dadurch, dass er spezielle (Lern-)Aufgaben stellt, sondern auch dadurch, dass er den Praktikanten im Arbeitsalltag beobachtet und in seiner Begleitung immer wieder auf

---

[10] So gibt etwa das Bildungszentrum der AOK Baden-Württemberg den dort blockweise unterrichteten Auszubildenden am Ende eines Blocks eine Reihe von Praxisaufgaben mit in ihre Geschäftsstellen, die sie bis zum nächsten Unterrichtsblock irgendwann bearbeitet haben müssen (z.B. eine Präsentation der AOK für die Belegschaft eines Betriebs zu planen und durchzuführen).

interaktionsrelevante Zusammenhänge hinweist. Ferner gibt er dem Praktikanten für die Art und Weise, wie er Interaktionsarbeit realisiert, Rückmeldungen und fordert ihn immer wieder auf, sein Verhalten den Klienten gegenüber zu verändern. Für die Gestaltung dieser kontinuierlichen Begleitung gibt es ebenfalls eine Reihe von berufspädagogischen Vorschlägen.

So verlangen *Strätz et al. (2000)* eine differenzierte individuelle Prozessbegleitung der Praktikanten, die vor allem bei den Wahrnehmungen und Selbstwahrnehmungen der Praktikanten ansetzt und diese ernst nimmt, also auch aufwertet und dadurch stärkt. Auch von *P. Benner (2000)* liegt ein Konzept zur Begleitung der Pflegenden auf ihrem Weg „vom Novizen zum Experten" vor. *Schütt (1994)* verlangt von den Praktikumsanleiter u.a., Vertrauen zu den Praktikanten aufzubauen, damit diese über ihre Gefühle sprechen können, und Rückmeldungen zu geben, die sich explizit auf Aspekte der Interaktionsarbeit des Praktikanten beziehen.

Bei diesen Ansätzen wird bereits deutlich, was *Budde (1985)* und *Bernler und Johnson (1995)* als zentrale Anforderung an die Praxisanleiter herausstellen: sie fördern dann Kompetenzen für Interaktionsarbeit, wenn sie selbst im Umgang mit den Praktikanten *Interaktionsarbeit vorleben.* Zu Rückmeldungen gehört z.B. nicht nur die Wiedergabe von exakten Wahrnehmungen, sondern auch die Mitteilung der Gefühle und Empfindungen, die das Wahrgenommene beim Anleiter selbst ausgelöst hat. Indem der Anleiter seine eigenen Gefühle darlegt, macht er sie – und damit den bewussten Umgang mit Gefühlen überhaupt – zum Thema. Zugleich spiegelt er, welche Gefühle bei anderen ein bestimmtes Verhalten des Praktikanten auslöst, d.h. er lenkt den Blick auf die Gefühle des Interaktionspartners und fordert damit die Praktikanten auf, sich diese hervorgerufenen Gefühle des anderen bewusst zu machen und zu berücksichtigen. Gefühle und Gefühlsarbeit werden zum selbstverständlichen Bestandteil von Interaktionssituationen, wenn der Anleiter nicht „über" die Wichtigkeit usw. von Gefühls- und Emotionsarbeit redet, sondern beides bewusst und demonstrativ praktiziert.

Aus dem Ansatz von Bernler und Johnsson lässt sich ein wichtiges berufspädagogisches Prinzip für die Ausbildung der Kompetenzen für Interaktionsarbeit entnehmen. Aus der Reflexion des praktischen Handelns ergibt sich *zunächst* die Möglichkeit zum planvollen, objektivierenden Handeln als *methodischer Zwischenschritt.* Als Zwischenschritt deshalb, weil dieses objektivierende Handeln scheitert, da es nicht „subjektivierend" unterfüttert ist. Erst über diese Krise gelangt der Praktikant zum subjektivierenden Handelns. *Objektivierendes Handeln wäre demnach eine Durchgangsphase zum subjektivierenden.* Dieser „Umweg" ist für den Lernprozess sehr wichtig, weil er sicherstellt, *dass nicht einfach naiv und „vorwissenschaftlich" ein gefühlsbestimmtes, unprofessionelles Mitleiden und Helfen wollen mit subjektivierendem Handeln verwechselt wird.*

Die Lernbegleiter haben dabei die bedeutende Aufgabe, den Lernprozess so zu steuern, dass der Lernende nicht bei der objektivierenden Stufe stehen bleibt.

Die Anleiter und Ausbilder haben eine Vorbildrolle. In der Anleitungssituation sind sie selbst „Interaktionsarbeiter", und als solche sollten sie eine gewisse Meisterschaft erreicht haben (neben *Bernler und Johnson (1995)* betonen dies auch vor allem *Wieckhorst und Klawe, 1988; Strätz et al., 2000; Budde, 1985)*. Im Praktikum kann man umso besser Kompetenzen für Interaktionsarbeit erlernen, je mehr der Praxisanleiter selbst diese Kompetenzen besitzt, in seiner Anleitung Interaktionsarbeit praktiziert und die Arbeit des Praktikanten mit den Klienten als Interaktionsarbeit betrachtet und reflektiert.

4.6 Reflexions- und Auswertungsmethoden, die Kompetenzen für Interaktionsarbeit fördern

Bei der Begleitung der Lernenden in der Echtarbeit kommt der Reflexion und Auswertung von Erfahrungen eine besonders wichtige Rolle zu. Erst im *Rückblick* erscheint einem das eigene Verhalten in seinen realen Proportionen. Erst dann vermag man es in seien tatsächlichen Wirkungen einzuschätzen. Der GAB-Ansatz zur Ausbildung am Arbeitsplatz (Brater & Büchele, 1991) sieht deshalb z.B. auch regelmäßige Auswertungsgespräche zwischen Lernendem und Lernbegleiter vor, in denen auf einer zurückliegende Arbeitsphase zurückgeblickt wird und neben fachlichen Aspekten auch soziale und Selbsterfahrungen betrachtet werden. Dabei kann man auch Kompetenzen für Interaktionsarbeit bewusst machen und fördern. *Bernler und Johnson (1995)* z.B. haben dafür einen an psychoanalytischen Konzepten orientierten Ansatz entwickelt, bei dem im Auswertungs- oder Rückblicksgespräche tiefsitzende Wahrnehmungsmuster des Praktikanten aufgezeigt und problematisiert werden („Stören von Mustern"). *Munz und Bauer (2003)* entwickeln für die Friseurausbildung eine Methode, wie Ausbilder Auszubildende mit Standardaussagen konfrontieren und sie durch entsprechende Fragen darauf kommen lassen, wie derartige Aussagen auf die Gefühle von Kunden wirken (ähnlich für den Umgang mit Beschwerden *Schiffer und von der Linde, 2000)*. Um die kommunikativen Fähigkeiten von Erzieherinnen zu verbessern, versucht *Friedrich (1999)* sie im Auswertungsgespräch u.a. die Wirkungen bestimmter Kommunikationsstile *erleben* zu lassen, z.B., wie es ist, von anderen in einem Befehlston angesprochen zu werden: „Sie sollten jetzt sofort mit dieser Tätigkeit aufhören, das gehört nicht hierher!" (Friedrich, 1999, S. 57). *Hermann (2001)* versucht Auszubildende dadurch für die Gefühlsebene zu sensibilisieren, dass er gezielt nach den Gefühlen fragt, die ein Klient wohl bei bestimmten Anfragen oder Bitten gehabt hat, und nach dem Verhalten des Praktikanten, das geeignet ist bzw. gewesen wäre, den Klienten emotional zu befriedigen. *Schiffer und von der Linde (2002)* entwickeln eine ganze *Übungssequenz*, mit der man lernen kann, fremde, unverständliche Verhaltensweisen anderer besser zu verstehen und entsprechende Handlungsstrategien zu entwickeln.

4.7 Arbeitsferne Auswertungen von realen Arbeitserfahrungen als Wege zu Bildung von Kompetenzen für Interaktionsarbeit

Zwar wird in der Regel gefordert, Auswertungsgespräche möglichst zeitnah zu führen und durch den Ausbilder selbst. Dabei gehen diese jedoch oft unter, und meist kommen die Ausbilder vor Ort gerade an die tieferen Schichten, die mit Gefühls- und Emotionsarbeit berührt werden, nicht richtig heran, zumal solche arbeitsintegrierten Auswertungsgespräche unter Zeitdruck stehen und die Ausbilder sich selbst oft gar nicht die Kompetenz zutrauen, „Persönliches" anzusprechen.

Daher wird immer wieder nach Formen gesucht, Reflexionen mit mehr Ruhe, Gründlichkeit und Fachkompetenz durchzuführen, gerade, wenn es um solche persönlichen Themen geht. Das bedeutet in der Regel, dass solche Auswertungen *außerhalb der Arbeit* und in Begleitung von Fachleuten durchgeführt werden müssen, die selbst in der Arbeitssituation nicht anwesend waren. Wie können dann aber die Erfahrungen aus der Arbeit möglichst lebendig transferiert werden, und wie kann ein Außenstehender helfen, sie zu bearbeiten?

In der Berufsbildung hat sich eine erstaunlich große Zahl von Methoden und Verfahren herausgebildet, die exakt an dieser Problematik ansetzen und sie zu lösen versuchen. Einige dieser Methoden stammen aus der schulischen Berufsausbildung, die ja immer das Problem hat, wie sie an die Erfahrungen im Praktikum anschließen bzw. diese Erfahrungen in Kompetenzen umwandeln kann.

Ein erstes Beispiel für solche arbeitsfernen, aber auf die Arbeitserfahrungen bezogenen Auswertungsmethoden findet sich bei *P. Benner (2000)* mit ihrer Methode der sogenannten *„Praxiserzählungen"*. In Erzählungen über selbsterlebte Arbeitssituationen spielten neben fachlichen Aspekten immer auch subjektive, emotionale Anteile eine Rolle und werden die nicht in Regeln fassbaren, nicht-zweckrationalen Seiten des pflegerischen Handelns deutlich. Diese Erfahrung veranlasste Benner, solche Praxiserzählungen als didaktisches Element in die Ausbildung von Pflegekräften einzubinden, und zwar sowohl Erzählungen von „Experten" über Pflegesituationen (in denen deutlich wird, was es heißt, Pfleger zu sein und wie man was gelernt hat, was man nicht aus Büchern lernen kann), als auch Erzählungen von Schülern über eigene Erfahrungen in ihrem Praktikum.

Durch das Erzählen kommen beim Erzähler selbst Lernprozesse in Gang, weil er sich beim Erzählen gewissermaßen aus seiner eigenen Geschichte herausbegibt, sich „über“ oder „neben“ das Geschehen stellt, es von außen betrachtet und so den Überblick des Betrachters gewinnt. Dies erlaubt ihm, Alternativen zu sehen, die er in der Situation selbst nicht gesehen hat, Details zu erkennen, die er übersehen hat, und vor allem die eigene Verstrickung wahrzunehmen. Die Praxiserzählung hat somit für den Erzähler selbst eine reinigende, eine kathartische Wirkung, zu der die Lerneffekte durch die Nachfragen und das Feedback der Zuhörer noch hinzukommen.

Benners Praxiserzählungen wurden von vielen anderen Pflegedidaktikern übernommen, so auch von *C. Olbrich (1999),* deren Beschreibung des pflegerischen Handelns dem Konzept der Interaktionsarbeit von Büssing, Giessenbauer, Glaser & Höge (2001) nahe kommt und deren ausbildungsmethodische Überlegungen deshalb besondere Aufmerksamkeit in unserem Kontext verdienen. Ihr wichtigstes Kompetenzbildungsinstrument ist die sog. *Selbstevaluation* der Pflegenden bzw. der Schüler. Für diese Selbstevaluation schlägt sie drei Instrumente vor, nämlich erstens *„narrative Gruppen“,* in denen sie die Praxiserzählungen einsetzt, zweitens *Reflexionsgruppen* zur Verbesserung der praktischen Abläufe und drittens *Supervisionsgruppen,* in denen die persönlichen Aspekte von beruflichen Handlungen reflektiert werden, also auch der Umgang mit eigenen und fremden Gefühlen. Reflexionsgruppen sind Zusammenkünfte von Mitarbeitern, bei denen regelmäßig, systematisch und moderiert auf bestimmte praktische Erfahrungen zurückgeblickt und diese ausgewertet werden. Das können z.B. Erfahrungen mit bestimmten Klienten sein. *Hofmann (2002)* sieht den Vorteil von Reflexionsgruppen vor allem darin, dass sich Kollegen untereinander über Schlüsselsituationen austauschen, wobei dieser Austausch selbst ihre Fähigkeiten verbessert, einander zuzuhören, die eigene Wirkung auf andere abschätzen zu können und über die eigenen Gefühle zu sprechen.

Wittneben nennt die Praxiserzählungen „Narrative“ und baut sie ebenfalls in ihre „kritisch-konstruktive fächerintegrative Pflegesituationsdidaktik“ (*vgl. Wittneben, 1991; Wittneben, 1993a; Wittneben 1993b & Wittneben, 1997*) ein. Wittnebens Ausgangspunkt sind die Narrative von Auszubildenden, in denen diese entsprechend der Methode der kritischen Vorfälle (vgl. Flanagan, 1954) ein reales Erlebnis aus ihrer Ausbildung bzw. Arbeit schildern, das sie nachhaltig negativ oder positiv beeindruckt hat. Anhand dieser Situationen erarbeitet Wittneben zunächst vor dem Hintergrund eines pflegewissenschaftlichen Kategoriensystems (wie z.B. dem von ihr entwickelten „Modell der multidimensionalen Patientenorientierung“) das Sach- und Fachwissen, welches in dieser Problemsituation erforderlich ist. Im zweiten Schritt werden die Narrative unter dem Gesichtspunkt analysiert, was an ihnen über verschiedene Dimensionen allgemeiner

Handlungskompetenz deutlich wird, insbesondere über kommunikative und soziale Kompetenzen. Wittneben gelangt auf diese Weise zu fächerintegrativen Unterrichtseinheiten, die auf den Erfahrungen der Auszubildenden in der Berufswirklichkeit basieren. In diese Methode könnte auch das Thema Interaktionsarbeit einbezogen werden.

Ähnliche Ansätze zu einem „erfahrungsbezogenen Unterricht", der an Eigenerfahrungen der Schüler im Beruf anknüpft, finden sich bei *Darmann (2000), Scheller (1981)* oder *Rastetter (1999).* Letzterer entwickelt ein Weiterbildungskonzept für Gefühlsarbeit, mit dem er *explizit* an Begrifflichkeiten des Konzepts Interaktionsarbeit anknüpft. Dieses Weiterbildungskonzept sieht folgende Elemente vor:

- „Emotionsarbeit und die damit verbundenen Anforderung zum Thema machen: Information über Inhalte, Strategien und Belastungsmomenten von Emotionsarbeit, Kosten und Nutzen von Oberflächenhandeln und Tiefenhandeln erörtern.
- Erkennen der Situationen, die Gefühlsarbeit erfordern. Entscheidungen treffen, welche Art und Intensität von Gefühlsarbeit in der gegebenen Situation angemessen sind.
- Umgang mit schwierigen Situationen, die typischerweise emotionale Dissonanzen erzeugen: ablehnende, aggressive, unzufriedene Kunden; divergierende Erwartungen von Kunden und Unternehmen; eigene negative Befindlichkeit u.ä.
- Erlernen von Techniken und Strategien: z.B. Entspannungstechniken; Hervorrufen von visuellen Erinnerungen, die mit positiven Gefühlen verbunden sind (Tiefenhandeln).
- Selbsterfahrung/ Selbstfindung: Einbau von aus psychotherapeutischer Praxis stammenden Techniken (z.B. Bioenergetik, Gestalttherapie, Meditation), die das Bewusstsein für eigene Bedürfnisse und für die Grenzen zwischen Selbst und Außenwelt erhöhen.
- Bewusstmachen und stärken von sozialen Ressourcen: sich mit Problemen an Kollegen und Vorgesetzte wenden; gegenseitige Hilfe fördern (z.B. Einführung von regelmäßigen Round tables).
- Entwicklung von persönlichen Ressourcen, um Belastungen zu reduzieren: z.B. Rückzugsmöglichkeiten bereitstellen, Zeitmanagement auf Gefühlsarbeit einrichten etc." (Rastetter, 1999, S. 86).

Hier werden also im Rahmen eines Fortbildungsangebots allgemeine Erfahrungen mit Interaktionsarbeit aufgegriffen und dabei die entsprechenden Anforderungen und Schwierigkeiten überhaupt erst einmal bewusst gemacht. Dann werden gezielte Übungen und Techniken angeboten, um den einzelnen Teilnehmern dabei zu helfen, sich selbst besser kennen zu lernen, mit sich selbst besser umzugehen und die Belastungen, die mit Gefühlsarbeit verbunden sind, besser zu bewältigen. Hier geht es also nicht nur um die Auswertung von Erfahrungen, sondern zugleich auch um die Vermittlung von Techniken und Methoden, die helfen können, die Anforderungen der Interaktionsarbeit besser zu bewältigen.

4.8 Psychotherapeutische Ansätze der Selbst- und Beziehungsklärung als Lernformen für Emotionsarbeit

Die zuletzt beschriebenen Ansätze werten Arbeitserfahrungen vergleichsweise „oberflächlich" aus, d.h. sie konzentrieren sich meist auf Handlungsabläufe, eigene Erlebnisse dabei und die Frage, was man hätte anders machen können oder sollen. Interaktionsarbeit hat aber noch eine ganz andere Dimension, die deutlich wird, sobald man sich dem Berufsfeld des Psychotherapeuten zuwendet. Ein Psychotherapeut muss in der Lage sein, aus relativ versteckten Anzeichen Gefühlszustände und –bewegungen seines Klienten erfassen zu können, und er muss sich selbst so gut kennen, dass er Übertragungsprozesse kontrollieren kann, und schließlich sind im therapeutischen Prozess so viele Überraschungen und individuelle Besonderheiten möglich, dass er sich nirgends auf Regeln und die Ableitung von Handlungen aus allgemeinen Theorien verlassen kann, sondern immer wahrnehmend-situativ, also „subjektivierend" vorgehen muss. In der Ausbildung von Psychotherapeuten spielte deshalb von Anfang an die Frage eine zentrale Rolle, wie angehende Therapeuten genau diese Sensibilität entwickeln können für den Klienten, für sich selbst und für das, was sich zwischen ihm und dem Klienten abspielt, und wie das für sie handlungsleitend werden kann. Dabei war von Anfang an klar, dass dafür nicht bestimmte Verhaltenstechniken ausreichen würden, die man sich leicht anlernen kann, sondern dass es hier um eine Veränderung in tieferen Schichten der „Therapeutenpersönlichkeit" geht. Die Ausbildung von Psychotherapeuten war damit eine der ersten, die sich gezielt und systematisch darum kümmern musste, wie sich Kompetenzen für Interaktionsarbeit als *Persönlichkeitsveränderung* ausbilden lassen.

Die klassische Antwort auf diese Frage hat der englische Psychotherapeut *Michael Balint (vgl. Roth, 1984; Loch, 1995; Stucke, 1990)* gegeben. Die „Balint-Methode" wurde zunächst in den psychotherapeutischen Bereich allgemein, dann in die Sozialarbeit und andere Berufsfelder, nicht zuletzt in die praxisbegleitende Aus- und Weiterbildung von Lehrern übernommen. Ziel der Balint-Methode ist die Aufklärung des praktizierenden bzw. angehenden Arztes über seine eigenen unbewussten Erwartungen, Projektionen und Übertragungen an seinen Patienten (Emotionsarbeit) durch eine umfassende Erforschung seiner bewussten und unbewussten Beziehungen zu ihm. Dabei werden professionelle Sichtweisen und Methoden der Psychoanalyse eingesetzt. Dadurch soll ihm ein besseres Verständnis seiner eigenen und der Reaktionen des Patienten gelingen und sein Handeln unabhängiger von unbewussten Übertragungen werden.

Dazu kommen mehrere praktizierende oder angehende Ärzte in einer *Lerngruppe* zusammen. Im Mittelpunkt der Gruppenarbeit steht jeweils ein Protagonist, d.h. ein Teilnehmer, der seine berufsbezogenen Schwierigkeiten anhand konkreter, erlebter Situationen schildert. In der Balintgruppe gilt (eingegrenzt und bezogen auf die zwischenmenschliche Beziehung im Beruf) die analytische Grundregel, alles mitzuteilen, was den Teilnehmern einfällt, und sie werden aufgefordert, frei zu assoziieren. Der freie Bericht über einen Fall soll, darin vergleichbar mit der analytischen Situation, möglichst wenig ausgewählt, vorbereitet, strukturiert sein und die Empfindungen und Gedanken einschließen, die zunächst als abwegig, unpassend, peinlich oder anstößig erscheinen könnten. Der freie Bericht und der Umgang damit in der Gruppe reichen somit weit über die kognitive, rationelle Ebene hinaus. Anhand des Fallbeispiels werden die Beziehung, z.B. zwischen Arzt und Patient, und die Bedeutung jeder Intervention innerhalb dieses Beziehungsgeflechts genau untersucht, so dass ihre unbewussten Komponenten zutage treten und gezielt mit ihnen umgegangen werden kann. Mit Hilfe der Gruppe und dem ausgebildeten Gruppenleiter werden auf der Grundlage persönlicher Erfahrungen des Berichtenden und der Reaktionen aus der Gruppe Klärungen und Veränderungsmöglichkeiten erarbeitet und deren Umsetzung vorbereitet.

Die Balintmethode prägt in ihren Grundzügen die arbeitsbezogenen Lernformen für Interaktionsarbeit heute immer noch. Ob Supervision, Intervision, Reflexionsgruppen, Fallarbeit usw., sie alle variieren im Grunde dieses „klassische" methodische Schema und erweitern oder modifizieren es. Im Hinblick auf die Ausbildung von Sozialarbeitern, Lehrern, Erziehern, Pflegekräften usw. wurde jedoch immer wieder bezweifelt, ob denn tatsächlich jeder, der in diesen Berufen erfolgreich mit Klienten umgehen möchte, tatsächlich eine solch weitreichende psychoanalytische Selbstklärung benötigt, wie Balint dies vorsah (zumal das psychoanalytische Deutungsmuster ja keineswegs unbestritten blieb). So kam es zur „Popularisierung" der Balintmethode in den Techniken der *Supervision* und *Intervision*, die heute in der Aus- und Weiterbildungspraxis von Interaktionsberufen weit verbreitet sind. Ihr Ziel ist ebenso, in schwierigen Situationen mit Klienten die dabei auftauchenden Beziehungsfragen zu klären, indem man mehr über sich selbst und den Klienten erfährt durch gemeinsam vertieftes Reflektieren und Hinterfragen realer Erfahrungssituationen (vgl. *Miller, 1998; Lehmkuhl, 2002; Hofmann, 2002; Olbrich , 1999; Piontek, 2002).* Ausgangspunkt einer Supervisionsgruppe ist immer eine berufliche Situation, mit der ein Teilnehmer nicht gut zurechtgekommen ist und über die er sprechen möchte. Dann schildert er die Situation, die anderen hören aktiv zu. Der Supervisor stellt Fragen, und zwar besonders solche, die die Gefühle des Darstellers betreffen. Er macht auf Verschiedenes aufmerksam, das ihm aufgefallen ist, und bietet ggf. auch Deutungen an. Die Gruppe ist jeweils einbezogen. Der Darsteller entscheidet, ob er die Deutungen annehmen kann. Ist ein störendes Muster deutlich geworden, wird darüber geredet, wie es aufgebrochen, verändert oder durch neue Orientierungen ersetzt werden könnte. Diese inneren Veränderungen werden dann wieder auf die Handlungssituation vom Anfang bezogen und es wird gefragt, wie der Teilnehmer denn nun im Licht der neuen Selbsterkenntnisse diese Handlungssituation gestalten könnte. In der Supervision sollen vor allem Gefühle und Haltungen bearbeitet, also direkt Emotionsarbeit geleistet werden (Müller, 1997). Zur Methode der Supervision allgemein vgl. Schreyögg (1991). Es gibt zahlreiche verschiedene Ansätze, die in verschiedenen psychotherapeutischen Grundverständnissen wurzeln. Unter *Intervision* versteht man eine ganz ähnliche Vorgehensweise, bei der jedoch der ausgebildete Supervisor durch die methodisch vorgehenden Peers ersetzt wird.

Verwandt mit Supervision und Intervision ist die Methode der *Fallbesprechungen in Gruppen* (Gudjons, 1977; Darmann, 2000), bei der ebenfalls die unbewussten Anteilen der Falldarsteller nur so weit einbezogen werden, wie dies unter Laien möglich ist. Für uns wichtig ist, dass bei diesen Fallbesprechungen die eigenen ebenso wie die Gefühle des Klienten sowie die aktuellen Gefühle der Gruppenteilnehmer im Mittelpunkt stehen, wodurch die Fähigkeit, Gefühle wahrzunehmen, nachdrücklich gesteigert wird.

Beim *Psychodrama* (vgl. Leutz, 1974; Yablonsky, 1978; Kösel, 1995 und Kochan, 1981) – ebenfalls eine ursprünglich psychotherapeutische Methode, die sich heute in der beruflichen Aus- und Weiterbildung von Interaktionsarbeitern bewährt hat – erzählt der Protagonist seinen Fall nicht nur, sondern er inszeniert ihn theatralisch, dabei unterstützt vom Leiter. . Die Gruppenmitglieder sind Akteure und Zuschauer zugleich. Sie verkörpern Personen und Situationen aus dem Alltag des Protagonisten.

Beim Psychodrama erfährt der Falldarsteller Vieles über seine Handlungspartner und deren Gefühle, auch jene, die er bei ihnen auslöst, und über sich, seine Emotionen und Eigenarten, und zwar sowohl durch die Spiegelung durch die anderen als auch durch sein eigenes Erleben. So lernt er bei dieser Methode, wie er auf andere wirkt, wie Andere auf verschiedene Sachverhalte (einschließlich sein Verhalten) reagieren, wie er selbst auf die Anderen reagiert, und welche Beziehungsverwicklungen das mit sich bringen kann. Z.T. muss er ja in wechselnden Rollen die Perspektiven seiner Handlungspartner direkt einnehmen und kann den anderen auf diese Weise „von innen" erleben, indem er andere Rollen vorübergehend einnimmt und am Erleben anderer in den jeweiligen Rollen teilhat.

Für unsere Lernbetrachtung muss festgehalten werden, dass sich mit dem Psychodrama der Lernstil und das Lernverständnis gegenüber den zuvor behandelten psychotherapeutischen Methoden verändert. Liegt bei den anderen Methoden der Schwerpunkt auf dem *Bewusstmachen früherer unbewusster Erlebnisse,* so steht im Mittelpunkt des Psychodrama das Vermitteln unmittelbarer intensiver persönlicher Erlebnisse, die auch an eigene Grenzen führen und sofort in der Situation reflektiert werden können. Das Beeindruckende ebenso wie das Lehrreiche an dieser Methode ist nach der Aussage von Teilnehmern eben nicht die Reflexion und auch nicht die gelegentlich angebotene Theorie, sondern die starken Erlebnisse, Krisen, Gefühle und Selbsterfahrungen, die diese Handlungssituation auslösen kann und die *direkt verändernd bzw. kompetenzbildend* wirken können. Es handelt sich auch hier um ein *Erfahrungslernen*, bei dem Kompetenzen für Interaktionsarbeit direkt als implizites Wissen, als „Handlungswissen" gebildet werden können.

5 Schlussbemerkung

Damit wollen wir unseren Überblick über verschiedene vorliegende berufspädagogische Methoden und Ansätze beenden, die geeignet erscheinen, *Kompetenzen für Interaktionsarbeit* zu fördern und auf die Verantwortliche und Lehrende in Aus- und Weiterbildungseinrichtungen zurückgreifen können, die sich entschließen, in Anbetracht der Wichtigkeit der Anteile von Interaktionsarbeit in ihrem jeweiligen Berufsbereich der Qualifizierung für diesen Aspekt in Zukunft mehr Gewicht in ihren Ausbildungsbemühungen einzuräumen.

Als eine Art kurzes Fazit kann festgehalten werden, dass es bereits erstaunlich viele Ansätze und Methoden gibt, die zur Qualifizierung für Interaktionsarbeit beitragen können, so dass eigentlich jede Aus- und Weiterbildungsstätte ausreichend viele Methoden finden dürfte, die sich auf ihre jeweiligen Bedingungen übertragen und anwenden lassen, unabhängig davon, um welches Berufsfeld oder um welche Ausbildungsstruktur es sich handelt. Was heute fehlt, sind weniger einzelne Methoden als erprobte und evaluierte Beispiele für komplexe Aus- und Weiterbildungsgänge, die das Konzept Interaktionsarbeit systematisch als Lernziel in ihre fachliche Ausbildung integrieren und an der Leitschnur dieses Konzepts pädagogisch-ökonomisch diejenigen methodischen Elemente auswählen und in die Ausbildung einbauen, die für die jeweilige Situation am geeignetsten erscheinen, um die benötigten Kompetenzen für Interaktionsarbeit auszubilden.

Wenn Ausbildungsstätten dagegen weiterhin dieses Lernziel „Kompetenzen für Interaktionsarbeit" vernachlässigen zugunsten eines einseitig akademisch-theoretischen oder auf die Weitergabe von „objektivierendem" Fachwissen und entsprechenden Fertigkeiten fixierten Unterricht, dann können sie sich dafür jedenfalls nicht darauf berufen, dass es für das Lernziel Kompetenzen für Interaktionsarbeit keine methodischen Vermittlungsansätze gibt.

Literatur

Ammon, G. (1972). *Gruppendynamik der Aggression*. Berlin: Pinel-Publ.

Antons, K. (1972). *Praxis der Gruppendynamik: Übungen und Techniken*. Göttingen: Hogrefe.

Bachmann, C. H. (Hrsg.) (1981). *Kritik der Gruppendynamik. Grenzen und Möglichkeiten sozialen Lernens*. Frankfurt/M: Fischer.

Bauer, H. G.; Böhle, F.; Munz, C.; Pfeiffer, S. & Woicke, P. (2002). *Hightech-Gespür, Erfahrungsgeleitetes Arbeiten in hoch technisierten Arbeitsbereichen, Berichte zur beruflichen Bildung*, Heft 253. Bielefeld: Bertelsmann.

Bauer, H.G.; Herz, G.; Herzer, M. & Vossen, K. (1993). AQUA: Ein Konzept- und Seminarpaket zur Ausbilderqualifizierung am Arbeitsplatz. Bayer AG und Gesellschaft für Ausbildungsforschung und Berufsentwicklung (Hrsg.). Berlin, Köln.

Bauer, H. G. & Munz, C. (2003). *Materialien zum Kundenerstkontakt*, unveröffentlichte Materialsammlung des Modellversuchs „Ausbildung der Kompetenzen für erfahrungsgeleitetes Arbeiten im Handwerk am Beispiel des Friseurberufs".

Bauer, R. (1997). *Beziehungspflege*. Berlin [u.a.]: Ullstein Mosby.

Bauer, R. & Jehl, R. (2000). *Humanistische Pflege in Theorie und Praxis*. Stuttgart & New York: Schattauer

Belz, H. & Siegrist, M. (1997). *Kursbuch Schlüsselqualifikationen: ein Trainingsprogramm*. Freiburg im Breisgau: Lambertus.

Benner, P.; Tanner, C. A. & Chesla, C. A. (2000). *Pflegeexperten: Pflegekompetenz, klinisches Wissen und alltägliche Ethik*. Bern: Huber.

Berne, E. (2001). *Die Transaktionsanalyse in der Psychotherapie*. Paderborn: Junfermann.

Bernler, G. & Johnson, L. (1995). *Das Praktikum in sozialen Berufen. Ein systematisches Modell zur Anleitung*. Weinheim, Basel: Beltz.

Bezner, U. & Kley-Körner, M. (1994). Gesprächsführung in der Krankenpflegeausbildung. In: *Pflegezeitschrift*, 47, 3, S. 145-149.

Bischoff-Wanner, C. (1997). Kommunikation mit Patienten. In C. Bischoff-Wanner [u.a.] (Hrsg.), *Pflegedidaktik: Bausteine für den Unterricht*. Stuttgart: Thieme.

Böhme, G. (1998). *Anmutungen: über das Atmosphärische*. Ostfildern vor Stuttgart: Ed. Tertium.

Brater, M. (2001). *Konzept zur Weiterbildung von Praxisanleitern in der Altenpflege.* Unveröffentlicht. Gesellschaft für Ausbildungsforschung und Berufsentwicklung.

Brater, M. & Büchele, U. (1991). *Persönlichkeitsorientierte Ausbildung am Arbeitsplatz: Handbuch aus dem Modellversuch der Wacker-Chemie zur Ausbildung von Industriekaufleuten.* Herbig: Langen Müller.

Brater, M.; Büchele, U. & Englert, M. (1987). *Fachausbildung und künstlerische Übungen: ein Weg zur Förderung beruflichen Handlungsfähigkeit.* München: Hampp.

Brater, M.; Büchele, U.; Fucke, E. & Herz, G. (1988). *Berufsbildung und Persönlichkeitsentwicklung.* Stuttgart: Verl. Freies Geistesleben.

Brater, M.; Büchele, U.; Reuter-Herzer, M. & Selka, R. (1990). *Kreative Aufgaben zur Förderung der Motivation und Selbständigkeit.* Bundesinstitut für Berufsbildung (Hrsg.). Berlin, Bonn.

Brater, M. & Landig, K. (1996). *Lehrkräfte lernen, handlungsorientiert zu unterrichten.* München: KHS.

Brater, M. & Rainer, M. (2001). *LIDA – Lernen in der Arbeit.* Lehrlingsausbildung bei dm Drogerie-Markt, Mskp. Karlsruhe (dm).

Brater, M. & van der Star, A. (2003). *Wie wird man jemand, der alte Menschen pflegen kann? Ausbildung der Kompetenzen für intuitives Handeln in einer Altenpflegeschule.* Unveröffentlichtes Manuskript (GAB).

Brater, M. & Weishaupt, S. (2003). Altenpflegende ermutigen, subjektivierend zu handeln. Ein Fortbildungselement im Haus Heilig Geist. In D. Sing & E. Kistler (Hrsg.), *Praxisprojekte zu Verbesserung der Dienstleistung an und mit alten Menschen* (S. 51 – 74). München & Mering: Hampp Verlag.

Brinkmann, R. D. (1999). *Techniken der Personalentwicklung: Trainings- und Seminarmethoden.* Heidelberg: Sauer.

Brocher, T. (1967). *Gruppendynamik und Erwachsenenbildung.* Braunschweig: Westermann.

Budde, W. (1985). *Praxisanleitung. Entwicklung eines Konzepts.* Forum – Sozialarbeit/ Sozialpädagogik. Uni Bamberg, Fachbereich Sozialwesen.

Büssing, A.; Giesenbauer, B.; Glaser, J. & Höge, T. (2001). *Arbeitsbedingungen, Interaktionsarbeit und Qualität der Arbeit in der stationären Altenpflege, Methodenentwicklung und Ergebnisse einer Pilotstudie,* Bericht aus dem Lehrstuhl für Psychologie der TU München, Bericht Nr. 58, Juli 2001.

Cohn, R. (1975). *Von der Psychoanalyse zur Themenzentrierten Interaktion.* Stuttgart: Kohlhammer.

Darmann, I. (2000). *Kommunikative Kompetenz in der Pflege.* Stuttgart: Kohlhammer.

Dehnbostel, P., u.a. (1992a). *Neue Technologien und berufliche Bildung,* Berlin/Bonn: BIBB.

Dehnbostel, P., u.a. (1992b). *Lernen für die Zukunft durch verstärktes Lernen am Arbeitsplatz.* Berlin/Bonn: BIBB.

Dybowski, G., Pütz, H.& Rauner, F. (Hrsg.). (1995). *Berufsbildung und Organisationsentwicklung.* Bremen: Donat.

Eilles-Matthiesen, C., u.a. (2002). *Schlüsselqualifikationen in Personalauswahl und Personalentwicklung.* Bern: Huber.

Engel-Kemmler, J.-G. (1989). Zum Zusammenhang von Erleben und Verstehen. Ziele und Arbeitsweisen einer prozeßorientierten Forbildung. In J. Engel-Kemmler, B. Maelicke & M. Scherpner (Hrsg.) *Fortbilden und Gestalten. Zur Vermittlung zwischen Ausbildung, Praxis und Fortbildung in der sozialen Arbeit.*Weinheim & München: Juventa-Verl.

Erpenbeck, J. & Heyse, V. (1999). *Die Kompetenzbiographie: Strategien der Kompetenzentwicklung durch selbstorganisiertes Lernen und multimediale Kommunikation.* Münster, München [u.a.]: Waxmann.

Feil, N. (1992). *Validation: ein neuer Weg zum Verständnis alter Menschen.* 2., völlig neu bearb. Ausg. Wien: Altern & Kultur.

Flanagan, J.C. (1954). The critical incident technique. *Psychological bulletin*, 51, 4, S. 327-358.

Foulkes, S. H. (1975), *Group-Analytic Psychotherapie*, London: Gordon & Breach.

Friedrich, H. (1999). *Beziehungen zu Kindern gestalten. Einsichten und Übungen für den Alltag.* 2. Aufl. Neuwied, Berlin: Luchterhand.

Fritz, J. (1977). *Methoden des sozialen Lernens.* München: Juventa-Verl.

Goleman, D. (1996). *Emotionale Intelligenz.* München [u.a.]: Hanser.

Greif, S. & Kurtz, H.J. (Hrsg.) (1998). *Handbuch selbstorganisiertes Lernen.* Göttingen: Hogrefe.

Grüner, H. (1996). *Auf dem Weg zur Erzieherin. Eine Praxisbegleitung im Kindergarten. Arbeitsheft für das Kindergartenpraktikum.* Donauwörth: Auer Verlag.

Gudjons, H. (1977). Fallbesprechungen in Lehrgruppen. *Westermanns Pädagogische Beiträge*, 9, S. 373-379.

Gudjons, H.; Pieper, M. & Wagener, B. (1986). *Auf meinen Spuren: das Entdecken der eigenen Lebensgeschichte; Vorschläge und Übungen für pädagogische Arbeit und Selbsterfahrung.* Reinbek bei Hamburg: Rowohlt.

Hauskeller, M. (2003). *Die Kunst der Wahrnehmung: Beiträge zu einer Philosophie der sinnlichen Erkenntnis.* Zug/Schweiz: Graue Edition.

Herrmann, B. (2001). *Soft Skills. Testen Sie Ihre Kommunikations-, Team- und Konfliktfähikeit. Nutzen und fördern Sie Ihr Potential.* Niederhausen: Falken.

Hofman, C. (2002). Vom Umgang mit Emotionen, *TPS (Theorie und Praxis der Sozialpädagogik)* 3, S. 15 – 18.

Jansen, F. (Hrsg.) (2001). *Das Praktikum in der Ausbildung. Tipps und Hilfen für angehende Erzieherinnen.* 1. Aufl. München: Don Bosco.

Kiersch, J. (1978). *Freie Lehrerbildung.* Stuttgart: Freies Geistesleben.

Kirsten, R. E. & Müller-Schwarz, J. (1973). *Gruppentraining: ein gruppendynamisches Übungsbuch; mit 59 Psycho-Spielen, Trainingsaufgaben und Tests.* Stuttgart: Dt. Verl.-Anst.

Klippert, H. (1994). *Methodentraining. Bausteine für den Unterricht.* Weinheim: Beltz.

Kösel, E. (1995). *Persönlichkeitsentwicklung in beruflichen Feldern auf der Grundlage des Psychodramas: Freiburger Psychodrama-Tage 1988.* Bahlingen a. K.: Verlag für subjektive Didaktik.

Kochan, B. (Hrsg.) (1981). *Rollenspiel als Methode sozialen Lernens: ein Reader.* Königstein/Ts.: Athenäum.

Krüger, H. & Lersch, R. (1993). *Lernen und Erfahrung: Perspektiven einer Theorie schulischen Handelns*. 2., aktualisierte und erw. Aufl. Opladen: Leske + Budrich.

Küchler, J. (1979). *Gruppendynamische Verfahren in der Aus- und Weiterbildung: Grundlagen, Materialien, Einsatzmöglichkeiten*. München: Kösel.

Lang, R.W. (2000). *Schlüsselqualifikationen*. München: C.H. Beck.

Langmaack, B. & Braune-Krickau, M. (1989). *Wie die Gruppe laufen lernt: Anregungen zum Planen und Leiten von Gruppen; ein praktisches Lehrbuch*. 3., überarb. u. erw. Aufl. München: Psychologie-Verl.-Union.

Lehmkuhl, K. (2002). *Unbewusstes bewusst machen. Selbstreflexive Kompetenz und neue Arbeitsorganisation*. Hamburg: VSA-Verl.

Leutz, G.A. (1974). *Psychodrama. Theorie und Praxis*. Heidelberg: Springer.

Lindenberg, C. (1975). *Waldorfschulen – Angstfrei lernen, selbstbewusst handeln*. Reinbek: Rowohlt.

Loch, W. (1995). *Theorie und Praxis von Balint-Gruppen: gesammelte Aufsätze*. Tübingen: Ed. diskord.

Lutz, B. (Hrsg.) (2001). *Entwicklungsperspektiven von Arbeit*. Berlin: Akad. Verlag.

Maass, E. & Ritschl, K. (1997). *Teamgeist: Spiele und Übungen für die Teamentwicklung* Paderborn: Junfermann.

Miller, R. (1998). *Beziehungsdidaktik*. 2., überarb. Aufl. Weinheim [u.a.]: Beltz.

Mulke-Geisler, M. (1994). *Erfahrungsbezogener Unterricht in der Krankenpflege*. 2., überarb. und erw. Aufl. Berlin: Springer.

Munz, C. & Büchele, U. (1999). *Gewaltig Lieben: Gewalt unter Jugendlichen*. Ostfildern vor Stuttgart: Ed. Tertium.

Müller, W. C. (1997). Erziehung der Gefühle als Zukunftsaufgabe Sozialer Arbeit, *Neue Praxis*, 3, S. 211 – 219.

Neuweg, H.G. (1999). *Könnerschaft und implizites Wissen*. Münster: Waxmann.

Neuweg, H.G. (Hrsg.) (2000). *Wissen; Können, Reflexion*. Innsbruck: Studien.

Oelke, K. (1991). *Lernen in der Pflege*. Baunatal: Baunataler Verl. & Software GmbH.

Olbrich, C. (1999). *Pflegekompetenz*. Bern: Huber.

Perls, F.S. (1973). *The Gestalt Approach*. Palo Alto: Science and Behavior Books.

Perls, F.S. (1974). *Gestalttherapie in Aktion*. Stuttgart: Klett.

Piontek, R. (2002). Kinder entwickeln sich in Beziehungen. Beziehungsarbeit ist eine Haupttätigkeit von Erzieherinnen. *TPS (Theorie und Praxis der Sozialpädagogik)* 8, S. 16 – 19.

Polanyi, M. (1985). *Implizites Wissen*. Frankfurt: Suhrkamp.

Rastetter, D. (1999). Den Umgang mit Emotionen lernen. Weiterbildung für Arbeitnehmer im Dienstleistungsbereich, GdWZ 10, 2, S. 84-86.

Roth, J. K. (1984). *Hilfe für Helfer. Balint-Gruppen*. München: Piper.

Saint-Exupéry, Antoine de (1971). *Der kleine Prinz*. Düsseldorf : Rauch.

Schachtner, C. (Hrsg.) (1997). *Technik und Subjektivität*. Frankfurt/M.: Campus.

Schauder H. & Lefébure M. (1987). *Lebensberatung: ein Weg zu Wandlung und Geborgenheit; ein anthroposoph. Arzt und ein. kath. Mönch im Gespräch*. Dornach: Geering.

Scheller, I. (1981). *Erfahrungsbezogener Unterricht: Praxis, Planung, Theorie*. Königstein/Ts: Scriptor.

Schiffer, P. & von der Linde, B. (2002). *Mit Soft Skills mehr erreichen. Trainieren Sie Ihre sozialen Kompetenzen*. München: Redline.

Schön, D. A. (1983). *The reflective practitioner: how professionals think in action*. New York: Basic Books.

Schreyögg, A. (1991). *Supervision - ein integratives Modell: Lehrbuch zu Theorie & Praxis*. Paderborn: Junfermann.

Schulz von Thun, F. (1988). *Miteinander reden: Störungen und Klärungen: Psychologie d. zwischenmenschlichen Kommunikation*. Reinbek bei Hamburg: Rowohlt.

Schütt, B. (1994). *Anleiten im Praktikum. Grundlagen, Situationsanalyse, erprobte Wege*. 2. Auflage. Freiburg im Breisgau: Verlag Herder.

Snyder, B.R. (1971). *The hidden curriculum*. New York: Knopf.

Stevens, J.O. (1975). *Die Kunst der Wahrnehmung: Übungen der Gestalt-Therapie*. München: Kaiser.

Strätz, R.; Gloth, V.; Piefel, G. & Werthebach, C. (2000). *Eine gemeinsame Aufgabe von Schule und Praxis. Ausbildung von Erzieherinnen und Erziehern*, Sozialpädagogisches Institut NRW (Hrsg.). Münster: Votum.

Stucke, W. (1990). *Die Balint-Gruppe*. 2., neu bearb. Aufl. Köln: Dt. Ärzte-Verl.

Wieckhorst, W. & Klawe, W. (1988). Qualifizierung für Praxisanleitung, Zielsetzung und konzeptionelle Struktur einer Fortbildungsreihe. In: J. R. Hoppe & H. Zern. *Praxisanleitung im Spannungsfeld von sozialpädagogischer Praxis und Ausbildung. Materialien für die sozialpädagogische Praxis 17*. Frankfurt am Main: Deutscher Verein für Öffentliche und Private Fürsorge.

Wittneben, K. (1991). *Pflegekonzepte in der beruflichen Weiterbildung zur Pflegelehrkraft: über Voraussetzungen und Perspektiven einer kritisch-konstruktiven Didaktik der Krankenpflege*. Europäische Hochschulschriften 11, 473, Frankfurt/Main: Lang.

Wittneben, K. (1993a). Patientenorientierte Theorieentwicklung als Basis einer Pflegedidaktik. *Pflege* 6, 3, S. 203-209.

Wittneben, K. (1993b). Perspektiven einer kritisch-konstruktiven Didaktik der Krankenpflege. In: V. Geldmacher; K. D. Neander; U. Oelke & K. Wallraven (Hrsg.), *Beiträge zum 1. Göttinger Symposium „Didaktik und Pflege*, S. 78-86, Basel.

Wittneben, K. (1997). *Welche Ausbildung benötigt die Pflege unter Beachtung der Wechselwirkungen von Pflegewissenschaft, Pflegepraxis und Unterrichtswissenschaft? Übererarbeitete Fassung des Vortrags auf dem zweiten europäischen Wissenschaftlichen Kolloquium „Bildung und Pflege" vom 17.-18.11. 1997 in Osnabrück*.

Yablonsky, L. (1978). *Psychodrama: die Lösung emotionaler Probleme durch das Rollenspiel*. Stuttgart: Klett-Cotta.

Interaktionsarbeit in unterschiedlichen Feldern der Humandienstleistung

Jürgen Glaser

1 Interaktionsarbeit als Kernaufgabe der Humandienstleistung

Dienst leisten an und gegenüber Menschen bedeutet, mit Klienten und Kunden in einen kommunikativen Austausch, eine wechselseitige Beziehung, d.h. in eine Interaktion einzutreten. Diese Interaktion ist durch situative Bedingungen wie auch durch individuelle Merkmale der Akteure geprägt. Situative Bedingungen resultieren aus Organisationsstrukturen, Prinzipien der Arbeitsteilung und -kombination, Arbeitsaufgaben, personellen und materiellen Bedingungen sowie strukturellen Aspekten der Dienstleistungsbeziehung. Personale Merkmale sind andererseits geprägt durch das individuelle Denken, Fühlen und Handeln der jeweiligen Akteure und ihren Wechselwirkungen. Dementsprechend komplex stellt sich eine Analyse und Gestaltung von Arbeit in der Humandienstleistung dar. Ansatzpunkte der Analyse und Gestaltung können sich demnach auf die Bedingungen richten, unter denen Dienstleistungsarbeit verrichtet wird, zum anderen aber auch auf personenbezogene Aspekte der Dienstleister und Klienten.

Herstellungsverfahren und Produkte in der industriellen Produktion haben kein Eigenleben, wie dies bei den „Werkstücken" der Humandienstleistung – den Klienten – der Fall ist. Sie können daher standardisiert, normiert und dementsprechend einheitlich geplant, vollzogen und bearbeitet werden. Anders ist dies bei Klienten, die mit individuellen Bedürfnissen und Eigenarten zum Teil wenig vorhersehbar sind und somit auch unplanbare Vorgehensweisen in der Arbeit abverlangen. Daraus folgt, dass die Arbeit in der Humandienstleistung andere, zum Teil höhere Anforderungen an Mitarbeiter mit sich führt. Dies steht in einem bemerkenswerten Gegensatz zu dem Umstand, dass große Bereiche der Humandienstleistung, wie etwa die Pflegetätigkeit, nicht selten als *einfache* Dienstleistungen diskreditiert werden, in der gesellschaftlichen Wertschätzung vergleichsweise niedrig rangieren, dementsprechend bescheiden vergütet und angesehen sind. Hierin liegt unseres Erachtens auch ein wesentlicher Grund für bestehende Mängel in der Qualität der Dienstleistung.

Mit der Erforschung und Gestaltung von Interaktionsarbeit werden etablierte Konzepte und Methoden der Arbeitsanalyse und -gestaltung keineswegs hinfällig oder außer Kraft gesetzt. Vielmehr soll mit dem Konzept der Interaktionsarbeit das Augenmerk exklusiv auf die dialogischen Anteile der Dienstleistungsarbeit gerichtet werden. Ähnlich wie Arbeitstätigkeiten in der Produktion und Verwaltung besteht Dienstleistungsarbeit aus mehr oder weniger umfangreichen monologischen Anteilen, für die allgemeine Prinzipien etwa der Regulation des Arbeitshandelns weiterhin Gültigkeit haben (vgl. Hacker, 2005 sowie in diesem Band). Zu diesen monologischen Anteile der Dienstleistungsarbeit, wie etwa Dokumentationsaufgaben oder andere unabhängig von Klienten zu verrichtende Arbeitsoperationen, treten bei der Humandienstleistung – bisweilen hohe – Anteile an Interaktionsarbeit hinzu, bei deren Analyse und Gestaltung die herkömmlichen Konzepte und Methoden rasch an ihre Grenzen stoßen.

In Deutschland wurde die Erforschung solcher charakteristischen Merkmale der Humandienstleistung lange recht stiefmütterlich behandelt. Im Programm „Humanisierung des Arbeitslebens“, das insbesondere in den 80er Jahren vom damaligen Bundesministerium für Forschung und Technologie (BMFT) gefördert wurde, lag der Fokus der Bemühungen fast ausschließlich bei Arbeitstätigkeiten in der industriellen Produktion und Verwaltung und hier wiederum bei den Bedingungen der Arbeit. Das anschließende Programm „Arbeit und Technik“ konzentrierte sich vorrangig auf technologische Aspekte, zum Teil auch im Dienstleistungssektor, jedoch ohne besondere Berücksichtigung der Charakteristika dialogischer Arbeit. Dementsprechend dürftig waren spezifische wissenschaftliche Methoden und Befunde in einem Feld, das bereits zum maßgeblichen Konjunkturmotor in Deutschland geworden war. Erst mit dem Forschungsprogramm „Dienstleistungen für das 21. Jahrhundert“ waren zur Jahrtausendwende verstärkte forschungspolitische Bemühungen um eine systematische und wissenschaftlich gestützte Förderung von Dienstleistungsarbeit erkennbar.

In dem Verbundvorhaben Int*akt* wurden verschiedene Felder der Dienstleistung systematisch aus einer interdisziplinären, arbeitspsychologischen und arbeitssoziologischen Perspektive untersucht. Leitend für das Verbundvorhaben war die These, dass Arbeit in der Interaktion mit Klienten und Kunden besondere Anforderungen und Belastungen mit sich führt, deren Bewältigung geeignete arbeitsorganisatorische Voraussetzungen erfordert. Bei der Erforschung von Interaktionsarbeit im Verbundprojekt Int*akt* wurde eine bedingungsbezogene mit einer personenbezogenen Perspektive verbunden. Mit Blick auf die Bedingungen wurde primär der Frage nachgegangen, wie sich Dienstleistungen mittels geeigneten arbeitsorganisatorischen Maßnahmen in ihrer Qualität verbessern lassen. Zugleich wurde die Perspektive auf Personen und Akteure der Dienstleistung, auf ihr Denken, Fühlen und Handeln nicht aus dem Blick verloren, so etwa mit den Konzepten der Gefühlsarbeit, der Emotionsarbeit und des subjektivierenden Arbeitshandelns. Mit einem Vergleich exemplarischer empirischer Befunde aus verschiedenen Feldern der Humandienstleistung wird nachfolgend ein erster Grundstein für eine Generalisierung gelegt. Hierbei sollen Hemmnisse, aber auch Chancen von Interaktionsarbeit ebenso wie weitere Forschungs- und Gestaltungsbedarfe aufgezeigt werden.

2 Befunde zu Arbeitsbedingungen, Interaktionsarbeit und ihren Folgen in verschiedenen Feldern der Humandienstleistung

Im arbeitspsychologischen Projekt des Verbundvorhabens Int*akt*, auf dessen empirische Befunde beim exemplarischen Vergleich zwischen Tätigkeiten in der Humandienstleistung zurückgegriffen wird, wurden Studien in unterschiedlichen Feldern durchgeführt. Datengrundlage der nachfolgenden Ergebnisdarstellungen sind Befragungen von 176 Berufsschullehrern in Berufsschulen sowie in Feldern der Pflege von 202 Altenpflegekräften in sechs Altenpflegeheimen, 721 Pflegekräften in 97 ambulanten Pflegediensten, 485 Krankenpflegekräften in fünf Allgemeinkrankenhäusern sowie 2.141 Pflegekräften in zehn psychiatrischen Landeskrankenhäusern. Aus diesen Studien werden jeweils einige Befunde zu den Arbeitsbedingungen, zu Merkmalen der Interaktionsarbeit und exemplarischen Folgen für die Dienstleister vorgestellt und verglichen. In einem ersten Schritt werden psychologisch relevante Aufgabenmerkmale in den verschiedenen Feldern der Pflege miteinander verglichen. Diese Befunde wurden durch standardisierte schriftliche Befragungen der Pflegekräfte mithilfe spezifisch auf das jeweilige Untersuchungsfeld adaptierten Versionen eines Tätigkeits- und Arbeitsanalyseverfahrens (vgl. Büssing & Glaser, 2002) ermittelt.

Tabelle 1: Anforderungsgehalt von Arbeitsaufgaben in unterschiedlichen Feldern der Pflege

Anforderungsindikatoren	MW Kranken-pflege (KP)	MW Altenpflege (AlP)	MW Ambulante Pflege (AmP)	p-Wert KP-AlP	p-Wert KP-AmP	p-Wert AlP-AmP	p-Wert gesamt
Variabilität	3.68	3.78	3.89	≈1	.047	.82	.042
Automatisierung (umgepolt)	3.00	2.76	2.89	.034	.32	.29	.041
Entscheidung und Problemlösen	3.19	3.17	2.76	≈1	≈0	≈0	≈0
Informationsverarbeitung	3.95	3.91	3.50	≈1	≈0	≈0	≈0
Aufgabenkomplexität	3.97	4.18	3.43	.081	≈0	≈0	≈0
Verantwortung	4.52	4.37	4.49	.18	≈1	.15	.11
Kooperationserfordernisse	4.02	4.12	3.47	.59	≈0	≈0	≈0
Qualifikatorische Voraussetzungen	3.98	4.16	3.80	.074	.006	≈0	≈0
Lernerfordernisse	3.83	4.10	3.79	.003	≈1	≈0	≈0
Qualifizierungsmöglichkeiten	3.43	3.83	3.63	≈0	.006	.016	≈0
Chancen zur Qualifikationsübertragung	3.45	3.77	3.73	≈0	≈0	≈1	≈0
Angemessenheit der Qualifikation	3.95	4.02	4.18	.91	≈0	.009	≈0

In Tabelle 1 sind Mittelwerte unterschiedlicher Anforderungsmerkmale für das Feld der Krankenpflege, Altenpflege und ambulanten Pflege dokumentiert und statistisch miteinander verglichen (Zustimmungsskala mit 1=nein gar nicht; 5=ja, genau; p-Werte der Varianzanalyse). Es wird ersichtlich, dass die stationäre Altenpflege wie auch die Krankenpflege und die ambulante Pflege einen ingesamt hohen Anforderungsgehalt aufweisen. Dieser Befund kann das bisweilen vorherrschende öffentliche Bild von Pflege als einer vergleichsweise „einfachen" Dienstleistungstätigkeit klar revidieren. Pflege ist demzufolge eine abwechslungsreiche Tätigkeit mit einer hohen Verantwortung, beträchtlicher Komplexität der Aufgaben, mit hohen Kooperationsanforderungen und der Notwendigkeit immer wieder Neues hinzuzulernen. Im Vergleich zwischen den Pflegefeldern zeigen sich aber auch klare Unterschiede in spezifischen Anforderungsindikatoren. So lässt sich etwa erkennen, dass ambulante Pflege eine noch größere Anforderungsvielfalt mit sich bringt und dass die Passung zwischen der Qualifikation der Pflegekräfte und den qualifikatorischen Anforderungen der Tätigkeit ein noch günstigeres Verhältnis annimmt als etwa die Arbeit in der stationären Krankenpflege. Möglicherweise liegt hierin – neben spezifischen ungünstigen Rahmenbedingungen stationärer Einrichtungen (z.B. Schichtarbeit, Schnittstellenprobleme) – ein Grund dafür, dass Pflegekräfte aus dem stationären Bereich nicht selten nach gewisser Zeit aussteigen und sich der abwechslungsreicheren und qualifikationsangemesseneren ambulanten Pflege zuwenden.

Tabelle 2: Arbeitsbelastungen in unterschiedlichen Feldern der Pflege

Belastungsindikatoren	MW Kranken-pflege (KP)	MW Alten-pflege (AlP)	MW Ambulante Pflege (AmP)	p-Wert KP-AlP	p-Wert KP-AmP	p-Wert AlP-AmP	p-Wert gesamt
Belegung	3.72	2.60	2.49	≈0	≈0	.93	≈0
Unsichere Informationen	2.76	2.63	2.05	.88	≈0	≈0	≈0
Fluktuation/Absentismus	2.65	2.93	2.36	.085	.006	≈0	≈0
Soziale Stressoren	2.38	2.38	1.91	≈1	≈0	≈0	≈0
Überforderung: Patienten	2.63	2.84	2.39	.017	≈0	≈0	≈0
Überforderung: Arbeitsumgebung	3.18	2.76	2.81	≈0	≈0	≈1	≈0
Zeitdruck: unspezifisch	3.38	3.39	2.50	≈1	≈0	≈0	≈0
Zeitdruck: spezifisch	2.85	2.58	2.62	.006	.001	≈1	.001
Widersprüchliche Ziele	2.85	2.73	2.37	.45	≈0	≈0	≈0
Lernbehinderungen	2.51	2.57	2.14	≈1	≈0	≈0	≈0
Informatorische Erschwerungen	2.61	2.46	2.05	.15	≈0	≈0	≈0
Motorische Erschwerungen	3.12	2.43	2.54	≈0	≈0	.22	≈0
Unterbrechungen: Personen	3.54	3.06	2.17	≈0	≈0	≈0	≈0
Unterbrechungen: Funktionsstörung	2.44	2.20	1.70	.007	≈0	≈0	≈0
Unterbrechungen: Blockierung	2.80	2.59	2.20	.022	≈0	≈0	≈0
Riskantes Handeln	2.45	2.46	1.89	≈1	≈0	≈0	≈0
Zusätzlicher Handlungsaufwand	2.65	2.34	1.98	≈0	≈0	≈0	≈0
Erhöhter Handlungsaufwand	3.21	2.81	2.85	≈0	≈0	≈1	≈0

Ein Vergleich der psychischen Arbeitsbelastungen zwischen Krankenpflege, Altenpflege und ambulanter Pflege zeigt weiterhin (vgl. Tabelle 2), dass gerade in Bezug auf die belastenden Merkmale der Pflegearbeit markante Unterschiede zwischen den Pflegefeldern bestehen. Im stationären Pflegebereich dominieren Aspekte des Zeitdrucks, die in der ambulanten Pflege, angesichts deutlich größerer zeitlicher Spielräume bei den Touren, weniger stark ausgeprägt sind. Die stationäre Altenpflege ist durch eine etwas höhere Belastung durch Fluktuation und Absentismus auf den Stationen und Wohnbereichen der Heime gekennzeichnet, und es lässt sich zudem auch eine signifikant höhere Überforderung durch das Klientel als in anderen Pflegefeldern verzeichnen.

Umgekehrt stellen sich in der stationären Altenpflege, wie auch in der ambulanten Pflege weniger Probleme der Belegung und Auslastung, eine insgesamt geringere Überforderung durch die Arbeitsumgebung (z.B. Lärm) und geringere spezifische Zeitrestriktionen. Letztere resultieren in der Krankenpflege meist aus der Kooperation mit zahlreichen anderen Berufsgruppen und Diensten. Weitaus weniger ausgeprägte Schnittstellen mit anderen Berufsgruppen und durch gesamtorganisatorische Abläufen bedingen offenkundig in der stationären Altenpflege und in der ambulanten Pflege auch die deutlich niedrigeren Arbeitsbelastungen zum Beispiel in Form von informatorischen Erschwerungen (z.B. fehlende Informationen über Klienten), Arbeitsunterbrechungen (z.B. durch andere Personen) und einem damit verbundenen Zusatzaufwand in der täglichen Arbeit.

In diesem Vergleich zeigen sich erneut zahlreiche, vor allem hemmende Faktoren für eine gelungene Interaktionsarbeit mit den Klienten. Die zumeist arbeitsorganisatorisch bedingten psychischen Belastungen der Pflegekräfte, vor allem in der stationären Krankenpflege, zum Teil aber auch in der Altenpflege, kosten nicht nur zusätzlich Zeit und Energie, die letztlich für die Interaktion fehlt, sondern sie beeinträchtigen auch die Kontinuität der Arbeitsbeziehung zwischen Pflegenden und Klienten ebenso wie die Gesundheit der Dienstleister – und dadurch letztlich vermittelt auch die Qualität der Gesundheitsdienstleistung.

Im Rahmen der empirischen Untersuchungen zur Interaktionsarbeit in den verschiedenen Feldern der Humandienstleistung, wurden neben Befragungen auch Beobachtungen kompletter Schichten durchgeführt. Ergebnisse haben gezeigt, dass in allen Berufsfeldern eine hohe Interaktionsdichte vorliegt mit sehr häufig wechselnden Interaktionspartnern und vergleichsweise kurzen Interaktionsepisoden vorliegen. So muss sich etwa eine Pflegekraft in der stationären Altenpflege im Laufe einer Frühschicht auf bis zu 27 unterschiedliche Interaktionspartner einstellen, wobei mit denselben Personen pro Schicht im Durchschnitt 2-3 mal interagiert wird. Bei der Mehrzahl der beobachtbaren Interaktionen handelte es sich um sehr kurze Episoden mit weniger als einer Minute Dauer. Über 90% der Interaktionen waren maximal 5 Minuten lang. Hierin lassen sich klare Hemmnisse für eine klientenorientierte Interaktionsarbeit ausmachen. Nicht nur aus pflegewissenschaftlicher, sondern gerade auch aus arbeitspsychologischer Sicht wäre eine stärkere Kontinuität verbunden mit längeren und weniger häufig wechselnden Interaktionspartnern erforderlich. Weiterhin dominieren beispielsweise in der stationären Altenpflege die rein verrichtungsbezogenen Interaktionen, während rein sozioemotionale Inhalte der Interaktion recht selten anzutreffen sind. Dieser Befund trägt sicherlich auch dem Umstand Rechnung, dass die Finanzierung der Pflege, v.a. im Rahmen der Pflegeversicherung, solche Aspekte einer sozioemotionalen Betreuung stark vernachlässigt und somit ein wichtiges strukturelles Hemmnis darstellt, das eine interaktionsintensive, qualitätsorientierte Pflege behindert.

Günstigere Voraussetzungen für die Interaktion zwischen Dienstleistern und Klienten lassen sich im Feld der ambulanten Pflege und in der psychiatrischen Pflege feststellen. Hier waren die Interaktionsepisoden insgesamt deutlich länger und weniger häufig wechselnd. Hier sind die Bedingungen somit besser dazu geeignet, vertrauensvolle kontinuierliche Beziehungen aufzubauen und die hohen Anforderungen in der Interaktion auch im Sinne der Gefühlsarbeit und eines subjektivierenden Arbeitshandelns besser bewältigen zu können.

In den empirischen Studien des arbeitspsychologischen Projekts im Verbundvorhaben Int*akt* wurden zudem sogenannte Interaktionscharakteristika näher untersucht. Hierbei ging es um Anforderungen an die Interaktion, die aus dem Gesundheitsstatus und aus Aspekten der Persönlichkeit der Klienten erwachsen. Im Direktvergleich zwischen der stationären Altenpflege, ambulanten Pflege und hier exemplarisch einem weiteren Feld der Humandienstleistung, der Tätigkeit von Lehrern, zeigen die empirischen Befunde das folgende Bild (vgl. Abbildung 1).

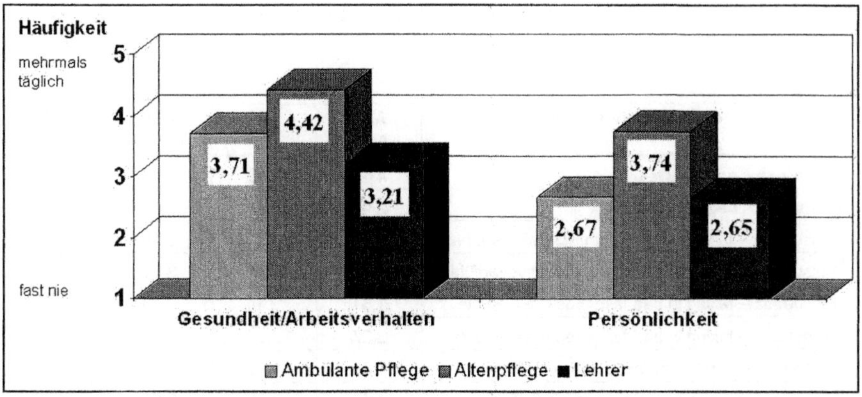

Abbildung 1: Interaktionscharakteristika der Klienten von Pflegekräften und Lehrern

Pflegekräfte in der Altenpflege müssen den Ergebnissen zufolge in ihrem Arbeitsalltag häufig mit einem schwierigen Gesundheitsstatus der Bewohner ebenso wie mit schwierigen Aspekten der Bewohnerpersönlichkeit umgehen. Dabei handelt es sich beispielsweise um Immobilität (Klientengesundheit) oder Aggressivität von Bewohnern (Klientenpersönlichkeit). Dienstleister in der ambulanten Pflege sind mit solchen, die Interaktion maßgeblich prägenden, ungünstigen Bedingungen des Klientels in geringerem Maße konfrontiert. Der Vergleich zu den Lehrern zeigt ferner, dass die Lehrer-Schüler-Interaktion in weitaus geringerem Maße durch problematisches Arbeitsverhalten der Schüler (z.B. desinteressierte Schüler) oder durch eine schwierige Persönlichkeit der Schüler (z.B. aggressive Schüler) geprägt ist.

Weitere Untersuchungen zu den Gefühlsregeln, die auf einer beruflichen, organisationalen oder individuellen Ebene die Anforderungen an den Umgang mit Klienten und den spezifischen Gefühlsausdruck gegenüber diesen bedingen haben gezeigt, dass Lehrer über mehr Ausdrucksregeln, insbesondere berufliche und persönliche Gefühlsregeln verfügen als Pflegekräfte. Zugleich stehen den Lehrern mehr Interaktionsspielräume zur Verfügung. Altenpflegekräfte haben demgegenüber mehr emotionale Dissonanzen zu regulieren, die nachweislich in einem engen Zusammenhang zur Entwicklung von Burnout stehen.

Tabelle 3: Konstellationen der Emotionsarbeit in unterschiedlichen Feldern der Humandienstleistung

Konstellationen der Emotionsarbeit	MW AmP	MW AIP	MW Psych	MW Lehrer
Konsonanz: positive Gefühle	4.17	3.95	3.77	4.16
Konsonanz: negative Gefühle	2.00	1.99	2.88	3.86
Dissonanz – faking in good faith: positive Gefühle	3.05	3.20	3.25	2.58
Dissonanz – faking in good faith: negative Gefühle	3.53	3.46	3.31	2.59
Dissonanz – faking in bad faith: positive Gefühle	1.81	2.14	2.19	2.99
Dissonanz – faking in bad faith: negative Gefühle	2.27	2.34	2.24	1.85
Dissonanz – surface acting: positive Gefühle	1.85	1.92	1.91	2.23
Dissonanz – surface acting: negative Gefühle	3.47	3.35	2.80	1.74
Dissonanz – deep acting: positive Gefühle	3.06	3.20	3.24	3.01
Dissonanz – deep acting: negative Gefühle	3.52	3.44	3.21	3.08
Devianz: positive Gefühle	1.57	1.78	2.20	3.27
Devianz: negative Gefühle	1.62	1.75	2.10	1.57

Detaillierte empirische Ergebnisse zur Emotionsarbeit in verschiedenen Feldern der Pflege zeigt die Tabelle 3. Hier wurde differenziert nach den Gefühlsqualitäten der Emotionsarbeit, d.h. es wurde zunächst systematisch zwischen positiven und negativen Gefühlen unterschieden, und die Dienstleister wurden gefragt, inwieweit ihre tatsächlichen empfundenen Gefühle mit ihrem Gefühlsausdruck gegenüber den Klienten und mit den Gefühlsregeln im Einklang stehen (Konsonanz), mit welchen Strategien sie emotionale Dissonanzen zwischen empfundenen Gefühlen und gefordertem Gefühlsausdruck regulieren (vgl. hierzu Giesenbauer & Glaser, in diesem Band)und inwieweit hierbei eine Devianz auftritt, d.h. ein Gefühlsausdruck, der eigentlich von der Organisation nicht zulässig ist. In der Tabelle 3 sind die Mittelwerte (Zustimmungsskala im Antwortformat 1=nein gar nicht bis 5=ja, genau) für verschiedene Felder der Pflege wie auch für Lehrer dokumentiert.

Die Ergebnisse zeigen, dass Pflegekräfte in der stationären Altenpflege wie auch in der ambulanten Pflege ein vergleichsweise hohes Maß an emotionaler Dissonanz in ihrer täglichen Arbeit erleben. Dies drückt sich vorwiegend darin aus, dass negative Gefühle gegenüber den Patienten unterdrückt werden müssen. Hierbei werden unterschiedliche Strategien zur Regulierung der emotionalen Dissonanz eingesetzt. Zum einen wird Oberflächenregulierung (surface acting) betrieben, d.h. Gefühle werden oberflächlich im Ausdruck vorgespielt, zum anderen wird aber auch ernsthaft versucht, entsprechende positive Gefühle (u.a. Sympathie, Freude) gegenüber den Klienten tatsächlich zu empfinden (Tiefenhandeln bzw. deep acting) respektive negative Gefühle (u.a. Ärger, Ekel) nicht zu empfinden. Ganz überwiegend steht bei den Dienstleistern die Überzeugung im Vordergrund, dies deshalb zu tun, weil die berufliche Verantwortung gegenüber den Klienten eine solche Regulierung erfordert (faking in a good faith) und weniger die Befürchtung vor negativen Konsequenzen seitens der Organisation (faking in a bad faith) im Falle dass dies nicht getan wird. Positive Gefühle gegenüber Pflegebedürftigen zu zeigen (auch wenn diese tatsächlich nicht empfunden werden), erfordert hingegen in keinem der Felder ein substanzielles Maß an Regulation. Offenkundig sind solche Gefühle bei den Pflegedienstleistern generell zumeist vorhanden.

Bei den Lehrern zeigt sich, dass diese deutlich mehr negative Gefühle (z.B. Ärger) zeigen, wenn sie diese empfinden. Dies scheint in den Berufsschulen – im Unterschied zu Pflegeeinrichtungen – weitaus weniger als Devianz erlebt zu werden. Daher sind Berufsschullehrer auch in geringerem Maße als Pflegekräfte gefordert, emotionale Dissonanzen im Sinne des Unterdrückens negativer Gefühle zu regulieren. Hingegen zeigen die Ergebnisse, dass Lehrer mehr positive Gefühle regulieren müssen. Offenbar empfinden sie solche Gefühle (z.B. Sympathie, Freude) in geringerem Maße als Pflegekräfte und müssen sie verstärkt, insbesondere durch Oberflächenhandeln regulieren, d.h. den Schülern vorspielen.

Interessant sind in diesem Zusammenhang auch bestimmte Befunde im Feld der psychiatrischen Pflege. Die empirischen Studien in der Psychiatrie haben gezeigt, dass Pflegekräfte hier ebenfalls, mehr als in anderen Pflegefeldern, ihre erlebten negativen Gefühle gegenüber Patienten zum Ausdruck bringen bzw. ausleben. Dies zeigt sich darin, dass weniger Oberflächenregulation bei negativen Gefühlen stattfindet und dementsprechend mehr emotionale Devianz auftritt.

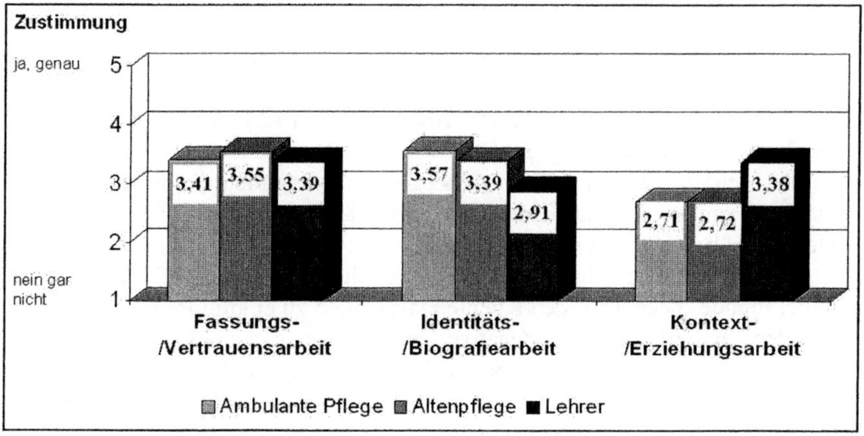

Abbildung 2: Gefühlsarbeit bei Humandienstleistern

In Abbildung 2 ist erkennbar, dass sich bezüglich der Gefühlsarbeit zum Teil Gemeinsamkeiten zeigen, jedoch auch Unterschiede hinsichtlich bestimmter Facetten ausmachen lassen. So zeigen sich zunächst im Vergleich zwischen den Typen der Gefühlsarbeit in der stationären Altenpflege und in der ambulanten Pflege ähnliche Profile. In beiden Feldern ist insbesondere Fassungs- und Vertrauensarbeit in einem vergleichsweise hohen Maß zu leisten, mehr noch in der Altenpflege. Vermutlich sind für diesen Befund spezifische Inhalte der Pflege maßgeblich verantwortlich, zum Beispiel der Umgang mit Leiden, im Altenpflegeheim auch Sterben und Tod – und die in diesem Kontext stärker zu leistende Fassungsarbeit. Ebenso wichtig ist aus Sicht der Pflegekräfte die Identitäts- und Biografiearbeit in beiden Feldern. In der ambulanten Pflege erreicht diese noch ein höheres Niveau, was vermutlich auf den Kontext der Tätigkeit in der häuslichen Prvatsphäre der Patienten und die noch engere Zusammenarbeit mit Angehörigen zurückzuführen ist.

In unseren Untersuchungen bei Lehrern hat sich hinsichtlich der Ausprägungen von Typen der Gefühlsarbeit gezeigt, dass hier vor allem die Erziehungsarbeit eine wichtige Rolle spielt, während Identitäts- und biografische Arbeit – so wünschenswert sie für einen individualisierten Lernprozess auch wäre – eher in den Hintergrund rückt.

Neben zahlreichen anderen Indikatoren für die möglichen Folgen von Interaktionsarbeit spielt insbesondere das Burnout-Syndrom eine entscheidende Rolle. Denn Burnout hat, wie seine Kernkomponenten der emotionalen Erschöpfung und der Depersonalisation zeigen (vgl. Schaufeli, Maslach & Marek, 2003), viel mit dem Umgang mit eigenen Emotionen und der Interaktion mit den Klienten zu tun. Zudem ist Burnout in den Feldern der Pflege und der Lehrertätigkeit mit verantwortlich für gesundheitliche Beeinträchtigungen und den bekannten frühzeitigen Ausstieg aus dem Beruf. In Deutschland erreichen nur rund 90% der Lehrer die reguläre Altersgrenze der Pensionierung. Bei rund der Hälfte derjenigen, die frühzeitig aus dem Beruf aussteigen, geschieht dies – laut Statistiken der Krankenkassen – in Folge psychischer Erkrankungen (vgl. Hillert & Schmitz, 2003).

Unsere Ergebnisse zu Burnout in unterschiedlichen Feldern der Pflege zeigen, dass Altenpflegekräfte in deutlich stärkerem Maße von emotionaler Erschöpfung wie auch von Depersonalisation betroffen sind als Pflegekräfte im ambulanten Bereich. Interessant ist im Vergleich mit der psychiatrischen Pflege, dass hier Depersonalisation in einem stärkeren Maße auftritt, während die emotionale Erschöpfung hier geringer ausfällt als in der Altenpflege. Vermutlich wird durch Depersonalisation im Sinne einer Bewältigungsstrategie versucht, emotionaler Erschöpfung vorzubeugen bzw. diese zu mindern. Hierbei ist jedoch zu betonen, dass Depersonalisation eine dysfunktionale Strategie darstellt, die einer qualitätsorientierten Pflege und den Anforderungen in der Interaktion zwischen Pflegenden und Pflegebedürftigen kaum gerecht werden kann.

Bei den Lehrern fallen beide Kernkomponenten von Burnout deutlich höher aus, liegen insgesamt betrachtet jedoch auch noch in einem moderaten Bereich. Das höhere Niveau an emotionaler Erschöpfung und Depersonalisation bei Lehrern mag einerseits damit zusammenhängen, dass sie eine weitaus größere Zahl von Klienten (Schülern) simultan zu betreuen haben und andererseits von den Schülern vermutlich weitaus weniger positive Reaktionen im Sinne einer Reziprozität von Geben und Nehmen zu erwarten sein dürften als in der Interaktion zwischen Pflegekräften und Klienten.

Generell sind die Burnout-Werte bei den in unseren Studien untersuchten Einrichtungen keineswegs Besorgnis erregend. Jedoch muss darauf hingewiesen werden, dass sich hinter den Mittelwerten und der insgesamt moderaten Ausprägung stets eine Zahl von Mitarbeitern verbergen, die einen zum Teil behandlungsbedürftigen Grad an Burnout bereits erreicht haben.

Stellt man sich nun die Frage, welche Aspekte der Interaktionsarbeit in einem besonders engen Zusammenhang zum Burnout stehen, dann liefern Befunde aus Regressionsanalysen weitere Erkenntnisse. Diese Analysen zeigen für Pflegekräfte in der ambulanten Pflege und in der stationären Altenpflege, dass Merkmale der Gefühlsarbeit und der Emotionsarbeit neben Interaktionscharakteristika der Klienten klare Zusammenhänge zur emotionalen Erschöpfung (EE) und zur Depersonalisation (DP) aufweisen. Zudem zeigt sich, dass Interaktionsspielräume offensichtlich gute Chancen zur Prävention von Burnout bieten. In beiden Pflegefeldern gehen größere Interaktionsspielräume mit einem geringeren Grad der Erschöpfung wie auch der Depersonalisation einher. Dies verweist einmal mehr auf die Forderung, den Dienstleistern mehr Freiheitsgrade bei der Ausgestaltung von Interaktionen mit den Klienten zu ermöglichen. Der Befund kann zugleich auch als ein Beleg für die Kernthese unseres Vorhabens gewertet werden, nämlich die Annahme, dass mit der Schaffung geeigneter Aufgabenstrukturen im Sinne einer ganzheitlichen Pflege die Qualität des Arbeitslebens der Dienstleister und dadurch bedingt auch die Qualität der Pflege gefördert werden kann.

In Zusammenhangsanalysen zwischen emotionaler Dissonanz und Burnout zeigt sich ein struktureller Zusammenhang. Bei diesen Analysen wurde mithilfe von Strukturgleichungsmodellen eine differenzierte Betrachtung emotionaler Dissonanz hinsichtlich der Regulation positiver und negativer Gefühle vorgenommen und Zusammenhänge zu den Kernkomponenten der emotionalen Erschöpfung und der Depersonalisation vorgenommen.

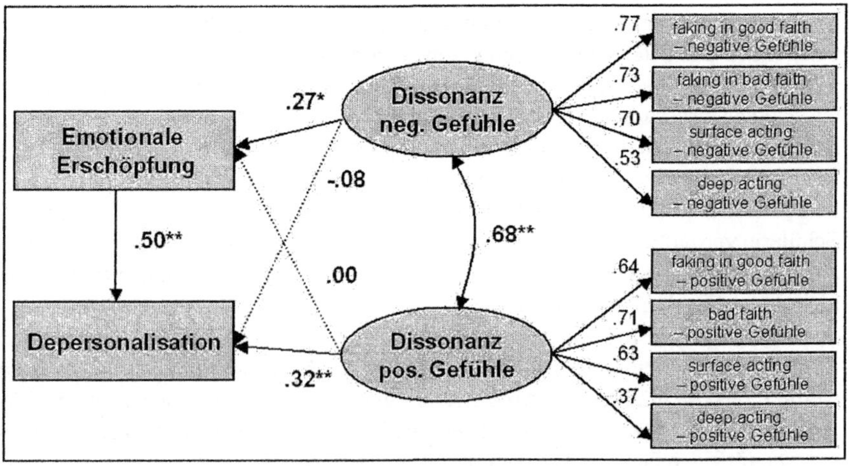

Abbildung 3: Zusammenhänge zwischen emotionaler Dissonanz und Burnout bei Lehrern (vereinfachtes Strukturgleichungsmodell)

Abbildung 3 verdeutlicht die im Strukturgleichungsmodell untersuchten statistischen Zusammenhänge exemplarisch für die Lehrer. Demnach leisten emotionale Dissonanzen einen wesentlichen Beitrag zur Entstehung von emotionaler Erschöpfung und Depersonalisation von Lehrern. Hierbei ist interessant, dass das Unterdrücken negativer Gefühle im Unterricht (z.B. Ärger, Antipathie) in besonderem Maße mit emotionalen Erschöpfungszuständen der Lehrer einhergeht, während Erfordernisse zum Vorspielen positiver Gefühle (z.B. Freude, Sympathie) erwartungsgemäß eng mit einem depersonalisierten Umgang gegenüber Schülern in Zusammenhang steht.

3 Fazit

Das integrierte Konzept zur Interaktionsarbeit und die daraus theoriegeleitet entwickelten Methoden zur Analyse von Bedingungen, Komponenten und Wirkungen von Interaktionsarbeit haben sich in allen bislang untersuchten Feldern der Humandienstleistung bewährt. Die Evaluation der Methoden im Bereich der Pflege und der Lehrertätigkeit an Schulen hat zeigt, dass Voraussetzungen, Bedingungen und Komponenten von Interaktionsarbeit ebenso wie ihre Wirkungen zuverlässig und mit der erforderlichen wissenschaftlichen Güte untersucht werden können. Somit hat sich der Einsatz differenzierter und sensitiver Methoden zur Analyse interaktiver Arbeit bewährt. In unserem arbeitspsychologischen Vorhaben kamen neben Fragebogenuntersuchungen bei den Mitarbeitern auch Ganzschichtbeobachtungen, Interviews mit betrieblichen Experten sowie Befragungen von Bewohnern und ihren Angehörigen zur Anwendung. Der Einsatz dieser unterschiedlichen Vorgehensweisen hat nicht nur die Validität der Befunde erhöht, sondern zudem die Erarbeitung von wertvollem Kontextwissen begünstigt und nicht zuletzt den Vergleich von Perspektiven unterschiedlicher Akteursgruppen und Klienten in der Humandienstleistung ermöglicht. Weiterhin haben sich diese Methoden auch für eine Evaluation der Veränderungen als gut geeignet erwiesen. Entwicklungen, die durch Maßnahmen der Arbeitsgestaltung und der Organisationsentwicklung beim betrieblichen Partner in der Altenpflege in Gang gesetzt wurden, konnten mithilfe der unterschiedlichen Methoden detailliert verfolgt und nachgezeichnet werden (vgl. Weigl & Glaser, in diesem Band). Die Methoden waren hinreichend sensitiv, um Verbesserungen wie auch unerwünschte Nebeneffekte der Maßnahmen zu erkennen.

Ein Vergleich von Arbeitsbedingungen, Interaktionsarbeit und ihrer Wirkung zwischen den Feldern der Humandienstleistung hat gezeigt, dass Mitarbeiter in der Humandienstleistung einen vergleichsweise hohen Anforderungsgehalt in ihren Aufgaben haben. Dies wird in der Öffentlichkeit nicht immer so wahrgenommen. Besonders die sozioemotionalen Anteile von Dienstleistungsaufgaben werden häufig verkannt. Dabei stellen sich gerade hierin besondere Anforderungen an die Dienstleister; und solche interaktionsbezogenen Aufgabenbestandteile führen nicht selten zu einer übermäßigen Beanspruchung, die zu Arbeitsunzufriedenheit und Burnout, zu Qualitätseinbußen, und am langen Ende zur Berufsflucht beitragen. Die hohe Fluktuation und die hohe Rate des vorzeitigen Ausstiegs aus dem Beruf ist in der Pflege wie auch im Lehrerberuf hinlänglich bekannt.

Aus den empirischen Befunden des arbeitspsychologischen Vorhabens im Verbund In*takt* lassen sich Folgerungen für die Interaktionsarbeit in zweierlei Hinsicht ableiten. Zum einen bedarf es bereits in der Ausbildung für Humandienstleistungsberufe einer besseren Vorbereitung und Qualifizierung auf die verschiedenartigen Anforderungen in der Interaktion mit Klienten (vgl. hierzu auch Brater & Rudolph, in diesem Band). Aspekte der Interaktionsarbeit und ihrer Regulierung sollten verstärkt Eingang in Lehr- und Unterrichtspläne der Lehrerbildung und der Pflege finden. Dabei sollte Bezug auf die potenziellen Wirkungen einer unzureichenden Ausgestaltung der Interaktion etwa im Hinblick auf die Vorbeugung von Burnout genommen werden. Flankierend wären im Berufsleben mehr Möglichkeiten der Reflexion des eigenen Handelns etwa im Rahmen von Supervisionen zu fordern.

Zum anderen bedarf es größerer Spielräume für eine klientenorientierte Ausgestaltung von Interaktionsepisoden. Dazu sind nicht zuletzt auch zeitliche Spielräume für die Interaktion mit Schülern und Pflegebedüftigen einzuräumen. Solche Spielräume können zum einen arbeitsorganisatorisch durch eine ganzheitlichere Aufgabenstrukturierung entstehen, die den Dienstleistern mehr Möglichkeiten geben, im Verantwortungsbereich Arbeitsabläufe eigenständig und individualisiert auszugestalten. Durch Reorganisation hin zu ganzheitlichen Arbeitsvollzügen werden Freiheitsgrade im Sinne von Entscheidungs-, Handlungs- und Gestaltungsspielräumen fast automatisch vergrößert. Darüber hinaus führen ganzheitliche Aufgabenstrukturen nachweislich einen Abbau von Arbeitsbelastungen zum Beispiel in Form einen geringeren Anzahl von Arbeitsunterbrechungen, reduzierten informatorischen Erschwerungen etc. mit sich. Des weiteren haben Untersuchungen zum subjektivierenden Arbeitshandeln gezeigt (vgl. Weishaupt, in diesem Band), dass mit einer situativen, dialogisch orientierten Vorgehensweise der Dienstleister in weitaus geringerem Maße gegen Widerstände der Klienten arbeiten muss und daher wesentlich zeiteffizienter vorgehen kann.

In dem Verbundvorhaben wurden zwei eng miteinander verbundene, übergeordnete Ziele verfolgt. Zum einen sollten betriebsorganisatorische Rahmenkonzepte näher untersucht und durch Maßnahmen der Arbeitsgestaltung und Organisationsentwicklung exemplarisch implementiert werden. Dies sollte die Voraussetzung schaffen, dass eine wechselseitige Beziehung zwischen Mitarbeitern und Klienten bzw. zwischen Produzenten und Kunden der Dienstleistung stattfinden kann. Im Bereich der Pflege eignen sich hierfür in einem besonderen Maße Konzepte einer ganzheitlichen Pflege (vgl. Glaser, in diesem Band). In dem Altenpflegeheim des betrieblichen Partners wurde ein bewohnerorientiertes Pflegesystem entwickelt und schrittweise umgesetzt. Mit der Veränderung des Pflegesystems wurde eine konsequentere Umsetzung des Pflegeprozesses eingeleitet. Diese Reorganisation von Arbeitsabläufen wurde durch eine geeignete Dienstplangestaltung und weitere Maßnahmen flankiert, welche die Kontinuität in der Beziehung zwischen Pflegenden und Bewohnern im Arbeitsprozess arbeitsorganisatorisch unterstützen. Die Ergebnisse der Evaluation haben gezeigt (vgl. Weigl & Glaser, in diesem Band), dass sich – verbunden mit den arbeitsorganisatorischen Veränderungen –Verbesserungen für Mitarbeiter wie auch für Bewohner einstellten. Obwohl das Gestaltungsvorhaben verschiedenen hinderlichen Einflüssen unterworfen war, ließen sich im Zeitraum der Evaluation deutliche Fortschritte erkennen, welche eine konsequente Fortführung nahelegen.

Darüber hinaus sollten in einem zweiten Schritt Grundsätze zur Förderung von Interaktionsarbeit auf Ebene konkreter Arbeitsprozesse untersucht und umgesetzt werden. Hierbei ging es um das individuelle Arbeitshandeln der Dienstleister und die Beteiligung und Einbeziehung der Klienten. Unterstützt durch Fortbildungen zum subjektivierenden Arbeitshandeln und zum Umgang mit Gefühlsarbeit und Emotionsarbeit, konnten Verbesserungen erzielt werden, die sich nicht zuletzt in einer erhöhten Qualität der Pflege und Versorgung aus Sicht der Bewohner und ihrer Angehörigen niedergeschlagen haben. Die Umsetzung des Pflegeprozesses war zum Abschluss des Vorhabens auf der Modellstation deutlich weiter vorangeschritten als auf der Kontrollstation. Damit einhergehend war auch der Grad der Bewohnerorientierung stärker ausgeprägt. Dies sind klare Belege für den Erfolg der Maßnahmen bzw. der Implementierung des Konzepts einer ganzheitlichen Aufgabenstrukturierung in der Altenpflege wie auch der Grundsätze zur Förderung von Interaktionsarbeit.

Mit der Entwicklung des integrierten Konzepts zur Interaktionsarbeit und mit der Entwicklung psychometrisch überprüfter Methoden zur Erfassung von Merkmalen der Interaktionsarbeit wurden Grundlagen gelegt, um weitere Studien zu den Besonderheiten der Humandienstleistung zu ermöglichen. Dadurch wurde ein Beitrag geleistet, der eine breitere, wissenschaftlich abgesicherte Vorgehensweise und – für die von uns untersuchten Felder der Dienstleistung – eine repräsentative Analyse und Bewertung von Interaktionsarbeit jenseits qualitativer Einzelfallstudien und anekdotischer Berichte aufzeigt. Durch den Einsatz qualitativer und quantitativer Methoden und der kombinierten Analyse aus Sicht unterschiedlicher Akteure (Mitarbeiter, Klienten, Angehörige) unter Berücksichtigung struktureller Rahmenbedingungen (z.B. Rechtsgrundlagen, allgemeine Arbeitsbedingungen) ließ sich ein differenzierteres Bild der Arbeitsrealität in der Humandienstleistung nachzeichnen, als dies in den meisten bislang vorliegenden Studien geleistet wird, die sich häufig nur mit einzelnen Aspekten der Humandienstleistung auseinandersetzen. Die empirischen Befunde haben gezeigt, dass die Humandienstleistung einige Besonderheiten aufweist, die bislang so nicht berücksichtigt wurden. Mit Blick auf die gesellschaftliche Bedeutung der Arbeit in Feldern der Pflege und des Lehrerberufs wurden zahlreiche Hinweise zur Verbesserung der Arbeitssituation gegeben und Möglichkeiten der Förderung von Interaktionsarbeit und zur Verbesserung der Qualität von Pflege und schulischer Bildung aufgezeigt. Solcher Impulse bedarf es angesichts des nach wie vor ungünstigen Image des Pflege- und Lehrerberufs in Zeiten eines (erneut drohenden) Pflegenotstands und Bildungsnotstands in Folge der PISA-Studien.

Die gegenwärtig intensiv diskutierte Nachhaltigkeit in Gesellschaft und Wirtschaft, die insbesondere durch verstärkte Investitionen in das sogenannte Humankapital von Unternehmen erzielt werden könnte, ist unseres Erachtens gerade im Bereich der Humandienstleistung von hoher Dringlichkeit. Hier sind nachhaltige Verbesserungen durch den Leistungsprozess bedingt, der wiederum maßgeblich durch Dienstleister und die Qualität, mit der diese Interaktionsarbeit leisten, getragen wird. Bei dem heutzutage fast schon inflationären Ruf nach Innovationen wird bisweilen vergessen, dass diese in Köpfen von Menschen entstehen – und dass die Entstehung kreativer Verbesserungsideen und daraus resultierenden Innovationen eine mitarbeiterorientierte Arbeitsgestaltung und ganzheitliche Aufgabenstrukturen voraussetzen.

Literatur

Büssing, A. & Glaser, J. (2002). *Das Tätigkeits- und Arbeitsanalyseverfahren für das Krankenhaus – Selbstbeobachtungsversion (TAA-KH-S)*. Göttingen: Hogrefe.

Hacker, W. (2005). Arbeitspsychologie. Bern: Huber.

Hillert, A. & Schmitz, E. (Hrsg.). (2003). *Psychosomatische Erkrankungen bei Lehrerinnen und Lehrern. Ursachen, Folgen, Lösungen*. Stuttgart: Schattauer.

Schaufeli, W.B., Maslach, C. & Marek, T. (Eds.). (1993). *Professional burnout: Recent developments in theory and research*. New York: Taylor & Francis.

Typologie und strukturelle Probleme von Interaktionsarbeit

Fritz Böhle

In den vorangegangenen Beiträgen wurden unterschiedliche Formen personenbezogener Dienstleistungen untersucht. Im Folgenden sei versucht, sowohl Gemeinsamkeiten als auch Unterschiede bei personenbezogenen Dienstleistungen systematisch zu bestimmen. Ausgangspunkt ist dabei das gemeinsame Merkmal der „sozialen Interaktion". Hierdurch unterscheiden sich personenbezogene Dienstleistungen von anderen Arbeitsbereichen und zugleich lassen sich unter Bezug auf die Rolle und Funktion der sozialen Interaktion verschiedene Formen (Typen) personenbezogener Dienstleistungen systematisch unterscheiden. Unsere These ist, dass bei personenbezogenen Dienstleistungen ein grundlegendes Spannungsverhältnis besteht, zwischen den institutionellen Rahmenbedingungen der Beziehung zwischen Dienstleistenden und Dienstleistungsempfänger einerseits und der faktisch notwendigen sozialen Interaktion und Kooperation andererseits. Hierzu soll zunächst nochmals das gemeinsame Merkmal der sozialen Interaktion betrachtet (Abschnitt 1) und daran anschließend dessen Rolle und Funktion im Rahmen unterschiedlicher Dienstleistungs-Beziehungen analysiert werden (Abschnitt 2). Auf dieser Grundlage wird ein Vorschlag zur systematischen Unterscheidung verschiedener Formen personenbezogener Dienstleistungen vorgestellt (Abschnitt 3) und (nochmals) deutlich gemacht, worin die besonderen Anforderungen an die Arbeitsgestaltung bei personenbezogenen Dienstleistungen liegen (Abschnitt 4).

1 Soziale Interaktion und Kooperation bei personenbezogenen Dienstleistungen

Es liegt eine Reihe von Vorschlägen vor, verschiedene Bereiche und Formen von Dienstleistungen und speziell personenbezogenen Dienstleistungen zu unterscheiden.[1] Bei personenbezogenen Dienstleistungen finden sich u.a. Unterscheidungen zwischen „encounters" und „relationship", wobei sich erstere durch

1 Siehe allgemein zur Charakterisierung von Dienstleistungen Berger und Offe (1984), Littek et al. (1991, 1992), Maleri (1998), Nerdinger (1994), Korczynski (2002).

Einmaligkeit und wechselseitige Fremdheit und letztere durch häufigen Kontakt und Kontinuität auszeichnen (Gutek, 1995). Weitere Klassifikationen beziehen sich auf die Funktion von Dienstleistungsarbeit und unterscheiden hier die Normalisierung bzw. den Ausgleich von Störungen, die Kontrolle, den Transfer, die Beratung, den Verkauf, die Animation oder die Hilfe (Voswinkel, 2005) und schließlich wird danach unterschieden, ob der Dienstleistende und der Dienstleistungsempfänger unmittelbar präsent sind oder in einer technisch vermittelten Beziehung stehen und die Interaktion „nur" auf einer personellen Ebene oder auch unter Einbeziehung des Körpers erfolgt (Dunkel, Szymenderski & Voß, 2004, S. 15). Speziell letzteres scheint uns ein wesentlicher Aspekt. Doch scheint es in einem ersten Schritt zunächst sinnvoll (nochmals) genauer die Rolle sozialer Interaktion bei personenbezogenen Dienstleistungen im Unterschied zu anderen Dienstleistungen zu klären.

In der vorliegenden Literatur werden unter personenbezogenen Dienstleistungen häufig Gesundheitswesen, Erziehung und Wissenschaft sowie soziale Dienstleistungen genannt (z.B. Brucks, 1999, S. 18). Dabei ist die unmittelbare Einwirkung auf die geistige, psychische, wie auch körperliche Verfassung des Dienstleistungsempfängers das ausschlaggebende Merkmal. Demgegenüber werden durch die Unterscheidung zwischen direkten und indirekten personenbezogenen Dienstleistungen auch nicht unmittelbar auf die Person des Dienstleistungsempfängers gerichtete Leistungen einbezogen (Nerdinger, 1994, S. 49ff). Indirekte personenbezogene Dienstleistungen beziehen sich demnach auch (!) auf sachliche Gegenstände und Leistungen, wie beispielsweise beim Verkauf bereits produzierter Güter/Leistungen. Eine solche Erweiterung scheint plausibel, da auch bei Letzterem die soziale Interaktion eine wichtige Rolle spielt. Dies ist auch der Fall, wenn es darum geht, für „andere" ein Problem zu lösen. Demgegenüber scheint es uns jedoch fraglich hier sämtliche Tätigkeiten einzubeziehen, die sich gegenüber der Bearbeitung von materiellen und immateriellen Objekten in der industriellen Produktion und der Verwaltung allein dadurch unterscheiden, dass es sich um ein Objekt handelt, das jemand anderem gehört, wie beispielsweise bei der Reparatur-Tätigkeit eines Schusters oder Installateurs (Nerdinger, 1994, S. 15).

Wir schlagen demgegenüber vor personenbezogene Dienstleistungen gegenüber anderen Dienstleistungen nicht nach dem „Inhalt" der Dienstleistung zu unterscheiden, sondern eine Differenzierung innerhalb von Dienstleistungen vorzunehmen (vgl. den einleitenden Beitrag von Böhle & Glaser, in diesem Band). Personenbezogene Dienstleistungen finden sich demnach dort, wo Interaktion mit Klienten/Kunden stattfindet. Personenbezogene Dienstleistungen beziehen sich in dieser Sicht auf den „front-office" und die „front-line-work" von Dienstleistungen und unterscheiden sich gegenüber sachbezogenen Bereichen und Tätigkeiten im „back-office".

Vor diesem Hintergrund lassen sich personenbezogene Dienstleistungen allgemein als eine Tätigkeit bestimmen, bei der

- ein unmittelbarer oder technisch vermittelter personeller Kontakt zwischen Dienstleistendem und Dienstleistungsempfänger besteht und
- die soziale Interaktion ihren Zweck nicht in sich selbst hat, sondern auf ein außerhalb ihr liegendes Ergebnis abzielt. Es handelt sich hier also um eine zweckgerichtete arbeitsbezogene Interaktion.[2]

Letzteres macht darauf aufmerksam, dass es sich nicht um eine isolierte, soziale Beziehung handelt, sondern diese eingebettet ist in

- organisatorisch-institutionelle Zusammenhänge und
- auf materielle und immaterielle Objekte gerichtete (Arbeits-) Handlungen.

Dienstleistungsarbeit besteht auch dann, wenn sie sich unmittelbar auf die Person des Dienstleistungsempfängers richtet („Arbeit am Menschen") nicht nur in sozialer Interaktion, sondern beinhaltet auch den Umgang mit materiellen und immateriellen Objekten, wie z.B. in der Pflege den Umgang mit technischen Arbeitsmitteln, Einrichtungsgegenständen und Dokumentation (vgl. Hacker, in diesem Band). Eine Besonderheit personenbezogener Dienstleistungen ist jedoch, dass zum einen der Umgang mit materiellen und immateriellen Objekten mit sozialer Interaktion verschränkt ist und zum anderen hierdurch materielle und immaterielle Objekte eine spezifische „soziale" Bedeutung, sowohl für den Dienstleistenden als auch den Dienstleistungsempfänger, erlangen.[3]

Die zentrale Rolle der sozialen Interaktion bei personenbezogenen Dienstleistungen wird auch durch das Konzept des „doppelten Interakts" hervorgehoben (vgl. Weick, 1995, und unter Bezug hierauf Nerdinger, 1994, S. 66). Demnach lässt sich die Interaktion zwischen dem Dienstleistenden und dem Dienstleistungsempfänger als ein Prozess beschreiben, bei dem Verhaltensweisen von zwei Personen ineinander greifen. „Die Verhaltensweisen der einen Person sind bedingt durch die einer anderen Person, die Handlung eines Akteurs A ruft eine Reaktion von B hervor, die Reaktion von A auf die Handlung von B vervollstän-

2 Siehe hierzu auch die an Goffman anknüpfende Bestimmung der „gegenstandsbezogenen" Interaktion bei Weihrich und Dunkel (2003) sowie Dunkel et al. (2004) sowie das Konzept der arbeitsbezogenen Kooperation bei Böhle und Bolte (2002).

3 Siehe hierzu richtungsweisend aus soziologischer Sicht die Untersuchung am Beispiel der Pflege von Heinlein (2003).

digt die Sequenz, die dann als doppelter Interakt bezeichnet wird" (Nerdinger, 1994, S. 66). Hieran anknüpfend lassen sich personenbezogene Dienstleistungen nach unterschiedlichen Ausprägungen einer solchen Interaktionsbeziehung unterscheiden. So kann beispielsweise unterschieden werden zwischen einer Pseudointeraktion, die für die Aktionen und Reaktionen der Interaktionspartner durch festgelegte Rituale, Normen und Regeln weitgehend standardisiert sind, einer asymmetrischen Interaktion, bei der eine Person durch planmäßiges Vorgehen auf das Verhalten einer anderen einwirkt und diese weitgehend bestimmt oder einer reaktiven Interaktion bei der eine wechselseitige Orientierung an der Reaktion des Partners stattfindet, sowie einer totalen Interaktion, die durch eine Mischung aus planvollen und reaktiven Verhaltensweisen gekennzeichnet ist (vgl. Nerdinger, 1994, S. 67).

In der vorliegenden Literatur wird als ein weiteres grundlegendes Merkmal der sozialen Interaktion bei personenbezogener Dienstleistung die hiermit verbundene „Ko-Produktion" hervorgehoben (Herder-Dornreich, 1972). Hieran anknüpfend richten sich neuere Ansätze darauf Dienstleistungsarbeit grundsätzlich als eine kooperative Arbeit zu betrachten: Dienstleistungen kommen demnach nur zustande, wenn nicht nur der Dienstleistende bestimmte Leistungen erbringt, sondern umgekehrt auch der Dienstleistungsempfänger sich hieran beteiligt, mitwirkt und entsprechend kooperiert (Weihrich & Dunkel, 2003; Dunkel et al., 2004).

Wir knüpfen im Folgenden an die Unterscheidung verschiedener Ausprägungen sozialer Interaktion und die Rolle der Ko-Produktion und Kooperation an, legen dabei aber einen anderen Akzent. Er richtet sich auf

- die Rolle sozialer Interaktion und Kooperation im Rahmen der institutionell-organisatorisch vorgegebenen Positionen und Rollen, in denen Dienstleistende und Dienstleistungsempfänger in Beziehung zueinander treten und
- beschränken soziale Interaktion nicht nur auf die personale (geistig-psychische) Ebene, sondern erweitern sie auch auf die physisch-körperliche Ebene.

In der bisherigen Diskussion werden u.E. beide Aspekte zu wenig beachtet. Wenn von sozialer Interaktion gesprochen wird ist zumeist nicht klar in welchem gesellschaftlichen Verhältnis (Rolle, Position) die Dienstleistenden und Dienstleistungsempfänger zueinander stehen: so beispielsweise als Verkäufer und Käufer bestimmter Güter/Leistungen oder als Subjekt und Objekt einer bestimmten Arbeitshandlung wie bei der ärztlichen oder pflegerischen Behandlung. Des Weiteren wird in der vorliegenden Literatur unterschieden zwischen sozialer Interaktion auf personaler Ebene und den technisch-instrumentellen Handlungen gegenüber materiellen und immateriellen Objekten, wie aber auch Personen (z.B. Brucks, 1999; Strauss et al., 1980). Als eine Besonderheit personenbezogener Dienstleistungen wird zwar speziell bei der Arbeit „am Menschen" die untrennbare Verbindung von instrumentellem Handeln und sozialer Interaktion betont, gleichwohl werden aber die instrumentellen Handlungen im Sinne eines „als ob" wie sonstige auf materielle und immaterielle Objekte gerichtete Arbeitshandlungen betrachtet (vgl. Nerdinger, 1994, S. 64). Demgegenüber scheint es uns notwendig die Verschränkung von sozialer Interaktion und technisch-instrumentellem Handeln bei der „Arbeit am Menschen" sehr viel grundsätzlicher anzusehen: Die sog. instrumentell-technische „Arbeit am Menschen" ist nicht nur in eine soziale Interaktion eingebettet, sondern sie ist auch selbst eine besondere Form sozialer Interaktion. Selbst wenn die Dienstleistenden nur so handeln „als ob" der Dienstleistungsempfänger ein Objekt ist, kann dessen Subjektivität niemals gänzlich ausgegrenzt werden (ausführlicher in Abschnitt 2.3).

2 Formen und Funktionen sozialer Interaktion und Kooperation bei personenbezogenen Dienstleistungen

Unsere These ist, dass die Ko-Produktion und Kooperation zwar ein substanzielles Merkmal personenbezogener Dienstleistungen ist, sie kommt aber nur implizit und verdeckt zur Geltung. Sie ist notwendig, aber im Rahmen der institutionell-vorgegebenen Beziehungen zwischen Dienstleistenden und Dienstleistungsempfängern nicht explizit vorgesehen. Dies führt zu dem paradoxen Ergebnis, dass die personenbezogene Dienstleistung nur dann zustande kommt – und ihre Qualität wie Effizienz umso höher ist – wenn sich die beteiligten Akteure nicht so verhalten, wie dies explizit durch die institutionell vorgegebene soziale Beziehung, in der sie sich begegnen, nahe gelegt und erwartet wird. Personenbezogene Dienstleistungen weisen in dieser Perspektive eine Ähnlichkeit auf mit dem Arbeitsverhältnis: Im Rahmen markt- und privatwirtschaftlicher Organisation agieren Arbeitskräfte als Verkäufer ihrer Arbeitskraft und zugleich weist die „Ware" Arbeitskraft Besonderheiten auf, die Begrenzungen und Korrekturen der marktwirtschaftlichen Organisation des Kaufs und Verkaufs von Arbeitskraft erfordern.[4]

---

4 Die Ware Arbeitskraft bleibt auch nach ihrem Verkauf an ihren Besitzer gebunden; der Verkauf von Arbeitskraft dient nicht nur zur Existenzsicherung der Arbeitskräfte, sondern die Nutzung der Arbeitskraft hat auch Rückwirkungen auf die mentale, psychische und physische Verfassung des Arbeitskraftbesitzers und seiner Aktivitäten außerhalb der Arbeit und zudem ist die Arbeitstätigkeit eine anthropologische Grundlage der Selbstentwicklung und Selbstverwirklichung. Die damit verbundene Widersprüchlichkeit der Übertragung der Prinzipien des Warentauschs auf das Arbeitsverhältnis und die hieraus resultierende strukturelle Begründung sozial-

Die Dualität zwischen den expliziten institutionell-organisatorischen Vorgaben von Dienstleistungsarbeit und den implizit notwendigen Modifikationen und Korrekturen ist in der sozialwissenschaftlichen Dienstleistungsforschung keine völlig neue Erkenntnis. Sie findet sich bereits bei Gross (1983, S. 51) und unter Bezug hierauf bei Weihrich und Dunkel (2003, S. 764). Dabei wird die Dualität von „wirtschaftlich-zweckrationaler Tauschbeziehung" und „kooperativ-solidarischen Hilfebeziehungen" thematisiert. Dies greift u.E. jedoch zu kurz, da neben der Tausch- und Marktbeziehung auch noch andere institutionell-organisatorische Vorgaben bestehen. Wir beziehen uns dabei im Folgenden zunächst auf grundlegende institutionell-organisatorische Vorgaben, unter denen Dienstleistungsarbeit erfolgt und zeigen hier jeweils (!) die implizit notwendigen Modifikationen und Korrekturen durch soziale Interaktion und Kooperation auf.

Zu unterscheiden sind dabei drei institutionell vorgegebene Beziehungen:[5]

- die Tauschbeziehung
- die Dispositionsbeziehung und
- die Bearbeitungsbeziehung

In jeder dieser Beziehungen ist das Verhältnis zwischen Dienstleistenden und Dienstleistungsempfänger anders strukturiert. Sie können im konkreten Fall isoliert, wie auch kombiniert auftreten (hierzu ausführlicher Abschnitt 3).

und arbeitsrechtlicher Interventionen ist in der industriesoziologischen Forschung ein bekannter und mehrfach beschriebener Sachverhalt (vgl. Böhle, 1983; Deutschmann, 2002). Für personenbezogene Dienstleistungen liegt unseres Wissens jedoch bisher noch keine Betrachtung vor, die in ähnlicher Weise wie der institutionellen Verfassung von Dienstleistungsarbeit immanente Ambivalenz und Widersprüchlichkeit zum Thema macht.

5 Wir betrachten damit Dienstleistungen in ihrer Einbettung in allgemeine gesellschaftliche (!) institutionell-organisatorische Vorgaben. Dienstleistungsarbeit im Rahmen von Tausch- und Marktbeziehungen (Verkauf), so wie das hierdurch vermittelte Zustandekommen von Dienstleistungen sind so gesehen keine a-historischen Kategorien, sondern entsprechen der in modernen Gesellschaften vorherrschenden institutionell-organisatorischen Verfassung von Dienstleistungsarbeit. Ebenso zu berücksichtigen wären hier auch die staatlich-hoheitliche und karitativ-kirchliche Organisation von Dienstleistungsarbeit als weitere Ausprägungen grundlegender institutionell-organisatorischer Verfassung. Wir haben Letztere in den vorangegangenen Ausführungen nicht explizit einbezogen, werden hierauf jedoch bei unserem Vorschlag zu einer Typologie personenbezogener Dienstleistungen nochmals näher eingehen (vgl. Abschnitt 3).

2.1 Tauschbeziehung

In der Tauschbeziehung begegnen sich Dienstleistende und Dienstleistungsempfänger als Anbieter und Nachfrager von Gütern/Leistungen. Zweck und Inhalt der Beziehung ist der Vollzug des Verkaufs und Kaufs. Je nach Sachlage kann dies nach festgelegten Regeln verlaufen oder umfangreiche Verhandlungen über den Inhalt und die Konditionen des Tauschs beinhalten. Der Verkauf und Kauf kann sich dabei sowohl auf Güter (materielle und immaterielle Gegenstände) als auch auf eine Dienstleistung beziehen.

Personenbezogene Dienstleistungen, die primär, wenn nicht ausschließlich durch eine solche Beziehung geprägt sind, sind der Verkauf von materiellen und immateriellen Produkten oder einer (Dienst-) Leistung, die nicht von dem Verkäufer selbst erbracht wird. Dies gilt auch für nicht-ökonomische bzw. nicht monetär bewertete Transaktions- und Vermittlungsleistungen. Entscheidend ist, dass sich die hier stattfindende soziale Interaktion auf etwas, das außerhalb liegt und über das verfügt wird, bezieht. Des Weiteren wird dabei dieses „andere" in seinem Inhalt und in seiner Qualität nicht verändert; was sich verändert und was zu Wege gebracht werden muss, ist dessen soziale und personelle Zuordnung. Explizit stehen sich dabei der Dienstleistende und der Dienstleistungsempfänger als Repräsentanten unterschiedlicher Interessen gegenüber. Ziel der sozialen Interaktion muss es sein, einen Interessenausgleich zu erzielen, wobei jeder der Beteiligten versuchen muss sein Interesse zur Geltung zu bringen und das Interesse des anderen zur Durchsetzung des eigenen Interesses zu nutzen. Das Interesse des Verkäufers eines Autos ist demnach beispielsweise den kalkulierten Preis zu erzielen, und um dies zu erreichen versucht er das Interesse des Käufers am Besitz eines Automobils für sich zu instrumentalisieren. Umgekehrt will der Käufer ein seinen Bedürfnissen entsprechendes Automobil zu einem möglichst günstigen Preis und nutzt das Interesse des Verkäufers ein Geschäft zu machen, um einen Preisnachlass und Zugeständnisse zu bekommen. Man könnte eine solche Interaktion daher auch als einen Prozess der wechselseitigen Instrumentalisierung des jeweils „anderen" zur Realisierung der jeweils eigenen Interessen bezeichnen.

In der soziologischen Forschung finden sich zahlreiche Hinweise darauf, dass solche Tauschbeziehungen eine Reihe außer der Tauschbeziehung liegender sozialer Voraussetzungen bedürfen, wie beispielsweise der wechselseitige Verzicht auf Gewalt bis hin zum Vertrauen in nicht-betrügerisches Verhalten (vgl. Granovetter, 1985). Betrachtet man den Verkauf einer Ware/Leistung als eine soziale Interaktion, so wird darüber hinaus erkennbar, dass der Verkäufer, wie auch Käufer nicht nur nach dem Modell der wechselseitigen Instrumentalisierung handeln können. Der Verkäufer muss sich auch auf die Person des Käufers beziehen, da dessen Zufriedenheit und Einwilligung in den Verkaufsakt nicht nur von den sachlichen Gegebenheiten abhängt, sondern auch davon, wie er als Person wahrgenommen und behandelt wird. Des Weiteren muss er auch ein Interesse daran haben herauszufinden, ob durch den Kauf die Bedürfnisse des Käufers nicht nur vordergründig, sondern auch faktisch befriedigt werden. Beides ist notwendig um sicher zu stellen, dass sich nachträglich keine Beschwerden ergeben und insbesondere die Aussicht auf „weitere Geschäfte" besteht. Auch könnte ein nicht befriedigender Kauf dazu führen, dass andere mögliche Käufer abgehalten werden. In seinem eigenen Interesse muss daher dem Verkäufer daran gelegen sein, den Käufer bei der Realisierung seiner Interessen zu unterstützen ggf. ihn auch zu beraten, um diese herauszufinden, zu definieren und geltend zu machen. Und umgekehrt, muss auch der Käufer ein Interesse daran haben den Verkäufer zu unterstützen. Nur dann, wenn er dessen zeitliche, sachliche und personelle Ressourcen nicht zu sehr strapaziert und ihm bei der Realisierung seines Interesses etwas zu verkaufen entgegen kommt, kann er darauf hoffen Sympathie zu gewinnen und entsprechend zuvorkommend behandelt zu werden. Das freiwillige Trinkgeld bis hin zur Bestechung können als besonders augenscheinliche Ausdrucksformen eines solchen Verhaltens des Käufers gesehen werden.

Sowohl auf Seiten des Verkäufers wie auch Käufers wird damit die tauschmäßig strukturierte Beziehung durch soziale Interaktion und Kooperation überlagert und modifiziert. Dabei geht es zum einen darum, dass die beteiligten Akteure nicht nur als Repräsentanten bestimmter Rollen, sondern auch in ihren personalen Qualitäten wahrgenommen und befriedigt werden. Zum anderen ist die Kooperation aber auch eine funktionale Voraussetzung dafür, dass Tauschprozesse stattfinden und auf Dauer gestellt werden. Ohne eine solche Überformung und Modifikation durch soziale Interaktion und Kooperation kommen Tauschbeziehungen nicht zu Stande, sind de facto einseitige Abhängigkeitsverhältnisse oder sind nur dann möglich, wenn sie in hohem Maße standardisiert, reglementiert und ritualisiert sind und damit den Charakter einer Pseudointeraktion aufweisen. Eine Voraussetzung für Letzteres ist, dass sich die jeweiligen Güter/Leistungen, so wie die Konditionen ihrer Transaktion präzise definieren und standardisieren lassen. Ist dies möglich, so sind allerdings auch Voraussetzungen dafür gegeben, die personenbezogene Dienstleistung durch einen technischen Vorgang zu ersetzen.[6]

[6] Siehe zu grundlegenden Ambivalenzen der Standardisierung ausführlicher Abschnitt 4.

2.2 Dispositionsbeziehung

Im Unterschied zur Tauschbeziehung bezieht sich die Dispositionsbeziehung auf die Beziehung zwischen Dienstleistendem und Dienstleistungsempfänger bei der Bearbeitung materieller und immaterieller Objekte, wie auch der unmittelbaren „Arbeit am Menschen". Beim Kauf einer Ware erwirbt sich der Käufer das Recht die Ware nach seinem Belieben zu nutzen. Beim Kauf der Ware Arbeitskraft entspricht dem das Dispositions- und Direktionsrecht über die Arbeitskraft. Überträgt man dies auf den Kauf von Dienstleistungen, so resultiert hieraus das Dispositions- und Direktionsrecht des Dienstleistungsempfängers über den Dienstleistenden. Ähnlich wie beim Arbeitsvertrag wird daher auch bei Dienstleistungen von einem „unvollständigen Vertrag" gesprochen. „Weder der Gegenstand der Dienstleistung, noch der Prozess seiner Bearbeitung, noch deren Ergebnis sind ex ante festgelegt" (Weihrich & Dunkel, 2004, S. 765). Betrachtet man also Dienstleistungen analog des Arbeitsverhältnisses, so ergibt sich ein asymmetrisches Verhältnis zwischen Dienstleistenden und Dienstleistungsempfänger, bei dem der Dienstleistende dem Dienstleistungsempfänger untergeordnet ist und dessen Kontrolle wie auch Anweisungen unterliegt.

Dementsprechend wird auch als eine Besonderheit betriebsförmig organisierter personenbezogener Dienstleistungen die doppelte Kontrolle gesehen. Die Kontrolle durch den Betrieb (Unternehmer, Management) und die Kontrolle durch den Kunden (vgl. Leidner, 1996). Metaphern wie der Kunde „als König", wie auch die Assoziation von Dienstleistungen mit „dienen" sind – so gesehen – keineswegs nur kulturelle Zuschreibungen, ebenso wenig wie die Assoziation von Lohnarbeit mit „Unterordnung". Doch dieser Vergleich macht darauf aufmerksam, dass damit nur eine Seite erfasst ist; die andere ist eher das Gegenteil: Der Dienstleistende bietet nicht sein Arbeitsvermögen, sonder „nur" eine bestimmte Leistung zum Kauf an. Er bleibt daher auch nach Abschluss des Vertrags explizit der Besitzer seiner Arbeitskraft und es obliegt ihm oder/und der Organisation, der er angehört, darüber zu bestimmen, wie dieses gebraucht wird. Der Dienstleistungsempfänger erwirbt sich – so gesehen – lediglich das Recht vom Dienstleistenden ein bestimmtes Ergebnis zu erwarten und dieses zu nutzen. Da bei direkten personenbezogenen Dienstleistungen nach dem Prinzip des uno-actu (Gross, 1983) der Prozess der Erstellung und der Prozess der Konsumtion identisch sind, ist hier allerdings bestenfalls analytisch eine Unterscheidung möglich.

Bei indirekten personenbezogenen Dienstleistungen ist demgegenüber diese Trennung auch in der Praxis klarer: der Dienstleistende kommt hier erst als „Abnehmer" der vereinbarten Leistung ins Spiel. Betrachtet man somit die Dienstleistenden nicht als Anbieter von Arbeitsleistung, sondern als selbstständige Produzenten, so ergibt sich ebenfalls ein asymmetrisches Verhältnis zwischen Dienstleistenden und Dienstleistungsempfänger – nun aber eher umgekehrt: Das Disposition- und Direktionsrecht über die Durchführung der Dienstleistung obliegt dem Dienstleistenden. Der Dienstleistungsempfänger hat sich dabei den Anordnungen und Anweisungen des Dienstleistenden unterzuordnen – entweder, indem er sich aus dem Prozess heraushält, oder indem er notwendige Vor- und Zuarbeiten erledigt. Letzteres ist der Fall, wenn sich die Dienstleistung auf einen Gegenstand richtet, der sich in der Obhut des Dienstleistungsempfängers befindet und der nicht umstandslos abgegeben werden kann, wie beispielsweise bei haushaltsbezogenen Dienstleistungen und vor allem bei direkten personenbezogenen Dienstleistungen. Ein solches asymmetrisches Verhältnis ist jedoch vor allem dann gegeben, wenn eine personenbezogene Dienstleistung in den Arbeitsräumen der Dienstleistenden ausgeführt wird – wie bei der stationären Pflege oder beim Service in Hotel und Gaststätten. Die Umkehrung des Verhältnisses zwischen Dienstleistenden und Dienstleistungsempfänger und die Gleichgültigkeit gegenüber dem „Wohlbefinden" des Dienstleistungsempfängers bis hin zur Deklaration des Kunden als Störfaktor, haben somit durchaus ebenso einen realen Kern, wie die „dienende" Unterordnung.

Damit ist jedoch wiederum nur die institutionell vorgegebene, aus der tausch- und marktmäßigen Vermittlung resultierende Beziehung beschrieben.[7] Der Erfolg der Dienstleistung hängt zugleich davon ab, dass implizit von den Dienstleistenden und Dienstleistungsempfängern das asymmetrisch-hierarchische Verhältnis als Diener und Herr oder Experte und Hilfsbedürftiger korrigiert und in ein symmetrisch-horizontales Verhältnis transformiert wird. Was dies beinhaltet, sei zunächst am Beispiel direkter personenbezogener Dienstleistungen näher erläutert. Für den Dienstleistenden hängt der Erfolg der Dienstleistung davon ab, in welcher Weise der Dienstleistungsempfänger mit oder gegen den Vollzug der Dienstleistung wirkt. Selbst die passive Unterwerfung erfordert Eigen-Leistungen und sei es, dass sie sich „nur" darauf beschränken, sich an die Regeln und Vorgaben des Dienstleistenden anzupassen. Der Dienstleistungsempfänger muss sich selbst für die gewünschte Dienstleistung „passend" machen, was sowohl ein vorbereitendes, als auch prozessbegleitendes Handeln erfordert. Je unbestimmter und offener dabei die konkrete Durchführung der Dienstleistung ist, umso mehr sind Leistungen des Dienstleistungsempfängers notwendig, die sich nicht nur auf die Erfüllung präziser Vorgaben beschränken, sondern auch eigenständige Interpretationen und Antizipationen des notwendigen Verhaltens erfordern. Der Dienstleistungsempfänger ist hierzu aber

---

7 Beim staatlich-hoheitlichen oder karitativ-kirchlichen Vollzug von Dienstleistungen dominiert dabei das zuletzt genannte Verhältnis. Dies sei hier jedoch nicht weiter vertieft; vgl. hierzu auch nochmals Abschnitt 3.

nur dann in der Lage, wenn er sich kooperativ auf das Handeln des Dienstleistenden einstellt und entsprechend mitwirkt. Ein solches kooperatives Verhalten zeigt sich beispielsweise beim Friseur in der Bereitschaft des Kunden, sich an die jeweiligen Gepflogenheiten des Salons anzupassen, die erwarteten Vorleistungen, etwa hinsichtlich der Pflege des Haars und der Abstände zwischen den jeweiligen Haarbehandlungen zu erbringen bis hin zu Äußerungen von Gefallen. Auch die Berücksichtigung der physischen und vor allem psychischen Verfassung der Dienstleistenden zählen hierzu. Und umgekehrt tun FriseurInnen gut daran sich zu vergegenwärtigen, dass der Gegenstand ihrer Dienstleistung zwar die Haare sind, gleichwohl aber auch der Besitzer dieser Haare gegenwärtig ist und in seinen personalen Qualitäten wahrgenommen werden will.

Nicht zuletzt ist dies wiederum die Voraussetzung dafür, dass der Dienstleistungsempfänger zu den geforderten Eigenleistungen bereit ist und nicht hemmend, sondern unterstützend mitwirkt. Bei direkten körperbezogenen Dienstleistungen beinhaltet dies sowohl die Zurichtung des eigenen Körpers, seine Disziplinierung, seine Bereitstellung usw., wie aber auch die sozial-kommunikative Begleitung der Arbeit anderer am „eigenen" Körper.[8] Der Dienstleistende hat hier bei direkten personenbezogenen Dienstleistungen ein reflexives Verhältnis zu sich selbst: Seine Kooperation bezieht sich vor allem darauf „sich selbst" für die Dienstleistung „zuzurichten" und den Dienstleistenden bei den auf ihn gerichteten Arbeitshandlungen zu unterstützen. Ebenso wie der Dienstleistende betrachtet sich dabei auch der Dienstleistungsempfänger selbst als „Gegenstand" der Dienstleistungsarbeit.

Die Rolle des Dienstleistungsempfängers als Besitzer des Gegenstands, auf den sich die Dienstleistung richtet, ist bei indirekten personenbezogenen Dienstleistungen deutlicher. Hier tritt der Dienstleistungsempfänger nur als derjenige in Erscheinung, der über den Gegenstand der Bearbeitung verfügt. Doch auch hier ist eine Mitwirkung des Dienstleistungsempfängers bestenfalls in hoch standardisierten und regelgeleiteten Prozessen verzichtbar. In allen anderen Fällen kann bereits die Definition der gewünschten Dienstleistung ein höchst aufwändiger Prozess sein, bei dem der Dienstleistende und der Dienstleistungsempfänger kooperieren müssen. Dabei ergeben sich Überschneidungen zu den unter 2.1. beschriebenen Prozessen der Kooperation in der tausch- und marktmäßig vermittelten Beziehungen. Je nach Sachlage kann die Definition der Dienstleistung Teil der Kaufs- und Verkaufsbeziehung, wie auch eine eigenständige Aufgabe sein. Des Weiteren kann aber auch – wie bei direkten personenbezogenen Dienstleistungen – der Dienstleistungsempfänger in dem Prozess der Durchführung der Dienstleistung eingebunden bleiben, etwa durch die Beteiligung an der Prüfung

8 Exemplarisch für Letzteres ist die Schilderung einer Interaktion in der Pflege zur Überspielung einer peinlichen Behandlung bei Anderson und Heinlein (2004, S.37).

von Teilergebnissen, sowie notwendigen Unterstützungs- und Hilfeleistungen. Auch hier gilt je offener und unbestimmter die Durchführung der Dienstleistung ist, um so mehr wird von dem Dienstleistungsempfänger eine Mitwirkung gefordert, die sich nicht nur auf die strikte Erfüllung vorgegebener Anweisungen beschränkt, sondern ein selbsttätiges, kooperatives Handeln erfordert. Dabei kann im konkreten Fall auch die bewusste Zurückhaltung und die Beschränkung auf Anweisungen des Dienstleistenden Ausdruck eines solchen kooperativen Handelns sein.

Exemplarisch für die hier beschriebene Kooperation ist die beschriebene soziale Interaktion in der Softwareentwicklung (vgl. Bolte, in diesem Band). Der „Brückenmensch" hat nicht nur die Funktion den Kauf und Verkauf der Software zu bewerkstelligen, sondern ist auch in die Erstellung des Produkts eingebunden. Er muss mit dem Kunden kooperieren, um die Anforderungen an die Software zu definieren und um zwischen den Wünschen des Kunden und dem Machbaren zu vermitteln. Und umgekehrt kommt auch der Kunde nur zu seinem Ergebnis, wenn er zur Kooperation bereit und in der Lage ist.

Trotz der Unterschiedlichkeiten besteht das Gemeinsame zwischen der indirekten personenbezogenen Dienstleistung im Fall der Softwareentwicklung und direkten personenbezogenen Dienstleistungen wie der Pflege darin, dass sich die soziale Interaktion zwischen Dienstleistenden und Dienstleistungsempfänger auf etwas außerhalb der sozialen Interaktion Liegendes bezieht. Im Fall der Softwareentwicklung ist dies unmittelbar plausibel. Im Fall der direkten personenbezogenen Dienstleistungen erschließt sich dies zunächst nur analytisch, zeigt sich aber in der Realität in einem reflexiven Verhältnis des Dienstleistungsempfängers zu sich selbst. Der Dienstleistungsempfänger ist in dieser Perspektive „gespalten": in seine personalen Qualitäten als Subjekt einerseits und in seine physisch-psychische Verfassung als Gegenstand der Bearbeitung andererseits. In der wissenschaftlichen Diskussion findet dies – wie schon erwähnt – seinen Ausdruck in der Trennung zwischen der auf die personalen Qualitäten bezogenen sozialen Interaktion und den auf den Dienstleistungsempfänger als Gegenstand der Dienstleistung gerichteten technisch-instrumentellen Handlungen. Im Folgenden sei demgegenüber das Verständnis der sozialen Interaktion erweitert.

2.3 Die Bearbeitungsbeziehung

Im Mittelpunkt des als Bearbeitungsbeziehung bezeichneten Verhältnisses zwischen Dienstleistenden und Dienstleistungsempfänger steht die unmittelbare „Arbeit am Menschen". Die Unterscheidung zwischen der auf die Person des Dienstleistungsempfängers gerichteten sozialen Interaktion und der auf die „Bearbeitung" der physisch-psychischen Verfassung gerichteten technisch-instrumentellen Handlungen zeigt sich am deutlichsten bei körperbezogenen Dienstleistungen.[9] Sie beruht hier auf der Trennung zwischen Geistig-Psychischem einerseits und Körperlich-Physischem andererseits. Der Dienstleistungsempfänger als Person und Subjekt tritt hierbei nur auf der Ebene des Psychisch-Mentalen in Erscheinung. Dem entsprechen auch die vorherrschenden psychologischen und soziologischen Konzepte von Handeln und Subjektivität. Auch im Alltagsverständnis gilt dies in modernen Gesellschaften weithin als normal. Ein solches Verständnis von Subjektivität ist jedoch fragwürdig.

Hinzuweisen ist beispielsweise auf die Unterscheidung von „Körper haben" und „Leib-Sein " bei Plessner (1975) und das Konzept des „kreativen Handelns" von Joas (1992). Ausgangspunkt bei Letzterem ist die Skepsis gegenüber den (impliziten) Annahmen der Konzepte rationalen Handelns, insbesondere hinsichtlich der Verfügung über den Körper. Anknüpfend an die Theorien des Pragmatismus kritisiert Joas die Vorstellung, dass Wahrnehmen, Erkennen und Entscheiden der Durchführung von Handlungen vorgelagert sind und verweist auf vorreflexive, körperbasierte „Strebungen und Gerichtetheiten" (Joas, 1992 S. 232).[10] Begreift man in dieser Weise nicht nur Geistig-Psychisches, sondern auch Physisch-Körperliches als Ausdruck menschlicher Subjektivität, so verliert die Unterscheidung zwischen sozialer Interaktion und technisch-instrumentellem Handeln an Trennschärfe. Bestenfalls könnte hier unterschieden werden zwischen einer reflexiven, verstandesmäßig geleiteten und einer prä-reflexiven, körperlich geleiteten Interaktion.

Vor diesem Hintergrund wird (nochmals) der systematische Zusammenhang zwischen den verschiedenen Elementen unseres theoretischen Konzepts zur Interaktionsarbeit deutlich (vgl. Büssing & Glaser, 1999; Böhle, Glaser & Büssing, in diesem Band). Während das Konzept der Gefühls- und Emotionsarbeit primär auf die personale Ebene zielt, richtet sich das Konzept des subjektivierenden Handelns vor allem auch auf einen „anderen" Umgang mit Körperlich-Physischem.[11] Im Unterschied zum instrumentell-technischen (Arbeits-) Handeln bei dem der Dienstleistungsempfänger „wie" ein Objekt behandelt wird (Nerdinger, 1994, S. 64), erscheint der „Arbeitsgegenstand" beim subjektivierenden Handeln grundsätzlich (!) „wie" ein Subjekt – und zwar auch, wenn es sich um materielle und immaterielle Objekte handelt (vgl. Böhle & Schulze, 1997). Das

---

9 Ein sehr guter Überblick über körperbezogene Dienstleistungen insbesondere hinsichtlich sozial hoch bewerteter, wie ärztliche Behandlung und sozial minderwertig geltender, wie Pflege sowie geschlechtsspezifischer Zuordnungen, findet sich bei Wolkowitz (2000).

10 Siehe grundlegend hierzu auch Merleau-Ponty (1966), Schmitz (1978) sowie Waldenfels (2000).

11 Ergänzend hierzu auch die Analyse des subjektivierenden Handelns in der Pflege (Weishaupt, in diesem Band).

subjektivierende Handeln nimmt auf Eigenschaften und Verhaltensweisen Bezug, die sich der Berechenbarkeit und der Manipulation entziehen. Bei der Arbeit am Menschen geht es dabei nicht nur um ein „als ob". Vielmehr wird (auch) der Körper „als" Subjekt und Ausdruck menschlicher Subjektivität wahrgenommen und in dieser Weise „bearbeitet".

Vor diesem Hintergrund scheint es uns notwendig auch die scheinbar technisch-instrumentellen Handlungen bei der Arbeit „am Menschen" als besondere Formen „sozialer Interaktion" zu begreifen.[12] Bei direkten personenbezogenen Dienstleistungen erfolgt somit die Interaktion auf zwei Ebenen: Die soziale Interaktion mit dem „Gegenstand" der Bearbeitung und die soziale Interaktion mit der Person der dieser „Gegenstand" gehört. Beide Formen sozialer Interaktion haben eine je spezifische Eigendynamik, die sich wechselseitig ergänzen aber auch blockieren kann. Als Person kann der Dienstleistungsempfänger bei der Pflege oder beim Haareschneiden versuchen seinen Körper unter Kontrolle zu halten und so „bereit zu stellen", wie die Ausführung der Dienstleistung es erfordert. Als „Arbeitsgegenstand" hingegen kann es vorkommen, dass solche Kontrollen versagen und sich das körperliche Verhalten verselbstständigt – und zwar nicht nur im Sinne unkontrollierter physisch-organischer Prozesse, sondern auch in Folge einer „anderen" körperlich-sinnlichen Wahrnehmung.[13] Was auf kognitiv-rationaler Ebene als „richtig" erscheint, kann sich auf der Ebene des körperlichen Spürens durchaus als problematisch erweisen. Im Prinzip gilt Ähnliches auch für die Bearbeitung der mentalen und psychischen Verfassung. So kann sich beispielsweise bei der Beratung oder bei der Wissensvermittlung der Dienstleistungsempfänger als Person darum bemühen offen, aufmerksam und lernbereit zu sein. Er kann damit jedoch nicht garantieren, dass seine mentale und psychische Verfassung auch umstandslos diesen Bemühungen folgt. Es stellt sich hier grundsätzlich eine ähnlich paradoxe Situation bei dem angestrengten Bemühen „locker" oder „spontan" zu sein.

Vor dem Hintergrund einer solchen Betrachtung der „sozialen Interaktion" mit dem Arbeitsgegenstand bei der „Arbeit am Menschen" wird deutlich, dass auch hier eine Dualität zwischen den expliziten institutionell-organisatorischen Vorgaben von Dienstleistungsarbeit und der implizit notwendigen Kooperation zwischen Dienstleistenden und Dienstleistungsempfänger besteht. Arbeit ist nach dem vorherrschenden Verständnis ein instrumentelles Handeln, dass sich durch

---

12 Hierzu am Beispiel der Pflege in Bezug auf das Konzept der leiblichen Kommunikation auch die Darstellung bei Uzarewicz und Uzarewicz (2005) sowie Groß (2001).

13 Hier ist beispielsweise darauf hinzuweisen, dass sich die Haare auch bei noch so gutem Willen nicht kontrollieren lassen, sondern ein gewisses „Eigenleben" haben. In der Pflege ist gerade die eingeschränkte (Selbst-) Kontrolle des Körpers ein Tatbestand der wesentlich die Pflegebedürftigkeit (mit-)bedingt.

ein zielgerichtetes, planmäßig-rationales Vorgehen auszeichnet. Je mehr damit direkte personenbezogene Dienstleistungen nicht nur als soziale Unterstützung und Hilfeleistung, sondern als „Arbeit" betrachtet werden, um so mehr unterliegen sie auch sowohl den Standards der Erwerbsarbeit (Entlohnung, Beschäftigungsverhältnis) wie auch den Kriterien für „richtiges" Arbeiten. Dem entspricht die Betrachtung der „Arbeit am Menschen" als technisch-instrumentelles Handeln bei dem der Dienstleistungsempfänger so behandelt wird „als ob" er ein Objekt wäre.[14] Doch im praktischen Vollzug ist der Dienstleistende immer auch mit der Subjektivität seines „Arbeitsgegenstands" konfrontiert und muss sich hierauf in seinem Arbeitshandeln einstellen. Er muss – so wie dies im Konzept des subjektivierenden (Arbeits-)Handelns gefasst ist – die Bearbeitung durch ein dialogisch-interaktives Handeln und in Kooperation mit dem „Arbeitsgegenstand" bewerkstelligen. Dementsprechend muss sich auch der „Arbeitsgegenstand" selbst – und nicht nur der Dienstleistungsempfänger in seinen personalen Qualitäten – der Behandlung zugänglich erweisen und durch „Feedbacks" bis hin zur indirekten Lenkung den Dienstleistenden unterstützen.

Tabelle 1 gibt einen Überblick über die aufgezeigten institutionell-organisatorischen Vorgaben von Dienstleistungsarbeit und deren Implikationen für die Beziehung zwischen Dienstleistenden und Dienstleistungsempfänger einerseits und die notwendigen Korrekturen und Modifikationen durch soziale Interaktion und Kooperation zwischen Dienstleistenden und Dienstleistungsempfänger andererseits.

14 Brucks (1999) betrachtet beispielsweise bei der Pflege oder ärztlichen Behandlung explizit die Gefühlsarbeit „nur" als eine begleitende Handlung, zu der „Hauptarbeitslinie", die aus instrumentellen Handlungen nach dem Modell planmäßig-rationalen Handelns besteht. Doch im praktischen Vollzug ist der Dienstleistende immer auch mit der Subjektivität seines „Arbeitsgegenstands" konfrontiert und muss sich hierauf in seinem Arbeitshandeln einstellen.

Tabelle 1: Institutionell-organisatorische Vorgaben und ihre Implikationen sowie erforderliche Korrekturen und Modifikation durch soziale Interaktion

	Tausch-beziehung	**Dispositions-beziehung**	**Bearbeitungsbe-ziehung**
Explizite institutionell-organisatorische Vorgaben	Formal-rechtliche Gleichheit; Wechselseitige Gleichgültigkeit und Instrumentalisierung	Hierarchisches Verhältnis, asymmetrische Herrschaftsbeziehung Diener-Herr oder Experte- Hilfsbedürftiger	Subjekt- Objekt-Beziehung, Objektbezogenes technisch-instrumentelles Handeln
↓↑	↓↑	↓↑	↓↑
Implizite soziale Interaktion und Kooperation	Wechselseitige Berücksichtigung personaler Qualitäten und Interessen/Bedürfnisse	Kooperation unter Bezug auf den „Gegenstand" der Dienstleistung	Kooperation zwischen Dienstleistenden und dem „Gegenstand" der Bearbeitung

3 Vorschlag zu einer Typologie

Auf der Grundlage der vorangegangenen Überlegungen lassen sich personenbezogene Dienstleistungen allgemein durch die Besonderheit der „sozialen Interaktion" und im speziellen unter Bezug auf die unterschiedlichen Formen der Beziehung zwischen Dienstleistendem und Dienstleistungsempfänger näher bestimmen. Systematisch ergibt sich hieraus eine Unterscheidung, je nachdem welche Rolle die drei genannten Beziehungen zwischen Dienstleistenden und Dienstleistungsempfängern spielen und welches Gewicht sie im konkreten Fall erlangen. Im Folgenden sei dies anhand der in diesem Buch dargestellten Beispiele personenbezogener Dienstleistungen näher erläutert.

In der Pflege dominiert in der stationären Pflege die Dispositions- und Bearbeitungsbeziehung. In der neueren Entwicklung erlangt verstärkt auch die Tausch- und Marktbeziehung an Gewicht und findet ihren Ausdruck in der Ersetzung der Rolle des Pflegebedürftigen als „Hilfsbedürftigen" durch die Rolle als Kunde (vgl. Bauer, 2001, S. 114 ff).

Ebenso wie bei der Pflege dominiert auch bei der Friseur-Dienstleistung die Dispositions- und Bearbeitungsbeziehung. Zugleich spielt jedoch auch hier die Tauschbeziehung eine wichtige Rolle, sofern es sich um die Festlegung des gewünschten Ergebnisses und die Einfügung in die jeweils geltenden Verhaltensanforderungen handelt. Je nach Fall kann dabei die Einigung über das Ergebnis auch von der Ebene der Tauschbeziehung auf die Ebene der Dispositions- und Bearbeitungsbeziehung verlagert werden. Dies ist der Fall, wenn nicht eine bestimmte Frisur von Anfang an festgelegt wird, sondern erst sukzessive im Verlauf der Haarbearbeitung „entsteht".

Auch bei der Tätigkeit von Lehrern dominiert ähnlich wie bei der Pflege eine Dispositions- und Bearbeitungsbeziehung. Ein wesentlicher Unterschied gegenüber der Pflege liegt hier im Inhalt der (Dienstleistungs-) Arbeit, sowie der expliziten Erwartung an Eigenleistungen des Dienstleistungsempfängers. Des Weiteren ist auch hier eher als bei der Pflege erkennbar (und akzeptiert), dass der Arbeitsgegenstand – die mental/psychische Verfassung – nicht nur zu einem Subjekt gehört, sondern auch selbst Subjekteigenschaften aufweist.

Im Fall der Arbeit im Call-Center und speziell der Softwareentwicklung handelt es sich um personenbezogene Dienstleistungen, bei der der Schwerpunkt auf Dispositionsbeziehungen liegt. Im Unterschied zu Service handelt es sich dabei um die Bearbeitung eines immateriellen Gegenstands. Die in diesem Buch dargestellte Tätigkeit des „Brückenmenschen" ist exemplarisch, sowohl für eine Ausdifferenzierung aus der Kauf- und Verkaufstätigkeit als auch der unmittelbaren Arbeit am technischen Problem. Sie steht damit exemplarisch für eine Entwicklung, bei der die Bearbeitung eines Gegenstands die hierfür erforderliche soziale Interaktion ausdifferenziert und eigenständig organisiert. Bei der Arbeit in Call-Centers zeigt sich ähnliches in der Differenzierung zwischen Front-Office und Back-Office, wobei letztere im Normalfall keinen direkten Kontakt mit dem Kunden haben.

Die Kontrolle im Zug wäre nach der hier umrissenen Systematik in erster Linie durch die Tauschbeziehung geprägt. Sie gehört zum Verkauf einer Leistung und der Berechtigung des Dienstleistungsempfängers zur Inanspruchnahme dieser Leistung. Die Kontrolle im Zug ist dabei eine ausdifferenzierte Tätigkeit, die sich aus der zeitlich-räumlichen Entkoppelung zwischen dem Kauf der Dienstleistung und seiner Inanspruchnahme ergibt. Ähnliches ist auch beim Erwerb der Berechtigung für andere Verkehrsmittel wie aber auch des Zutritts zu einer Veranstaltung u.ä. der Fall. Darüber hinaus kann es hier aber auch zu einer Dispositionsbeziehung kommen, sofern der Verkauf wie die Kontrolle durch Beratungsleistungen bis hin zu Informationen zu Ursachen von Störungen u.ä. ergänzt wird. Von Zugschaffnern ausgeführte Servicetätigkeiten, wie auch eigenständige Servicetätigkeiten etwa in Flugzeugen oder in Hotel und Gaststätten, gehören demgegenüber explizit zu Dispositionsbeziehungen.

Systematisch lässt sich dies wie in der Tabelle 2 veranschaulichen.

Tabelle 2: Beziehung zwischen Dienstleistenden und Dienstleistungsempfängern

	Tausch-beziehung	**Dispositions-beziehung**	**Bearbeitungs-beziehung**
Pflege		⦿	●
Friseur	⦿	⦿	●
Unterricht		●	●
Call-Center		●	
Softwareentwicklung	⦿	●	
Kontrolle (Bahn)	●	⦿	
Verkauf (ohne Beratung)	●		
Verkauf (mit Beratung)	●	⦿	

● = Schwerpunkt
⦿ = Ergänzend

4 Perspektiven für die Arbeitsgestaltung

Die Ausführungen in Abschnitt 2 zeigen, dass ein grundlegendes Problem der Standardisierung personenbezogener Dienstleistungen darin liegt, dass hierdurch kaum Möglichkeiten bestehen die institutionell-organisatorischen Vorgaben, unter denen Dienstleistungsarbeit erfolgt durch Interaktion und Kooperation zu modifizieren. Je komplexer und unbestimmter die jeweiligen Anforderungen sind, um so mehr wird jedoch die soziale Interaktion und Kooperation zwischen Dienstleistenden und Dienstleistungsempfänger zu einer unverzichtbaren Voraussetzung für die Qualität, wie auch Effizienz der Dienstleistungsarbeit. Dabei kann – wie die praktischen Beispiele zeigen – bei der Gestaltung personenbezogener Dienstleistungen an Grundsätze der Arbeitsgestaltung, wie sie im Rahmen „menschengerechter Arbeitsgestaltung" entwickelt wurden, angeknüpft werden. Zugleich ist es aber eine besondere Herausforderung für die Arbeitsgestaltung Voraussetzungen dafür zu schaffen, dass von den Dienstleistenden und Dienstleistungsempfängern die institutionell-organisatorischen Vorgaben durch soziale Interaktion und Kooperation modifiziert und ergänzt werden können. Wie die vorangegangenen Ausführungen zeigen, ist dabei die Unterstützung eines kooperativen Handelns ein generelles Erfordernis, das aber im konkreten Fall unter jeweils unterschiedlichen Bedingungen in die Praxis umgesetzt werden muss. In der Tausch-Beziehung trifft sie auf die institutionell vorgegebene wechselseitige Gleichgültigkeit und Instrumentalisierung; bei der Durchführung der Dienstleistung trifft sie demgegenüber auf das institutionell vorgegebene asymmetrische Verhältnis zwischen Dienenden und Herr oder umgekehrt Experte und Hilfsbedürftigen.

Da sich im konkreten Fall zumeist Dienstleistende und Dienstleistungsempfänger jeweils in unterschiedlichen Positionen und Rollen gegenübertreten – in der Tauschbeziehung und Dispositionsbeziehung oder/und Bearbeitungsbeziehung – stellt sich als eine weitere (neue) Herausforderung für die Arbeitsgestaltung auf deren Kompatibilität hinzuwirken. So fördert beispielsweise die Vermarktlichung sozialer Dienstleistungen die Ersetzung der Rolle des „Hilfsbedürftigen" durch die des Kunden. So angemessen jedoch die Rolle des Kunden in der Tausch- und Marktbeziehung ist, so problematisch kann sie sich beim Vollzug der Dienstleistung erweisen. Sie kann vom Dienstleistungsempfänger als eine Ermutigung verstanden werden, die Rolle des passiven Hilfeempfängers nun durch die Rolle des „Chefs" und „Kontrolleurs" zu ersetzen. Die notwendige Kooperation kann damit ebenfalls behindert werden.

In der wissenschaftlichen Diskussion wird durchaus die Notwendigkeit der sozialen Interaktion und Kooperation gesehen (vgl. Dunkel & Voß, 2004), ebenso auch in der Praxis. So wird selbst bei hochstandardisierter, personenbezogener Dienstleistung in Fast-Food-Restaurants zumindest versucht die personalen Qualitäten der Kunden durch Freundlichkeit oder Atmosphäre, sowie Angebot von Wahlmöglichkeiten zu berücksichtigen; dementsprechend wird vom Servicepersonal freundliches Auftreten, wie auch ein entsprechendes Aussehen u.E. erwartet (vgl. Thompson et al., 2001).[15] In der medizinischen Versorgung und auch Pflege wird zunehmend der Dienstleistungsempfänger als „mündiger Patient" wahrgenommen und als Subjekt einbezogen. Doch wird dabei zumeist die soziale Interaktion und Kooperation „nur" im Rahmen der „Dispositionsbeziehung"

---

15 Die lockeren Ess- und Tischsitten in Fast-Food-Restaurants können vor diesem Hintergrund auch als eine Kompensation der hohen Standardisierung und Reglementierung des Kaufs – und Verkaufs angesehen werden.

und ohne systematische Berücksichtigung des Spannungsverhältnisses zwischen den institutionellen-organisatorischen Vorgaben einerseits und der faktisch notwendigen Interaktion und Kooperation andererseits betrachtet.

Demgegenüber machen die dargestellten Untersuchungen im Pflegebereich deutlich (vgl. Weishaupt; Sing & Landauer sowie Glaser & Weigl, in diesem Band), dass gerade auch in und durch die „Arbeit am Menschen" entscheidend auf die Subjektivität des Dienstleistungsempfängers eingewirkt wird und die personale Ebene hiervon nicht zu trennen ist. Die Berücksichtigung des Dienstleistungsempfängers als Person und Subjekt hängt damit nicht nur von einer Berücksichtigung der personalen Qualitäten des Dienstleistungsempfängers ab, sondern vor allem auch davon, in welcher Weise bei den sogenannten technisch-instrumentellen Handlungen der Subjektivität des Dienstleistungsempfängers Rechnung getragen wird. So haben bei direkten personenbezogenen Dienstleistungen, wie der Pflege, gerade auch scheinbar einfache (Arbeits-) Handlungen wie das Reichen einer Zahnbürste oder Stützen beim Gehen eine sehr hohe (subjektive) Bedeutung (vgl. Weishaupt, in diesem Band). Hierin liegt auch der Grund, weshalb eine „sensible und subtile Körpersprache, die sich nicht nur über Gespräche, sondern über Berührungen vollzieht, in der Pflege eine sehr große Rolle spielen" (Anderson & Heinlein, 2004, S. 36). Nicht zeitliche und personelle Ressourcen für ein persönliches Gespräch sind hier notwendig, sondern zeitliche, sachliche und personelle Ressourcen, um die „technisch-instrumentellen" Handlungen bei der Arbeit am Menschen als eine subjektbezogene Interaktion zu gestalten.

Und schließlich ergeben sich aus unseren Untersuchungen auch weiterführende Erkenntnisse zur Professionalisierung personenbezogener Dienstleistungen. Bisher gilt als Kriterium für Professionalisierung vor allem die Verwissenschaftlichung. Sie findet ihren Ausdruck sowohl in der Vermittlung und Anwendung wissenschaftlich begründeten Fachwissens als auch an einem hieran orientierten planmäßigen rationalen Arbeitshandeln. Unsere Untersuchungen weisen demgegenüber darauf hin, dass Professionalität bei personenbezogenen Dienstleistungen wesentlich auf der Kompetenz der sozialen Interaktion und Kooperation – in unterschiedlichen Formen und unterschiedlichen Bedingungen – beruht. Diese soziale Interaktion und Kooperation ist bei personenbezogenen Dienstleistungen jedoch keine isolierbare allgemeine Kompetenz, sondern ist in das jeweils „Fachliche" eingebunden und hierdurch geprägt. Die Rolle der Gefühls- und Emotionsarbeit sowie des subjektivierenden Arbeitshandelns zeigen darüber hinaus, dass dabei gerade auch Kompetenzen und Handlungsweisen eine zentrale Rolle spielen, die sich nicht objektivieren und formalisieren lassen und die daher im Konzept der Verwissenschaftlichung (bisher) kaum vorkommen.

In unseren Untersuchungen wie auch den praktischen Gestaltungsansätzen standen die soziale Interaktion zwischen Dienstleistenden und Dienstleistungsempfängern im Vordergrund. Eine systematische Differenzierung nach unterschiedlichen Formen und Funktionen der sozialen Interaktion wurde an der Gegenüberstellung von Pflegearbeit und Softwareentwicklung dargestellt. Gleichwohl muss eine systematische Ausarbeitung unter Bezug auf die zuvor umrissenen unterschiedlichen institutionell-organisatorischen Vorgaben weiteren Forschungen und Entwicklungsvorhaben vorbehalten bleiben. Gleiches gilt auch für die Verbindung des Konzeptes der Gefühls- und Emotionsarbeit, sowie subjektivierenden Arbeitshandelns mit anderen Ansätzen, die insbesondere die Interessen und das (notwendige) strategische Handeln von Dienstleistenden und Dienstleistungsempfängern in den Blick rücken (vgl. Weihrich & Dunkel, 2003; Dunkel et al., 2004). Des Weiteren wäre in einer übergreifenden Perspektive zu klären, in welcher Weise die hier umrissene Rolle sozialer Interaktion und Kooperation eine Perspektive eröffnet, in der die gesellschaftliche Beurteilung und Gestaltung von Dienstleistungsarbeit sich nicht mehr primär an den bestehenden institutionell-organisatorischen Vorgaben orientiert und weder zwischen dem Leitbild des Dienstleistungsempfängers als „König" oder als „Hilfsbedürftiger" changiert, noch die markt- und tauschvermittelte Rolle des „Kunden" zum neuen Leitbild erhebt, sondern vielmehr *explizit* die Kooperation zwischen Dienstleistendem und Dienstleistungsempfänger für ein neues Verständnis „ziviler Dienstleistungsarbeit" (Voswinkel, 2005) zum Ausgangspunkt macht.

Literatur

Anderson, P. & Heinlein, M. (2004). Ein Blick in die Alltagspraxis im Pflegeheim: Über Möglichkeiten einer praxisnahen Form von Kundenorientierung. In W. Dunkel & G. G. Voss (Hrsg.), *Dienstleistung als Interaktion* (S. 61-74). München: Hampp.

Bauer, R. (2001). *Personenbezogene soziale Dienstleistungen. Begriff, Qualität und Zukunft.* Wismar: Westdeutscher Verlag.

Berger, J. & Offe, C. (1984). Die Entwicklungsdynamik des Dienstleistungssektors. In C. Offe (Hrsg.), *„Arbeitsgesellschaft": Strukturprobleme und Zukunftsperspektiven* (S. 291-319). Frankfurt/M.: Campus.

Böhle, F. (1983). Risiken der Arbeitskraft und Sozialpolitik. In W. Littek, W. Rammert & G. Wachtler (Hrsg.), Einführung in die Arbeits- und Industriesoziologie (S. 136-162). Frankfurt/M.: Campus.

Böhle, F. & Bolte, A. (2002). *Die Entdeckung des Informellen – Der schwierige Umgang mit Kooperation im Arbeitsalltag.* Frankfurt/M.: Campus.

Böhle, F., Schulze, H. (1997). Subjektivierendes Arbeitshandeln – Zur Überwindung einer gespaltenen Subjektivität. In Ch. Schachtner (Hrsg.), *Technik und Subjektivität* (S. 26-46). Frankfurt/M.: Campus.

Brucks, U. (1999). Gefühlsarbeit – Versuch einer Begriffsklärung. *Zeitschrift für Arbeitswissenschaft, 53*, 182-186.

Büssing, A. & Glaser, J. (1999). Interaktionsarbeit: Konzept und Methode der Erfassung im Krankenhaus. *Zeitschrift für Arbeitswissenschaft, 53*, 164-173.

Deutschmann, Ch. (2002). *Postindustrielle Industriesoziologie. Theoretische Grundlagen, Arbeitsverhältnisse und soziale Identitäten*. Weinheim: Juventa.

Dunkel, W., Szymenderski, P. & Voß, G. G. (2004). Dienstleistungen als Interaktion. Ein Forschungsprojekt. In W. Dunkel & G. G. Voß (Hrsg.), *Dienstleistung als Interaktion. Beiträge aus einem Forschungsprojekt Altenpflege – Deutsche Bahn – Call-Center* (S. 11-36). München: Hampp.

Dunkel, W. & Voß, G.G. (Hrsg.). (2004). *Dienstleistung als Interaktion. Beiträge aus einem Forschungsprojekt*. München: Hampp.

Granovetter, M. (1985). Economic Action and Social Structure. The Problem of Embeddedness. *American Journal of Sociology, 91 (3)*, 481-510

Groß, B. (2001). Selbst-Erfahrung und die Erfahrung des Lernens. In F. Wagner & J. Osterbrink (Hrsg.), *Integrierte Unterrichtseinheiten. Ein Modell für die Ausbildung in der Pflege* (S. 55-73). Bern: Huber.

Gross, P. (1983). *Die Verheißungen der Dienstleistungsgesellschaft*. Opladen: Westdeutscher Verlag.

Gutek, B. A. (1995). *The dynamics of service. Reflections on the changing nature of customer/provider interactions*. San Francisco: Jossey-Bass.

Heinlein, M. (2003). *Pflege in Aktion. Zur Materialität alltäglicher Pflegepraxis*. München: Hampp.

Herder-Dornreich, P. & Kötz, W. (1972). *Zur Dienstleistungsökonomie. Systemanalyse und Systempolitik der Krankenkassenpflegedienste*. Berlin: Dunker & Humblot.

Joas, H. (1992). *Die Kreativität des Handelns*. Frankfurt: Suhrkamp.

Korczynski, M. (2002). *Human resource management in service work*. Houndmills: Palgrave.

Leidner, R. (1996). Re-thinking Questions of Control: Lessons from MacDonald´s. In C. L. MacDonald & C. Sirani (Hrsg), *Working in the Service Society* (pp. 29-49). Philadelphia : Temple University Press.

Littek, W., Heisig, U. & Gondek, H.-D. (1991). (Hrsg.). *Dienstleistungsarbeit. Strukturveränderungen, Beschäftigungsbedingungen und Interessenlagen*. Berlin: edition sigma.

Littek, W., Heisig, U. & Gondek, H.-D. (Hrsg.). (1992). *Organisation von Dienstleistungsarbeit. Sozialbeziehungen und Rationalisierung im Angestelltenbereich*. Berlin: Edition sigma.

Maleri, R. (1998). Grundlagen der Dienstleistungsproduktion. In M. Bruhn & H. Meffert (Hrsg.), *Handbuch Dienstleistungsmanagement. Von der strategischen Konzeption zur praktischen Umsetzung* (S. 117-139). Wiesbaden: Gabler.

Merleau-Ponty, M. (1966). *Phänomenologie der Wahrnehmung*. Berlin: de Gruyter.

Nerdinger, F. W. (1994). *Zur Psychologie der Dienstleistung. Theoretische und empirische Studien zu einem wirtschaftspsychologischen Forschungsgebiet*. Stuttgart: Schaeffer Pöschel.

Plessner, H. (1975). *Die Stufen des Organischen und der Mensch*. Berlin: de Gruyter.

Schmitz, H. (1978). *System der Philosophie. Bd. III, 5. Teil: Die Wahrnehmung*. Bonn: Bouvier.

Strauss, A., Fagerhaugh, S., Suczek, B. & Wiener, C. (1980). Gefühlsarbeit. Ein Beitrag zur Arbeits- und Berufssoziologie. *Kölner Zeitschrift für Soziologie und Sozialpsychologie, 32*, 629-651.

Thompson, P., Warhurst, Ch., Callaghan, G. (2001). Ignorant Theory and knowledgeable Workers: Interrogating the Connections between Knowledge, Skills and Services. Journal of Management, 38: 7, S923-942..

Uzarewicz.C & Uzarewicz.M (2005) *Das Weite suchen. Einführung in eine phänomenologische Anthropologie der Pflege*. Stuttgart: Lucius &Lucius.

Voswinkel, S. (2005). *Welche Kundenorientierung? Anerkennung in der Dienstleistungsarbeit*. Berlin: edition sigma.

Waldenfels, B. (2000). *Das leibliche Selbst. Vorlesungen zur Phänomenologie des Leibes*. Frankfurt/M.: Suhrkamp.

Weick, K. E. (1995). *Der Prozess des Organisierens*. Frankfurt/M.: Suhrkamp.

Weihrich, M. & Dunkel, W. (2003). Abstimmungsprobleme in Dienstleistungsbeziehungen. Ein handlungstheoretischer Zugang. *Kölner Zeitschrift für Soziologie und Sozialpsychologie, 55*, 758-781.

Wolkowitz, C. (2002). The social Relations of Bodywork. *Work, Employment and Society, 16 (3)*, 497-510.

Verzeichnis der Autoren

Böhle, Fritz, geb. 1945, Dipl.-Soziologe (1972, LMU München), Dr. rer.pol. (1975, Universität Bremen), Habilitation 1990 Bielefeld, langjährige Forschungstätigkeit (1969-1999, ISF München), Vorstandsvorsitzender des ISF München (seit 1998), seit 1999 Professor für Sozioökonomie der Arbeits- und Berufswelt (Universität Augsburg). Arbeitsschwerpunkte: Entwicklungen von Arbeit im Bereich industrieller Produktion und Dienstleistung, gesellschaftliche Regulierung von Arbeit, Technikentwicklung, Berufliche Bildung, Kooperation und Kommunikation in Unternehmen sowie Erfahrungswissen und subjektivierendes Arbeitshandeln. *Extraordinariat für Sozioökonomie der Arbeits- und Berufswelt, Universität Augsburg, Universitätsstraße 2, 86135 Augsburg; fritz.boehle@wiso.uni-augsburg.de*

Bolte, Annegret, geb. 1956, M.A. (1982, Universität Hannover), Dr. rer.pol. (1993, Universität Kassel), Habilitation und Privatdozentin (Universität Kassel), langjährige Forschungs- und Beratungstätigkeit in Universitäten und Unternehmen, seit 1996 Mitglied des ISF München. Arbeitsschwerpunkte: Entwicklungen von Arbeit im Bereich industrieller Produktion und Dienstleistung, Organisations- und Technikentwicklung, Kooperation und Kommunikation in Unternehmen sowie Erfahrungswissen und subjektivierendes Arbeitshandeln. *Institut für Sozialwissenschaftliche Forschung e.V. ISF München, Jakob Klar-Straße 9, 80639 München; Zentrale@isf-muenchen.de*

Brater, Michael geb. 1944, MA (Soziologie), Dr. phil, (1976, LMU München), bis 1980 wiss. Mitarbeiter (SFB 101, LMU München), Mitbegründer der GAB München, dort bis heute Gesellschafter und Projektleiter. Arbeitsschwerpunkte: Methoden der Berufsbildung, Arbeiten und Lernen, Ausbilderqualifizierung, Wandel der Arbeitswelt, Berufsbildung und Persönlichkeitsentwicklung, Kunst und Beruf, Organisations- und Qualitätsentwicklung. *Gesellschaft für Ausbildungsforschung und Berufsentwicklung GAB München, Bodenseestr. 5, 81241 München, dr.michael.brater@gab-muenchen.de*

Büssing, André, geb. 1950, ✞ 2003, Dipl.-Mathematiker, Dipl.-Psychologe (1974, 1978, RWTH Aachen), Dr. phil. (1982, Universität Kassel), Habilitation und Privat-Dozent (1987, Universität Osnabrück). (Ober-)Assistent (1974-1987, RWTH Aachen), Leitender Angestellter in einer Versicherung (1987-1988), Professor für Arbeits- und Organisationspsychologie (1988-1993, Universität Konstanz), Professor für Psychologie (1993-2003, TU München). Arbeitsschwerpunkte: Arbeits- und Organisationsanalyse; Arbeitszeitgestaltung; Arbeitszufriedenheit; Arbeit, Familie und Freizeit; Interaktionsarbeit; Krankenhaus und Pflege; Telearbeit und Telekooperation; Wissen und Handeln in Organisationen.

Dunkel, Wolfgang, geb. 1959, Dipl.-Soziologe (1986, LMU München), Dr. phil. (1993, LMU München), wiss. Mitarbeiter (1987-1993, SFB 333, LMU München), wiss. Mitarbeiter (1994-1996, Münchner Forschungsverbund Public Health), Qualitätsbeauftragter (1998-2001, Arbeiterwohlfahrt, Bezirksverband Oberbayern), seit 2001 wiss. Mitarbeiter (ISF München). Arbeitsschwerpunkte: Personenbezogene Dienstleistungsarbeit, Emotionssoziologie, Medizinsoziologie, Qualitative Methoden. *Institut für Sozialwissenschaftliche Forschung e.V. ISF München, Jakob-Klar-Str. 9, 80796 München; wolfgang.dunkel@isf-muenchen.de*

Giesenbauer, Björn, geb. 1973, Dipl.-Psychologe (1999, Universität Bremen), wiss. Mitarbeiter (1999-2004, Technische Universität München), seit 2004 Mitarbeiter mit dem Schwerpunkt psychischer Arbeits- und Gesundheitsschutz (Arbejdstilsynet/Amt für Arbeitsschutz, Dänemark). Arbeitsschwerpunkte: Arbeits- und Gesundheitsschutz, Interaktionsarbeit. *Arbejdstilsynet, Tilsynscenter 3, Postboks 1228, 0900 København C, Dänemark, bg@at.dk*

Glaser, Jürgen, geb. 1965, Dipl.-Psychologe (1990, Universität Konstanz), Dr. phil. (1997, TU München), Habilitation und Privatdozent (2004, LMU München), Arbeit mit Suchtkranken im PLK Reichenau (1990-1991), wiss. Mitarbeiter (1991-1993, Universität Konstanz), wiss. Assistent (1993-1998, TU München), seit 1999 Akad. (Ober-)Rat (TU München). Arbeitsschwerpunkte: Arbeitsanalyse und -gestaltung, Dienstleistung, Humanressourcenförderung und Unternehmenserfolg, Interaktionsarbeit, Kreativität und Gesundheit, Stress und Burnout. *Lehrstuhl für Psychologie, Technische Universität München, Lothstr. 17, 80335 München; glaser@wi.tum.de*

Hacker, Winfried, geb. 1934, Dipl.-Psychologe (TU Dresden), Dr. rer.nat. und Habilitation (TU Dresden), Ehrendoktorwürde (Dr. h.c.) der Universität Bern (2005), Arbeit als Leiter einer Abteilung für Arbeitspsychologie/-hygiene in der chemischen Industrie. Professur für Arbeits- und Organisationspsychologie, Allgemeine Psychologie, später Kognitions- und Motivationspsychologie (TU Dresden); Vertretungsprofessuren (Universität Gießen und TU München), Leiter der Arbeitsgruppe „Wissen – Denken – Handeln“ (TU Dresden). Arbeitsschwerpunkte: Analyse, Bewertung und Gestaltung vorwiegend geistiger Arbeit in Fertigung und Dienstleistung. *Arbeitsgruppe Wissen – Denken – Handeln, Technische Universität Dresden; Helmholtzstr. 10, 01069 Dresden; hacker@psychologie.tu-dresden.de*

Höge, Thomas, geb. 1968, Dipl.-Psychologe (1998, Universität Frankfurt/M.), Dr. phil. (2002, TU München), wiss. Mitarbeiter (1998-2004, TU München), wiss. Assistent (seit 2004, Universität Innsbruck). Arbeitsschwerpunkte: Anforderungen, Ressourcen und Belastungen in der Pflege, Arbeit und Persönlichkeit, Salutogenese und Gesundheitsförderung, Interaktionsarbeit, Flexibilisierungsprozesse in der Arbeitswelt und ihre Folgen. *Institut für Psychologie, Leopold-Franzens-Universität Innsbruck; Innrain 52f, Bruno-Sander-Haus, A-6020 Innsbruck, Österreich; thomas.hoege@uibk.ac.at*

Hösl, Gabriele, geb. 1962, Diplom-Soziologin (2000, LMU München), seit 2000 selbständige Wissenschaftlerin und Beraterin. Arbeitsschwerpunkte: Interaktionsarbeit und subjektivierendes Arbeitshandeln in der Dienstleistung, Qualitätsmanagement. *AFB Hösl, Arbeit - Familie - Betrieb, Analysieren - Forschen - Beraten, Obere Achstrasse 33 A, D-86668 Karlshuld*; *afb_hoesl@web.de*

Landauer, Gudrun, geb. 1955, staatl. geprüfte Hauswirtschaftsleitung und Meisterin der städt. Hauswirtschaft (1976, Hauswirtschaftliche Akademie Würzburg), Sozialwirtin (2000, BFZ München und FH Ravensburg), HWL und Ausbilderin in Hauswirtschaft (bis 1980, DPWV München), Geschäftsführerin und Ausbilderin (bis 1993, eigenes Hotel in Volkach), HWL und stv. Heimleitung (1994, Hl. Geist); bis Sept. 2006 Direktorin des Hauses Heilig Geist. *MÜNCHENSTIFT GmbH, München; ab Okt. 2006 Selbstständig in der Altenhilfe in München. gudrun.landauer@gmx.de*

Poppitz, Angela, geb. 1975, Dipl.-Soziologin (1999, TU Chemnitz), Wiss. Mitarbeiterin (2000-2003, DFG-Projekt „Dienstleistung als Interaktion“, TU Chemnitz/AWO München), Quartiermanagerin im Bund-Länder-Programm „Die soziale Stadt“ (2000-2002, Stadt Chemnitz), Promotionsstipendiatin der Hans-Böckler-Stiftung, seit 2003 Mitarbeiterin an der Professur Industrie- und Techniksoziologie (TU Chemnitz). Arbeitsschwerpunkte: Dienstleistungsinteraktionen, (bahnbezogene) Mobilität und Verkehrssoziologie, Arbeit und Alltag, sozialräumliche Stadtentwicklung und Sozialplanung, Menschenrechtspolitik. *Silcherstraße 12, 80807 München*; *angela.poppitz@phil.tu-chemnitz.de*

Rieder, Kerstin, geb. 1965, Dipl.-Psychologin (1992, TU Berlin), Dr. phil. (1998, TU Berlin), freie Mitarbeiterin im Bereich gesundheitliche Prävention (1992-1993), wiss. Mitarbeiterin (1992-1999, TU Berlin), wiss. Mitarbeiterin (2000-2001, TU Chemnitz), wiss. Assistentin (2001-2004, Universität Innsbruck), seit 2004 Professorin an der FH Nordschwestschweiz. Arbeitsschwerpunkte: Personenbezogene Dienstleistungsarbeit, Arbeit und Gesundheit, Frauen- und Geschlechterforschung. *Fachhochschule Nordwestschweiz, Hochschule für Angewandte Psychologie, Riggenbachstr. 16 (Sälipark), CH-4600 Olten, Schweiz; kerstin.rieder@fhnw.ch*

Rudolf, Peter, geb. 1974, Dipl.-Sozialpädagoge (2000, Katholische Stiftungsfachhochschule München), Master of Science in Social Work MSSW (2001, University of Louisville, Louisville KY), seit 2001 wiss. Mitarbeiter der GAB, Arbeitsschwerpunkte: Arbeiten und Lernen, Qualitätsfragen in pädagogischen und sozialen Einrichtungen, Beruf und Biographie. *Gesellschaft für Ausbildungsforschung und Berufsentwicklung GAB München Lindwurmstr. 41/43 80337 München, peter.rudolf@gab-muenchen.de*

Schmied, Martin W., geb. 1964, Dipl.-Kaufmann (1993, Universität zu Köln), Dr. rer.pol. (1998, Universität zu Köln), Unternehmensberater (1993, BBE-Unternehmensberatung GmbH, Köln), wiss. Mitarbeiter (1994-1999, Universität zu Köln), seit 1999 wiss. Mitarbeiter (Projektträger des BMBF im DLR „Arbeitsgestaltung und Dienstleistungen“, Bonn). Arbeitsschwerpunkte: Innovative Dienstleistungen mit Schwerpunkten „Gesundheit, Soziales und personenbezogene Dienstleistungen“ und "Demografische Aspekte der Dienstleistungswirtschaft". *Deutsches Zentrum für Luft- und Raumfahrt e.V., Projektträger des Bundesministeriums für Bildung und Forschung im DLR „Arbeitsgestaltung und Dienstleistungen“, Heinrich-Konen-Str. 1, 53227 Bonn; Martin.Schmied@dlr.de*

Sing, Dorit, geb. 1969, Dipl.-Ökonomin (1996, Universität Augsburg), Dr. rer.pol. (2003, Universität Augsburg), seit 1996 wiss. Mitarbeiterin (INIFES GmbH, Stadtbergen), seit 2004 Postdoktorandinnenstipendium (Universität Augsburg). Arbeitsschwerpunkte: Arbeitsmarkt- und Sozialpolitik, Sozialberichterstattung, Ehrenamts- und Genderforschung sowie Öffentliches Gesundheitswesen (Public Health). *Internationales Institut für empirische Sozialökonomie gGmbH (INIFES), Haldenweg 23, 86391 Stadtbergen; sing@inifes.de*

Voß, G. Günter, geb. 1950, Dipl.-Soziologe, Dr. rer.pol. und Habilitation (LMU München), wiss. Mitarbeiter (SFB 101 sowie SFB 333, LMU München), seit

1994 Professor für Arbeits- und Industriesoziologie (TU Chemnitz). Arbeitsschwerpunkte: Berufssoziologie, Arbeits- und Industriesoziologie, Management- und Organisationssoziologie, Alltags- und Lebensführungsforschung, Soziologische Theorie, Qualitative Sozialforschung. *Professur für Industrie- und Techniksoziologie, Technische Universität Chemnitz, Reichenhainer Str. 41, 09126 Chemnitz, guenter.voss@phil.tu-chemnitz.de*

Weigl, Matthias, geb. 1976, Dipl.-Psychologe (2002, Universität Leipzig), Dr. phil. (2006, TU München), seit 2003 wiss. Mitarbeiter (TU München). Arbeitsschwerpunkte: Beanspruchung in der Arbeit, Aggression, Gewalt und Konflikte, Koproduktion in der personenbezogenen Dienstleistung, Interaktionsarbeit. *Lehrstuhl für Psychologie, TU München, Lothstrasse 17, 80335 München; weigl@wi.tum.de*

Weishaupt, Sabine, geb. 1962, Dipl.-Soziologin (1992, LMU München), wiss. Mitarbeiterin (1993–2000, ISF München), wiss. Angestellte (2000–2003, Universität Augsburg), seit 2003 selbständige Trainerin und Beraterin. Arbeitsschwerpunkte: Erfahrungsgeleitete Pflegearbeit, Arbeitshandeln und sinnliche Wahrnehmung, Vereinseitigung des Sehens in der Arbeitswelt, Prävention und Gesundheitsförderung in der Arbeitswelt, Verwissenschaftlichung der Medizin. *Weishaupt Gesundheitsmanagement und Personalentwicklung – Training, Beratung, Forschung, Hartstrasse 22, D-86949 Windach*; *sabine.weishaupt@tbf-weishaupt.de*

Printed by Printforce, the Netherlands